KB189764

현대문학 비평 — 역사, 이론, 실제

Modern Literary Criticism – History, Theory, Practice

현대문학 비평 — 역사, 이론, 실제

Modern Literary Criticism - History, Theory, Practice

이명재 정정호 오창은

책머리에

현대는 비평과 이론 그리고 담론의 시대라고 일컬어져 왔다. 흔히 문학평론으로 지칭하는 비평작업은 문학 작품의 미학적 즐거움을 독자들과 함께 나누는 행위이며, 더불어 지적 작업을 거쳐 텍스트는 물론 작가마저 평가하는 행위이다. 따라서 올바른 문학평론을 위해서는 먼저 문학적으로 문제의식을 지닌 채 미학적으로 가치 있는 작품의 선정이 이뤄져야 한다. 그리고 정확하고도 명료한 해석과 판단이 텍스트 분석 작업 중에 요구된다. 이를 위해서는 체계적인 비평 이론을 두루 섭렵하고, 실제비평에 제대로 적용해서 활용할 수 있는 능력을 습득해야 한다.

따라서 『현대문학 비평—역사, 이론, 실제』는 학부와 대학원 현장에서 교재로 알맞은 교육적 목적과 동시에 비평 현장에서 활용될 수 있는 실용적 목적을 고려해 집필되었다. 이 책은 더욱이 강단과 평론 현장에서 활동해 온 지은이들이 전공과 신구 세대의 조화를 이루었다. 한국 비평계의 태두인 백철 교수님을 뒤이은 이명재의 『비평문학의 이론과 실제』나 이후의 한국문학 전공인 이명재 오창은 공저의 『문학비평의 이해와 활용』은 시대와 세계의 반영 면에서 아쉬움이 남았다. 따라서 이명재·정정호·오창은 교수의 새로운 공저는 영미문학 전공자인 정 교수의 합류로 혁신적인 체제와 내용 확충을 이뤄 긍지를 지닌다. 이 책은 한강 작가의 노벨상 수상 이후 한국문학의 성취를 기념하는 교재로 여겨도 좋을 것이다.

이 책의 1부 '비평이란 무엇인가'에서는 평론의 정의와 역사, 기능 등의 기본적인 문제를 알기 쉽게 설명했다. 이어서 2부 '문학 비평의 기원과 비평가의 위치'에서는 동서양의 고전 및 근대비평을 살펴보고 평론가의 지위 및 비평의 여러 갈래와 발전 형태를 제시했다. 3부 '현대문학 비평의 흐름들'에서는 20세기에 들어서 새로 생겨난 숱한 비평의 중요성들을 살핀다. 4부 '현대문학 이론의 쟁점들'에서는 21세기에 생겨난 요즘의 비평 담론들의 쟁점을 논의한다. 그리고 5부 '문학 비평문 쓰기의 실제'에서는 제목에서처럼 실제 비평문단에서 활동한 평론가의 체험을 참고하면서 효율적인 평론문 쓰기의 요령에 입각한 비평문 쓰기를 터득해 본다. 끝으로 '에필로그' '한국문학을 위한 주체적 비평학'에서는 오랜만에 노벨상 수상을 경험한 나라의 문학도들로서의 자유토론으로 마무리한다.

이번 교재의 집필에 참여한 공저자들은 평소 연구하거나 학부와 대학원 및 외부의 언론사를 아우른 문학지 등에서 섭렵한 강의나 실제 평론을 폭넓게 활용했다. 그리고 예문으로는 근년에 평론가들이 발표한 비평문들도 필자들로부터 양해를 구해서 수록했다. 이 자리를 빌려 소중한 글의 게재를 기꺼이 수락해 주신 현장 비평가들에게 고마운 마음을 전한다. 수많은 국내 현대문학 비평 선행 연구자들의 업적이 있었기에 이 책의 집필이 가능했다. 이 자리를 빌어 동학들에게 감사의 인사를 드린다. 또한 이 책의 발간에는 중앙대 출신 연구자들(박명진·정유화·임영봉·강진구·홍기돈)의 도움이 컸음을 밝혀둔다. 끝으로 이 책을 출간해 준 〈걷는 사람〉 출판사 편집부에도 감사의 말씀을 전한다.

2025년 2월

이명재 정정호 오창은

차례

3부 현대문학 비평의 흐름들

4부 현대문학 이론의 쟁점들

5부 문학 비평문 쓰기의 실제

에필로그

1부

문학 비평의 정의와 기능

1장 문학 비평의 정의와 어원

2장 비평의 특성과 대상

3장 문학 비평이 맡은 기능

1장 문학 비평의 정의와 어원

1.1 비평(批評)이란 무엇인가?

한자의 평(評)자는 말씀 언(言)과 공평할 평(平)이 합쳐진 글자다. 그러기에 평론이나 비평의 일차적인 뜻은 문물의 가치를 판정하는 것이고, 더 깊은 뜻으로는 공평하게 말하기, 즉 평정하고 헤아린다가 있다. 평(評)은 가치를 엄격하게 구분하여 가격을 매기고 우열을 가리고 선악을 구별한다는 뜻도 있지만, 글자 그대로 "공평하게 말하기"라는 뜻도 지니고 있다. 따라서 비평(批評)은 작품의 장점에 흥미를 보이고, 저자의 특징과 노고를 인정하고 감사하고 받아들이는 자세를 갖는 것을 말한다. 그렇다고 비평이 칭찬만을 의미하는 것은 아니다. "공정하게 말하다"는 작품에 대한 개인적인 좋고 나쁨에서 더 나아가 공적인 차원에서 장단점을 이야기하는 뜻을 포함하고 있다.

한자의 비(批)자는 손 수(手)에 견줄 비(比)를 결합한 글자다. 손으로 무거움과 가벼움, 좋고 나쁨, 옳고 그름까지도 견주어 본다는 의미가 있다. 비평은 좋고 나쁨을 서로 짝지어 보고 공평하게 말하기가 된다. 내가 읽은 문학 작품들에 대해 "공정하게 말하기"와 "손으로 견주어 보기"를 시도하는 것이다.

비평은 작품에 대해 공적인 차원에서 장단점을 서로 짝지어 보는 것이기에, 비평 행위는 "사이"의 글쓰기라고도 할 수 있다. "사이"는 "벌어짐", "틈(새)" 그리고 "간극"을 뜻한다. 양극단 "사이"의 공간은 자유로운 공간으로 내 마음대로 작업할 수 있는 창조의 장(field)이다. "사이"는 또한 가로질러 타고 넘어가는 "시간"이다. 과거와 현재 그리고 미래로 연결되는 "탈주의 선"을 제공하는 탈영토화의 시간이다. 법고이창신(法古而創新)의 정신으로 옛것(전통)을 통하여 새것(쇄신)을 만들어내는 정지되지 않은 역동의 시간이다.

"사이"는 지혜가 머무는 자리이기도 하다. 틈이 있는 빈 공간에서는 "상상"이나 "공상"만이 아닌 "몽상"도 가능하다. 몽상이란 형식과 내용, 의식과 무의식, 이념과 기교, 안과 밖, 위와 아래, 이성과 감성, 남성과 여성, 중심과 주변부, 문명과 야만 등 억압적이고 차별적인 이분법을 일시에 용해시켜 그 "사이"에서 새로운 결합을 창조하는 더 자유로운 융복합적 실천이다. 틈이 있는 빈 공간은 정태적인 공간이 아니라 끊임없이 생성하는 역동적인 탈영토화의 공간이다. 중간지대로서 문학은 끊임없는 이동과 이주의 유목민적 공간이며 새로운 감수성으로 무장된 중립지대이다.

문학 비평의 역사는 다양한 비평체계와 접근 방법들이 변화하는 과정이었다. 역사적 관점에서 각각의 체계와 접근 방법들은 그 자체의 장점과 한계성을 가지고 있다. 그것은 문학이 유기적이며 살아 있는 우리의 삶 그 자체를 다루기 때문에 변신(變身)은 비평에 있어서 일종의 숙명이 될 수밖에 없을 것이다.

그뿐만 아니라 문학 비평의 분야는 넓고 다양하다. 문학 비평은 때로는 문학의 본질, 그 효용과 가치에 관한 논의에서 철학, 미학의 영역으로 뻗어나가기도 한다. 형식, 문체, 구조, 언어 등 구체적인 수사학적 문제에 관해 논의를 집중하기도 한다. 비평은 작가의 창작과정과 독자의 반응을 다루는 예술심리학이 되기도 하고 문학의 사회적 투영을 보는 문학사회학이 되기도 하고 작가, 유파, 시대 등을 비교하는 비교문학이 되기도 한다.

이렇듯, 문학 비평을 정의한다는 것은 무한히 다양한 양상을 지닌 인생을 정의하는 것만큼이나 어려운 일이다. 비평의 시대라고 일컬어지고 있는 현대는 비평의 다양한 원리들과 방법론의 홍수 속에 빠져 있다. 그럼에도,

문학 비평을 정의한다면, '문학 작품을 해석하고, 감상하고, 가치를 평가' 하는 글쓰기 행위라고 할 수 있다.

넓은 의미의 정의보다는 비평을 다음과 같이 분류하는 것이 실제로는 더 유익할 것이다. 영미문학에서 예를 들어보자면, 비평의 원리와 기준을 만들어내는 데 주안점을 두는 I. A. 리차즈의 『문학 비평의 원리』, N. 프라이의 『비평의 해부』와 같은 이론비평과, 실제 작품의 해석, 평가에 이런 원리를 작용하는 존 드라이든의 비평문, 새뮤얼 존슨의 『영국 시인 평전』, 콜리지의 『문학평전』에서의 워즈워드 시의 분석, 매슈 아널드의 『비평론』, T. S. 엘리엇의 『비평선집』 등의 응용비평 또는 실천비평으로 나누기도 한다. 실천비평은 다시 인상비평과 재단비평으로 나누어 볼 수도 있다. 이 밖에 정확한 본문을 확정시키는 〈본문 비평〉(textual criticism)도 빼놓을 수 없는 부문이다.

또 다른 분류로는 작품의 사회적 도덕적인 가치와 영향을 중요시하는 플라톤적인 비평과 작품 자체의 유기적인 구조와 예술적 가치를 연구하는 아리스토텔레스적인 비평으로 나눌 수도 있다. 이러한 비평의 두 가지 양상은 마치 문학사에서 고전주의와 낭만주의의 경향이 번갈아 나타나듯이 비평사에서 끊임없이 반복되거나 엇갈리거나 혼합되어 왔다.

낭만주의 이론과 비평적 전통에 대한 아주 중요한 연구서인 M. H. 에이브럼즈(Abrams)의 『거울과 램프』(1953)는 주로 18세기 신고전주의의 새뮤얼 존슨과 19세기 낭만주의의 콜리지 연구에서 시작된 것이다. 그는 비평적 방법론들을 여러 각도로 검토한 후에 4개의 비평 이론에 관한 가장 포괄적이고 설득력 있는 가설을 세웠다. 소위 모방론(mimetic theory), 효용론(pragmatic 또는 affective theory), 표현론(expressive theory), 존재론(objective theory)이 그것이다. 비평연구에 유용한 도구가 될 수 있는 이 가설을 좀 더 살펴보자.

① 문학 작품은 우주, 자연, 인간 생활의 모방, 반영, 재현이라는 설을 따르는 모방론이 플라톤과 아리스토텔레스에서 시작되어 가장 오래된 전통을 형성했다. 근래의 문학적 사실주의의 여러 이론이 여기에 포함된다고 볼 수 있다.

② 독자나 청중에게 끼치는 영향을 주로 문제 삼는 효용론은 로마시대 이래 18세기에 이르기까지 활발했다. 20세기에는 수사학 비평이나 독일계의 수용이론이나 미국의 독자 반응 비평도 이런 비평 전통의 부활이라고 볼 수 있다.

③ 작품을 창작하는 작가 자신에게 관심을 기울이는 표현론은 18세기 후반기에서 시작되어 낭만주의 비평에서 최고조에 달했다. 지금도 심리 또는 정신분석학 비평가들과 조르주 풀레나 제네바학파와 같은 "의식의 비평가"(critics of consciousness)로 그 전통이 이어지고 있다.

④ 작품을 주위 환경, 작가, 독자와 거리를 가진 독립적이고 자족적인 것으로 간주하는 비평 방법인 존재론은 1920년대 이후 영미 신비평, 시카고 학파, 유럽의 형식주의와 구조주의 비평가들의 일부가 여기에 포함된다고 할 수 있다.

이 밖에 인접 학문의 방법론에 따라 문학 작품과 관련된 특정 분야 중심으로 분류할 수도 있겠다. 가령 역사주의 비평, 전기비평, 사회학적비평, 심리주의비평, 실존주의 비평, 원형비평, 신화비평 등이 있다. 근래에 이르러서는 더욱 새로운 이론들을 문학 비평에 끌어들여 해석학비평, 현상학비평, 구조주의 비평, 후기구조주의와 해체비평 등과 화용론(Speech Act Theory)과 문체학(Stylistics) 등 현대 언어학에 근거를 두는 비평 방법도 있다.

1.2 문학 비평 의미의 대비적 속성

문학 비평의 의미를 제대로 논의하자면 문학 비평—비평문학—문학평론이란 용어를 구분해야 할 것이다.

문학 비평은 역사비평, 사회비평 또는 미술 평론, 음악평론 등의 다른 분야와 구별한 용어다. 비평문학은 시문학, 소설문학, 희곡문학처럼 다른 문학장르와 변별하기 위해 사용되는 개념이다. 또 비평문학이 전문성을 띤 학구적인 명칭이라면, 문학평론은 보다 대중적으로 쓰이는 경향이 있다. 신문, 잡지 등에 발표하여 독자들에게 널리 읽히는 시사적(時事的)이고, 여론 환기적인 성격을 띠는 비평글들이 여기에 해당한다. 따라서 문학 비평—비평문학—문학평론이란 용어는 거의 동일하게 쓰이지만, 맥락에 따라 다르게 사용되기도 한다.

그런가 하면 문학 비평—비평문학—문학평론의 명칭이나 속성에 대해 다른 의견을 제시하는 경우도 있다. '평론'과 '비평'을 같은 의미로 다룬 김상선의 견해[01)]가 있는가 하면, 일본의 시사마쓰(久松潛一) 경우는 남달리 '평론'과 '비평'을 구별하여, 비평과 이론을 병합(倂合)한 것이 평론이라고[02)] 규정했다.

또한 창작과 비평의 관계를 논하면서, 김우종은 비평이란 모든 사물에 대하여 공평하게 따지는 일이라고 주장했다. 즉 예술활동이 활발해짐에 따라 이에 대한 비평도 활발해졌고, 이를 '문학평론', '문학 비평', '문예비평' 등 조금씩 다른 용어로 부르게 되었다는 것이다. '문예비평'이란 용어 역시 문학의 범주에서 비평을 지칭할 때 사용되는 경우가 있는가 하면, 미술, 음악

---

01) 김상선, 『文學概論』, 중앙출판(株), 1984, 377~378쪽. 여기서는 그 명칭에 대한 일반적인 인식과 사전적인 풀이를 주로 하고 있음.

02) 川副國基, 「評論」, 提野謙二 編, 『文學概論』, 有信社(일본), 121쪽.

등 예술 전반을 포괄하는 비평을 지칭하는 경우도 있다.

비평의 본질은 시, 소설과 같은 문학장르와 대비(對比)하거나 연결관계를 통해서 보다 분명하게 파악할 수 있다. 이를 알기 쉬운 도식(圖式)으로 추출해보면 두 가지 갈래로 파악이 가능하다. 일찍이 영국의 문학가였던 드 킨시(T. De Quiencey, 1785~1859)와 몰턴(R. G. Molton, 1849~1924)의 구별 기준을 참고하여 정리해 본 것이다.

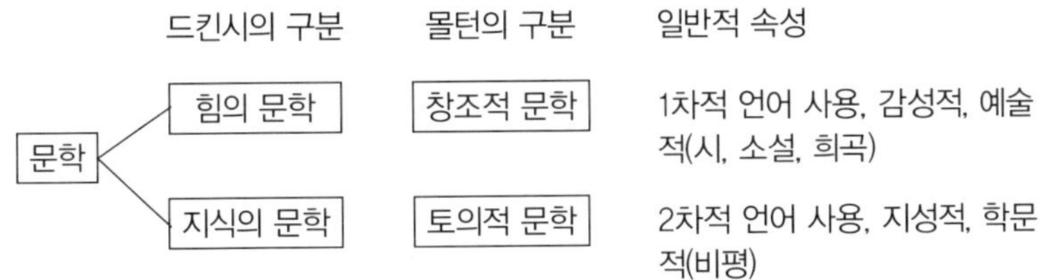

문학 비평은 창조적 문학인 시, 소설 등에 비해 지식의 문학이면서 토의적 성격을 지닌 문학이다. 그리고 문학 비평은 1차적, 감성적, 예술적인 창작문학과는 대조적으로 2차적, 지성적, 학문적인 특성을 띠고 있다.

1.3 비평 방법의 구체적 모색

문학 비평에 대한 정의는 시대와 지역, 유파와 개인에 따라 달라질 수밖에 없다. 기본적으로는 문학 텍스트/작품의 해석, 감상, 가치평가 하는 것임을 부정할 사람은 없다. 문학 비평은 또한 문학에 대한 다양한 사유들, 문학의 발생과 기원, 문학의 본질, 구조, 기능에 관한 이론적 논의도 포함한다. 또한 문학 작품을 해석하고 평가하는 이론적 토대와 방법론에 관한 심도 있는 논의도 고려해야 한다.

지금까지 널리 알려진 문학 연구와 접근에 관한 포괄적 이론은 미국의 문학 비평 이론가 M. H. 에이브럼즈의 것이다. 앞서 언급한 바와 같이 그는 작품(텍스트)을 중심으로 세계, 작가, 독자를 놓고 4가지 비평 이론을 도출했는데, 작품과 세계의 관계에서 "모방론", 작품이 독자에게 끼치는 영향을 논하는 "효용론", 작품을 직접 창작하는 작가의 표현 문제를 논하는 "표현론", 끝으로 작품 자체의 구조나 기능에 집중한 이론인 "존재론" 또는 "대상론"으로 나누었다. 이 모형은 유용하기는 하나 아직도 작품분석 중심의 "신비평"(New Criticism) 이념의 틀을 크게 벗어나지 못한 것도 사실이다.

우리는 에이브럼즈의 모형을새롭게 확대, 변형시켜 다음과 같이 제시할 수 있다.

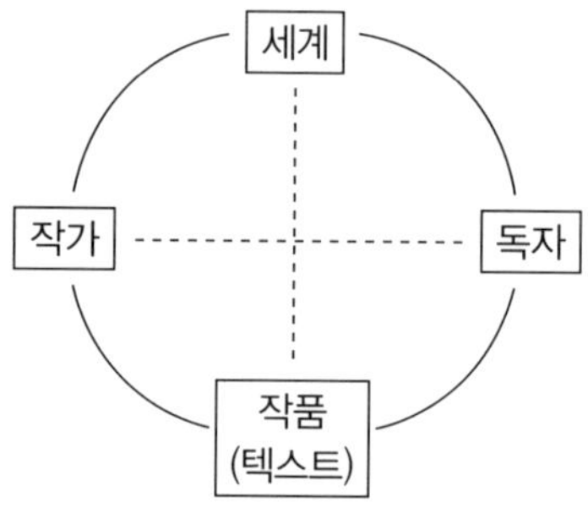

이 도표에서 다음과 같은 아홉 가지 비평적 관점과 방법이 도출될 수 있다.

① 작품 텍스트 분석적—형식주의적 관점(작품)

② 모방적—사실주의적 관점 (작품↔세계)

③ 영향론적—실용적 관점 (작품↔독자)

④ 표현적—심리학적 관점 (작품↔작가)

⑤ 수사적—소통적 관점 (작가↔독자)

⑥ 역사적—전기적 관점 (작가↔세계↔독자)

⑦ 사회적—정치적 관점 (작가↔작품↔세계)

⑧ 도덕적—종교적 관점 (작가↔세계)

⑨ 자연적—우주적 관점 (작가↔작품↔자연↔우주)

이 그림을 보면 우선 문학 비평에서 작품(텍스트)이 가장 중요한 요소이기는 하지만 특권적 위치를 차지하지는 않는다. 문학 비평 작업이란 여러 가지 요소들이 환경생태학적 관점까지를 포함하여 다원적, 역동적, 상호침투적으로 전개되어야 한다. 구체적인 실제 비평작업은 또 다른 하나의 창작이 될 수 있기에 기계적일 수 없다. 비평작업은 경험의 추동력으로 끊임없는 비교와 역동적 대화 속에서 복합다기하게 수행되는 살아 있는 의미 생산 과정이다.

실제비평에서 방법론만큼이나 중요한 것은 비평 태도인 비평가의 마음가짐이다. 유념할 만한 비평적 경구는 18세기 계몽주의 시대 영국 시인 알렉산더 포프(1688~1744)의 시 『비평론』(*An Essay on Criticism*)이다. 한국문학 비평의 이론과 실천 면에서 큰 족적을 남긴 백철 교수(1908~1985)도 포우프의 시 비평 이론 전문을 번역해 그의 비평 저서에 실은 바 있다. 744행의 이 장시는 신고전주의 비평적 이상을 2행의 정형시 운문 형식으로 탁월하게 요약한다. 이 시의 후반부에서 포우프는 어느 시대에도 필수적인 비평가의 자질인 "공평무사성"과 "용기"를 특히 강조한다.

> 호의나 원한으로 편견에 빠지지 않고
> 지루한 선입견에 빠지거나 맹목적인 의(義)에 빠지지 않고
> 학식이 있고 교양을 지녀 진지하고
> 적당하게 용기가 있고 인간적으로 엄격하고

친구에게도 자유롭게 잘못을 지적해줄 수 있고
그리고 적의 장점도 기꺼이 칭찬할 수 있는 사람이 어디 있을까?
정확하면서도 거침이 없는 감식안을 가지고
책을 통해서 그리고 사람들과 교류하며 얻은 지식으로
넓은 교류를 가지고 있으나 교만한 마음을 가지지 않고
자신의 논리로 칭찬하기를 좋아하는 사람이 어디 있을까?

『비평론』(633~642행, 정정호 옮김)

나아가 우리가 여기서 배워야 할 최고의 덕목은 "비평적 겸손"이다. 문학 행위에서 비평가는 주인이 아니다. 비평가는 작품의 의미를 당대 독자들이 이해하고 향유할 수 있도록 해야 한다. 비평가의 목표는 궁극적으로 가장 황폐한 시대에 우리의 비루한 일상의 삶 속에서 신비한 문학의 힘이 상상력을 통해 역동적으로 작동하여 삶과 문명을 고양시키는 것이다. 비평가는 기본적으로 각 시인·작가들에게 정서적·수용적으로 접근하는 자세를 가져야 한다. 비평가는 그 시인, 작가와 작품에 대한 해석과 감상에 기반해, 가치를 평가함으로써 작가와 작품이 우리에게 무엇을 해주고 어떻게 세계를 미적으로 변화시킬 수 있는가를 논하는 기술(記述) 비평(descriptive criticism)의 주체가 되어야 한다.

2장 비평의 특성과 대상

2.1. 문학 비평의 정체

문학 비평은 한두 마디로 정의하기 어려울 정도로 복합적인 의미를 지닌다. 대체적으로 비평은 판단, 감정, 평가와 함께 선택의 뜻을 지닌다고 볼 수 있다. 판단과 식별은 평가에 기반하므로, 비평은 결국 판단과 선택에 의한 평가행위인 셈이다. 그 판단과 선택 행위가 문학 작품이나 문학의 이론, 작가를 대상으로 할 때 문학 비평이 된다.

여기서 주의해야 할 것은 비록 해석이 비평 행위의 출발이라고 할 수 있을지라도 이것만으론 비평이 성립될 수 없다는 사실이다. 모든 비평이 판단하고 선택하는 것을 전제로 하지만, 이것은 비평의 필요조건은 되지만 충분조건은 되지는 못한다. 비평은 그다음 단계에서는 반드시 그 평가와 선택의 근거를 제시해야 한다.

따라서 비평은 어떤 대상에 대한 평가와 더불어 그에 대한 이론적 근거를 제시하는 것이다. 다원적 가치가 존중되는 현대 사회에서 토론과 토의를 촉발하며 대상에 대한 올바른 평가의 길을 제시하는 비평의 역할은 점점 커지고 있다. 고도의 정보화 시대에 가치와 논리의 아노미 현상이 곳곳에서 나타나고 있으며, 더불어 윤리적 기준이 점차 모호해지고 있기도 하다. 이 같은 때에는 제각기 다른 평가 기준으로 나름의 논리체계를 세우고 스스로의 정당성을 주장하는 이들이 많아지기 마련이다. 이 혼란의 도가니 속에서 사람들은 어떤 기준으로 무엇을 선택하고 옹호해야 하는지 알 수 없어 지적 카오스를 경험하기도 한다. 이런 때일수록 대중과 더불어 근거를 들어 설득하면서, 올바른 가치 체계에 관해 토론하고 토의하려는 비평의 의미는 더욱 커지기 마련이다.

비평 행위는 특이하거나 어려운 일이라기보다는, 우리가 보편적으로 행하는 독서(讀書)에 논리와 설득의 기술(技術)을 덧붙인 행위라고 볼 수도 있다.

> 비평이란 글을 아는 사람에게는 자연스러운 활동이다. 따라서 비평 행위를 해 온 사람은 많고 다양하다. 비평은 지적(知的)인 독서의 연장(延長)이며, 지적인 글을 쓸 때 필요한 부속물이라고 할 수 있다. 책에서 발견하는 것과 자신의 경험내용을 비교하는 사람은 누구나 비평가가 되기 시작한 것이다. 그러나 그는 처음에는 단순한 독자였던 것이다. 문학 작품을 처음 읽을 때에도 일어나지만, 문학 작품을 읽는다는 것은 하나의 일에 참여하는 것이다. 한 걸음 물러나서 그 일에 대하여 깊이 생각해 볼 때야말로 진정으로 비평은 시작되는 것이다. 비평이란, 말하자면 비평 이전의 작업을 기초로 하여 성립된다. 그와 같은 작업이 있은 후 의문을 제기하고, 분석하고, 정리하고, 비교할 필요가 생기는 것이다. 이러한 활동을 우리는 비평이라 부른다.[03]

하아프(Graham Hough)는 비평을 일반적인 독서의 연장에다가 의식적인 기술(技術)을 가미한 행위로 보았다. 그러나 비평에 대한 정의(定義) 역시 시대에 따라서나 문학자의 견해 내지 기준에 따라 상이하다. 비평의 개념에 대한 다각적인 접근을 위해, 한국과 여러 나라의 사전에 나타난 개념이나 문학자들의 견해를 제시하면 다음과 같다.

---

03) G. 하아프, 고정자 역, 『비평론』, 이화여대 출판부, 1982, 15쪽.

① 문학 작품을 대상으로 하여 작품의 구성 요소, 구조, 창작 기법, 미적 가치, 작가의 세계관 등을 살펴서 그 가치를 판단하는 일.

—『100년의 문학용어 사전』[04)]

② 문학 비평은 문학 작품의 미와 단점에 대한 지식과 알맞은 판단과 가치평가의 기술이다.

—*Webster's New International Dictionary*

③ 예술상의 비평이란 작품을 향수(享受)한 다음 이것을 바탕으로 예술적 가치, 특성 또는 그 성립에 관한 판단을 적극적으로 발전시켜 이것을 유효하게 독자에게 전달할 수 있게 표현한 것을 말한다.

—『世界文學事典』, 일본: 研究社

④ 문학 비평은 텍스트, 인물, 구성, 문학론을 다룬 비평적인 작업의 문학, 또는 예술적인 본질과 성격의 평가 기술이다.

—*The Shorter Oxford English Shorter*

⑤ 비평은 '意識에 관한 의식' '문학에 관한 문학'이라 할 수 있다. 그리고 비평은 또한 '한 言話(parole)에 관한 언화'이다.

—Roland Barthes[05)]

⑥ 비평은 문학 작품의 정의, 분류, 분석, 평가에 관한 연구이다.

—M. H. Abrams, *A Glossary of Literary Terms*

---

04) 한국문화예술위원회 엮음, 『100년의 문학용어 사전』, 도서출판 아시아, 2008, 28쪽.

05) 조르주 풀레 엮음, 김붕구 역, 『현대비평의 이론』, 홍성사, 1982, 198쪽.

⑦ 문학 비평은 문예(文藝)에 관한 과학적 비평을 말한다. 곧, 작품의 비평은 그의 호오(好惡)를 기초로 할 것이 아니고, 여러 가지 점에서 논리적으로 귀결을 지어 보려는 비평 방법을 가리킨다. 따라서 비평가의 주관은 용납되지 않으며, 문예비평의 판단은 소위 심미적(審美的) 판단으로서 감상비평에 이르지 않으면 안 된다.

—백철, 『문예사전』

⑧ 문예비평은 비평가의 개인적 취미에 의한, 또는 향수하는 어떠한 미적 관념(美的 觀念)에 따르는 예술작품의 의식적인 평가이며 감상(鑑賞)이다. 비평으로 정착되는 것은 가치판단으로 확립되는 것이다.

—Shipley, *Dictionary of World Literature*

⑨ 진실한 비평이란 그 본질로서 바로 그 공평무사(公平無私 disinterested)의 정신을 활동시키는 것이다. 그것은 오로지 이 세상에서 알려지고 사색된 것 가운데서 가장 좋은 것을 배우고 나아가서는 그것을 사람들에게 전파시킴으로써 진실하고 신선한 사상의 물결을 일으키는 성실한 노력이다.[06)]

⑩ 비평이란 작품을 매체(媒體)로 한 독자와 작가의 정신적 교류요 나아가서 독자의 감상력과 교양을 향상시키며 작가에게는 창작상의 조언(助言)도 하는 것이라 하겠다.[07)]

---

06) 백철 編, 『批評의 理解』, 민중서관, 1968, 141쪽. 이 글은 M. 아널드(M. Arnold, 1822~1888)의 "The Function of Criticism at the Present time"(1865)이라는 논문의 일부에 해당함.

07) 정태용 외, 『文學概論』, 英文閣, 1963, 206쪽.

여기에 인용한 비평의 정의에서 보면, 대체로 비평의 작품 등의 평가와 감상 및 해석에 관한 행위로 규정하고 있음이 드러난다. ⑨만 비평 태도에 치우쳐 있어 예외지만 ③⑦⑩ 은 감상면에, ⑤는 다소 해석면에 역점을 두고 있다. ①②④⑥⑧은 주로 평가로 치중하고 있어 단연 평가적 성향이 강세이다. 그런데 이런 요소들은 다음 항목에서 다룰 비평의 기능과 연결되어 있다.

2.2. 문학 비평의 대상(對象)

비평의 대상이란 다룰 재료의 범위를 한정하는 문제와 관련이 있다. 이런 문제도 분명히 짚고 넘어가야 하는 이유는 어쩌면 소박한 상식인데도, 뜻밖의 함정에 빠질 위험이 있기 때문이다.

많은 문학개론서와 문학 비평론을 다룬 책들에서 '비평의 대상' 문제를 외면하는 경우가 많다. 하지만 드물게 발견한 언급을 참고하면 다음과 같다. 이런 성격 규명이나 영역 다듬기 작업은 그런대로 비평의 위치 찾기에도 유익한 시사점을 제시한다.

주지한 바와 같이 문학은 여러 장르로 이루어져 있다. 즉 시·소설·희곡·평론·수필 등이 그 범위가 넓은데, 이들이 모두 문학 비평의 대상이 되는 셈이다. 시를 대상으로 할 때 그것은 시비평이 될 수 있고, 소설을 대상으로 할 때는 소설비평, 희곡 텍스트를 비평할 때는 희곡비평, 평론을 비평하는 메타평론도 있을 수 있다. 그러므로 문학 비평의 영역은 문학 전반에 걸쳐 있으며, 그 대상도 장르별로 다양할 수 있다.

문학 비평의 대상은 장르별 작품을 다루는 작품론, 시인·작가를 대상으로 하는 작가론, 문학사(文學史)와 문학 이론을 다루는 메타비평 등으로도 구분할 수 있고, 신간평(新刊評), 문예 시론(時論), 월평(月評), 심사평, 또는 추천사 등 매체의 특성과 연관해 구분할 수도 있다. 다시 말하면, 비평은 무엇보다 일차적인 언어로써 쓰여진 시나 소설, 또는 희곡 등의 작품과 함께 그 글을 쓴 작가와 시인, 극작가도 논의의 대상으로 삼는다. 뿐만 아니라 비평은 또한 이차적 언어(meta language)인 비평가의 평론문도 포함해서 담론(談論, discourse)을 생산하는 작업이기도 하다.

이 점에 관해서는 롤랑 바르트(Roland Barthes, 1915~1980)의 다음과 같은 언급이 참고할 만하다.

> 문학 이론이 아무리 우회한다 해도, 모든 소설가와 시인은 상상적인 것이든, 언어 밖에 있건 언어 이전에 있건, 사물과 현상에 대해 말하는 것으로 여겨진다. 세계가 있고, 작가는 말한다. 그것이 문학이다. 비평의 대상은 아주 다르다. 그것은 '세계'가 아니라 담론, 타자의 담론이다. 비평은 담론에 대한 담론이다. 그것은 일차 언어(혹은 대상으로서의 언어(Language—object))에 작용하는 이차언어, 혹은(논리학자들이 말하는) 메타언어(meta—language)이다. 거기에서 비평 활동은 두 종류의 관계, 대상작가의 언어와 비평언어의 관계, 세계와 그 대상으로서의 언어의 관계를 고려해야 한다는 결과에 이른다.[08)]

롤랑 바르트는 '사물과 현상'에 대해 작가가 말하는 것에 대해 다루는 것이 비평이라고 했다. 그렇기에 비평은 '담론에 대한 담론'이라는 것이다. 사물과 현상을 다루는 문학이 1차 언어라면, 비평은 1차 언어를 다시 다루기

---

08) 롤랑 바르트 외, 김현 편역, 『현대비평의 혁명』, 홍성사, 1984, 39쪽.

에 메타언어라고 보았다. 그렇게 비평 활동은 작품의 언어와 비평의 언어를 동시에 고려해야 하고, 세계와 그 세계를 다룬 언어, 그리고 메타언어로서의 비평언어까지도 고려하는 활동이라고 보았다. 롤랑 바르트는 비평의 언어가 '담론의 질서' 속에 위치했음을 강조하고 있다. 그러기에 비평은 '담론을 생산하는 작업'이라고 했다.

3장 문학 비평이 맡은 기능

문학예술에서 비평이 맡은 역할은 무엇인가? 비평의 기능(Function)이란 문학과 문학을 포함하고 있는 사회에서 평론 활동이 맡아야 할 임무를 말한다. 비평의 장르적 성격과 어원적 고찰 및 속성들에서도 비평의 기능에 대해 일부 확인할 수 있었다.

비평이 맡은 기능(機能)은 작품(작가도 포함)을 해석하고 감상하며 평가하는 데 있다. 도식(圖式)으로 정리해 보면 아래와 같다.

해석(解釋) ------▶	감상(鑑賞) ------▶	평가(評價) 가치판단
(준비단계)	(예비단계)	(최종단계)
객관적	주관적	주관적, 객관적
이해, 통찰	감식, 음미	심사, 판단
이성적	감성적	이성적, 감성적
재단비평	인상비평	실천비평
원전비평 등	감상비평 등	비평의 비평 등

3.1. 해석하는 일

작품의 이해와 감상을 위해서는 해석(interpretation)이 이뤄져야 한다. 비평가는 원본의 글귀 등을 객관적으로 풀이함으로써 이해와 감상의 첫 단계에 진입하게 된다. 텍스트에 있는 모호한 말을 정확히 이해하는 것, 작품의 주제를 잘 정리하는 것, 필자가 누구인지를 밝히는 것 등 대상에 대한 비평적 기초작업이 해석에 해당한다. 해석은 텍스트의 정확한 이해를 위해 사회문화적 지식, 역사적 지식 및 과학적 지식을 필요로 한다. 문학적 해석은 당시의 언어가 가지는 사전적 의미 파악만으로는 불충분하기 때문에 그것이 쓰여질 때 어떠한 맥락이었는가를 알아야 한다. 그래서 언어 해석에 도움이 될 여러 가지의 사회문화적 지식, 역사적 지식과 과학적 지식을 필요로 한다. 또한 작가와 그 시대의 관계, 그 시대의 지배적 세계관, 작가의 경험과 작품의 관계 등 전기(傳記)적 사실도 파악할 필요가 있다.

비평은 작품의 가치평가에 들어가기 전에 텍스트의 구명(究明), 주석(註釋) 또는 전기적 사실과 작가의 세계관을 파악하는 원전비평(原典批評 textual criticism)이 선행되어야 한다. 몰턴(R. G. Moulton, 1849~1924)은 『문학의 근대적 연구(*The Modern Study of Literature*)』에서 다음과 같이 기술했다.

> 귀납적 방법의 정수는 관찰, 암시된 증명 및 신선한 관찰에 의한 설명의 입증이다. 제일로 문학 작품의 내용은 세부에 이르기까지 질의되고 또 그렇게 하는 것은 세부 그 자신을 위해서가 아니라 공통의 설명을 하는 데 있어서 그들 세부의 조화 또는 통일의 목적을 가지고 있기 때문이다. 다음은 그들 결과로써 일어나는 설명은 언제나 가설이어서 언제든지 쉽게 보다 넓은 설명에 기초를 두는 것에 양보하여야 한다.[09]

몰턴은 해석이 귀납적이라고 보았다. 그는 질문을 던지고, 답을 찾기 위해 조사, 관찰, 설명, 증명을 거쳐야 한다고 주장한다. 그리고, 가설 또한 귀납적 방법에 의해 수정·검증되어야 한다. 특징적인 것은 이 귀납적 비평(in-

---

09) R. G. Moulton, 『*The Modern Study of Literature*』, 本多縣漳 譯, 岩波書店, 1957, 308~309쪽 (구인환·구창환이 같은 책에서 재인용).

ductive criticism)이 문체, 조사(措辭), 수사, 사상 등에 대한 해석적 검토에 치중한다는 점이다.[10)]

허드슨(W. H. Hudson, 1841~1922)도 비평의 주된 기능 중에서 해석을 중시했다. 그는 비평에는 두 가지 기능이 있다고 보았다. 해석과 판단이 그것인데, 오늘까지 이 두 가지의 기능은 혼합되어 쓰이고 있다. 권위 있는 비평가는 판단을 하는 것이 모든 비평의 참다운 목적이라고 생각하면서도 이 목적에 도달하려는 수단으로서 해석을 강조했다.[11)] 허드슨은 해석과 판단이 혼합되는 경우가 많은데, 결국 해석은 가치평가라는 목적을 위한 수단이라고 보았다.

비평을 읽는 독자의 입장에서 보면, 판단은 해석에 비해 훨씬 더 눈에 잘 띈다. 하지만 판단은 주장에 가깝고, 해석은 증거에 가깝다.판단에 이르는 해석의 과정이 중요하다. 해석이 정교해야만, 판단을 신뢰할 수 있다.

3.2. 감상하는 일

감상(appreciation)은 문학 작품의 예술성을 향유(享有)하고 즐기는 것을 말한다. 작품을 통해 취향(taste)을 발견하고, 미적 교양을 넓히며, 자기의 감식안을 높이는 것도 포함한다. 감상은 작가와 독자 사이에 개입하여 텍스트를 통해 친밀한 관계 형성을 돕는 일이기도 하다. 작품 감상을 통하여 공감함으로써 미적 쾌감을 향수할 수 있다.

앞에서 말한 해석적 기능이 분석적이었다면, 감상적 기능은 종합적이다. 작품은 쪼개어 낱낱을 따지는 것이 해석이라면, 감상은 작품 전체를 고려

10) 구인환·구창환, 『文學槪論』, 三知院, 1990, 525쪽.

11) W. H. Hudson, 『*An Introdution to the Study of Literature*』, London, 1958, 266~267쪽.

하여 종합적으로 향유하는 일이라고 할 수 있다. 작품 감상은 하나의 통일체를 구성하는 문법, 정조(情調), 문체, 수사(修辭), 사상 등의 의미를 파악하는 정신작용이다.

작품이 주는 쾌감이야말로 그 작품을 즐기게 하는 동기이다. 비평은 예술작품에 대한 감동을 기록하는 것이라는 견해가 있다. 이는 비평적 기능 중 감상을 높이 산 것이다. 작가와 독자 사이에 개입하여 텍스트를 통한 친밀한 관계 형성을 돕는 것은 공명(共鳴)을 불러일으켜 쾌감을 나누는 것으로 나아간다. 프랑스(A. France)는 "훌륭한 비평가란 자기의 혼이 여러 가지 걸작 사이에서 어떠한 모험을 한 것인가를 말하는 비평가다"라고 했다. '작품이 주는 쾌락이야말로 그 작품의 우열을 측정하는 유일한 척도,[12)]라는 주장도 감상을 강조한 것에 해당된다.

감상비평을 처음으로 체계화한 페이터(W. Pater, 1839~1894) 이후, 칼라일(T. Carlyle, 1795~1881), 러스킨(J. Ruskin, 1819~1900), 와일드(O. Wilde, 1854~1900) 등도 이 논의를 확장시켰다. 이들은 있는 그대로 대상을 본다는 것이 진실한 비평의 목적이라고 했으며, 작품도 있는 그대로의 아름다움을 향수해야 그 작품에 담긴 혼에 도달하여 궁극적 즐거움을 맛볼 수 있다고 했다. 감상비평을 중시한 이들은 삶이나 인물의 아름다움, 작품이 그려낸 풍경의 아름다움과 즐거움을 향유하되, 아름다움의 실체에 대해 원인과 이유를 구태여 묻지 않으려 했다. 그것이 어떤 조건 속에서 경험되는 것인가가 이들에게는 중요할 뿐이었다. 이러한 감상(感想)적 태도는 작품을 향수(享受)하는 것 자체에 더 큰 가치를 두는 것이기도 하다.[13)]

감상비평은 주관에 치우쳐 작품의 가치를 객관적으로 평가하지 못할 우려도 안고 있다. 감상에는 직관적인 느낌과 인상이 작용한다. 작품의 향수

12) J. C. Carloni & J. C. Filloux, 『*La critique Litteraire*』, Paris, 1958, 54쪽.

13) 백철, 『文學概論』, 신구문화사, 1959, 383~384쪽.

에 비평의 기능이 있다고 하지만 비평이 감상에서 그 활동을 멈추어서는 안 될 것이다. 비평가는 단순히 그 작품을 해석하고 감상하는 데 그칠 것이 아니라, 그 가치를 판단하고 평가하여 작가와 독자에게 의미를 해석하는 역할을 한다.

여기에서 비평의 기능 중 평가라는 과제가 대두된다.

3.3. 평가하는 일

비평은 해석과 감상을 거쳐 평가에 이르는 과정이다. 평가(evaluation)는 가치판단 기준에 따라 좋고 나쁨을 나누는 것이기에, 문학 비평은 작품에 대한 문학적 가치판단을 중시한다. 이 판단은 해석이나 감상을 거쳐 도달하는 비평의 최종 단계이다.

한 작품에서 매우 감동적인 인상을 얻었다면, 그때 우리는 그 작품을 가치가 있는 작품이라고 판단한다. 또 다른 작품에서는 평가 기준에 부합되는데도, 깊은 감명을 받지 못하는 경우도 있을 수 있다. 감상에 의해서 작품을 평가하려는 경향과 척도나 기준에 따라 평가하려는 경향이 나타날 수 있다. 말하자면 감상을 바탕으로 그것을 자기 취미에 따라 판단하려는 인상비평과 이를 객관적 판단기준에 따라 평가하려는 재단비평이 있는 것이다.

여기에 유의해야 할 점은 주관적인 인상비평에 따르게 마련인 개인 취미나 견해에 의한 속단과 정실주의(情實主義)이다. 객관적인 재단비평도 주어진 틀에 의한 기계적 공식주의(公式主義)의 탈피가 필요하다. 작품의 상찬(賞讚)과 비판에는 설득력 있는 근거가 제시되어야 한다.

비평이 문학의 향수를 촉진하는 기능을 갖고 있다고 해도 그 향수는 감상에만 치우치지 않는다. 광의의 비평이라면 모르되, 제한된 비평 분야에서 궁극적인 기능은 해석과 감상, 그리고 평가(評價)에 있다. 비평은 미적 가치의식(美的 價値意識)에 의한 판단이 따라야 하는 것이기 때문이다.[14)]

요컨대, 비평의 기능에는 해석, 감상, 평가에 있는데 그 가운데서 평가가 최종 단계이다. 현대사회에서 제기되는 다양한 문제에 개입하여 해법을 제시하기 위한 방향이나 인간적 가치를 탐색하려는 지식인의 노력이 문학예술의 영역에서는 텍스트에 대한 평가를 통한 개입적 실천으로 나아가고 있다. 이는 비평의 어원이 지닌 감정(鑑定), 논평, 판단에 해당하는 속성일 것이다.

평가 작업에서 비평가가 어떤 태도를 취할 것인가도 중요하다. 고전주의 문학자인 알렉산더 포프(A. Pope, 1688~1744)가 그의 저서 『비평론(*An Essay on Criticism*)』(1711)에 제시한 규준(規準)들을 참고할 수 있다. 그는 비평가의 태도로 공정, 겸양, 예의, 성실성을 제시했다. 그리고 진실한 판단력을 방해하는 요인(要因)인 교만, 전체를 보지 못하고 부분만 보는 위험성, 무정견(無定見), 당파근성을 탈피해야 한다고 주장했다. 이는 매슈 아널드(Matthew Arnold, 1822~1888)의 유명한 논문 「현단계에 있어서의 비평의 기능(the Function of Criticism at the Present Time)」(1865)에서 밝힌 비공리적인 자세와도 상통하는 것이다. 아널드는 문학은 정치·사회학적인 권력관계에서 벗어나 본연의 문학사상에 입각해 공평무사(公平無私)한 태도를 취해야 한다고 했다.

결론적으로, 문학 비평은 문학 작품의 정의, 비교, 분류, 분석 등을 통해 설명하고, 이를 통해 문학 작품에 대해 해석, 감상, 평가에 도달하는 작업이다. 문학 비평은 문학 작품에 대한 설명 작업을 거쳐 문학사적 전통에 비추어 전체 문학과 작품과의 관계를 규명하고 궁극적으로 해당 문학 작품에

14) 구인환·구창환, 앞의 책, 527쪽.

나타난 가치를 평가하는 것이라고 할 수 있다. 대상에 대한 평가에는 반드시 그 평가에 대한 설득적 근거를 제시해야만 한다.

2부

문학 비평의 기원과 비평가의 역할

1장 동양의 고전 비평

2장 서양 고대 및 중세문학 비평

3장 한국 전통비평의 창조적 계승과 활용

4장 비평가의 위상과 역할

5장 비평의 여러 갈래

6장 비평의 발전 형태

1장 동양의 고전 비평

동양 비평은 일반적으로 중요 사상인 불교, 공자와 맹자, 노자와 장자 사상의 영향 속에서 형성되었다고 본다. 중국에서는 상고 시대부터 선진과 진한, 위진남북조, 당나라를 거치면서 역사적으로 형성되었다고 했다. 동양 비평은 일반적으로 '기(氣)'를 중시한다. 기(氣)는 감정(感情)과도 연결되어, 미학적 세계관 형성에 영향을 미치는 것으로 보았다.

동양에서는 오래전인 한말(韓末)의 위진(魏晋)시대에 제(齊)나라 사람 안지추(顔之推, 531~591)가 맨 처음 문학평론에 관한 용어를 썼다[01]고 전한다. 그의 저서 『안씨가훈(大顔氏家訓)』에 '문장을 배우려면 먼저 친구에게서 평론을 얻은 뒤에 발표해야 한다'는 내용을 적은 것이다. 여기에서 쓴 평론은 비평(評)과 이론(論)을 의미한다.

그럼에도 동양 비평을 논의할 때, 가장 먼저 이야기하는 저작이 『문심조룡(文心雕龍)』이다.

1.1. 유협의 『문심조룡(文心雕龍)』에 관하여

『문심조룡(文心雕龍)』은 동양 최초의 체계화된 문학 비평 이론서다. 『문심조룡』은 6세기경의 저작으로, 중국 선진(先秦. BC 12~13세기)부터 육조(六朝, 6세기)까지의 중국 고대 문학을 다룬 이론서이다. 저자는 제나라와 양나라 두 시기에 살았던 유협(劉勰, 465?~520?)이다. 이 저작은 문학 전

01) 『現代文學』 343호(1983. 7), 421쪽. 여기에서 沈伯綱은 顔之推의 家訓 문장편(文章篇)의 "學爲文章 先謀親友 得其評論 然後出乎"라는 대목을 들어 실증하고 있음.

반에 걸쳐 여러 주의사항을 체계적으로 언급하고 있으며, 탁월한 식견으로 정연한 문학 이론으로 전개하고 있다.[02] 공자의 문학관과 불교적인 요소가 융합된 『문심조룡』은 서양에서 강의한 아리스토텔레스(Aristoteles, B.C. 384~322)의 『시학』에 버금가는 비평 이론서로 평가받는다. 『문심조룡』은 『시학』과 문학관이나 자연관, 그리고 창작방법론이 상이하다. 아쉽게도 『문심조룡』은 동양적인 문학 비평 이론으로 널리 보급되거나 폭넓게 활용되지 못해 『시학』과 같은 서양적인 문학 이론의 물결에 묻혀 버렸다.

『문심조룡』의 제목인 '문심(文心)'은 글에 관한 사람의 마음을 의미한다. 문학창작, 감상, 비평 등을 할 때 나타나는 인간의 마음의 움직임을 말한다. '조룡(雕龍)'은 용을 조각한다는 의미를 갖고 있다. 이 비유적 표현은 용과 같은 상상적 동물을 조각할 때, 조각가의 세심한 주의력이 필요하고, 또한 뛰어난 기교도 요구된다는 의미를 담고 있다. 따라서 '문심조룡(文心雕龍)'은 '문학을 하는 데 요구되는 세심한 주의력과 기교에 관한 주제를 다룬 것'이라는 해석이 가능하다.

이 책은 총 50편의 글로 구성되어 있고, 크게 네 부분으로 나눌 수 있다. 첫 번째 부분은 1편부터 5편까지이다. 이 부분에서는 문학 장르와 문학의 기본체계를 다루었다. 두 번째 부분은 6편에서 25편까지이다. 이 부분에서는 중국 선진시대부터 육조시대까지의 다양한 문학 장르를 다루었다. 각 장르가 갖추고 있는 형식과 내용상의 특징을 설명하고, 변화과정을 서술하고 있다. 세 번째 부분은 26편에서 49편까지이다. 『문심조룡』에서 가장 중요한 부분으로, 문학에 대한 원론적 논의가 이뤄지고 있다. 상상력, 개성, 장르적 특성, 문학의 전통 계승과 혁신, 형식과 내용의 조화, 문학에서 언어의 활용 등을 다룬다. 네 번째 부분은 마지막편인 「서지(序志)」이다. 마지

---

02) 차상원, 『中國古典文學批評史』, 범학도서, 1975, 127쪽. 양(梁)나라 시대 33세의 유협이 쓴 『文心雕龍』은 상·하의 10권 50편으로 되어 있음.

막에 있지만, 글 전체의 서문에 해당하는 부분이다. 유협은 「서지」에서 『문심조룡』의 집필 동기와 목적, 전체 구성을 언급하고 있다.

중국 고대 문학을 다루고 있음에도 문학의 보편적 쟁점들을 논하고 있어 인상적이다. 유협은 중국 문학이 전통의 계승과 시대에 따른 혁신을 통해 구성되었음을 밝히고 있다. 유협은 '변화를 통한 혁신'이라는 관점에서, 내용과 형식의 역동적 운동성을 파악하려 했다. 문학이 문자로 이루어진 세계라고 할 때, 우주 만물의 현상, 인간의 사회문화적 현상, 그리고 문학예술의 세계는 질서를 형성한다. 『문심조룡』은 문학을 우주적 질서와 연결시킴으로써, 문학의 보편적 위치를 확보하려는 시도를 하고 있다.

1.2. 한국 전통비평의 흐름

우리나라도 고전문학의 서양의 문예이론과 중국의 문예비평 이론과 같은 역사적 전통을 형성하고 있다. 서양의 르네상스 직전인 고려 후기에 비평사서(批評四書)로 꼽히는 저술이 발표되었다. 이인로의 『파한집(破閑集)』, 최자의 『보한집(補閑集)』, 이규보의 『백운소설(白雲小說)』, 이제현의 『역옹비설(櫟翁稗說)』 등이[03] 그것이다. 고려 이전에도 자생적 비평들이 없지 않았으나, 본격적인 체계를 갖춘 네 편의 저술들은 높이 평가할 만하다. 송나라의 시화(詩話) 등을 영향받아 주기론(主氣論), 주의론(主意論) 같은 중국시학에 바탕하되 우리것의 특성을 주장했던 이규보와 최자는 특히

03) 정병욱, 『한국고전의 재인식』, 기린원, 1988, 259쪽.
고려 충혜왕 때의 선비 이제현이 56세되던 해 (1343)에 쓴 4권의 역사·인물·경전을 논하면서 시문·서·화를 비평하고 있는데, 그 명칭은 저자 스스로 '역'보다는 '낙'으로, '패'보다는 '비'로 겸손하게 발음해 달라고 밝히고 있음.

시론가(詩論家)로, 이인로와 이제현은 비평가로 자리매김하기도 한다.[04]

조선시대에는 예의 시화(詩話)와 만록(漫錄) 형태로 된 비평서들이 계속 해서 쓰여졌다. 15세기 중엽의 관학파 선비로서, 신라 최치원으로부터 조선 초기에 걸친 우리나라 문인들과 중국 시 등에 대해 기록한 서거정의 『동인시화(東人詩話)』[05]를 들 수 있다. 성현의 『용재총화(慵齋叢話)』, 남효온의 『추강냉화(秋江冷話)』도 중요 저작이다. 실학파에 속하는 인물들로서 이수광의 『지봉유설(芝峰類說)』[06], 이익의 『성호사설(星湖僿說)』 등이 있다.

조선조 조정의 뒷받침을 받아 우리나라에서 한문으로 쓴 역대 시화를 수집 편찬한 서거정 등에 의한 『동문선(東文選)』과 홍만종의 『시화총림(詩話叢林)』[07]에 수록된 시화 관계 저서들도 중요하다. 김만중은 『서포만필』에서 송강 정철의 「사미인곡」과 「속미인곡」을 격찬했다. 또한, 김만중은 제나라 말을 두고 남의 나라 말을 사용하는 처지를 앵무새로 비유해서 일종의 탈식민주의적 문학관을 피력했다. 『서포만필』은 주체적 비평관을 제시한 우리 전통비평의 유산이라고 할 수 있다.

---

04) 전형태 외, 『韓國古典詩學史』, 홍성사, 1979, 100~101쪽.
이런 주장에 대해서 필자(이명재)는 다수의 이의(異議)가 있을 수도 있다고 생각함.

05) 四佳 서거정(1420~1488)의 『동인시화』는 2권으로 된 詩話書임.

06) 이수광(1563~1628)의 기사일문집(奇事逸聞集)으로 20권 10책으로 된 이 저서에는 서양문물 소개와 몽고어 관계 이야기 및 詩文門 3권이 포함되어 있음.

07) 홍만종(1643~1725)의 『시화총림』에는 모두 4권 가운데 1권 이규보의 『백운소설』 등 6명, 2권 이제신의 『청강시화』 등 8명, 3권 이수광의 『지봉유설』 등 5명, 4권 김득신의 『종남총지』 등 4명을 합해 모두 23인의 시화(詩話)가 수록되어 있음. 그리고 홍만종은 이 밖에 자신의 시화집인 『순오지』와 우리나라 시인을 주로 쓴 『소엽독평(小葉讀評)도 두고 있음.

2장 서양 고대 및 중세문학 비평

서양 비평은 일반적으로 그리스, 로마의 고전시대 비평부터 시작하는 것으로 본다. 영국 비평의 역사적인 개관을 한 글이나 대부분의 영미 비평선집은 16세기 시드니 경(Sir Philip Sidney)의 논의로부터 시작한다. 실상은 르네상스 시대 이래 신고전주의 시대가 중요하다. 또한, 진정한 의미에서 서양 근대비평의 시초는 18세기 계몽주의 시대라고 할 수 있다. 르네상스 시대 이래의 서양 비평사는 고전 비평의 수용, 재해석, 변형, 확산 등의 역사라고 볼 수 있다. 그렇기에 플라톤, 아리스토텔레스, 호라티우스, 롱기누스, 단테 등에 관한 논의가 중요하다.

2.1. 플라톤

플라톤(B.C. 427~347)은 『이온』, 『파에도』, 『파에드로스』에서 시의 본질적인 기능을 영감으로 파악하며 시를 높이 평가하기도 했으나 후일 그의 이데아(Idea) 철학의 확립과 더불어 『공화국』에서는 시에 대해 부도덕함은 물론 도덕적으로 유해하다고 결론 짓고 있다. 플라톤은 시인 추방론을 제기하기까지 했다. 플라톤이 제시한 근거는 다음과 같다.

① 시는 궁극적 진리나 실재의 이데아에서 3단계 벗어난 그림자를 모방한 거짓말이다.

② 모방의 모방인 시는 인식론적으로 무용하며 시간낭비일 뿐이다.

③ 독자들이 그런 시를 읽고 잘못된 환상을 통해 도덕적으로 나쁜 영감의 영향

을 받는다.

플라톤 자신도 젊은 시절에는 시를 썼으나 철학에 뜻을 둔 후에는 시들을 모두 불태워 버렸다고 한다. 그가 살던 시대는 희랍 세계가 붕괴되던 시기로 혼돈과 무질서가 팽배해 있었다. 그는 당연히 그의 철학적 이상으로서 질서와 이성을 중시하게 되었으며, 광기로 통하는 영감(inspiration)을 자신의 이데아 철학 체계와 이상국가에 대한 위협 요소로 보았다. 그는 영감을 불러일으키는 시를 그의 이상국가에서 배제했다. 이것은 아이러니하게도 플라톤이 얼마나 문학의 힘을 의식하고 경계하였는가를 반증하는 것으로도 볼 수 있다.

2.2. 아리스토텔레스

플라톤의 제자인 아리스토텔레스(B.C. 384~322)는 스승인 플라톤과는 다른 생각을 갖고 있었다. 아리스토텔레스는 물리학, 정치학, 형이상학, 수사학, 윤리학 등 모든 서양학문의 아버지이다. 문학에 관한 본격적 논의는 『시학』에서 펼쳤다. 아리스토텔레스는 예술을 인간을 포함한 자연의 모방(mimesis) 또는 재현(representation)이라고 생각했다.

다음의 비극의 정의에서 아리스토텔레스의 모방적 문학관이 잘 나타나고 있다.

> 비극은 그 끝까지 완결되어 있고 일정한 크기를 갖는 고귀한 행동의 재현으로서, 작품을 구성하는 부분에 따라 각기 다양한 종류의 양념으로 맛을 낸 언어를 수단으로 삼는다. 그리고 비극의 재현

은 이야기가 아닌 극의 등장인물에 의해 이루어지며 연민과 두려움을 재현함으로써 그러한 종류의 감정에 대한 카타르시스를 실현한다.(아리스토텔레스, 김한식 옮김, 『시학』, 그린비, 2022)

인간은 본능적으로 모방 욕망이 있고 모방하는 데서, 또 조화와 리듬 속에서 즐거움을 느낀다. 아리스토텔레스는 극 중 인물에 대한 연민과 두려움과 같은 감정 이입이 카타르시스와 연결된다고 보았다. 자연의 모방으로서 문학이 인간의 감정 정화에 영향을 미친다고 본 것이다.

아리스토텔레스는 비극의 6가지 중요한 요소를 줄거리(플롯), 성격, 표현, 사상, 볼거리, 노래로 보았다. 이 중에서도 가장 중요한 것은 사건들을 조직적으로 배열하는 플롯이라고 했다.

실제로 비극은 사람을 재현하는 것이 아니라 행동과 삶과 행복(불행 역시 행동 속에 들어 있다)을 재현하며, 비극이 겨냥하는 목표는 행동이지 성품이 아니다. 인간의 이런저런 성품은 성격에 따라 결정되지만, 행복한가 아닌가는 그들의 행동에 따라 결정된다. 따라서 그들은 성격을 재현하기 위해서 행동하는 것이 아니라, 행동을 통해서 그들의 성격이 드러나는 것이다. 그러므로 사건과 줄거리가 바로 비극이 겨냥하는 목표이며, 언제나 목표가 가장 중요하다. … 그러므로 비극의 제1원칙이며 비극의 영혼이라고 할 수 있는 것은 바로 짜임새 있는 줄거리(플롯)이다. 성격은 두 번째로 중요한 부분이다(실제로 그림의 경우에도 이와 거의 유사하다. 아무리 아름다운 물감이라도 화가가 이를 되는 대로 칠한다면, 그 결과는 색채 없이 선으로만 그린 명확한 형상만큼 매력을 갖지 못할 것이다). 비극은 무엇보다 행동의 재현이며, 바로 그렇기 때문에 행동하는 사

람들의 재현인 것이다. (아리스토텔레스, 김한식 옮김, 『시학』, 그린비, 2022)

아리스토텔레스에게 플롯 구성은 비극의 등뼈와 같았다. 그는 『시학』에서 자기 시대의 대표적인 소포클래스의 비극작품들을 분석, 검토하여 — 현존하는 것은 일부에 불과하다 — 장르론, 비극론, 문학 작품의 유기적 구조론, 개연성, 일종의 문학효용론이라고 볼 수 있는 카타르시스(catharsis)론 등 문학의 기본적인 문제들을 제기하였다.

아리스토텔레스는 관객이나 독자에게 주는 비극의 효과를 "카타르시스"(정화 淨化)라고 보고 있다. 여기서 카타르시스는 의학적 용어에 가깝다. 배설이나 정화의 뜻을 지닌다. 우리는 비극을 읽거나 관람하고 "연민"과 "두려움"을 느껴 우리 안에 엉켜있는 어떤 억압된 것을 풀어낸다. 이는 일종의 심리학적인 효과라고도 할 수 있다. 공자는 자신이 편찬한 중국고대시가 모음집인 『시경(詩經)』의 시적 효과에 대해 『논어(論語)』에서 한 마디로 "사무사(思無邪)"라고 말했다. 이 말은 시를 읽음으로써 우리는 우리 자신의 사특한 마음을 없앤다는 말이다. 공자의 사무사는 아리스토텔레스의 카타르시스와도 닮았다.

아리스토텔레스의 『시학』은 다음과 같은 관념을 통하여 후대의 비평에 영향을 끼쳤다.

① 예술은 자연의 모방이라는 관념

② 문학의 형식과 통일성의 중요성

③ 문학을 역사나 철학과 구별하는 개연성(probability) 개념의 중요성

④ 문학적 언어에 대한 관심

⑤ 카타르시스에 치중하는 예술관

⑥ 비극의 정의와 구조

아리스토텔레스의 또다른 공적은 플라톤이 범한 (1) 심미적 판단과 도덕적 판단을 혼동하는 경향과 (2) 예술을 실재계의 사진과 같은 모사(模寫)로 보는 관점을 바꿈으로써, 재현(Representation)이라는 관점을 제시한 점을 꼽을 수 있다.

2.3. 호라티우스, 롱기누우스

1세기경에 호라티우스(B.C. 65~8)가 운문 서한 형식으로 쓴 『시론』은 아리스토텔레스 이래 가장 널리 후세에 영향을 끼친 저작이었다. 『시론』은 아리스토텔레스의 수사학을 발전시켜, 정합성(Decorum)의 원리를 강조했다. 문학의 두 가지 기능인 교시적(教示的) 기능과 쾌락적 기능을 구분해 언명하면서 그리스 문인들의 전범들을 제시했다. 『시론』은 시(詩) 일반을 다룬 포에시스(Poesis), 시의 기술적인 문제를 다룬 포에마(Poema), 시인의 자격과 의무를 다룬 포에타(Poeta)로 나누어 시와 수사법에 관해 논하였다. 거의 같은 시기에 나온 퀸틸리아누스의 수사론인 『웅변의 기구』도 서양의 문학 비평 이론에 영향력이 큰 저술이었다.

롱기누스(Longinus, 기원후 1세기 혹은 3세기 사람이라고 하는 등 의견의 일치를 보지 못하고 있다)는 아리스토텔레스나 호라티우스와는 대조되는 비평가로 문학적인 영감과 문학 작품이 주는 감동의 측면을 강조한, 말하자면 최초의 낭만주의 비평가이며 비교문학적인 비평가라고 할 수 있다. 그는 『숭고미론(*On the Sublime*)』에서 아리스토텔레스처럼 문학 작품의 통일성과 조화를 강조하기는 했지만 그보다는 '숭고한 것'을 더욱 중시했다.

숭고한 작품은 독자에게 열정적 반응을 불러일으킨다고 보았다. 롱기누스의 영향은 아리스토텔레스보다 훨씬 뒤늦게 시작되었지만 오늘날 그것은 더 강하게 남아 있는 듯하다. 그는 숭고('the sublime')의 특징을 다음과 같은 말로 규정한다.

> 숭고미는 "표현의 우수성이나 독특함"에 있다거나, 가장 위대한 시인들과 역사가들이 그들의 탁월성을 획득하여 영원한 명성을 얻게 되는 것은 바로 이 숭고미 덕택이었다는 등의 이야기들 말이다. 숭고미가 산출하는 고양된 언어의 효과는 청중들을 설득하는 것이 아니라, 그들을 감동시킨다는 것이다. 항상, 그리고 어느 방식으로든, 경이로 우리를 감동하게 하는 것은, 단순히 우리를 설득하여 만족시키는 일보다, 더욱 효력이 강력하다. 보통 우리는 설득을 당하는 정도를 통제할 수 있다. 그러나 이들 숭고미를 주는 연설들은 불가항력의 힘과 통제를 행사하여, 모든 청중을 압도하게 된다. … 작문의 전체 구조를 검토한 후에서야 비로소 매우 느리게 그 처리 능력의 우수성이 드러난다. 그러나 시기적절한 숭고미의 타격은 번개와 같이 그 앞에 있는 모든 것을 다 박살내고, 한 번의 타격으로 연사의 강력한 힘이 드러난다. (롱기누스, 김명복 옮김, 『롱기누스의 숭고미 이론』, 연세대학교출판부, 2002)

"숭고미"를 어떻게 찾아낼 수 있을 것인가? 롱기누스는 다음과 같이 대답하고 있다.

> 진정한 숭고미란, 내적인 힘이 작용함으로 우리의 영혼이 위로 들어올려져, 우리는 의기양양한 고양과 자랑스런 기쁨의 의미로 충

만하게 되고, 우리가 들었던 것들을 마치 우리 자신이 그들을 만들어냈던 것과 같이 생각하게 만드는 데 있다. 만일 지성을 갖추고 학식도 많은 사람이 어떤 한 구절을 여러 번 듣고도, 그 구절이 그의 영혼에 장엄함의 의미를 전해 주지 못하고, 단순히 단어들이 주는 의미 이외에, 어떤 반성의 양식으로 마음에 남지 않을 뿐 아니라, 오랜 동안 조심스레 검토하여 보면 볼수록 그 의미의 효과가 떨어지는 경우, 그때 그 구절은 진정한 의미의 숭고미 성질을 지니고 있지 못한 것이 된다. (롱기누스, 김명복 옮김, 『롱기누스의 숭고미 이론』, 연세대학교출판부, 2002)

'숭고함'의 5가지 원천으로 롱기누스는 (1) 사상의 확고한 파악 (2) 고양된 정서 (3) 비유의 적절한 구성 (4) 주목을 끄는 언어 (5) 위엄과 고양의 전체적인 효과를 들고 있다. 그의 이론은 천여년간 잊혀져 있다가 르네상스 시대 이후부터 주목을 받기 시작해서 신고전주의 시대인 18세기에도 큰 영향을 미쳤고 19세기 낭만주의 시대를 거쳐 20세기 현대에 이르고 있다.

롱기누스 이래 르네상스에 이르기까지 모든 학문의 주된 관심사는 신학(神學)이었기 때문에 문학 비평에 관한 저작은 거의 없으나 그 사이에 아주 중요하고 유일한 비평적 저작은 르네상스 시대를 열어젖힌 이태리의 시인 단테(Dante Alighieri, 1265~1321)의 『토속어론』(*De Vulgari Eloquentia* 土俗語論)이다. 아리스토텔레스의 『시학』이나 롱기누스의 『숭고미론』을 읽지 않았을 것으로 추정되는 단테는 그 당시 모든 중요한 저작들의 보편 언어였던 라틴어를 거부하고 최초로 자신의 『신곡』에서 모국어인 이태리어를 사용했다. 그는 모국어의 문학어로서의 유용성, 우수성, 표현력을 강조하고 적어도 모든 서정시는 모국어로 쓸 것을 제창했다. 그는 시어로서의 모국어를 '빛나는, 탁월한 (illustrious)', '기본적인, 주요한 (cardinal)', '예절 있는, 품위 있는 (courtly)', '남성적인, 강인한 (curial)'과 같은 특징을 가진 것으로 극구 칭찬하였다. 시적인 창작에 관한 단테의 충고는 다음과 같다.

① 위대한 시인들과 경쟁할 것

② 힘에 맞는 주제를 택할 것

③ 주제에 따라 적절한 문체를 선택할 것

④ 작시 기술을 부단히 연마하고 지나치게 시인의 천재성에만 의존하지 말 것

단테는 스콜라 철학의 용어를 사용함으로써 고전 어휘가 아니고도 문학 비평이 가능함을 보여 주었다. 라틴어 대신 이탈리아 언어를 사용한 그의 비평은 조금 생소하게 느껴지긴 해도 매우 정연하다. 그는 18세 때에 베아트리체를 만나 열애하다가 23세 무렵에 그녀가 죽자 그녀에 대한 열정을 다 쏟아서 삼 년 후에 여성의 아름다운 마음씨를 기린 『신생(新生)』을 발표했으나 실패하자 좌절감에 빠졌었다. 그 뒤 『신생』이 실패한 이유가 딱딱한 라틴어로 썼기 때문임을 깨닫고 한사코 이태리 사투리로 글을 씀이 타당하다는 『속어론』을 1304년에 발표하였다. 그러고는 그 이론에 입각해서 1307년에 집필을 시작한 『신곡(神曲)』을 무려 13년간에 걸쳐서 토스카니 사투리로 완성하여 크게 성공한 것이다.

단테는 원래 『신곡』을 희극(Commedia)이라 이름하였다. 그 이유는 공포스러운 지옥에서 시작하여 천국으로 끝났다는 데 기인한 것이다. 여기서 우리는 비극과 희극의 개념에 대한 고전적 구별이 매우 단순하다는 것을 알 수 있을 것이다. 표현양식이 대중의 언어를 사용하고 있어 희극으로 규정하고 있다. 이 작품의 목적은 인간 구제에 있었던 것이다.

이러한 과정에서 단테의 『토속어론(De Vulgari Eloquentia)』이 나왔다. 단테는 이 『속어론(俗語論)』에서 모국어를 사용하여 훌륭한 문학 작품을

창작할 수 있을 것인가에 대해 고민했다.[08] 그 당시에 교육받은 사람들은 대개 라틴어로 글을 썼고 자국어는 천하게 여기고 있던 때였다. 이것은 마치 우리나라 조선시대에 한문을 숭상하고 한글을 언문이라 하여 무시했던 것과 흡사하다.『신곡』의 성공으로 그의 도전이 중세시대 하나의 사건으로 기록되었고, 민족문학의 이론적 기틀이 마련됨으로써 민족국가 형성의 문화적 기반이 되었다. 단테의『신곡』이후 민족문학 담론이 형성되었고, 문학비평이 담론 형성과 문학 작품의 적극적인 해석에 기여하는 방향으로 나아갔다.

08) 김우종·김혜니, 앞의 책, 81~84쪽.

3장 한국 전통비평의 창조적 계승과 활용

근대 문학 비평 이론은 한국의 처지에서 정립시키고 체계화한 주체적 접근이 아니라, 거의 서양의 구미 이론에 기대어 다룬 모방적 요소가 짙다. 이런 모순은 한국뿐만 아니라 이웃인 일본과 중국의 경우도 마찬가지이다. 동양 문화권의 서양 이론에 경도된 문예비평 현상은 바로 탈식민주의적 반성과 직결되는 동시에 한국비평의 정체성을 찾는 과제와도 연결된다.

우리의 언어와 문화 전통 속에서 독자적으로 행해져 온 문예이론과 비평이 있는데도 이를 외면하고 외래적인 서구 이론에 치우쳐온 행태는 일종의 문화적 식민주의 현상이다. 현대문학이 처한 현실 속에서도 일부 뜻있는 비평가들은 이에 대한 자각과 반성으로 남달리 문화적 식민지 현상의 탈피를 모색해 왔다. 그중에는 우리 고전비평 연구를 학구적으로 정리했으며 백철이나 송욱 등은 동서양의 그것을 비교함과 동시에 우리 비평의 문제점으로 제기하기도 했다. 다수의 평론가들도 직접 평단에서 전통적인 접근으로 현장비평에 활용해서 새로운 가능성을 실증하고 있다.

3.1. 조선시대의 전통비평

1) 실학자들의 자유로운 시정신

조선 전기의 서거정과 조선 중기의 허균에 이어 조선 후기를 대표한다고 평가되는 남용익의 『호곡시화(壺谷詩話)』와 『호곡만필』에 나타난 비평자세에 주목하게 된다.[09] 남용익보다 1세기 남짓 후세에 태어난 정약용의 조선시 선언도 당시 선비들이 추종하던 중국시의 고전적인 틀을 벗어나려는 주체적인 인식이 나타나고 있다.

> 붓 가는 대로 쓰면 미친 말을 따른다
> 까다로운 운에 구애될 필요가 없고,
> 늦추어서 퇴고(推敲)할 필요도 없다.
> 흥이 나면 바로 뜻을 움직이고,
> 뜻이 나타나면 바로 쓴다.
> 나는 조선 사람이어서,
> 조선시를 즐겨 짓는다.[10]

정약용의 중국 시의 '까다로운 운'과 같은 격식에 대해 비판적이다. 그는 '붓 가는 대로 쓰는 시'에 가치를 두었다. 그렇기에, 조선시는 흥을 더 중시하다고 보았다. 흥에 따라 뜻을 만들고, 시로 쓴다는 표현이 호방함을 나타낸다. 정약용은 여기서 더 나아가, 조선 사람으로서 조선의 시를 쓴다고 당당하게 이야기한다.

한국 고전비평 가운데서 특히 신경준(1712~1781)이 밝힌 다음과 같은 시작법(詩作法) 기준은 현대시 비평에 그대로 적용해도 좋을 것이다.[11]

---

09) 정대림, 『한국 고전문학 비평의 이해』, 태학사, 1991, 328~330쪽.
남용익(南龍翼, 1628~1692)은 여러 벼슬을 지내면서도 남달리 객관적이고 합리적인 비평 태도를 보여준 조선 후기 비평가이며 시인이었음.

10) 조동일, 『한국문학사상사시론』, 지식산업사, 1978, 288쪽의 번역문에서 재인용.

11) 정대림, 앞의 책, 269~270쪽.
여암 신경준(申景濬)의 『여암유고(旅菴遺稿』 13권 5책 가운데 『시법원류(詩法源流)』 등에 '시칙(詩則)'으로 6개 항목을 제시하고 있음.

① 시의 영역은 반드시 넓게 짧아야 한다는 점이다. 그렇게 한 다음에야 상하 여러 구들이 여유가 있게 되고 , 길어도 군색하지 않고, 짧아도 고루하지 않기 때문이다.

② 시어를 끊고 맺는 데는 간략해야 한다는 점이다. 말을 다하게 되면 여운이 없어 말이 많으면 지루해지는 것이다. 우리 나라의 시문은 대개 군더더기가 많고 번다하거나 끝부분이 중첩되어 여운이 없는 폐단이 있다는 점이다.

③ 표현에는 법도가 있다는 점이다. 아주 보잘것없는 것을 자세히 설명한다거나 번대한 곳을 간단히 한다든지 난(亂)의 곳을 가지런히 한다든지, 뜻이 분망한 곳을 한가한 뜻이 있게 한다든지 하는 것을 일러서 법도가 있다고 하는 것이다.

④ 시어를 다듬는 데 있어서는 신기한 재능이 있어야 한다는 점이다. 변화의 묘가 있으면서 힘들어한 것 같은 모양은 없어야 하고, 북치면서 춤추는 즐거움은 있으면서 시끄러운 소리는 없어야 하는 것을 일러 신기한 재능이라 하는 것이다.

⑤ 시어의 의경(意境)이 속되지 않아야 한다는 점이다. 어의가 한번 속되게 되면 공교하게 하고자 해도 비루해지고, 기묘하게 하고자 해도 비웃음을 얻을 뿐이다. 시인들은 속됨을 가장 금기로 하며, 가장 고치기 어려운 시의 병으로 생각하는 것이다.

⑥ 구성에는 흔적이 없어야 한다는 점이다. 상하와 사방이 무엇에도 구애되지 않고 타당하여 조그마한 흠도 없어야 한다. 만약 억지로 만든 것 같은 흠을 내지 않고서도 시가 이루어진다면, 그런 연후에야 시다운 시라고 할 수 있다는 것이다.

여암 신경준은 18세기 조선을 대표하는 실학자 중 한 사람이었다. 그는 진리를 '무실(務實)'에서 찾았다. '실질에 힘 쓰는 것'을 가치 있는 것으로 보았다. 성리학에 기반해 있으면서도 도교 등 제자백가의 사상에 열린 자세를 취한 것도, 여암 신경준을 비롯한 실학자들의 특징이었다. 신경준이 밝힌 시작법도 자유로움과 관련이 있다. 그는 시가 짧고 간결해야 하고, 여운의 미를 간직해야 한다고 했다. 오랜 시의 전통에 닿아 있으면서도, 근대시와 맥을 같이하는 부분이기도 하다. 법도가 있으면서도 변화의 묘를 가져야 한다는 것은 기교와 관련된 부분이고, 속됨을 피하는 것은 시의 품격을 논하는 것과 같다. 근대 자유시의 중요한 내적 창작원리인 자연스러움에 대한 강조도 인상적이다. 신경준의 시작법을 통해서도, 근대적 정신의 씨앗이 실학자들의 사상에서 이미 발아하고 있음을 발견할 수 있다.

3.2. 고전 비평 연구

한문으로 기록된 우리의 고전 비평은 풍부한 논의를 전개하고 있다. 고전 비평에 대한 현대 연구자들의 발굴과 정리 및 연구는 1960년대 이후부터 이뤄졌고, 지금까지도 체계화되지는 못하고 있는 실정이다. 주로 고전문학 전공자들에 의해서 자료해독과 중국의 영향 관계를 따지는 연구가 꾸준히 이뤄지고 있다.

1960년대 전반기에 주로 고려시대 비평 연구에 관심을 보이기 시작했다. 조종업의 「고려시론연구」(1963)와 서수생의 「백운소설연구」(1964) 등이 그것이다. 그리고 1960년대 후반에는 조선 시대 비평에도 접근하는 양상을 드러낸다. 조종업의 「동인시화연구」(1966), 이병한의 「시화에 산견되는 이조 문인의 문학이론」(1967) 등이 그 보기가 된다.

1970년대 들어서는 고려 시대의 비평서는 물론이요, 조선조 전후기의 비평서에 대한 분석과 정리에 많은 연구 노력을 집중하였다. 최신호, 차주환, 김진업, 이상익, 김시업, 박성규 등이[12] 이에 동참하고 있다. 한국 고전비평

12) 이명재, 「한국고전비평문학론고」, 『중대논문집』, 27집, 1983, 237~258쪽.

관계 연구로서 단행본을 낸 전형태 외 공저 『한국고전시학사』(1979)와 유재영의 『백운소설연구』(1979) 등이 출간된 것도 바로 이 시기의 일이다.

1980년대 이후에는 한국 고전비평 연구가 연구 대상이나 깊이에 있어서도 한층 심화된 채 여러 고전문학 전공자에 의해 접근 연구가 계속되었다. 정요일의 『한국문학 비평론』과 정대림의 『한국고전문학 비평의 이해』 등을 비롯한 여러 단행본 출간은 그만두고라도 학위논문으로까지 많이 연구되었다. 1990년대에는 다수의 박사학위논문이 전통비평의 재발견이라는 문제의식 아래 쓰여졌다.[13] 그만큼 우리 전통비평에 관한 인식을 새롭게 함과 동시에 서양 중심적인 비평에 대한 반성의 뜻이 담겨 있어서다. 2000년대 이후에는 『파한집』과 『보한집』과 관련한 구체적 연구나 '시화집'에 나타난 비평문을 대상으로 한 연구, 그리고 조선시대 문학 비평에 나타난 기사(記事)에 대한 연구 등으로 세분화되는 경향을 띠고 있다.

2) 동서양 문학과의 대비와 전통

고전 전공자들과는 상이한 처지에 있는 현대문학 전공자가 고전 비평에 주목한 경우도 있다. 이런 작업에 맨 처음 손을 대서 진지한 노력을 보인 비평가가 백철이다. 그는 한국 고전문학과 현대문학의 이원적 단절을 극복하려는 의식적 노력을 기울였다. 백철은 「전통론을 위한 서설」(중대논문집 6

13) 정요일, 『한문학 비평론』, 집문당, 1990.
1990년대에 한국 고전비평 관계로 박사학위를 받은 보기를 들면 아래와 같음.
구중희, 「시화총림의 문헌학적 연구」, 경희대, 1990.
김선기, 「소화시평연구」, 전북대, 1993.
박수권, 지봉유설문장부 연구」, 서울대, 1994.
박우훈, 「호곡 남용익 문학론 연구」, 충남대, 1988.
안대회, 「조선후기 시화사 연구」, 연세대, 1995.
정우봉, 「19세기 시론 연구」, 고려대, 1992.
진갑곤, 「홍만종의 한시 비평 연구」, 경북대, 1991. 등.

집, 1961)에 이어 「한국비평사를 위하여」(중대논문집 8집, 1963)와 「고대문학의 비평 이론」[14] 등을 통해 우리 선조들의 시화나 만록으로 된 문학 비평적 업적들을 수집, 평가하고 재정리하였다. 백철의 문제의식은 독자적인 민족문학의 길을 찾고, 세계문학과 민족문학의 관계를 재정립하는 것이었다. 그는 한국의 비평과 이론을 먼저 그 자체로서 독자적인 의의와 생명이 있는 것을 찾아내고 분명히 의식하는 사실이 필요하다고[15] 강조한 바 있다.

백철에 이어 송욱도 단행본으로 엮어낸 『시학평전(詩學評傳)』(1963)과 『문학평전』(1969)을 통해서 해박한 동서문학의 비교문학적 접근 성과를 보여주었다.[16] 여기에선 바레리의 엄밀성과 공자의 '사무사(思無邪)' '만해 한용운과 R. 타고르' 등에서처럼 상이한 동서문학의 배경과 전통문제를 심도 있게 다루었다. 백철이 비평사적인 문제에 천착했다면, 송욱은 작품의 음미와 상이성에 주안점을 두어 논의를 전개했다고 볼 수 있다.

1970년대 들어서는 조동일에 의한 고전 비평 이론과 문학사상에 대한 접근 노력이 두드러졌다. 백철이나 송욱이 동서양 문학의 대비적 연구를 시도한 데 비해 조동일은 우리 전통문학의 유산을 폭넓게 추슬러 주체적인 민족문학 이론을 정립한 것이다. 그는 「이기철학(理氣哲學)의 전통과 국문학 이론의 새로운 방향」을 통해 우리나라에서 14세기부터 19세기까지 사상사의 주류적인 위치를 차지한 이기철학을 강조하고 있다. 조동일은 한문학의 여러 분야는 물론 시조·가사·소설 등에서 이기철학의 주기론(主氣論) 등이 두루 적용되어 있다고 보았다.[17] 이런 전통적인 비평 이론에 입각해 서

14) 백철, 「고대문학의 비평 이론」, 『예술원 논문집』 3집, 1964, 1~15쪽.
여기서는 아리스토텔레스의 『詩學』과 유협의 『文心雕龍』을 대비하여 동서양 문학의 자연관, 문학관 등을 검토하고 한국 전통문학의 중요성을 설명하고 있음.

15) 백철, 「韓國批評史를 위하여」, 『중대논문집』 제 8집, 1963, p. 쪽.

16) 송욱, 『詩學評傳』, 일조각, 1963. 『文學評傳』, 일조각, 1969.

17) 조동일, 『韓國小說의 理論』, 지식산업사, 1977, 10쪽.

구 문학에서 차용한 분석비평은 본디 미리 설정되어 있는 이(理)이므로 국문학 실상에서는 실제로 문제점이 있다고 비판했다.[18)]

전통비평을 찾아 현대에 적극적으로 활용하자는 그의 견해는 곧이어 출간한 『한국문학사상사시론』[19)]에서 역사적으로 체계화되었다. 멀리 삼국시대 전후의 원효나 최치원으로부터 고려시대와 조선시대를 거쳐서 20세기의 조윤제에 이르는 스물여섯 명의 주요 문인들의 문학론과 사상을 아울러서 쓴 작업이다.

1980년대로 넘어와서 동서양 문학의 대비적 접근은 윤재근의 저술인 『시론(詩論)』[20)]이 주목할 만하다. 방대한 분량을 동양의 『시경』 등의 이론에 근거한 '시언지(詩言志)·사무사(思無邪)·율화성(律和聲)'을 서양의 것과 견주면서 전향적으로 재해석하려는 접근체계에서도 대단한 의욕을 보이는 저작물이다. 1980년대 상반기부터 전개한 그의 『만해시와 주체적 시론』(문학세계사), 『만해시 님의 침묵 연구』(민족문화사)에 이은 이 저술은 한국의 주체적인 전통비평을 수립해 보겠다는 의도를 담고 있다. 특히 최자의 『보한집』에 언급된 시론의 전개에 핵심적인 근거가 되는 기(氣)를 현대시에 연관시킬 필요가 있다[21)]는 견해는 앞의 조동일 주장과 함께 관심을 모았다. 이 밖에 현대문학 전공자로서 한국전통비평론의 탐구에 의욕을 보인 경우로서는 한승옥의 '기(氣)' 문학론과 '이광수와 허균의 문학론 대비'를 추가할 수 있다.[22)] 책 이름에서부터 현대문학에 한국 전통비평론 적용을 강조하

---

18) 위의 책, 54~55쪽.

19) 조동일, 『韓國文學史試論』, 지식산업사, 1978.

20) 윤재근, 『詩論』, 둥지, 1990.
지은이는 서문에서 '이번의 시론(詩論)은 우리의 詩文學을 위한 自生的인 詩 이론의 한 동기로 우리의 文學圈에 맞는 詩論'을 이라는 집필의도를 밝히고 있음.

21) 위의 책, 95쪽.

22) 한승옥, 『한국전통비평론 연구』, 숭실대 출판부, 1995.

는 의식을 확인하게 된다.

저자는 '기' 문제를 최초로 제시한 조비로부터 『논어』, 『노자』, 『장자』, 『맹자』 등의 중국고전과 이규보, 김시습, 서거정, 서경덕, 이율곡, 허균 등의 한국문인들의 예를 들어 기문학론을 펴고 있다. 그리하여 이광수, 김동인, 홍명희, 김소월, 한용운 등의 작품이나 작가론도 기 이론으로 접근함이 바람직하다는 견해를 분명히 한다.[23] "고전문학 이론에서 기문학의 개념을 정확히 추출하여, 이 기문학 이론을 현대문학론에 적용하는 방법"[24]이 요청된다고 주장하고 있는 것이다. 이 역시 기문학의 필요성을 피력한 결코 우연 아니게 견해의 일치로서 한국 비평에 수용해 볼만하다고 생각된다.

3) 전통적 비평의 적용 노력과 성과

한국적 토양에서는 이질감이 있는 서구의 현학적인 비평에서 벗어나, 어떻게 하면 자생력을 지닌 전통비평의 활용이 가능할까? 무엇보다 한국적인 비평론을 고전으로부터 찾아내서 우리에 맞는 알뜰한 비평을 실행해 보자는 의견은 외국문학을 전공한 평론가들도 마찬가지 소망일 것이다.

김우창, 유종호, 이태동와 같은 비평가들도 비슷한 문제의식을 공유했다. 이런 바람은 특히 한국 비평에 중요한 업적을 남긴 불문학자 김현도 분명히 언급했다. 평소 평단 활동에서는 누구보다 외국문학 이론을 많이 소개하는 불문학자였던 김현이, 비평가로서 다음과 같은 언명을 했다는 사실이 인상적이다.

---

23) 위의 책, 67~69쪽.

24) 위의 책, 6쪽.
저자는 이 책의 머리말에서 대학 강의 중 현대 비평론이 서구 비평 이론의 현학적 나열임을 느끼면서 이 허탈감을 벗어나는 새 출구가 다름 아닌 기문학론(氣文學論)의 탐구라는 것을 밝히고 있음.

또 하나 생각해야 할 것은 한국적 이론을 세워야 한다는 주장이다. 그 주장을 자세히 검토해 보면, 서구(西歐)의 문학 이론에만 매달려 있는 한, 한국문학 이론은 소위 새것 콤플렉스에서 벗어날 수 없다는 자각과, 서구(西歐)의 문학 이론으로 설명되지 않는 문학적 유산을 그것이 거기에 맞지 않는다는 것 한 가지로 폄하할 수는 없다는 생각이 그 속에 숨어 있다. 사실상 서수(西歐)의 문학 이론에만 매달릴 경우 (… 중략…) 얼굴이 누런 소(小)유럽인! 그 소유럽인들은 염상섭(廉想涉)의 자연주의(自然主義)가 에밀 졸라의 그것과 다르다고 그것을 폄하하고, 장용학(張龍鶴)의 실존주의(實存主義)가 사르트르의 그것과 다르다고 내리깐다. 잘못된 것은 언제나 한국인인 것이다.[25]

그런데, 실제로 평소 바람은 한국 토착적인 비평을 원하고 주장한, 앞에 보기를 든 중견비평가들은 전통비평을 적용하지는 못했다. 그 이유는 우선 고전에 대한 조예와 이론이 뒷받침되지 못한 때문일 것이다. 구체적인 실천비평에서 전통적인 비평 방법론을 적용하여 수긍되는 효과를 거둔 이들은 대체로 젊은 층인 소장평론가들이다. 그 중에는 학술논문이나 실천비평으로 나뉘어서 접근한 태도를 만나게 된다.

먼저 한국의 전통적인 접근방법을 활용한 논문으로는 김영석의 「한국시의 생성이론 연구」(1984)[26]를 들 수 있다. 주역의 태극이나 음양오행설을 원용한 이 논문에는 고려의 이인로·최자, 조선시대의 서거정·이율곡 등의 시론을 연결시켜 한국 현대시 작품을 풀이하고 있다. 김소월·한용운·이육사 등

---

25) 김현, 『한국문학의 위상』, 문학과지성사, 1977, 82쪽.

26) 김영석, 「韓國詩의 生成理論研究」, 경희대 대학원, 1984. 박사학위논문인 이 글을 발표한 이듬해에는 『국어국문학』에도 유사한 성향의 논문을 발표한 바 있음.

의 대표작들을 전통적인 비평론으로 설명한 것이다. 김영석은 그 이후에도 이런 접근법으로써 이육사와 정지용 시를 분석하여 그 활용을 실증하였다.

그런가 하면 전통비평을 지향해서 비평적 성취를 이룬 평론가들이 적지 않음을 본다.

최동호는 평론집『평정(評定)의 시학(詩學)을 위하여』에서 남달리 동양적 고전을 통해 한국 현대시에 접근하고 있다. 일종의 전통적 시학의 확장을 의식한 노력으로서 우리 현대시에서 잃어 가고 있는 유현심수한 동양사상의 정신주의를 추구하고 있는 것이다. 이런 그의 집념은 그 스스로 서문에서도 언급하고 있다. "최근 필자의 관심은 노장철학이나 불교사상이 어떻게 한국 현대시에 수용되었는가 하는 것이었으며, 여기서 나아가 한국적 서정시란 무엇인가 하는 것이었다. (중략) 서구적 논리에 일방적으로 주도된 20세기의 정신사적 와중에서 동양사상에 바탕을 둔 주체적 시학이 화립되어야 한다는 것이 필자의 일관된 관점 …".[27] 그래서 그는 실제로「김달진 시와 무위자연의 시학」,「조지훈의 '승무'와 '범종'」을 논하고「정현종 시와 노장적 불교적 상상」,「박제천과 노자의 도」를 진지한 자세로 찾아내서 대비하고 있다.

이런 동양적이고 불교적 상상력에 상관된 비평적 접근은 임우기의 평론집인『그늘에 대하여』[28]에도 드러나 있음을 발견한다. 보다 적극적이거나 전폭적이지는 않지만 밝은 빛과는 달리 음영적인 뉘앙스를 지닌 작품들에서의 구체적인 구절을 노장철학의 논리로 해석하거나 분석하고 있는 것이다. 서정주의 시나 조세희·박완서의 소설은 물론, 판소리에 걸친 그늘론은 앞으로 더 체계화되고 밀도감을 더할 때는 좋은 호응이 따를 소지가 많다.

전통비평적 접근노력은 현장 평론가의 활동에서도 돋보이고 있다. 고형

27) 최동호,『評定의 詩學을 위하여』, 민음사, 1996.

28) 임우기,『그늘에 대하여』, 강, 1996.

진은 평론집『시인의 샘』[29]등에서 퍽 설득력 있는 작품해석을 보인다. 그것은 역시 우리의 주체적인 시학을 추구해 보자는 일련의 평론들에서 아무래도 최동호와 조정권의 견해와 유사성을 지닌「동양적 정신주의의 시와 시학」, 황동규와 최승호의 불교적 상상력의 시에 대해서 쓴「현실적 삶의 질곡과 불교적 상상」등에서 두드러진다. 또한 1994년 후반기의 시를 중심으로 한「시 읽기의 현장」가운데 '이준관과 두 명의 신인, 혹은 자연 친화적 서정시' 등의 항목들에서 거듭 계속되는 작업성향이다.「동양적 정신주의의 시와 시학」중에는 조정권의 시집『산정묘지(山頂墓地)』와 이성선의 시집『새벽꽃의 향기』가 좋은 보기로 대두된다. 특히『새벽꽃의 향기』를 논한 대목에서는 구체적인 시에 드러난 물 — 이슬 — 우물 — 강물 등의 이미지를 흔한 바슐라르식의 4원소설이 아니라 노장의 심오한 물 이미지와 자연동화의 경지로 풀이하여 설득력을 더하고 있다.

또한 우리 전통적인 비평을 추구하는 사람 중에는 평론가 허혜정을 빼놓을 수 없다. 허혜정은「마음의 금강신(金剛身)」[30]에서 최승호 시를 새롭게 금강경의 공관(空觀)에 의한 불가적 담론으로 접근하여 신선한 가능성을 선보인 바 있다. 오늘의 한국 시작품에 동양의 뿌리 깊은 문화적 줄기를 형성해 온 유불선(儒佛仙)의 관점을 흡수하여 이룬 사상체계로서「세속도시의 즐거움」,「마빈 헤글러」,「때밀이 수건」,「저녁의 범종소리」등을 밀도감 짙고 체득력 있게 풀이해 낸 것이다.

그리고 허혜정은 실천비평적인 문예지의 월평에서도 한껏 육화(肉化)된 우리의 전통적인 접근으로 다각화된 글쓰기를 보여주고 있다. 시 작품에 대한 월평난에서「어둡고 깊은 겨울」이란 제목의 글에서는 여러 시인의 다양한 시 작품을 프라이의 원형비평처럼 현학적인 서양 비평 이론이 아닌 노

29) 고형진,『시인의 샘』, 세계사. 1996.

30) 허혜정,「마음의 금강신(金剛身) — 최승호 시의 공간(空間)일기」,『문예중앙』, 1997년 2월호.

자 도덕경과 폭넓은 도가나 불가적 이론을 적용하여 풀이하는 작업을 펴고 있다.

4장 비평가의 위상과 역할

4.1. 비평가의 위상

문학에서 비평은 어떤 지위에 있으며, 비평가는 어떤 위치에 있는 것일까? 이런 문제도 이론과 실제가 충돌하는 경우가 많으므로 검토가 필요하다. 더불어 비평의 자리매김이나 비평가의 위상(位相)과 관련하여, 비평가와 창작가 사이의 갈등도 끊이지 않고 있다.

창조적 문학이며 힘의 문학이 시나 소설, 희곡 등이고, 토의적 문학이요, 지식의 문학이 비평의 장르적 특성을 이룬다. 이런 속성 때문에 비평가와 창작자 사이에는 적지 않은 오해와 갈등이 있었지만, 실재에 있어서 창작가와 비평가는 갈등관계가 아니라 같은 문학의 길을 걷는 동반자적 관계이다.

1) 창작과 비평의 관계

창작과 비평(장르)은 동전의 양면(兩面)처럼 상호보완(相互補完)의 협력관계이다. 실제 현실에서 창작적 특성과 비평적 특성은 충돌할 수도 있고, 숱한 대립과 감정적 갈등도 발생하곤 한다. 비평가는 시와 소설 등의 작품을 상찬하거나 혹평해서, 시인과 소설가를 살리고 죽이는 생살여탈권(生殺與奪權)을 쥔 특권자인가? 아니면, 반대로 시와 소설에 대해 '주례사 비평'을 함으로써 시인과 소설가를 돋보이게 하는 들러리인가? 이런 문제는 실제로 동서양을 막론하고 작가와 비평가 사이에서 첨예한 대립을 일으켜 왔던 쟁점 사항이다.

일찍이 독일의 시인 괴테(Goethe, 1749~1832)는 "저 개를 내쫓아라! 저

놈은 비평가니까."라고 말한 바 있다. 시끄럽게 짖어대는 개에 빗대어 비평가를 비하한 것이다. 영국의 작가 디즈레일리(B. Disraili, 1804~1881)는 비평가를 가리켜 '문학과 예술에 실격(失格)한 사람들'이라고 말하기도 했다. 비평가는 창조적 작업을 할 역량이 안 되어 작가의 작업에 대해 토를 다는 것을 직업으로 삼는다는 의미이다. 러시아의 작가 체홉(A. P. Chekhov, 1860~1904)은 비평가를 '쇠꼬리에 귀찮게 달라붙은 파리'라고까지 말했다. 비평가가 작품 창작에 도움이 되기는커녕, 작가를 귀찮게 하는 필요 없는 존재라는 야유이다. 또 프랑스의 르낭(J. F. Renan, 1823~1892)은 정성들여 쓴 20편의 작품을 단 스무 줄로 비평한다고 분개하기도 했다.[31)]

이 밖에 프랑스 작가인 발자크(Balzac, 1799~1850)도 비평가를 예술의 실격자(失格者)로 보았고 영국의 작가인 모리스(Morris, 1834~1896) 또한 비평가를, 남이 쓴 작품에 대한 의견을 가지고서 생계를 도모하는 무리들 정도로 여겼다. 창작가의 비평에 대한 선입견은 비평의 본질을 평가절하하는 것으로 이어지곤 하며, 비평 무용론(無用論)으로까지 나아가기도 한다. 비평에 대한 부정적 인식이나 비평가와의 반목(反目)에서 출발해 비평가에 대한 공격성으로 표출된다. 비평가에 대한 선입견이나 비평에 대한 부정적 사고에서 벗어나 작품의 실제와 비평의 기능을 연관지어 살펴볼 필요가 있다. 이와 연관시켜 볼 때 비평가는 뮤즈의 시녀(Muse's hand–maid)라고 설파했던 알렉산더 포프(A. Pope, 1688~1744)의 견해 역시 온당하지 못하다. 일찍이 영국의 비평가 매슈 아널드(Matthew Arnold. 1822~1888)도 비평의 기능을 창작보다 낮게 본 워즈워스의 견해를 비판한 바 있다.[32)] 워즈워스 또한 비평 장르의 존재를 인정했다고 긍정했지만, 비평을 창작의 종속물(侍

31) 장백일, 『文學批評論』, 인문당, 1981, 28쪽.

32) M. 아널드, 「현단계에 있어서의 비평의 기능」, 1855; 백철 편, 『批評의 理解』, 1968, 민중서관, 133~134쪽.

女)로 간주하여 창작자의 우월의식을 내비쳤다.

한국문단의 논쟁 1호로 지칭되는 1920년의 김동인과 염상섭의 경우도 그 한 예이다. 이 논쟁은 염상섭이 김환의 소설 「자연의 자각」에 대한 작품평을 발표하면서 발단이 되었다. 염상섭은 '비평가는 작품의 가치를 판단한다'는 판사론을 주장하자, 김동인이 이에 반발해 '비평가는 작품 자체에 대해 해설만 담당해야 한다'는 변사론을 펼쳤다. 이 둘은 모두 비평의 공정성에 대해 이야기하고 있는 것으로, 한국근대문학 비평사에서 '비평가의 역할'을 두고 이뤄진 최초의 논쟁이었다.

요컨대, 비평은 창작과 비교해 상위(上位)도 하위(下位)도 아닌 불가분(不可分)의 관계이며, 문학예술의 발전에 필요한 독립적 존재이다. 두 장르는 본질적인 속성상 서로 대립된 채 비평이 작품에 간섭, 규제하는 것 같지만 실은 격려, 지적하고, 나누어 판별하는 관계이다. 비평은 창작분야에 매달려 시중을 들거나 해설하는 처지가 아니라, 창작자처럼 창조적인 기능을 맡고 있는 문학 분야로 볼 수 있다.

비평의 위치와 관련된 논란은 비평 장르 자체로부터 파생되기보다는, 시, 소설, 희곡, 수필 등과 같은 다른 장르와의 관계에서 발생하곤 한다. 비평과 창작의 문제는 함수관계에 있다. 비평과 다른 장르와의 관계에 대하여 민감한 반응을 보인 사람으로 오스카 와일드(Oscar Wilde, 1856~1900)와 존 미들턴 머리(John Middleton Murry, 1889~1957)를 들 수 있다. 이 둘은 모두 비평을 창작이라고 보고 비평가를 창작자라고 일컬었다. 머리의 의도는 비평을 문학적 표현의 일부로 봄으로써 평가의 지위를 다른 문인과 동일하게 평가하려는 데 있다.

해체비평가인 하트만은 이제 창작과 비평의 구분이 없어지고 모두 저술로 집약되는 시대가 다가오고 있다[33]고 말한다. 이런 견해에서 보면, 비평은 창작분야의 시나 소설, 희곡 등과 함께 독자적인 지위를 확보하게 된다. 비평은 시나 소설 등과 더불어 저술의 영역에 포함됨으로써 독자적인 창작 행위로서의 직능도 수행하는 위상을 갖게 된다. 롤랑 바르트의 주장에서처럼 "비평은 그 자체로 하나의 언어(더 정확히 말하자면 메타언어)"[34]로서 창작 작품의 체계를 재구성한다. 그리고 R. 린드(R. Lynd)의 견해와 같이 작가가 현실의 초상화를 그리는 대신 비평가는 작품의 초상화를 그려서 문학의 발전에 종사하는 존재로 인식된다.

다음과 같은 V. B. 라이치(V. B. Leitch)의 견해는 이를 대변해 주고 있다.

> 20세기 전반기 또는 초·중반기를 '비평의 시대'라 한다면 남은 후반기 또는 종반기는 '메타비평의 시대'인 것으로 보인다. 우리는 문학 작품의 비평적 검토 대신에 창작으로서의 비평 텍스트가 연구되고 산출됨을 목격한다. 텍스트성의 영역에서 이 두 가지 비평 텍스트 또는 분석 사이에는 어떠한 구분도 존재하지 않는다.[35]

비평을 하나의 텍스트로서, 창작으로 바라보는 견해가 위의 인용문에 나타난다. 비평을 창작 대상으로 파악하는 성향이 강해지면서 비평에 대한 비평, 즉 메타비평의 위상도 높아진다. 창작도 비평텍스트가 되고, 비평문도 비평 텍스트가 될 수 있다. 이렇게 텍스트의 영역에서는 둘의 구분이 의미가 없어진다는 견해이다.

---

33) 김성곤, 「해체이론에 대한 논의」, 『현대시사상』, 1990년 겨울호.

34) 롤랑 바르트 외, 김현 편역, 『현대비평의 혁명』, 홍성사, 1984, 42쪽.

35) V. B. 라이치, 권택영 역, 『해체비평이란 무엇인가』, 문예출판사, 1988, 300쪽.

2) 비평가의 역할

문학에서의 비평의 위상(位相)과 더불어 비평을 전문으로 하는 평론가의 역할이나 지위는 무엇일까? 이를 검토하기 위하여 기본적인 문제를 제시한 이론들을 밝히고 논의해 보기로 한다.

비평가의 지위에 관해서는 많은 문인들이 다양한 의견을 피력했다. 일찍이 J.M. 머리는 셰익스피어, 단테, 밀턴 등을 논하면서, 평가는 비평가의 권리인 동시에 의무라고 말한 바 있다. 이는 평론가의 비평 태도가 어떤 자의식을 갖고 이뤄져야 하는가를 보여준다. 영국의 T. S. 엘리엇(T. S. Eliot, 1888~1965)은 '비평가는 작자와 독자의 중간에서 독자의 작품이해를 도와주고 매개(媒介)해 주어야 한다'고 주장했다. 미국의 윔세트(W. K. Wimsatt, 1907~1975)는 '비평가는 작가와 독자 사이에서 독자의 교사(敎師) 역할을 한다'고 보았다. 또한 프랑스의 알베레스(R. M. Alberes, 1921~1982)는 작가와 독자 사이에서 중간자(中間者)[36] 내지 전달자의 역할을 맡은 존재가 비평가라고 말한 바 있다.

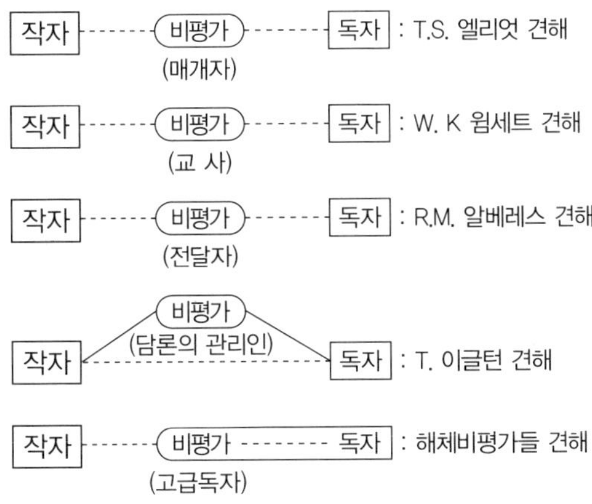

36) R. M. 알베레스, 이진구·박이문 역, 『20世紀 文學의 總決算』, 신양사, 1960, 151쪽.

이들의 주장에서 종합해보면, 평론가는 작가와 독자 사이에서 해석이나 감상 및 평가를 하는 매개자나 교사 또는 중간자 및 전달자이다. 평론가는 말하자면, 일종의 고급독자로서 많은 작품을 통독하고 있을뿐더러 작품을 감식(鑑識)하며 이해, 평가하는 전문가로서 독자의 길잡이인 것이다. 프랑스의 티보데(A. Thibaudet, 1874~1936)가 이전에 말한 바 "진정한 비평은 재판관(독자)도 아니요, 변호사(작가)도 아니며, 검사(비평가)이다. 그는 어느 편에 서지도 않고 어느 편을 무시하지도 않는다. 오직 중간에 서서 양편의 파장과 직업의식으로 창작하면서 그들의 의견과 찬부(贊否)의 이유를 모조리 수집, 정리하여 진위(眞僞)를 밝히고 평가하는 역할을 한다."[37]는 주장과 유사하다.

평론가는 작자와 독자 사이에 매개자, 교사, 전달자의 역할을 성실히 해내야 한다. 그러면서도 앞으로 한걸음 나아가서 작자에게 충고하거나 새로운 방향을 제시하여 독자들에게 더 친근하게 밀착하려는 자세와 노력이 요청된다. 비평가(평론가)는 단순히 작가가 의도하는 의미를 해설하거나 작품에 대한 이론의 조달자가 아니라, 테리 이글턴(T. Eagleton)의 견해처럼 담론의 관리인으로서[38] 작가와 일반 독자와의 대화에도 적극적으로 나서야 한다. 요즘 자주 논의되고 있는 문학의 위기 상황 속에서 비평의 임무는 더욱 가중되고 있다. 현대사회의 변화와 그 속에서 독자의 취향은 날로 변모해 가고 있으므로, 평론가는 사회의 변화와 작품의 변화를 민감하게 포착하여 '창작자의 심미적 태도와 독자의 미적 세계관 형성'에 기여해야 한다.

세계문학은 죤 바스의 논문 「고갈의 문학」(1967)과 로널드 슈케닉의 작품집 『소설의 죽음』(1969) 등에서 보듯 소설 장르의 사망선고를 걱정한 데

37) 장백일, 앞의 책, 30쪽. 티보데가 그의 『비평의 생리(*Physiogie d e la critique*)』(1930)에서 피력한 말임.
38) T. 이글턴, 김명환 외 역, 『문학이론입문』, 창작과비평사, 1995, 247쪽.

이어 1970년대에 들어서는 자크 에르만이 '문학의 죽음'을 거론할 정도로[39) 현대 사회에서 쇠퇴를 거듭하고 있다. 이렇게 갈수록 더해가는 현대문학의 위기를 극복하기 위해 비평은 거시적 관점과 미시적 텍스트 읽기를 성실히 수행함으로써, 문학의 나아갈 길을 더듬어야 한다.

21세기의 현실에서 비평가는 창작가와 독자에게 군림하기보다는 그들이 스스로 대화하고 올바른 문학의 향유하도록 지원하는 '대화의 자리'에서 더욱 몸을 낮출 필요가 있다. 해체비평가들은 비평가라는 명칭 대신 독자(reader) 또는 해석자(interpreter)라는 말을 사용해야 한다고 주장한다. 인터넷과 같은 쌍방향 매체를 통해 작가—독자의 직접 소통으로 작품에 대한 토론이 가능해지면서, 비평가가 필요 없이 예술적 직거래가 성행하고 있다. 박범신의 『촐라체』(2007)와 황석영의 『개밥바라기별』(2008) 등이 네이버 블로그에 연재되고, 웹소설의 영향력이 커지는 등, 작가와 독자의 직접 소통의 형태를 계속 증가하고 있는 추세이다. 그러므로 비평가는 일반 독자들이 문학 비평적인 식견을 쌓도록 노력하면서도, 상업주의나 대중주의에 경도되지 않는 '비평의 윤리'를 견지하면서 문학담론의 미래를 가늠하는 역할을 맡아야 할 것이다.

39) 김욱동, 『포스트모더니즘의 이론』, 민음사, 1994, 286~288쪽. 여기서는 오늘날 상상적인 허구(fiction)의 세계와 일상적인 실제사실(fact)의 경계선을 긋기 어려우므로 두 요소를 결합하여 팩션(Faction)이라는 신조어를 창안해서 활용하는 경향도 밝히고 있음.

5장 비평의 여러 갈래

19세기 무렵부터 문학 비평이 문학 장르로 확립되고, 비평의 필요성에 인식이 확산되면서, 비평의 유형도 다양해졌다. 문학 비평의 유형은 시대의 변천상과 문학자의 기준이나 견해에 따라 각양 각색일 수 있다. 하지만 여기서는 대체적으로 널리 알려진 통설(通說)에 좇아서 검토하며 분류해 나가기로 한다.

비평유형은 다음의 갈래로 체계화시킬 수 있다.

5.1. 비평의 구분

1) 대상에 따라

① 이론비평 ② 실천비평 ③ 비평에 대한 비평

2) 형태에 따라

① 객관적 비평(절대주의 비평):

입법비평 과학적 비평 기술적 비평

정신분석학적 비평 사회주의 비평

② 주관적 비평(상대주의 비평):

인상비평 감상비평 창조비평 등

3) 시대에 따라

① 고전비평(18세기 이전)

고대비평　중세비평　르네상스기 비평 등

② 근대비평(19세기)

전기비평　역사주의 비평　재단비평　인상비평

③ 현대비평(20세기)

형식주의 비평　신비평　구조주의 비평

사회주의 비평(마르크스비평)　정신분석학적 비평

독자반응 비평　현상학적 비평

④ 당대비평(21세기)

대화비평　테마비평　기호학적 비평　해체비평

페미니즘 비평　신역사주의 비평　탈식민주의 비평

4) 지역과 나라에 따라

동서양의 여러 나라별로 나눌 수 있다.

4.2. 비평의 양상과 실제

비평의 양상(樣相)을 중심으로 그 대상에 따라 이론비평, 실천비평, 비평의 비평으로 나눌 수 있다. 이론비평은 문학의 여러 본질에 대한 이론을 제공하고, 실천비평은 작품(또는 작가)에 대해 해석, 감상, 평가하는 구체적인 비평이며, 비평에 대한 비평이란 비평문학을 대상으로 한 비평을 말한다.

1) 이론비평(原理批評)

비평은 이론비평(theoritical criticism)으로부터 시작되었다. 이론비평은 문학의 본질, 목적, 기능, 방법과 시, 소설, 희곡, 수필 등의 각 장르에 대해 원론적으로 다룬다. 일명 원론적 비평이라고도 불리는 이 비평은 비평관을 확립하고 작품비평의 이론적 근거를 제공하여 문학의 학문화에 기여했다. 문학개론이나 시론, 소설론 등과 함께 문학의 효용에 대한 논의도 여기에 해당된다.

서양 최초의 이론비평서로는 아리스토텔레스(Aristoteles, B.C. 384~322)의 『詩學』(기원전 4세기)이 유명하고, 동양에서는 중국 문학 비평사의 한 획을 그었다는 유협(劉勰, 465?~520?)의 『문심조룡(文心雕龍)』(6세기경)이 널리 알려져 있다. 근대에 와서는 리처즈(I. A. Richards, 1893~1979)의 『문학 비평의 원리』(1924)와 웰렉과 워렌의 『문학의 이론』(1948)을 비롯하여 루카치(G. Lukacs)의 『소설의 이론』(1916)이나 프라이(N. Frye)의 『비평의 해부』(1957) 등 많은 이론비평서가 나왔다.

우리나라 초기 현대문학사상 이론비평의 예로는 이광수의 평론문인 「文學이란 何오」(1916)를 들 수 있다. 이 글은 문학의 정의, 문학의 재료, 문학과 도덕, 문학의 실효, 문학과 민족성, 문학의 종류 등에 관한 논의를 담고 있다. 황종연이 「문학이라는 역어(譯語)」(1997)를 통해 이광수의 「문학이란 하오」를 검토하면서, 근대문학의 성립과정을 추적한 바 있다. 또, 최원식은 「문학의 귀환」(1999)을 통해 문학과 소설의 기원에 대한 현대적 재해석을 했다. 이들도 '이론비평'으로 볼 수 있다. 수많은 문학원론이나 시론, 희곡론 등도 이론비평에 포함된다.

이론비평은 이론적 논의를 통해 비평관을 확립하고, 작품 비평의 학문적 근거를 마련하는 데 목적이 있다. 즉, 비평의 이론적 체계를 마련하는 것이니, 논리의 전개에 따르는 정연한 이론을 확립하여 문학의 가치를 옹호한다. 테이트(A. Tate)는 이와 관련해 '문학자는 그 시대를 위하여 인간상을 재창조하고, 타인이 그 인간상을 식별할 수 있는 기준을 널리 전달하여 진위(眞僞)를 판별할 수 있는 이론적 근거를 확립한다'고 했다.[40] 이 이론적 연구는 문예학(Literaturwissenschaft, science of literature, science de literature)이라고 규정짓기도 한다. 문예의 여러 문제를 광범위하게 체계적으로 탐구하며 원리적인 이론을 규명하여 특수예술학(einzeine kunstwissenschaft)의 하나로서, 미적 문예 이론을 과학적으로 연구하려는 문예학이 성립했다.[41]

이러한 이론비평의 한 예로 최원식의 「문학의 귀환」을 살펴보자. 이 글은 한국에서 문학과 소설이라는 용어의 기원을 역사적으로 살핌으로써 현대 소설의 흐름을 비판적으로 검토한 글의 일부분이다.

> 한국에서 '소설'이란 용어는 백운거사(白雲居士) 이규보(李奎報, 1168~1241)의 저작 『백운소설』의 제목에 처음 보인다. 이 지작은 물론 소설집이 아니다. 이인로(李仁老)의 『파한집(破閑集)』, 최자(崔滋)의 『보한집(補閑集)』과 함께 우리나라 비평의 길을 연 선구자적인 평론집인 것이다. 이규보가 살던 시대는 날카로운 과도기였다. 고려 전기의 난숙한 귀족문화를 일거에 붕괴시킨 무신란은 그

40) 구인환·구창환, 『文學槪論』, 三知院, 1990, 530쪽.

41) 유영 編譯, 『현대문학의 가는 길』, 신양사, 1958, 31쪽.

문화적 암흑 속에서 새로운 문화영웅들을 품어냈으니, 그들이 바로 향리에서 몸을 일으켜 무신정권의 우산 아래 성장하여 마침내 조선 왕조의 개국이라는 역성(易姓)혁명에 성공한 신흥사대부다. 이규보는 이 신흥사대부의 맹자적 존재다. 이규보 문학의 양면성은 무신정권의 이중성과 표리관계를 이루고 있으니, 민중반란과 몽골의 침략이라는 미증유의 위기 속에서 새로운 문학 즉 새로운 사상을 추구하는 비평적 선언으로서『백운소설』이 나온 것이다. 그것은 몰락하는 구귀족의 문학을 대표하는 이인로와 대치하면서, 신흥문학의 입장에서 이인로적 경향까지 수용하려 한 이규보의 후계자인 최자의 비평적 모색으로 이어졌거니와, 이 위기의 시대를 배면으로 문득 발랄한 비평의 시대가 열렸다는 것은 의미심장한 일이 아닐 수 없다.『백운소설』은 그 제목과 달리 '작은 도리'를 개진한 것이 아니라 일종의 거대담론을 지향한다. 따라서 '소설'이란 제목은 겸사(謙辭)다. 그런데 그게 단순한 겸사만은 아니라는 점에 유의할 필요가 있다. 나날의 삶의 결을 중시하는 소설적 감각을 통해서 '대설'에 이르고자 하는 신흥계급의 새로운 사상적 자세가 엿보이는 제목이다. 소설적 계기가 상대적으로 부족한 장자에 비해 이규보의 경우, 리얼리즘의 진전이 뚜렷하다고 보아도 좋을 것이다.

이처럼 소설이란 용어의 기원들로 귀향할 때 우리는 그 시원(始原)의 장소에서 후대에 도래할 소설의 운명을 예감하게 된다. '소설'(즉 '작은 이야기')에서 유래하여 '대설'적 계기를 품어안음으로써 진정한 문학의 반열에 참여하는 소설의 탄생, 요컨대 소설은 '소설'과 '대설'의 회통(會通)이다.

특히 근대 이후 뛰어난 소설은 이 양자가 두루뭉실한 화해가 아니라 천국과 지옥의 결합처럼 힘든 긴장을 견뎌내는 찰나에 생산되었다는 점에 유의해야 할 터인데, 긴장이 소멸하는 순간 소설은 쏜 살같이 '소설'로 떨어지거나 '대설'로 날아가버리는 것이다. '대설'로 날아간 1980년대 소설에 대한 반동 속에 '소설'로 떨어진 1990년대 소설. 1990년대 신세대 소설은 1980년대식 거대서사의 붕괴를 새로운 서사를 탐구하는 모험의 발진점으로 삼는 대신 '작은 이야기'의 재미에 빠져듦으로써 스스로 '길은 시작되었는데 여행은 끝났다'는 진퇴유곡에 빠져들었던 것이다.[42)]

2) 실천비평(實踐批評)

실제비평이라고도 불리는 실천비평(practical criticism)은 오늘날에 와서 가장 보편적인 문학평론이다. 실천비평은 원론비평과 대조적으로 당대에 발표되는 작품과 작가들에 대한 논의에 비평적으로 개입한다. 모든 논의에는 이론적 뒷받침이 있기 마련이지만 실천비평의 경우 이론이나 원칙이 표면에 드러나기보다 내재되어 있다. 현대 실천비평 가운데 두셋 예를 들면 마르크스주의 계통에 루카치의 「톨스토이와 리얼리즘의 문제」(1936), 심리주의 계통에 존즈(E. Jones)의 「햄릿과 오이디푸스」(1949), 구조주의 계통에 바르트(R. Barthes)의 「로브그리예에 관한 계산서」(1962) 등이 있다. 우리나라의 경우 근대문학 초기에 김동인이 발표한 『조선근대소설고(朝鮮近代小說考)』(1928)나 『춘원연구』(1938~1939)는 모두 실천비평의 본보기가 된다. 김동인은 그의 『춘원연구』에서 이광수의 소설 「어린 벗에게」, 『무정』, 『개척자』, 『단종애사』, 『흙』 등에 관한 구체적 작품분석을 시도했으며, 『조선근대소설고』에서는 이인직, 이광수, 염상섭, 현진건, 나도향의 작품을

42) 최원식, 「문학의 귀환」, 『문학의 귀환』, 창작과비평사, 2000, 22~24쪽.

고찰하고 있다. 문학사가이면서 비평가이기도 한 김윤식은 실천비평으로서 근대문학의 주요작가에 대한 저서를 지속적으로 발표했다. 그는 『이광수와 그의 시대』(1986), 『안수길 연구』(1986), 『김동인 연구』(1987), 『염상섭 연구』(1987), 『이상 연구』(1987), 『박영희 연구』(1989), 『임화 연구』(1989), 『김동리와 그의 시대』(1995), 『백철 연구』(2008) 등은 작가론을 통해 단행본으로 실천비평을 구현한 실례라고 할 수 있다.

실천비평은 작품을 향유하고 이해하며, 작가에 대해 평가하는 것을 비평의 본령으로 하고 있다. 이것은 원리적 비평에 의해서 확립된 비평관에 의하여 작품을 감상, 평가하는 문예 미학적인 접근이다. 엘리엇이 "이것은 좋은 詩인가?(Is this good poem?)"라는 질문에 대한 답으로써 비평이 이뤄져야 한다고 했을 때, 실천비평은 그 답을 향해 나아간다. 따라서 이는 작품을 대상으로 하는 비평활동이기에 일명 제작비평(workshop criticism)[43]이라고 불린다.

이 실천비평이 본격화된 것은 근대 이후이다. 근대 이전에도 에디슨(J. Addison, 1672~1719)이 밀턴(Milton)의 「실락원」을 아리스토텔레스(Aristoteles, B.C. 384~322)의 『시학(詩學)』의 원칙에 의하여 비평한 글이 있다. 그리고 포프(A. Pope), 존슨(S. Johnson) 등은 형식적 틀로 평가를 하거나, 작품에 대한 재단적 평가를 내렸던 고전비평을 수행하기도 했다. 그 뒤의 생뜨 뵈브(Sainte—Beuve)의 『월요한담(月曜閑談)』, 프랑스(A. France)의 『문학생활』, 존슨의 『영국시인평전(*Lives of the Poets*)』, 콜리지(Coleridge)의 『문학평전(*Biographia Literaria*)』, 페이터(W. Pater)의 『문예부흥』, 아널드(M. Arnold)의 『초우서(*Chaucer*)』 등과, 엘리엇(T. S. Eliot)의 『시의 효용과

43) 製作批評이란 T. S. Eliot이 쓴 용어로서 비평을 하나의 창조과정의 결실로 보려는 견해임. 엘리엇은 "비평은 이해하고 분석하며 종합하는 것이다"라고 말함. 압착비평(Squeeze Criticism)이라고도 함.

비평의 효용(效用, *The Use of Poetry and Use of Criticism*)』, 『단테론』, 『밀턴론』 등도 주목할 만한 실천비평에 해당한다. 실천비평은 흔히 신문이나 문예지에 발표되는 작품 월평(月評)이나 신간평(新刊評) 등을 위시한 여러 작품평은 물론이요, 작가론(作家論)도 포함된다. 이렇게 동시대의 현장에서 활동하고 있는 작가나 작품에 대해 다루는 실천비평을 현장비평과 동일시하기도 한다.

그래서 실천비평은 가장 많이 이뤄지는 비평 활동이기도 하고, 작품에 직접적으로 개입하는 적극적인 문학평가 행위이기도 하다. 앞에 예를 든 김동인의 『춘원연구(春園硏究)』, 김윤식의 일련의 작가 연구 등은 문학사와 동시대에 걸쳐 구체적인 작품과 작가를 다루어 그 가치를 평가한 예이다.

실천비평의 한 보기를 이명재의 「이달의 소설」 전문을 통해 확인할 수 있다.

> 1988년에 복간된 『창작과비평』 봄호에 첫선을 보인 홍희담의 「깃발」은 여러모로 많은 문제점을 지니고 있어 주목된다. 중편 분량인 이 소설은 여느 창작품의 경우와는 달리 독자들에게 내밀한 여운을 일으키는 충격을 던져준다. 안이한 보수의 성곽 속에서 안주하려는 기성 문단에 던지는 도전의 사과탄이랄까. 아직 틀 잡히지 않아 미지수인 대로 신인다운 참신성과 만만찮은 패기가 관심을 끈다.
>
> 이 작품은 우선 지금까지 금기시되어오던 예의 광주사태를 현장에서 체험한 근로 계층의 시각으로 과감히 제시한 점에 특징이 있다. 어쩌면 방금 민주화합의 이름으로 증언하며 그에 대한 재평가를 논의해 온 정치적 현안보다 더 생생하고 진실된 접근일지도 모른다. 그런 면에서 우리는 새삼스레 이런 신인의 작품이 활자화되어 논할 수 있는 민주화된 여건을 뜻깊게 새길 만하다. 이 「깃발」에서는 흔히 보아 온 작품들과는 다르게 대담하고 치열한 일종의 운동권 문학적

인 요소가 짙기 때문이다. 이런 요소는 다음과 같은 내용에서 그야말로 실세화된 민중문학 및 노동문학의 실체를 만나게 된다.

「깃발」에서는 거의가 가난한 근로층의 주된 인물로 등장하고 있다. 방직공으로 일하며 기껏 8만 원 미만의 월급으로 노점상인 어머님과 함께 두 동생을 가르치며 순분의 눈과 발을 통해 1980년 봄의 긴박했던 광주 상황을 재현해 보이고 있다. 당시 험악한 사태로 유혈이 낭자한 가운데 변두리 집에서 시내로 나와 친구들을 찾고 금남로며 상무관 근로청소년의 야학당을 거쳐 도청에 이른 과정이 사실적이다. 그리고 한사코 시민군 강경파에 가담했다 숨진 김두식과 형자의 결연한 죽음을 목도하게 된다. 하지만 얼마 후에 새벽길에 공장으로 출근하는 자전거를 탄 근로자들의 작업복 자락이 깃발처럼 펄럭인다는 것이다.

특히 의식화된 여직공으로서 순분에게 전태일, 석정남을 알려주며 직장 내의 노조 결성을 외치던 형자, 중국집 배달부인 김두식, 대학 때 옥살이를 하고 나온 강학으로써 노학연대 투쟁을 꾀하다 피신한 윤강일, 투사회보를 편집하던 들불야학의 용준, 여직공으로 행방불명된 오빠를 찾는 미숙이나 노동자인 자신이 자랑스럽다는 철순이, 등장인물의 성격과 분위기 및 주제 등에서 여느 작품들과는 판이함을 느낀다. 또한 같은 대상을 담은 문순태의 「살아있는 소문」, 임철우의 「사산하는 여름」 등과도 다르게 매우 직설적이면서도 사실적인 소설문학의 특성을 발견한다.

하지만 필자는 이 작품에서 지나친 계급의식과 자칫 오도될 수 있는 가치관의 경직성을 우려한다. 그럼에도 불구하고 우리는 이런 작품을 통해 예리한 시각과 새 세계의 발언에 경청하고 충고하는 진지한 자세가 필요하다고 생각한다. 다분히 혁신적인 문화 예술도

결국 급변하는 시대에 대응하는 산물로써 변증법적 진화를 가져올 것이기 때문이다.[44)]

3) 비평에 대한 비평

비평에 대한 비평(criticism for criticism)은 흔히 문학논쟁에서처럼 타인의 비평에 대해 논하는 메타(meta)비평을 말한다. 이는 비평에 의해서 재구조된 작품의 세계나 또한 이론적 고찰에 대한 재평가 작업이다. 원리적 비평에 대한 타당성 여부를 규명하며, 작품과 작가에 대한 비평의 공명 내지는 정당성을 논박한다.

A. 포프의 지적처럼 부당한 비평에 대한 비판은 근대 이후에 문학과 평론에 대한 관심이 증가하면서 대두되었다. 생뜨 뵈브(Sainte Beuve), 텐느(H. Taine, 1828~1893), 부륀띠에르(Bruntiere, 1849~1906)의 객관적 비평에 대한 프랑스(A. France), 아널드(M. Arnold) 등의 주관적 비평의 논쟁이 그 예이다. 또한 엘리엇(T. S. Eliot)과 머리(J. M. Murry)의 논쟁, 카뮈(Camus)와 사르트르(Sartre)의 진지한 문학논쟁이 좋은 보기가 된다.

또한 우리 문단의 경우 1920년대 중엽의 카프진영 내에서 치열하게 전개되었던 회월 박영희와 팔봉 김기진의 내용과 형식논쟁, 민족문학파와 프로문학파의 계급주의와 민족주의 논쟁, 전후(戰後)의 실존주의 논쟁, 1960년대 순수와 참여 논쟁, 최인훈 「광장」을 둘러싼 시비, 1970년대 민족문학 논쟁, 1980년대 민중문학 주체논쟁, 1990년대 후반 이후 전개된 리얼리즘과 모더니즘 등이 그 주요한 예이다.

비평 논쟁이나 메타 비평도 실천비평이나 이론비평과의 연계 속에서 전

---

44) 이명재, 「이달의 小說」, 『동아일보』(1988. 2. 24).

개된다. 이론비평, 실천비평, 비평의 비평은 서로 연관되어 있으며, 궁극적으로는 작품과 작가, 혹은 이론에 대한 비평과 연계속에서 설득력을 획득하는 경우가 많다. 이론비평은 실천비평이 없이는 불가능하며, 비평의 비평은 실천비평과 이론비평에 기대어 전개되기도 한다.

비평에 대한 비평인 메타비평의 사례를 최강민의 「해설비평, 비평의 타락인가 아니면 소통의 통로인가?」에서 확인할 수 있다. 이 글은 비평의 한 형태인 '해설비평'에 대해 비판적 견해를 제기하며, 비평의 역할에 관해 문제제기를 하고 있다.

> 나는 최근에 약국에서 아스피린 프로텍트를 샀다. 사용설명서에는 이 약의 작용 및 특징, 원료약품의 분량, 효능 · 효과, 용법 · 용량 등이 적혀 있었다. 그 다음에 있는 것이 앞의 것보다 5배 정도 분량의 주의사항이다. 예를 들어 "경고 : 매일 세 잔 이상 정기적으로 술을 마시는 사람이 이 약이나 다른 해열진통제를 복용해야 할 경우 반드시 의사 또는 약사와 상의해야 합니다. 이러한 사람이 이 약을 복용하면 위장 출혈이 유발될 수 있습니다."라는 고딕체 문구가 소비자에게 경각심을 불러일으킨다. 약의 작용과 특징이 해설비평에 있어 해석과 감상이라면 약의 주의사항은 해설비평에서 가치판단의 평가라 할 수 있다. 원래 철학에서 분화된 문학은 정신적인 건강을 담당한다는 점에서 의료약과 상통하는 점이 많다. 문학의 타락 내지 저급함은 인간의 정신상에 막대한 해악을 끼친다. 플라톤 이래로 함량 미달의 문학에 대해서는 신랄한 비판이 있어 왔다. 해설비평도 약의 사용설명서와 똑같을 수는 없지만 적어도 해당 텍스트의 문제점에 대해 일정 정도 지적하는 것이 정도라고 본다. 작금의 주례사 해설비평은 독자와의 소통을 지향한다면서 실제적으로는 작

가와 출판사의 권익만을 대변한다. 독자는 텍스트의 장점만이 아니라 단점도 알고 싶어 한다. 그러나 주례사비평의 번성 속에 텍스트의 단점을 알려주는 고언 성격의 해설비평을 찾기 힘들다. 충신은 목에 칼이 들어와도 왕의 잘못을 직언한다. 비평은 대상 텍스트에 대한 칭찬 못지않게 그것의 문제점을 지적하는 충언이 필요하다.

출판자본에 의해 해설비평이 변질되기 이전의 해설비평을 살펴보는 것은 현재의 해설비평이 어느 정도 변질되었는지 살펴볼 수 있는 척도가 될 것이다. 1988년『실천문학』에 소설을 발표하면서 작가생활을 시작한 방현석의 첫 창작집은『내일을 여는 집』(창작과비평사, 1991)이다. 문학평론가 김재용은「비장함에 새겨진 거인의 발자국」이라는 해설비평에서 방현석의 작품을 튼튼한 현실인식과 이에 기초한 혁명적 낙관주의가 빚어내는 비장함의 세계로 파악한다. 또한 그는 방현석 작품의 또 다른 특징으로 노동자 계급 당파성의 구체성을 언급하면서 획기적이라고 높게 평가한다. 이러한 칭찬 속에 김재용은 "방현석의 작품에서는 노동자들이 이대로 더 이상 살 수 없다는 것을 잘 보여줌에도 불구하고 이들을 여러 가지 방법으로 지배하고 있는 사람들이 왜 지금 이 방식으로는 더 이상 현상태를 유지할 수 없는가 하는 것을 보여주는 데까지는 아직 이르지 못하고 있"다는 고언을 잊지 않는다. 김재용의 해설비평은 칭찬과 비판의 적절한 조화 속에 균형적인 해설비평이 무엇인지 독자에게 효과적으로 보여준다. 이러한 균형적 해설은 방현석의 소설이 지닌 매력을 효과적으로 보여준다. 그런데 출판자본은 텍스트의 취약점을 드러내는 해설비평이 상품 판매에 막대한 지장을 초래한다는 근시안적 사고를 보인다. 나는 해당 텍스트의 문제점을 일정 정도 밝힌 해설비평이 실린 책에서 오히려 신뢰감을 느낀다. 텍스트의 문제점을 드러낸 것은 그만큼 해당 텍스트에 대한 작가와 출판사의 자신감으로 읽혀지기 때문이다. 결국 주례사비평은 텍스트에 대한 자신감의 결여와 텍스트의 미흡함에서 상당 부분 발생한 것이다.

주례사비평을 뒷받침하는 이론적 토대로 이용되는 것은 문학주의와 텍스트 중심주의이다. 문학주의와 텍스트 중심주의는 동전의 앞뒷면과 같다. 문학주의는 문학의 자율성 옹호 속에 모든 것의 중심을 문학에 놓고 사유하고 행동한다. 따라서 문학주의는 텍스트 중심주의라는 외향을 취하게 된다. 문제는 문학을 중심으로 사고하고 행동한다는 문학주의가 문학 외적 요소인 출판자본에 포섭되어 있다는 아이러니다. 출판자본은 문학주의를 외부의 신랄한 비판을 차단시키는 얼굴 마담으로 이용한다. 출판자본의 공세 속에 문학의 자율성을 지키고 있다는 문학주의의 믿음은 허구적 신화로 전락한다. 알맹이는 사라진 채 껍데기만의 문학주의가 출판자본과 간통해서 낳은 사생아가 바로 주례사비평이다. 이러한 주례사비평의 범람은 문학주의의 숨통을 옥죄는 자충수이다. 주례사비평의 청산 없이 한국문학의 밝은 미래는 기약할 수 없다. 문단의 중심축인 작가들도 야생의 들판이 아닌 비닐하우스라는 주례사비평의 보호막에 길들여져 약간의 비판에도 마음 상해 흥분하는 체질로 탈바꿈했다. 그래서 비평가의 고언은 고언으로 들리기보다 자신을 헐뜯는 음모로 해석된다.

많은 평론가들은 문학판에서 생존하기 위해 문학의, 비평의 진정성을 유보하고 어쩔 수 없이 주례사비평을 쓴다. 이러한 주례사비평이 반복되면 가랑비에 옷 젖는 것처럼 주례사비평의 독성에 자신도 모르게 중독된다. 그러면서 소장 평론가의 비판적 문제의식과 자성적 성찰도 생활고와 타성화된 문단 생활 속에 분실된다. 이 과정에서 자신만의 비평적 차별성을 확보하지 못한 대다수의 평론가들은 고만고만한 3류 평론가로 전락한다. 이들이 문단 주류로 진입할 수 있는 확률은 일종의 로또당첨과 같다. 문단 주류가 되는 것은 비평적 내공만이 아니라 학벌과 인맥도 상당 부분 작용하기 때문이다. 주례사비평에 봉사한 많은 평론가들을 기다리고 있는 것은 초심을 잃은 채 추하게 늙어버린 자화상이다. 최종적으로 이들을 기다리고 있는 것은 견딜 수 없는 환멸과 허무이다. 그 끝은 문학의, 비평의 종언이다.

오늘도, 내일도 당신은 대박의 환상을 꿈꾸며 눈치껏 주례사비평을 계속 생산할 것인가. 언제부터인가 나는 해설비평을 꼼꼼하게 읽지 않게 되었다.[45)]

5.2. 비평의 여러 유형

문학 비평의 종류 구분은 시대나 기준 및 견해에 따라 다양하다. 여기에서는 일반적으로 널리 알려진 비평의 갈래와 주요 비평들을 유형(類型) 중심으로 고찰해가기로 한다. 우선 비평의 유형(type)을 살펴보면 다음과 같다.

1) 티보데(A. Thibaudet)의 비평 유형

① 자연발생적 비평—소박한 사람들, 대중 속에 있는 문학 애호가의 비평을 말

45) 최강민, 「해설비평, 비평의 타락인가, 아니면 소통의 통로인가?」, 『오늘의 문예비평』 2009년 봄호, 해성, 250~252쪽.

한다. 저널에 게재되는 인상비평도 이에 속한다.

② 직업적 비평—티보데가 선호했듯 비평을 직업으로 하는 사람들의 비평이다. 이것은 주로 전문비평가와 교수들에 의하여 이루어진다.

③ 예술가적 비평—작가들이 자신의 창작의 경험을 기반으로 해서 미학(美學)이나 문학에 대해 평가한다.

2) 프라이(N. Frye)의 비평 유형[46)]

① 역사비평(historical criticism)—양식(model)에 관한 이론
② 윤리비평(ethical criticism)—상징(symbol)의 이론
③ 원형적 비평(archetypal criticism)—신화(myth)의 이론
④ 수사비평(rhetorical criticism)—장르(genre)에 대한 이론

3) 스코트(W. Scott)의 비평 유형[47)]

① 도덕적 접근(the moral approach)—문학과 모랄의 이념
② 심리적 접근(the psychologocal approach)—심리학적 이론 속의 문학
③ 사회적 접근(sociological approach)—문학과 사회적 이념
④ 형식주의적 접근(formalistic approach)—문학과 미학적 구조
⑤ 원형적 접근(archetypal approach)—신화 속의 문학

---

46) N. Frye, 『*Anatomy of Criticism*』, Princeton Univ. Press., 1973, 33~37쪽.
47) W. Scott, 『*Five approaches to Literary Criticism*』, New York, 1962.

4) 웰렉(R. Wellek)의 비평 유형[48)]

① 마르크시스트 비평—사회주의적인 이념의 접근

② 정신분석학적 비평—프로이트 심리학적인 접근

③ 언어학적 비평 및 문체론적 비평—언어적 요소의 중요성에 치중

④ 신유기주의적, 형식주의적 접근—구조주의 및 형식중심

⑤ 신화비평—원형적인 접근

⑥ 실존주의 비평—형이상학적인 접근에 치중

5) 그래브스타인(S. N. Grebstein)의 비평 유형[49)]

① 역사비평(historical criticism)

② 형식주의 비평(formalist criticism)

③ 사회문화적 비평(socio—cultural criticism)

④ 심리학적 비평(psychological criticism)

⑤ 신화비평(mythological criticism)

6) 왓슨(G. Watson)의 비평 유형[50)]

① 입법비평(立法批評: legislative criticism)

② 심미비평(審美批評: theoretical criticism)

---

48) R. Wellek, 『*The Main trends of Twentith century Concepts of Criticism*』, Yale Univ. Press., 1973, 345~346쪽.

49) S. N. Grebstein, 『*Perspective in Contemporary Criticism*』, Harper&Row, 1968, Prepace XV.

50) G. Watson, 『*The Literary Criticism*』, Penguin Books, 1962, 11~16쪽.

③ 기술비평(記述批評: descriptive criticism)

7) 엘리엇(T. S. Eliot)의 비평 유형

① 역사적 비평(historical criticism)

② 철학적 비평(philosophical criticism)

③ 문학적 비평(literary criticism)

5.3. 객관적 비평과 주관적 비평

비평의 형태를 주로 논할 경우, 통상적으로 객관적 비평과 주관적 비평으로 분류하여 설명할 수 있다. 이를 백철은 절대주의적인 비평과 상대주의적인 비평으로 구분하여 설명하기도 했다. 구분의 명칭은 다르지만 그 성격상 객관적 비평은 절대주의적인 비평이요, 주관적인 비평은 상대주의적인 비평으로 볼 수 있다. 이런 견해는 김상선도 밝힌 바 있으며, 백철의 분류에 대한 글을 참고할 수 있다.

> 문학 비평의 기준에 대한 문제와 더불어, 그 비평형을 구별하는 데 있어서, 나는 먼저 크게 구별하여 절대주의적인 비평과 상대주의적인 비평의 두 가지로 나누어 볼 수 있다고 생각한다. 이렇게 두 개의 유형으로 나누는 것은 대체로 평론의 역사적인 순서에 입각한 것인데, 절대주의적인 비평이란 것은 그것이 독단적이거나 객관적이거나 간에, 어떤 부동(不動)의 기준에 의하여 작품의 가치를 일일이 그 척도로 재서 결과를 논정(論定)하는 것이며, 그 와 반대로, 상대주의적 비평이란 작품평가에 있어서, 아예 기준을 무시해 버리든

가, 혹은 기준을 인정하되, 여러 가지 조건을 놓고서 그 결과를 비교 종합해서 평가를 정하는 것이다. 이 두 가지의 비평 유형은 다시 객관적 비평과 주관적 비평으로 나뉘어질 수 있다. 원래 유럽 문학은 그 발발에 있어서 두 개의 주경향(主傾向) 즉 객관적인 것과 주관적인 것이 서로 교체 반복되면서 등장한 사실을 지적하는 학자가 많다.[51)]

논자에 따라서는 필자들이나 백철과 의견을 달리하여 쓰고 있음은 물론이다. 정태용은 백철과 상이하게 객관적 비평, 주관적 비평, 과학적 비평, 공리적 비평으로 나누어서 다루었다. 박목월·김춘수·정한모·문덕수는 공저(共著)인 『문학개론』(1974)[52)]에서, 김우종은 『비평문학론』(1984)에서 각기 주관주의 비평과 객관주의 비평 및 상대주의 비평으로 나누었다.[53)] 이들은 절충법을 썼다고 볼 수 있으며, 상대주의 비평 항목에서 낭만주의 비평, 정신분석학적 비평 및 신비평을 묶어서 정리하고 있다.

1) 객관적 비평

객관적 비평이란 이미 일정한 기준을 설정해 놓고, 그에 따라 해석하거나 감상, 평가하는 것을 말한다. 비평가의 주관적인 견해나 창의력에 비해 기존의 규준(規準)을 준거로 하는 성향이 짙다. 이를테면, 아리스토텔레스(Aristoteles, B.C. 384~322)의 『시학』에 맞추는 걸 능사(能事)로 여기던 고전주의 비평에 좋은 예이다.

---

51) 백철, 『文學槪論』, 신구문화사, 1969, 377쪽.

52) 박목월·김춘수·정한모·문덕수, 『문학개론』, 송원출판사, 1974, 189~214쪽.

53) 김우종·김혜니, 『비평문학론』, 범우사, 1984, 102~120쪽.

객관적 비평은 작품을 시인, 독자, 세계로부터 자유롭게 떨어져 독립적으로 존재하는 것으로 파악한다. 문학 작품을 자기 완결적이며, 그 자체가 하나의 세계라고 간주한다. 따라서 작품은 일관성, 균형, 미적 형식 및 구성요소들의 상호관계 등과 같은 '내재적' 기준에 의해 분석되고 판단되어야 한다고 본다. 1920년대 이후 대부분의 서구 주요 비평가들이 객관적 비평 방법을 택했다. 신비평가, 시카고학파, 유럽 형식주의 지지자들 그리고 많은 프랑스 구조주의자들이 객관적 비평을 취한 이들이다.

객관적 비평만이 순수하게 적용되어 작품의 분석이 이뤄지는 것은 아니다. 사실주의 비평은 문학 행위가 이뤄지는 공간으로서의 사회를 함께 논할 뿐 아니라, 문학의 사회적 효용에 관해서도 말한다. 존재론 역시 작품의 독특한 원리를 밝히는 작업을 통해 궁극적으로는 인간 체험, 곧 인생의 질서와 조화의 이념에 공헌하는 것이라고 주장한다.

문학이론가 웰렉은 비평을 외재적(extrinisic) 비평과 내재적(intrinisic) 비평으로 구분하고, 모방론, 효용론, 표현론은 전자에, 존재론은 후자에 속한다고 보았다. 인간의 생활이나 우주만상, 독자에 미치는 영향, 자각의 정신 등은 모두 문학 작품의 외부에 존재하는 것으로 보고, 의미있는 구조는 문학 작품에 내재하는 것이라고 보았다.[54)]

(1) 입법비평(立法批評)

입법비평(legislative criticism)이란 비평가가 자유롭게 작품을 분석하고 해명하는 것이 아니라, 이미 세워진 비평기준을 적용하여 작품을 평가하는 비평을 말한다. 입법비평은 작가의 상상력이나 독창적인 성과에 관심을 갖

54) 이선영·박태상, 『문학 비평론』, 한국방송통신대학교출판부, 2003, 7쪽.

는 것이 아니라, 이미 만들어진 형식적 기준으로 작품을 비평한다. 일명 재단비평(裁斷批評)이라고도 일컬어지는데, 연극의 삼일치(三一致)를 내세운 아리스토텔리스의 고전비평이 대표적인 입법비평이다.

아리스토텔레스의 삼일치 법칙(장소, 시간, 사건)을 내세워 비평을 행한 대표적인 사람은 드라이든(Dryden, John, 1631~1700)이다. 포프는 "고전의 법칙에 대한 정당한 존경을 배워라. 자연을 모방하는 것이 그 법칙을 모방하는 것이다."[55]라고 했다. 이것은 고전주의파에 속하는 비평가들이 자연의 법칙을 움직일 수 없는 표준으로 해서, 고전주의 시대의 작가와 작품을 비평했음을 알려주는 것이라 하겠다. 브왈로(Boileau, 1636~1711)가 '오직 한 장소에서, 오직 하루 동안에, 오직 한 사건이 행해진다'고 삼일치 법칙을 설명한 것은 유명한 입법비평의 예이다.

민족, 시대, 환경의 세 가지를 기준으로 내세운 텐느(H. Taine), 계급투쟁과 세계의 변화를 내세우는 마르크스주의 비평도 이에 속한다. 톨스토이는 작품은 반드시 선(善)을 그려야 한다고 주장하면서, 셰익스피어(Shakespeare)나 보들레르(Baudelaire)의 작품을 미치광이가 아니면 쓸 수 없는 작품이라고 혹평한 바 있다. 톨스토이도 '선(善)'이라는 입법명령에 의해 작품을 평가한 것이다. 중국의 경우, 문장은 오례(五禮)와 육전(六典)을 근본으로 해야 된다고 했고, 경전(經典)을 통해 군신의 의가 분명해지고 질서가 서게 된다고 보았다. 이러한 정전(正典)주의도 입법비평에 포함된다.

한국에서는 김팔봉과 박영희로부터 시작해 카프 비평가들이 계급투쟁과 사회의 변화를 합법칙적으로 설명하려 했으며, 8·15 이후의 김동석(金東錫) 등 좌익계 비평가들도 사회주의 사회발전론에 입각해 비평했다. 이들

55) 양병택, 『영미희곡수필비평』, 신구문화사, 1972, 282쪽; 김상선, 『문학개론』, 중앙출판, 1984, 397쪽에서 재인용.

대부분이 입법비평의 범주에 속한다고 할 수 있다.

왓슨(Watson)에 의하면 입법비평은, 비평가의 자유스런 미적 감각에 따라 감상, 평가하는 P. 시드니(S. P. Sidney, 1554~1586)의 「시의 옹호」 같은 심미비평(審美批評, theoretical 혹은 literary aesthetics)과 대조된다. 그리고 또한 오직 작품 자체의 언어적 조건은 자세히 읽기(close reading) 후 분석, 평가하여 공평무사성(disinterestedness)을 기하려는 기술비평(記述批評: descriptive criticism)과도 다르다.

(2) 과학적 비평

과학적 비평은 근대 이후 자연과학의 발달과 산업사회의 형성에 발맞추어 문학에서도 과학적인 태도를 중시하는 비평 방법이다. 예증(例證)을 통해 객관적으로 문학 작품 비평에 임한다는 측면에서 흔히 실증주의 비평(實證主義批評)이라고도 한다. 과학적인 태도나 실증주의적인 정신은 현대 비평가의 비평적 자세에 일반화된 것이다.

근대적인 과학정신의 대두로 말미암아 콩트의 이른바 실증철학과 다윈의 생물학적 진화론이 문학 비평 방법론에도 영향을 미쳤다. 드라이든, 포우프, 브왈로, 에디슨, 볼테르, 존슨, 텐느, 브륀띠에르 등은 객관적인 기준에 의해서 작품의 가치를 결정하려고 노력한 비평가들이다. 근대 비평의 아버지인 텐느나 그의 제자 브륀띠에르는 문학 작품을 과학적인 방법으로 연구한 사람들이다.

텐느는 세 가지 요소, 곧 인종(La race), 환경(Le milieu), 시대(le moment)에 의해서 작가의 특성이 결정된다고 보았다.[56] 이 세 가지를 합해 환

56) Geoffrey Brerelon, 『*A Short History of French Literature*』, Punguin, 1954, 264쪽.

경론(環境論)이라고도 한다.

인종이란 민족에 따라 나타나는 특성을 유전(遺傳)적 형질에 비춰 규정한 것이다. 한국 사람이면 한국 민족의, 프랑스 사람이면 프랑스 민족의 특성이 유전적 형질로 이어져 그 나라의 예술의 특성을 형성한다고 보았다. 환경은 작가의 둘러싸고 있는 힘, 또는 그것의 상황을 말한다. 이 둘레(환경)의 힘을 없앨 수도 있다고 보았다. 가령 한국 사람이라도 오랫동안 프랑스에 살면 둘레의 힘으로 말미암아 한국 민족의 유전적 형질이 변형된다는 것이다. 끝으로 시대란 시간의 영향을 받은 것을 말한다. 어느 누구나 그 시대를 초월하지 못한다. 따라서 예술은 그 시대의 산물이요, 그 시대의 반영이라고 보았다.

브륀띠에르는 인간, 이성, 전통, 아름다움으로 구분해 이론을 세우고, 비평적 판단을 내렸다. 진화론을 문학연구에 적용해 실증적이고 과학적인 비평을 추구하려한 것이 브륀띠에르의 특징이다.

논자에 따라서는 별도로 귀납적 비평을 과학적 비평에 추가하여 다루고 있기도 하다. 귀납적 비평은 모울턴이 주장한 것으로, 문학현상을 본 그대로 개관(槪觀)하고, 이를 종합해 법칙과 원리의 계통을 세우는 것을 추구했다. 그러므로 이 귀납적 비평도 과학적 비평의 범주로 포함시킬 수 있다.

(3) 기술비평(記述批評)

왓슨(G. Watson)은 입법비평·심미비평·기술비평이라는 세 가지 유형 나눈 바 있다. 이 중 심미비평은 주관성이 농후하고, 입법비평은 원칙에 충실하다면, 심미비평은 문학자체의 내적 요소를 중시하는 객관성 짙은 비평에 속한다.

기술비평(descriptive criticism 또는 analytical criticism)은 분석비평(分析

批評)이라고 하는 현대비평의 한 갈래에 속한다. 이는 문학적 평가, 해석의 적용에 따라 작품을 평가하는 것을 배제하고, 작품 자체의 조건, 곧 언어적 조건에 의해 작품을 이해하고 평가하려는 비평태도다. 미리 세워진 비평기준에 따라 가치를 평가하는 입법비평이나, 개인의 취미에 따라 작품을 판별하는 심미비평에서는 작품을 있는 그대로 바라볼 수 없으며, 공평성을 기할 수 없다고 본 데서 기술비평은 출발한다.

기술비평은 분석, 설명, 해석의 과정을 중시한다. 이 비평은 문학 작품을 작가의 시대, 환경을 고려해 설명하지 않고, 작품은 작품 자체로 논해야 한다고 주장한다. 기술비평은 작품 자체의 해석과 분석에 치중한다. "문학의 학문적 연구에 있어서 자연적이며 현명한 출발점은 문예작품 그 자체의 해석과 분석이다."[57]는 R. 웰렉(R. Wellek)의 주장도 이와 관련이 있다.

기술비평은 드라이든(Dryden, 1631~1700)의 『극시론(劇詩論, *Of Dramatic Poesie*)』(1698)이라는 에세이에서부터 시작되었다고 왓슨은 말하지만, 생뜨 뵈브가 판단보다 작품의 해석에 힘을 쓴 『문학적 초상(文學的 肖像, *Portraits Litteraires*)』(1832~1839)이나 『월요한담(月曜閑談, *Couseries du Lundi*)』(1849~1861)에서도 그 예를 찾을 수 있다. 기술비평의 본격적인 활동은 20세기에 들어서이다.

기술비평의 본령은 랜섬, 테이트 등의 신비평(New Criticism)과 스피쳐(L. Spitzer)의 문체론적 비평(stylistic criticism), 토도로프(Todorov)의 구조주의 비평 등을 통해 발현되었다. 이와 같이 기술비평은 작품 자체의 조건에 의해서 작품을 분석하고 이해하기 때문에 문학 작품의 언어 배열, 언어 선택, 작품 내의 리듬, 그리고 각 요소들의 통일에 의해 만들어진 구조(structure)와 텍스처(texture)를 중시했다. 테이트는 작품의 긴장(tension),

57) R. Wellek & Warren, 『*Theory of Literature*』, New York, 1970, p. 127.

외연(extension)과 내연(intension)을 비평의 주안점으로 삼았다.

넓은 의미에서 이 비평은 I. A. 리처즈에서 시작하는 뉴크리티시즘과 L. 스피쳐 등의 문체론적 비평, R. G. 몰턴의 귀납적 비평 등을 모두 포괄한다.[58]

(4) 심리적 비평

심리적 비평(psychological criticism)은 정신분석비평이라고도 한다. 넓은 의미에서는 과학적 비평에 해당하는 심리적 비평은 인간의 내면을 다루기에 과학 이상의 요소도 포함하고 있어 상대주의 비평으로 다루는 경우도 있다. 초기의 심리학을 대표했던 프로이트나 융은 임상적 결과에 의존하는 과학적 태도를 중시했으나, 자크 라캉에 이르러서는 인간 심리에서 언어와 무의식을 강조하는 양상을 보였다.

> 라캉(Jacques Lacan)의 심리분석적 저서들은 비평가들에게 '주관(subject)'에 대한 새로운 이론을 제공해 주었다. 마르크스주의자들과 형식주의자들과 구조주의자들은 '주관적' 비평을 낭만주의적이고 반동적이라고 부정해 왔다. 하지만 라캉의 비평 이론은 '말하는 주관'의 '유물론적' 분석을 전개시키고 있기 때문에 더욱 수긍할 만하다.[59]

심리적 비평은 이전의 과학적 비평이 외부적인 것을 주로 하는 데 반하여, 인간의 내면을 분석함으로써 새로운 무의식의 세계를 해명하려는 비평 방법이다. 프로이트(Freud, Sigmund, 1856~1939)의 정신분석학은 작품에

58) 정한모·김용직, 『文學槪論』, 박영사, 1990, 299쪽.

59) 레이먼 셀던, 현대문학이론연구회 역, 『현대문학이론』, 문학과지성사, 1995, 124쪽.

등장하는 인물의 성격, 행동, 말 따위의 해석에 유요한 비평적 근거를 제공해 주었다. 말하자면, 인간의 무의식이 의식세계의 잠재작용(潛在作用)이라는 점을 원용(援用)한 것이다. 프로이트는 히스테리, 강박관념, 불안, 공포증 따위의 질환은 물론, 일상생활의 막연한 행동, 실수, 망각, 따위가 무의식에서 오는 것으로 보았다. 그리고, 무의식이 사람의 성격이나 행동을 결정한다고 이해하였다.

브룩스(Van Wyck Brooks, 1886~1963)는 정신분석적 전기 가운데에서, 가장 영향력이 있는 저작을 남겼다. 그는 정신분석학을 활용한 비평전기(批評傳記)인『마크 트웨인의 시련(*The Ordeal Of Mark Twain*)』(1920)을 발표했다. 이 글에서 억압은 성적(性的)인 것으로나, 혹은 강제적인 최면으로나, 작가의 생애 초기에 끼어들었다. 그리고, 생애에서 의미(意味) 있는 사건은 작가의 전 생애를 푸는 열쇠가 된다고 보았다. 이런 접근 노력은 작품에 드러난 요소들을 정신분석적으로 분석하여, 작가의 정신세계와 작품 세계를 연결하는 작업으로 나아간다. 이는 결국 작품을 보다 입체적으로 밝히는 데 유용하게 활용될 수 있다.

오커너는 1919년에『문학에 있어서의 성욕적 동기(*The Erotic Motive in Literature*)』라는 저서를 발표했다. 이 저서의 모델(Mordell, Albert)인 스탕달(Stendhal, 1783~1842)에 관해 다음과 같이 언급했다.

> 부모에 대한 작가의 태도의 영향은 그의 문학 작품에 나타난다. 스탕달은 자기 어머니에게 쏟은 강한 자식의 사랑에 관한 기록을 남겨 놓았다. 스탕달은 아버지를 미워했다. 우리는 그의 생활에서 그리고 작품이나 신앙에서 이러한 상태의 결과를 볼 수 있다. 그는 무신론자가 되었다. 아버지의 영향을 버리는 사람들은 일반적인 아버지가 믿고 있는 신앙을 이따금 버릴 때가 있기 때문이다. 이것은

또한 셸리(Shelley, Percy Bysshe, 1792~1822)의 무신론을 매우 적절하게 설명하는 것도 된다.[60)]

심리주의 비평은 사실 1896년에 프로이트에 의해서 정신분석학이란 명칭으로 시작된 심리학 연구로부터 영향을 받아 발전한 것이지만 20세기 초엽에는 그 반응이 냉담하였다. 당시로서는 프로이트의 혁신적인 이론이 독단적으로 보였기 때문에 "극도로 정신분석을 불신하였고, 정신분석의 과학성과 그것의 치료 능력에 의문을 제기"[61)] 했다. 그런 현상은 프로이트의 정신분석학 관계 저서인 『꿈의 해석』(1900)과 『정신분석학 입문(精神分析學 入門)』(1917) 등이 발표된 이후 한동안 지속되었다.

그런 상황에서 A. 지드(Gide, Andre, 1869~1951)와 NRF지가 프랑스 문학분야에서 정신분석학이 확산되는 데 큰 역할을 하였다. 프로이트 학설과 문학 비평 사이의 가능한 관계에 대한 첫 논문 『정신분석학의 비평』이 나온 것도 1921년 NRF지를 통해서[62)]였다. 당시로서는 지드가 여러 식자층에 문학과 비평의 심리학 관계를 알리는 데 크게 기여한 셈이 되었다. 그리고 이 무렵을 전후해서 유럽 문학계에서 새로 인간의 내면세계를 추구하는 여러 심리소설이 등장하여 호응을 얻었다. 프랑스 작가 푸르스트(M. Proust, 1871~1922)의 『잃어버린 시간을 찾아서』(1908~1927), 아일랜드 작가 조이스(J. Joyce)의 『율리시즈』(1918~1922), 영국작가 울프(V. Woolf)의 『델라웨어 부인』(1925) 등이 '의식의 흐름'이나 '내적독백(內的獨白)' 또는 '자동기술법(自動記述法)'을 활용해 나온 소설들이다. 이 소설들이 발표되면서 심리적 비평의 의미에 대해 직접 간접적인 정당성을 부여해 주었다.

---

60) W. V. O'Connor, 『*An Age of Criticism*』, Chicago, 1952; 김상선, 앞의 책, 405~406쪽.

61) 제라드 델포·안느 로슈, 심민화 역, 『비평의 역사와 역사적 비평』, 문학과지성사, 1933, 231~232쪽.

62) 위의 책, 234~235쪽.

프로이트에 의해 개척된 정신분석학은 곧이어 그의 제자인 오스트리아의 아들러(Adler, Alpred, 1870~1937)나 융(Carl G. Jung,1875~1961) 등에게도 이어져 신화·원형 비평 등에도 영향을 미쳤다. 프랑스의 자크 라캉이 '무의식은 언어처럼 구조화되어 있다'라는 논의를 주창하면서, 심리학이 언어학과 구조주의의 영역까지 확장되었고, 프랑스의 역사학자 푸코(Foucault, Michel, 1926~1984)는 작가와 작중인물의 문제, 독자와 독서의 문제, 텍스트와 해석의 문제, 문학의 언어에 대한 문제 등에 관한 다양한 해석의 지평을 넓혔다. 정신분석학적 이론은 후기 구조주의 내지 포스트모더니즘 시대에 거의 모든 인접 학문과 비평 담론에 골고루 영향을 미치고 있다. 이러한 정신분석학 이론의 삼투현상은 심리주의(정신분석) 비평의 논의를 더 이상 국지적인 것이 아닌, 문학 비평의 논의 그 자체[63]로 바라보는 태도를 일반화하고 있기도 하다.

(5) 사회주의 비평(마르크스주의 문학 비평)

사회주의 비평은 마르크스(Karl Heninrich Marx, 1818~1883)의 변증법적 유물론(唯物論的)과 역사적 유물론을 문학분야에 원용(援用)하면서 발전했다. 마르크스주의 비평이라고 부르는 사회주의 비평은 문학의 예술성보다 문학의 사회성과 계급성을 중시한다. 문학의 기능적 측면을 중시해, 특정 문학이 어떤 사회적 기능을 수행하는가에 따라 문학 작품을 비평한다. 계급투쟁이라든가, 정치와 경제발전의 관계 속에서 문학의 역할, 혹은 사회의 결함을 해소하기 위해 피억압 계층의 투쟁을 의미화하는 비평이 사회주의 비평이다.

63) 박찬부 외, 『현대문학 비평 이론의 전망』, 성균관대 출판부, 1994, 262~262쪽.

이 비평의 이론적 근거는 마르크스의 『자본론(*Das Kapital*)』(1867~1894)에 기대고 있다. 『자본론』에 의하면 인간은 생산관계 속에서 자신의 사회경제적 위치가 규정된다. 생산관계는 물질적 생산력의 발전단계에 따라 구분되며, 그 시대의 생산관계가 경제적 토대를 구축한다. 경제적 토대에 기반해 법률적, 정치적인 상부구조(上部構造)[64]가 형성되고, 사회적 의식으로서 문화가 발현된다. 토대로서의 경제적 생산양식이 사회적, 정치적, 정신적인 영역인 상부구조를 규정한다는 것이 마르크스 이론의 중요 내용이다.

마르크스는 경제적 조건이 정신적 내용을 규정한다고 했고, 자본을 소유한 부르주아와 노동력만을 갖고 있는 프롤레타리아의 대립이 필연이라고 보았다. 이러한 계급 갈등과 모순으로 인해 자본주의 사회에서는 인간소외와 계급적대가 지속된다고 경고했다.

생산관계에 대한 분석을 통해 자본주의 사회 구조의 모순을 지적한 마르크스의 분석은 탁월한 것으로 평가된다. 다만, 마르크스의 변혁이론을 레닌과 스탈린이 정치적 혁명운동으로 변화시키면서, 사회주의는 내적 모순에 처하게 되었다. 레닌과 스탈린은 볼셰비키 사회주의 혁명을 성공시켜, 일국사회주의 혁명론을 정당화함으로써 프롤레타리아 독재를 지속했다. 자치공동체인 소비에트의 무력화와 당의 관료화가 진행됨으로써 국가기구가 비대해지는 현상이 나타났다. 인민민주주의의 붕괴는 결국 현실사회주의의 몰락으로 이어졌고, 소비에트 연방의 해체로 현실사회주의가 몰락하게 되었다. 세계체제의 균형자 역할을 했던 자본주의와 사회주의의 대립축이 무너짐으로써, 자본주의의 독주가 21세기에도 지속되고 있다.

---

64) '上部構造'라는 용어는 사회주의 진영에서 자주 쓰이는 개념의 하나로서 마르크스가 처음 사용하였음. 이를 비유한 마르크스는 '상부구조(이데올로기·정치)란 하부구조격인 토대(사회·경제적 관계) 위에 놓여 있다고 보았음(레이먼 셀던, 『현대문학이론』, 문학과지성사, 1995, 44쪽). 그런데 스탈린은 상부구조를 정치·법률·종교·예술 및 이념과 하부구조에서 생겨나 그것에 대응하고 능동적으로 반작용을 가하는 사회제도의 총체라고 규정함(『文藝思潮』, 새문사, 1991, 164쪽).

레닌과 스탈린은 혁명가적 정치가이면서도 문학 이론에까지 관심을 '사회주의 리얼리즘' 형성에 개입했다. 사회주의 리얼리즘 강령을 세웠던 1930년대 초엽에 레닌과 스탈린도 고리키 집에서 행해진 문학예술적인 회의에 함께 참석하여 숙의하기도 했다.

더욱이 레닌(Lenin, Nikolai, 1870~1924)의 다음과 같은 말은 사회주의 문학 예술 이론에 결정적인 영향을 미쳤다.

> 초인(超人)인 척하는 문사들을 타도하라. 문학은 조직되고, 계획되고, 통합된 사회당의 과업의 한 구성, 부분이 되지 않으면 아니 된다.[65]

레닌의 말은 그 뒤의 소비에트 예술비평의 원칙이 되다시피했다. 이에 비해 마르크스는 예술의 상대적 자율성을 이해하고 옹호하는 입장을 취했다. 그래서, 레닌이 당의 문학으로 문학예술의 자율성을 왜곡했다는 주장이 끊임없이 제기되고 있다.

사회주의 비평은 사회적이며 정치적인 이데올로기에 기대어 온 정론성(政論性)이 짙은 비평론이다. 따라서 그 방법론은 정치적, 사회적, 교육적 견지에서 문학 작품의 가치를 결정하고, 작가에게 '당파성'을 요구하는 경향으로 나아갔다. 한국의 경우, 1920~30년대의 카프 문학담론의 핵심이론이었으며, 이후 분단 현실 속에서 북한의 '주체문학론'도 사회주의 비평의 연장선상에서 존재한다.

---

65) W. V. O'Connor, 앞의 책, 115쪽.

2) 주관적 비평

주관적 비평은 비평가 개인의 기질이나 사상, 또는 관점에 따라 작품을 해석, 평가하는 비평이다. 근대 이후에 생긴 비평적 경향으로, 고전적이고 틀에 얽매인 접근 태도에 대한 반발에서 비롯되었다.

주관적 비평은 문학사적으로 보면, 낭만주의 문학이 대두된 이후에 발생했다. 생뜨 뵈브는 낭만주의에서 출발하여 사실(寫實)주의로 넘어간 비평가이다. 그런데 스삥건(J. E. Spingarn, 1875~1939)은 생뜨 뵈브를 근대 비평의 아버지로 규정하고, 그에게서 두 아들이 태어났다고 주장했다. 그 하나는 텐느를 거쳐 브륀띠에르로 이어지는 객관적인 계통의 비평이고, 다른 하나는 인상이나 쾌락을 중시하는 주관적 비평이다.

주관적 비평에서 비평의 기준은 개인의 특질에 따라, 시대에 따라 차이가 나므로, 그 특징이 개별적이고 분화적(分化的)인 양상을 보인다. 근대적 개인의 옹호와 개별적 가치를 중시하는 태도에 바탕을 둔 이 문학 비평은 감상비평과 인상비평 및 창조비평으로 구분한다.

(1) 감상비평

감상비평(鑑賞批評)은 작품 평가의 기초가 되는 감상을 중시하는 비평을 말한다. 고전주의적 입법비평이 작품을 재단하려는 성향이 강하다면, 감상비평은 작품에 입각해 다양하고 창의적으로 접근하려는 측면이 돋보인다. 이 비평은 작품을 감성적으로 음미(吟味)하며, 심미적(審美的)으로 접근하려는 것이다.

감상비평(criticism appreciative)은 칼라일(T. Carlyle, 1975~1881)과 아널드(M. Arnold)를 거쳐 페이터(W. Pater, 1822~1894) 등에 의해 정립되었다.

칼라일은 유대교의 신(神) 중심 사상인 헤브라이즘에 기울어져 있고, 아널드는 그리스의 인간 중심 사상인 헬레니즘 성향이 강했다. 이에 비해 페이터는 '예술을 위한 예술'을 옹호하는 심미주의적 태도를 취했다. 페이터는 아널드의 '시는 인생의 비평이다', '비평의 대상을 본래 있는 그대로 본다'라는 비평 태도를 계승하여, 비평의 목적을 작품 자체에 두었다. 아널드는 이와 관련해 다음과 같이 언급했다.

> 워즈워스(W. Wordsworth, 1770~1850)의 방법은 독특하고 아무도 대항하지 못하는 그 무엇을 가지고 있다. 자연 스스로가 그의 손에 펜을 쥐고, 자연 스스로가 있는 그대로의, 순수하고 날카로운 힘으로 그를 위하여 쓴 것처럼 보인다. 이것은 두 가지 원인에서 생긴다. 곧 하나는 워즈워스가 그의 소재에서 느끼는 깊은 진실성에서 그리고 다른 하나는 그의 소재 자체의 더욱 진실하고 자연스러운 특질에서 생긴다. 그는 오직 가장 솔직하고 직접적이며, 거의 엄숙한 자연스러움을 다룰 수 있고, 또한 다룰 것이다. 그의 표현은 때때로 노골적이라고 말해진다. 그의 「결의와 독립(Resolution and Independence)」이라는 시에서와 같이 그러나 그것은 벗겨진 산꼭대기가 노골적인 것처럼 노골적이다. 그 노골적인 것은 위대함이 가득 차 있다.[66)]

아널드의 비평은 고전주의, 문화주의를 그 밑뿌리로 하면서 신학, 철학, 역사, 예술, 과학 같은 여러 지식을 원용해 대상을 있는 그대로 보려고 한다. 그리고 비평가는 공평무사함(disinterestedness)을 디딤돌로 하여 최선

66) M. Arnold, 『*Poetry and Prose with William Waston's Poem and Essays*』, Oxford Clarendon Press., 158~159쪽; 김상선, 앞의 책, 412쪽에서 재인용.

의 감상에 접근하고, 이것을 널리 퍼뜨려야 한다고 주장한다.

페이터도 그의 「문예부흥 연구(*Studies in the History of the Renaissance*)」(1873)에서 다음과 같이 말했다.

> 실지로 있는 그대로의 대상을 본다고 하는 것이 진실한 비평의 목적이라는 것은 다시 말하자면, 실지로 오는 인상을 깨닫는 것, 즉 그것을 분명히 식별하고 감득하는 일이다. 음악, 시, 인생이 예술적인 모든 형식, 즉 미적 비평의 대상은 실로 많은 취지를 간직하고 있는 꽃집이다. 그것은 자연계의 산물(産物)과 같이 여러 가지의 가치와 성질을 갖고 있다. 예술적인 작품이 자기에 대하여 어떤 관계를 가지고 있는가, 어떤 결과를 실지로 일으키는가, 쾌감을 주는가, 쾌감을 준다면 그 쾌감의 종류와 정도는 어떤 것인가, 그것과 만나서 영향을 받기 때문에 자기의 성질에 어떤 변화를 일으키게 되었는가, 이러한 의문에 대한 대답을 하는 일이 미적 비평에 관계해야 하는 근본적인 사실이다.[67]

예술을 위한 예술을 제창한 페이터는 무엇보다도 먼저 '있는 그대로의 대상을 본다'는 것을 중시했다. 그는 더불어 '경험의 순간'에 발생하는 미적 희열에 대해 언급했다.

> 시시각각으로 손이나 얼굴이 완성되어진다. 산이나 바다의 어떤 음조는 그 밖의 것보다 정교하다. 어떤 열정적인 기분이나 통찰이나 흥분은 우리에게 억누를 수 없을 만큼 진실하고 매력적이다. 오직

67) 백철, 앞의 책, 377쪽.

그 순간에 있어서만, 경험의 열매가 아니라, 경험 그것 자체가 목적이다.[68]

경험 그 자체가 목적이라고 보는 페이터는 어떤 이론이나 법칙을 원리적으로 주장하지 않았다. 그는 "우리가 해야 하는 것은 콩트나 헤겔이나 우리들 자신의 재빠른 정설에 묵묵히 따르는 것이 아니고, 영원히 신기한 듯이 새로운 의견을 시험하며, 새로운 인상을 얻는 것이다."라고 보았다.

이 밖에 감상비평가로서 존 러스킨(John Ruskin, 1819~1900)과 세인츠버리(Saintbury, 1845~1933) 등을 들 수 있다.

(2) 인상비평

인상비평(印象批評)은 작품에서 받은 주관적인 인상이나 문학작품에 대하 직관을 통해 작품을 비평하려는 태도를 지칭한다. 감상비평이 객관적 언어로 작품에 대한 감상을 표출하려고 하는 반면, 인상비평은 오히려 순주관주의적 태도를 중시한다. 인상주의 비평과 감상주의 비평의 차이점에 대해서는 백철의 견해를 참고할 수 있다.

인상주의 비평이란 글자 그대로 작품에서 받은 비평가 개인의 주관적인 인상을 그대로 표시하는 비평태도다. 그 순주관적인 점이 우선 감상과 구별된다. 감상비평도 물론 작품 인상을 중시하지만 그러나 거기선 그 인상을 일시 수단으로 빌릴 뿐이고, 근본적으론 어디까지나 작품을 대상으로

68) W. Pater, 『*Studies in the History of the Renaissance*』 (From Beowulf to Thomas Hardy by Robert Shafer, Vol. 4), 867쪽.

해서, 그 대상의 미점(美點)을 페이터의 말과 같이 다른 부가물과 분리해서 본성을 식별하는 준 객관적인 비평태도인 데 비하여, 인상주의 비평은 순주관적인 태도다. 인상주의 비평의 특질은 말하자면 "나는 예술에 대하여 아무것도 아는 것이 없다. 그러나 나는 내가 좋아하는 것을 알고 있다."고 하는 것이다.[69]

인상비평(impressionistic criticism)은 작품에 대한 독립적인 인식과 판단에 도달하려는 태도에서 발생했다. 인상비평은 작품에서 받는 인상, 독자가 작품을 통해 도달하는 직접적이고 소박한 감각의 일치, 그리고 독자의 정신에서 일어나는 변화에 기초해 비평 행위가 이뤄진다. 비평가는 작품에서 받은 인상을 그대로 받아들이고, 그 인상을 식별해 내는 역할을 한다. 주관이나 인상은 개인적인 것이니, 이에 근거한 감상도 개인적이다. 따라서 인상비평은 개인에 따라 여러 가지 형태를 띨 수 있다.

인상비평은 역시 감상비평을 주창한 페이터에 의해 구체화되었다. 페이터는 감각적 경험에 의해서 얻어지는 인상을 존중하고, 이 인상을 기초로 하여 미(美)에 관해 비평해야 한다고 보았다. 그는 미적 감각을 만족시키는 정도에 따라 문학의 가치가 다르다고 하여 비평의 표준을 쾌락에 두었다. 그는 「문예부흥 연구(*Studies in the History of the Renaissance*)」(1873)의 서문에 다음과 같이 주장했다.

> 예술이라든가 시의 연구자는 미의 추상적 정의만을 내리고 있으나, 그것으로 미는 조금도 설명되어지지 않는다. 미를 추상적인 말이 아니고 구체적인 말로서 정의하고, 미의 보편적인 공식을 발견하

69) 백철, 앞의 책, 278~379쪽

는 대신에 개개의 미를 가장 타당하게 나타내는 공식을 발견하는 것이 미학연구자의 목적이다. '대상은 실제 있는 그대로 본다'라는 아널드의 말은 정직하게 모든 참다운 비평의 목적을 말하고 있다. 이것을 심미비평(審美批評)에 적용하면 비평은 심미대상에서 얻은 실제 있는 그대로의 인상을 알고 식별하는 일이다. 쾌락적 인상을 얻었다고 하면 그것은 어떤 종류인가, 어느 정도인가, 그 영향으로 어떻게 변하는가에 답하는 것이 심미비평이 취급한 근본 사실이다.[70]

페이터는 예술의 연구가의 지성을 만족시킬 수 있는 정확한 미(美)의 정의가 필요한 것이 아니라,'아름다운 대상을 만나 깊이 감동하는 능력'과 같은 일종의 기질이 필요하다고 보았다. 그는 미가 여러 가지 형식으로 존재한다는 것을 염두에 둔다면, 모든 시기, 모든 유형, 모든 유파는 동등하다고 역설한다.

이러한 페이터의 주장을 더 깊이 천착한 것이 와일드의 심미비평(aesthetic criticism)이다. 와일드는 "비평가는 좋은 인상을 다른 양식 또는 새로운 재료에 번역하는 자를 말한다."라든가 "최고의 비평은 개인적 인상의 가장 순수한 형식이고, 외부의 기준에 대하여 조금도 고려치 않기 때문에 창작보다 더 한층 창작적이다."라고 보았다. 그는 페이터의 소론을 그대로 계승했다.

비평이란 항상 판단이라든가 해석이라든가 평가다. 문학 비평은 무엇인가. 어떻게 써야 할 것인가를 판단하여 어떤 작가, 작품이 뛰어났는가를 평가하고 어떠한 점이 우수한가를 판별하고, 어떤 작품

70) M. Arnold, 『*The Function of Criticism at Present Time*』, Macmillan and Co, 1865, 22쪽.

의 의의는 그 시대라든가 환경에서 봐서 어떻게 해석하며 의의를 결정해야 할 것인가……[71]

오스카 와일드는 페이터의 쾌락을 미에까지 확장해, 비평의 주안점을 '미의 황홀'에 두었다. 페이터는 작품에서 받는 인상을 중시하여, 어디에 작품의 매력이 있는가, 미의 특질은 어떠한 것인가를 명백히 아는 것이 비평가의 임무라고 보았다. 반면, 와일드는 작품에서 정묘(精妙)한 인상을 포착하고, 그 인상에 대해 미적으로 감상(美的 鑑賞)하고 개성적으로 분석하는 것이 비평가의 역할이라고 보았다.

이상에서 살펴본 것처럼 인상비평은 아름다움이나 쾌락 등의 주관적인 인상이나 감상에 의한 비평이라 자칫하면 주관적인 시각과 개성만 강조될 수도 있다. 작품 속에서 발견되는 미적 쾌락을 중시했던 페이터 경우에서도 알 수 있듯이, 감상비평과 인상비평은 비슷한 성향을 지니고 있다. 이는 심미적(審美的) 성향을 지닌 와일드가 인상비평을 중시하면서, 동시에 창조적 비평을 의미화한 것과 연결된다.

(3) 창조적 비평

창조적 비평(創造的 批評)은 주관적 비평에 속하는 감상비평이나 인상비평과 일맥상통하면서도, 비평가의 창조성을 강조한다는 점에서 차별적이다. 창조적 비평은 작품을 평가하는 것에만 중점을 둘 것이 아니라, 비평가가 창작가 못지않은 창조적 해석이나 감상을 창출하자는 비평적 태도를 지칭한다. 비평가도 시인이나 작가 못지않게 창작자로서 비평에 임해야 한

---

71) 구인환·구창환, 앞의 책, 552쪽.

다는 것이다.

일반적으로 비평가는 작품 해석을 통해 작가의 작품활동에 조언을 하고, 독자에게는 올바른 감상과 이해의 길을 제시하는 역할을 한다. 작가와 독자 사이의 매개자로서 비평가의 역할은 창작분야와의 별개로 간주되었다. 그러나 창조적 비평가들은 마치 작가가 자연물, 환경, 인물의 행동, 감정 같은 것을 소재로 하여 작품을 창작하듯이, 비평가도 작품을 소재로 하여 새로운 세계를 창조한다고 주장했다.

창조적 비평이 부각된 것은 미국의 비평가인 스핑간(J. E. Spingan)이 「창조적 비평—재능과 취미의 조화에 관한 시론(*Creative Criticism, Essay on the Unity of Genius & Taste*)」(1971)이라는 논문을 발표한 후부터였다. 그 후 영국에서 O.와일드, J.M. 머리 등이 창조적 비평을 지지했다.

「창조적 비평」이라는 논문에서 스핑간은 예술가가 인상을 통하여 작품을 내놓듯이 비평가도 인상을 통하여 비평하면 된다고 덧붙였다. 작품이 자유롭고 창조적인 표현인 것처럼, 비평 또한 창조적 작업이라는 것이다. 그는 비평이 작품의 창작과정의 심미적 재현이라고 보았다.

와일드는 창조적 비평의 특징을 명료하게 설명한다. 와일드는 「예술가로서의 비평(*The Critic as an Artist*)」이라는 논문에서 비평가의 상상력에 의해 이뤄지는 자유스러운 비평 행위를 강조했다. 그는 이 논문에서 예술적 재능 없이 예술적 창조를 할 수 없듯이, 비평 행위에서 이뤄지는 선택정신과 생략정신이 바로 비평의 재능이라고 말했다. 이 언급을 좀 더 본질적으로 해석해 보면, 비평 정신은 곧 창작 정신에 닿아 있다는 의미로 풀이할 수 있다. 그는 또한 「도리언 그레이의 초상(*The Picture of Dorian Grey*)」(1891)의 서문에서 "비평가란 여러 가지 아름다운 것에서 받은 자기 인상을 다른 수법, 또는 새로운 재료로 변형할 수 있는 사람을 말한다"고 했다. 예술이 자연이나 인생을 모방하는 것이 아니라 자연이나 인생이 예술을 모방한다고 보았다는 측면에서 와일드의 이와 같은 태도는 예술지상주의라고 일컬어진다. 이러한 와일드의 관점이 페이터의 논의를 근거로 하고 있다는 점은 확실하다. 다만, 와일드는 작품이 주는 아름다움에 개성을 첨가함으로써 페이터보다 한 걸음 더 전진했다.

창조적 비평은 소설가나 시인이 현실을 대상으로 창작을 하는 것처럼, 비평가가 이미 창작된 작품을 대상으로 창작한다고 보는 것이다. 창조적 비평은 궁극적으로 가장 적극성을 지닌 것임을 알 수 있다. 비평은 예술 작품에 개입하는 권력 행사적 성격을 지닌다. 그러므로, 비평은 예술 밖에서 이뤄지는 행위가 아니라, 예술 내부에서 예술적 조화를 이뤄내는 미적 행위라고 할 수 있다. 따라서, 창조적 비평은 개별 작품에 대한 비평에 머물지 않고, 비평의 독자적인 창조성을 발현해 자유롭게 인생과 문명에 덧칠하는 가장 적극성을 띤 비평이라고 말할 수 있다.[72]

창조적 비평을 지향하는 비평가는 '비평가가 할 일은 자기 앞에 놓여 있는 문학 작품에 대하여 자기의 견해를 표시하는 일을 통해서, 자기 자신을 표현하는 것'이라고 말한다. 창조적 비평은 해체주의 비평과 묘한 긴장 관계를 형성하기도 한다. 해체주의 비평은 비평가는 작품을 자세히 읽고 제대로 해설해야 한다는 정독과 해석을 주창한다. 이는 단순히 텍스트 안에 내재되어 있는 의미를 해독하기보다는 오히려 텍스트를 위하여 능동적으로 의미를 창출해 내는 행위로 연결된다.[73] 비평이 창조적인 기능을 담당한다고 주장하는 바르트 등은 어떤 의미에서 새로운 창조적 비평의 계승자라고도 할 수 있다.

---

72) 백철, 앞의 책, 381쪽.

73) 김욱동, 『포스트모더니즘의 이론』, 민음사, 1992, 340쪽. 해체비평 논자들은 오히려 창작보다 비평의 가치를 높게 사서 비평에 창작을 합친 상태의 크리티픽션(critifiction)이라는 신조어까지 만들어낼 만큼 비평의 창조성을 강조하고 있다고 설명하고 있음.

6장 비평의 발전 형태

문학 비평의 유형은 시대의 변화에 따라 분류할 수도 있다. 문학 비평의 생성과 변천 과정은 통시적(通時的)으로 고전비평, 근대비평, 현대비평으로 구분해 살필 수 있다. 앞에서 다룬 문학 형태에 따라 살핀 유형에서처럼 객관적 비평과 주관적 비평의 일부가 시대적 구분 속에서 중복되기도 하지만 구체적 언급은 생략하기로 한다.

미리 언급하자면, 고전은 물론이요 근대 및 현대에 이르기까지의 비평론들이 서양의 흐름에 치우쳐 기술되었다. 한국문학 비평이나 동양의 전통적 비평론에 뿌리를 둔 접근이 필요하지만, 근대문학의 형성이 서양의 영향 속에서 이뤄졌기에 이러한 한계가 노출되었다. 한국 고전비평에도 시화(詩話)의 형식 등을 다룬 것들이 많으나, 한문으로 작성된 원문이 충분히 번역되어 있지 않고 체계화되어 있지 않아 추후 과제로 남긴다.

6.1. 고대·중세·르네상스기의 비평

고전비평은 그리스나 로마 시대 문예비평의 고대비평과 중세비평 및 르네상스기 비평까지를 지칭한다. 고대비평(古代批評)은 아리스토텔레스의 『시학(詩學)』이나 로마의 호라티우스(Quintus Horatius Flaccus, B.C.65~B.C.8)의 『시기술론(詩技術論)』 등을 주로 한 초기의 비평을 말한다. 기원전 4세기에 발표된 세계 최초의 문학 이론서인 『시학』은 시 본질과 모방론(模倣論) 및 삼일치법(三一致法)을 주장했고, 『시기술론』은 극의 소재나 수사학(修辭學) 문제 등을 다루었다. 이 두 저작은 일반적으로 서양 문화 전통의 뿌리라고 일컬어진다.

『시학』이나 『시기술론』 이전에도 동양에는 춘추전국시대부터 공맹(孔孟)·순자(荀子)·묵가(墨家)와 노장(老莊) 등의 문학론이 없지 않았으나 아리스토텔레스의 논의처럼 체계화되지는 않았다.

중세비평(中世批評)은 대체로 가톨릭교가 제왕(帝王)보다 상위(上位)에 있던 신중심의 시대로서 성서를 위주로 한 도덕비평들이 행해졌다. 고전비평에 주요 텍스트였던 희랍의 고전이나 로마 작품들은 이 시기에 이교적(異教的) 대상으로 취급받았다. 당시에는 자유로운 문학예술의 활동이 기독교적인 교리에 의하여 억압받았다. 이런 암흑기에도 문학예술의 가치를 옹호하며, 금욕주의(禁慾主義) 내지 청교도적(淸教徒的) 태도에서 탈피하려는 비평적 노력이 있었다.

폴리치아노(Poliziano, 1454~1494) 등이 대표적인 인물이다. 그는 신학(神學)에 문학예술이 종속되는 것에서 벗어나기 위해 싸웠다. 당시에 가톨릭적 세계관이 문학을 억압했던 근거들—문학은 진실이 아닌 모방이며, 극문학(劇文學)은 성령과 교통할 인간의 정신을 교란하므로 실생활 면에서나 도덕적인 면에서도 문학을 반대한다는 것—에 승복하지 않았다.[74)]

르네상스기의 비평은 중세의 정교일치(政教一致)에 기반한 기독교적 세계관에서 벗어나 문학의 독자성을 회복한 시기를 지칭한다. 신 중심의 세계에서 벗어나 인문주의적(人文主義的)인 자각이 확대되고, 더불어 그리스나 로마 문화에 대한 재인식이 이뤄졌다.

일부 인문주의자들은 그리스와 로마의 고전(古典) 연구에 관심을 쏟기 시작했고, 15세기 말엽부터 프랑스 지방에서 그 성과가 화려한 꽃을 피웠다. 벨레이(Belley, 1524~1560), 보클랭(Vauquelin, 1535~1607) 등에 이어

74) 곽종원·박목월·정창범, 『文學槪論』, 예문관, 1973, 187쪽.

서 시드니(P. Sidney, 1554~1586), 벤 존슨(Ben Jonson, 1573~1637), 라신(Racine, 1639~1699), 브알로(Boileau, 1636~1711) 등은 고전주의를 표방할 정도로 인문주의 발전에 기여했다.

고전비평을 논하기 위해 아리스토텔레스의 『시학(詩學)』과 삼일치법을 살필 필요가 있다. 아리스토텔레스의 『시학』은 기원전 4세기에 발표되었지만, 그 영향력은 18세기 초엽까지 미쳤다. 따라서, 『시학』에 대한 검토는 서구 고전비평의 맥을 짚은 작업과도 같다. 물론 『시학』 이전에도 플라톤(Platon, B.C. 429~347)의 『이온』 등과 같은 비평이 없었던 바는 아니지만 본격적으로 문학예술을 이론적으로 체계화한 『시학』이 비평의 이론서의 정전(canon)으로 꼽힌다. 『시학』이 설정해 놓은 기준은 고전비평의 금과옥조(金科玉條)가 되었으며, 고전비평의 기원으로 간주된다.

로마시대 비평가였던 호라티우스의 『시작법(詩作法, *Art Poetike*)』은 물론이요 16세기의 영국 비평가였던 시드니의 「시의 변호」나 17세기의 프랑스 비평가였던 브왈로의 『시작법(*Art Poetique*)』도 모두 『시학』의 영향을 받았다. 뿐만 아니라 영국의 시인이면서 비평가였던 A. 포프나 신고전주의(新古典主義)를 주장했던 T. S. 엘리엇 등도 『시학』을 중시했다.

아리스토텔레스의 『시학』은 모두 26장으로 나누어져 있다. 1장부터 5장까지는 총론으로서 예술의 기원과 모방성에 대하여, 6장부터 22장은 비극(tragedy)론으로서 비극의 목적, 요소, 인물 성격에 대하여, 23장부터 26장까지는 서사시에 대한 이론을 펴고 있다. 아리스토텔레스는 시는 모방(imitation)이라는 모방설을 펼쳤으며, 모방의 매개체는 하모니, 로고스(言語), 리듬 3종으로 보았다. 더 나아가, 서사시(敍事詩)는 언어, 기악(器樂)은 하모니와 리듬, 무용은 리듬이 쓰인다고 논한다.

『시학』의 대부분은 비극(tragedy)에 관한 논의로 채워져 있다. 비극은 줄거리, 성격, 사상, 언어, 하모니, 장면으로 구성되며, 그 중 줄거리를 중시했다. 줄거리는 급전(急轉), 발견, 고민의 3요소가 있어야 공포와 애련의 느낌을 줄 수 있으며, 유기적으로 통일되어 보편성을 추구해야 한다고 보았다. 또한, 줄거리의 전개는 시인 자신이 등장인물과 같은 행동을 하는 태도로 그려내야 하며, 보편적인 형식에서 시작하여 뒤에 가서는 에피소드를 삽입하고, 훌륭한 갈등이나 해결을 만들어야 한다. 특히 행동의 통일이 중요하고, 성격은 첫째로 좋은 성격, 다음에 적합성, 진실성, 합리성 등이 필요하다고 보았다.

이러한 『시학』의 기준은 17·8세기에 이르러서도 비평의 금과옥조로 여겨졌다. 연극에 있어서 '삼일치의 법칙'은 유명하다. 아리스토텔레스는 '행동의 통일'과 행동이 진행되는 기간이 가능한 한 일치해야 한다고 했다. 아리스토텔레스는 장소에 대해서는 말한 바 없음에도 불구하고, '장소의 일치'가 첨가되었다. 드라이든(Dryden)이나 포프(A. Pope)와 같은 비평가들은 '삼일치의 법칙'에 입각해 작품을 판단했다.

아리스토텔레스의 『시학』은 서양 최고의 문예 비평론으로서 오랜 시간 동안 고전비평의 규범으로 간주되었으며, 여기에서 출발한 입법비평·재단비평·표준비평 등이 근래까지 활용되고 있다. 20세기에도 흄(T. E. Hulme, 1883~1917)이나 엘리엇은 신고전주의를 주창하며, 아리스토텔레스의 『시학』을 중시했다.

6.2. 근대비평

르네상스기의 문학 비평은 중세의 종교나 신학으로부터 벗어나 인간성 회복과 문학의 독립적 존재를 인식하는 기틀을 만들었다. 르네상스 운동은 프랑스나 이탈리아를 거쳐 영국, 독일 등으로 점차 확산되었고, 이것이 근대비평의 태동에 중요한 영향을 미쳤다.

고전비평에서 근대비평으로 변천해 가는 과정에 대해 다음과 같은 대비도 참고할 만하다. 즉, 그리스나 로마의 문학이 도시와 귀족 사회 중심이며, 형식과 법칙을 존중했다면, 중세문학은 지방과 신흥계급 중심의 자유분방한 개성을 생명으로 했다. 이러한 신흥계급이 성장해 이룩한 것이 근대문학이었고, 근대비평이었다.

개성을 중시하는 근대인의 출현으로 고전비평은 빛을 잃게 되었다. 고전비평이 형식적이라면 근대비평은 내용 중심적이고, 고전주의 비평이 재단적 내지 평가적 태도를 취했다면, 근대비평은 설명적 내지 감상적(鑑賞的)인 태도를 취했다. 또한, 고전비평이 객관적이라면, 근대비평은 주관적 성향이 강했다.

1) 근대비평(近代批評)의 대표

근대는 자연과학의 발전과 자본주의의 등장, 그리고 이성적이면서 합리주의적인 개인의 발견으로 특징 지을 수 있다. 콩트(Conte)와 다윈(C. Darwin)의 자연과학적 세계관에 영향을 받아 문학예술 비평도 급격한 전환을 맞이했다. 근대비평은 법칙 중심의 고전비평을 창조적으로 계승하면서도 개성을 중시하는 태도를 취함으로써, 고전의 극복을 지향하는 요소와 더불어 고전을 계승하려는 요소가 혼합되는 양상을 보였다.

(1) 생뜨 뵈브의 전기비평

근대비평의 원조(元祖)로 일컬어지는 생뜨 뵈브는 전기비평(傳記批評)의 대부로도 유명하다. 프랑스의 시인이며 평론가였던 그는 작품에 대한 인상과 주관적 감정을 중시하는 인상주의적 비평을 따랐으나, 나중에 작가의 전기적인 사실에 입각한 과학적 태도와 객관적 평가를 주창했다. 그는 작가와 작품을 서로 별개의 존재로 보지 않고 글을 쓴 작가의 성장 과정과 교육, 교우관계, 일상생활 등과 같은 전기적(傳記的) 사실을 조사하여, 작품에 대한 해석과 평가에 적용했다. 생뜨 뵈브 저작인 28권의 평론집 가운데 『월요한담(月曜閑談)』(1861년 완성)이 전기비평의 좋은 예이다.

(2) 텐느의 역사주의 비평

프랑스의 평론가이자 철학자인 텐느는 문학 비평을 사회학의 일부로 파악하며 인종(race), 시대(moment), 환경(milieu)의 세 요소가 작품의 가치를 결정한다는 결정론(determinism)을 폈다.[75] 비평가는 과학자와 같은 태도로 작품의 환경을 검토해야 한다는 그의 비평 자세는 전기비평의 태두인 생뜨 뵈브와는 달리 역사파(歷史派)로 불린다.

텐느는 과학적 비평의 존재를 정당화하고, '객관적인 척도에 따라서 판단하라' '사물의 결정요소와 원인을 찾아라'와 같은 원리를 강조했다. 텐느에 의하면, 한 개인, 한 시대, 한 작품, 한 문학을 비평 대상으로 할 때, 개별적 사실의 본질적인 원인을 규명해야 한다. 이를 통해 여러 가지 조건(곧 본질적 원인과 연결되는 여러 가지 요소)을 파악해야 올바른 문학 비평이 행해질 수 있다는 것이다.

(3) 매슈 아널드의 문명비평

---

75) 『*H. Taine, Histoire de Literrature Anglaise*』, Vier Bände, 1864. 이 책 서문에서 그는 '문학 작품은 동시대 풍습의 모사(模寫)이며 어떤 정신상태의 전형(典型)' 이라고 언급했음(R. Wellek, 『*A History of Modern Criticism*』, 1750~1950, Yale Univ. Press., 1966, 27~30쪽).

19세기 영국의 대표적인 비평가의 한 사람인 매슈 아널드(Matthew Arnold, 1822~1888)의 문명적 비평도 중요한 근대비평이다. 문명적 비평은 워즈워스의 주관적 낭만비평 등에 객관적 과학비평을 융합한 것이라고 볼 수 있다. 아널드의「현단계에 있어서 비평의 기능(*The Function of Criticism at Present Time*)」(1865)과「문화와 무정부(*Culture and Anarchy*)」(1869)는 19세기 영국비평을 대표하는 논문으로 꼽힌다. 그의 비평은 일종의 문명비평의 성격을 띤 것으로서 그 시대의 문명과 문화의 조건을 고려해 작품을 비평했다. 문학이 삶의 비평(criticism of life)이라는 것이 아널드의 문학관이었다.[76]

아널드의 비평론은 20세기 비평에서도 일정한 영향력을 발휘했다. 그의 비평론은 문학 작품보다도 작품을 둘러싸고 있는 문명과 문화에 결정적 요인을 부여했다. 그는 문학을 리얼리즘의 정신, 즉 사실을 있는 그대로 보거나 공리성을 떠나 공평무사(disinterestedness)하게 보는 태도를 중시했다.[77]

(4) 근대비평의 특징

근대비평은 인상비평과 재단비평 등 다분히 소박한 비평방식에 의존하고 있었다. 인상비평은 A. 프랑스나 W. 페이터에 의해 많이 행해졌는데 넓게 본다면 O. 와일드의 창조적 비평이나 심미비평(審美批評)도 이에 속한다. 인상비평이 개인을 중시하고 주관적 성향이 강한 비평이라면, 재단비평은 객관적이면서 규범에 충실한 비평이었다. 고전비평처럼 아리스토텔레스의 『시학』 규범을 그대로 지키지는 않았다 하더라도 셍뜨 뵈브의 전기(傳記)비평, 텐느의 인종·시대·환경적 요소를 중시한 결정론적 역사주의 비평, 매

76) R. Wellek, 『*A History of Modern Criticism IV*』, New Haven: Yale Univ. Press., 1987.

77) 백철 편, 『비평의 이해』, 민중서관, 1968, 132쪽.

슈 아널드의 문명비평은 재단비평적 성격을 지니고 있다.

이상에서 고찰한 바처럼 근대비평은 아리스토텔레스의 『시학』에 얽매인 고대비평에 대한 반발과 수정 과정에 발생했다. 근대비평은 상대주의적이면서 주관적 성향이 강했다고 볼 수 있다. 그리고 근대비평은 작품보다는 그 작품을 둘러싼 사회적 배경과 작자(作者)의 환경적 요인들을 조사하고, 이를 자료로 삼아 작품에 대한 과학적 비평을 시도했다.

6.3. 현대비평

20세기와 21세기에 걸치는 현대비평은 과학기술문명의 고도발달과 인터넷 매체의 발달, 그리고 복합문화적 생활 여건 속에서 문학 비평도 다양하게 분화되었다. 문학 비평 이론은 이전에 비해 훨씬 다양해지고, 비평의 대상도 다원화되어 이른바 "비평의 시대"를 맞게 되었다. 문학 비평의 갈래와 방법도 다채로운 양상을 띠게 되어, 그 특성을 한두 가지로 설명할 수 없을 정도이다.

1) 근대비평과 현대비평의 차이점

20세기와 21세기에 걸쳐 등장한 현대비평 이론은 이전 19세기에 활용되던 근대비평과는 여러모로 변별된다. 그 차이점은 다음과 같은 몇 가지 요소로 구분해 이해할 수 있다.

첫째, 현재 비평은 문학 내적 요소에 집중한다. 근대비평인 생뜨 뵈브의 작가 전기(傳記)비평, 텐느의 역사주의적 비평, 아널드의 문명비평 등이 문학 외적 요인을 중시했다면, 현대비평은 문학의 내적인 요소들이 어떤 관계를 형성해 의미를 만들어내는가에 주목한다. 문학의 본질적인 면에 속하는 작품(텍스트) 자체 내의 언어적 조건 상징, 구성, 문체 등을 주로 분석해 내적 의미[78]를 파악하려고 노력한다. 1920년대의 러시아 형식주의나 1930년대의 체코의 구조주의는 물론이요, 1940년대 이후에 성행한 영·미의 뉴크리티시즘(新批評)과 1960년대의 소련의 기호학(記號學) 등도 이러한 흐름과 맥락을 같이한다.

둘째, 현대비평은 근대비평이 사회적 현실에서 출발해 작가와 작중인물을 파악하려 했던 것에 반발해 인간 내면의 심층적 탐구를 추구하는 경향을 보인다. 이는 20세기에 이르러 활성화된 프로이트나 칼 융의 정신분석학과 심층 심리학 이론에 입각한 비평의 영향이다. 현대문학 비평은 인간의 심층적 내면 탐구에 관심을 갖고, 사회와의 관계 속에서가 아니라 인간 자체를 이해하려는 노력에 집중했다.

셋째, 현대비평은 이데올로기 분석에 치중하는 일면도 보이고 있다. 이는 20세기 초엽에 일어난 러시아의 볼셰비키 혁명의 열풍으로 세계체제를 정치경제학적으로 분석하려는 경향의 영향이다. 현대문학 비평이 세계에 대한 분석 속에서 이뤄진다는 측면에서는 사회적 성격이 강하지만, 근대문학 비평이 추구했던 사회적 외적 현실과 작품을 연계했던 태도와는 상이하다. 근대비평의 사회성은 소박한 일종의 과학주의 정신에 입각한 것이었다면, 현대문학 비평의 이데올로기 분석은 자본주의와 사회주의의 이념적 대립, 그리고 양극 체제의 붕괴 이후 새로운 체제 구상을 지향한다.

78) R. Wellek & A. Warren, 『*Theory of Literature*』, New York, 1956.

2) 다양한 현대비평의 이론들

현대비평은 근대비평과 변별되는 형식주의, 구조주의, 영미 신비평, 기호학, 사회주의 비평, 정신분석학적 비평, 해체비평 등으로 구분해 이해할 수 있다. 그렇지만 그 분화양상은 훨씬 복잡하다. 예를 들면, 원형비평이나 신화비평, 현상학적 비평, 테마비평 등도 중요한 현대비평의 이론들이다. R. 웰렉이 현대비평의 주류(主流)의 하나로 꼽았던 실존주의 비평이나 한때 주목을 받았던 독자반응 비평과 수용이론(受容理論), 신(新)역사주의 비평, 그리고 페미니즘 비평, 대화비평, 탈식민주의 비평 등도 주요 담론을 형성하고 있다. 이들에 관한 논의는 다음 장의 현대 비평의 이론 항목에서 자세하게 설명할 것이다.

3부

현대문학 비평의 흐름들

1장 역사주의 비평

2장 문학사회학과 마르크스주의 문학 비평

3장 정신분석학적 비평과 테마비평

4장 신화·원형비평

5장 형식주의와 뉴크리티시즘

6장 구조주의와 해체비평

7장 기호학적 비평

8장 수용미학과 독자반응 비평

현대비평은 어떻게 전개되는가

현대 사회는 문학과 문화 영역에서 여러 갈래의 비평과 메타적인 비평 담론이 제기되어 비평 담론(談論)이 다원화(多元化)하고 있다. 이러한 다원화는 문학과 문화 영역에서 텍스트를 이해하고 분석, 평가하는 연구 방법에 대한 견해 차이에서 발생한다. 그러므로 현대문학 비평의 이해를 위해서는 문학 작품이나 작가 등을 연구하는 데 제기되는 다양한 비평 담론(Vritical discourse)으로 검토할 필요가 있다.

현대비평의 양상은 아리스토텔레스의 『시학(詩學)』을 중심으로 하는 고대나 중세 및 르네상스 시기의 재단비평(또는 입법비평, 표준비평)이나 중세 기독교 성향의 소박한 도덕비평이 고작이던 때와는 사정이 다르다. 게다가, 작가의 생활환경이나 전기(傳記) 및 시대 상황을 중심으로 작품을 이해, 평가하던 근대비평적인 접근방법과도 판이하다. 가다머(Hans G. Gadamer, 1900~2002)는 '방법은 진리 그 자체'라고 말한 바 있다. 현대비평은 전에 없이 다양하고 날카로운 시각으로 무성한 비평의 이론들을 낳고 있는 것이다. 이는 비유적으로 진리로 이르는 길이 복잡해진 것이라고 할 수 있다. 날로 복잡해지는 시대 상황과 인터넷을 포함한 전자매체의 발달로 갖가지 비평 이론들은 거의가 그대로 문학 연구의 방법으로 활용되고 있다.

문학 작품을 분석·평가하는 데에는 큰 틀에서 두 갈래의 길이 있었다. 편의상의 실용적인 방법과 본질적인 방법으로 접근할 수 있다. 실용적인 접근은 통계적인 방법, 실증적인 방법, 현장적인 방법이라고 할 수 있다. 본질적인 접근은 체계적이고 학술적인 구조주의, 신화비평, 정신분석학적 비평 등이다. 물론 두 가지는 성격상 엄밀하게 구분하기 힘들 뿐 아니라 두 요소를 공통으로 지닌 것[01]도 있다. 구체적인 현대비평 이론의 갈래짓기에도 여러 방법이 있을 수 있다. 이를테면 비평이 지향하는 대상을 주로 다룬 D. 케이시의 접근 체계처럼 작가지향적, 작품지향적, 독자지향적, 현실지향적인 방법[02]으로 분류할 수도 있다.

여기서는 중요한 현대비평의 이론들을 살펴보고 그 응용 방법을 제시해 보려 한다. 순서는 역사주의 비평, 문화사회학과 사회주의 비평, 정신분석적 비평과 테마비평, 원형비평과 신화비평, 형식주의와 신비평, 구조주의와 해체비평, 기호학적 비평, 수용론과 독자반응 비평 등이 그것이다.

---

01) M. Maren—Groesebach, 『*Methoden der Literaturwissenschaft*』(München, 1979) 경우에도 문학 연구의 방법을 제시하고 있는 8가지 방법 중에서 대부분이 겹치고 있음을 알 수 있음. ① 실증주의적 방법 ② 정신사적 방법 ③ 형이상학적 방법 ④ 실존적 방법 ⑤ 형태학적 방법 ⑥ 사회학적 방법 ⑦ 통계학적 방법 ⑧ 구조주의적 방법 중, ①②⑤⑦은 다분히 편의상의 실용적인 방편에 속하지만 나머지인 ③④⑥⑧은 비평적 방법에 연결되고 있음.

02) 정정호 외, 『현대영미비평의 이해』, 문학과 비평사, 1989.

1장 역사주의 비평

1.1. 개관 및 특성

역사주의 비평(歷史主義 批評, historical criticism)은 "작품이 생산된 시기의 역사적 상황을 비롯해 작품과 연관된 시대의 사회적·문화적 맥락을 통해 작품의 의미를 파악하려는 비평 방법"[03]을 말한다. 역사주의 비평은 현대비평이기보다는 근대비평에 가깝다. 그렇지만 그 속성상 과거는 물론 현재까지도 가장 많이 통용되고 있는 전통적인 문학 비평 방법이다. 모든 문학연구의 기초작업과 직결되는 원전비평(原典批評)이나 실증적인 전기비평(傳記批評)도 역사주의 비평의 일부라고 할 수 있다.

전통적인 비평 방법은 대체로 두가지로 구분된다.[04] 하나는 역사·전기적인(historical—biographical) 방법이고 다른 하나는 도덕·철학적인(moral—philosophical) 방법이다. 이 중에서 역사·전기적인 방법은 19세기 프랑스의 텐느나 생뜨 뵈브의 비평 이론과 관계가 깊으며, 도덕·철학적인 방법은 고대 희랍의 플라톤적인 교훈주의와 공리설(功理設), 로마의 호라티우스적인 쾌락과 가르침(教示, teach)과 깊이 연결되어 있다.

전통적인 비평 방법 중 역사·전기적인 방법은 근대 비평에만 국한되어 적용되는 한시성(限時性)을 극복하고 있다. 이미 진부한 과거의 것으로 남겨진 도덕·철학적인 방법과는 대조적으로 현대의 문학 연구 방법에서도 광범위하게 적용되고 있으며, 실제 비평현장에서도 널리 활용되고 있다.

미국의 그래브스타인(Sheldon N. Grebstein)은 그가 엮은 『현대비평의 전

03) 한국문화예술위원회 엮음, 『100년의 문학용어 사전』, 도서출판 아시아, 2008, 542쪽.

04) W. L. Guerin 외, 정재완 역, 『文學의 理解와 批評』, 청록출판사, 1985, 43~50쪽.

망(*Perspectives in Contemporary Criticism*)』(1968)에서 다음과 같이 언급했다.

> 역사적 학문은 1920년대 말에 줄곧 미국에서 진지한 문학 연구를 좌우했으나, 당시 그것은 처음으로 형식론자들의 공격을 받게 되었다. 1930년대에 형식론자들의 공격은 자유 마르크스주의 비평가들에 의한 그야말로 아주 딴 방향에서 도움을 받아 물밀 듯, 강력한 기세를 떨쳤다. 1940년대와 1950년대 초기에 역사주의는 크게 후퇴했거나 또는 수세에 몰렸다. 그러나 역사주의가 항복했다고 말한다면 그런 단어는 시기상조였을 것이다. 왜냐하면 1950년 말에 역사주의가 다시 부흥하기 시작했기 때문이다. 오늘날 역사주의는 반대파로부터 가치 있는 교훈을 흡수하고 목적과 전략을 재규정하고 또한 노병과 나란히 행진할 수 있는 정력적인 젊은 대원을 많이 모집하고 나서, 지난날의 영광을 되찾기를 약속하고 있다.[05)]

1980년대 이후에는 유럽의 조나단 돌리모어 등에 의해 제기된 문화유물론(文化唯物論)에 뒤이어 미국의 그린블랫(S. Greenblatt) 등에 의한 신역사주의(New Historicism)가 주창되면서 역사주의 비평의 필요성이 재검토되었다. 기존의 역사주의 비평에 대한 비판 대신 일부의 가치가 새롭게 인정되었다. 이와 같이 역사주의 비평은 근대에 해당되는 19세기에 제기되어 성행했던 문학 연구 방법이지만, 현대에도 널리 활용되고 있는 현대비평 방법이다.

앞서 언급한 S. N. 그래브스타인에 의하면, 문학 연구에 대한 역사적 방법은 오래전부터 있어 왔으나 17세기 및 18세기에 드라이든이나 존슨의 제기

---

05) 이선영 편, 『文學批評의 方法과 實際』, 삼지원, 1991, 13쪽.

로 본격화되었다고 한다. 드라이든은 모든 시인이 한 시대에 속한다고 믿고 「극시론(劇詩論)」에서 부분적으로나마 역사적·비교적인 원리에 입각하여 비평 방법을 논했다. 또 존슨은 "현재를 바르게 판단하기 위해서는 현재와 과거를 대비시켜야 한다"고 생각하였다.[06] 말하자면, 역사주의 비평은 이전의 「시학」에 입각해 재단비평을 일삼던 고전주의 비평에 반발하여 근대 과학정신에 기반해 영국에서 시작되었다. 하지만 역사주의 비평은 영국이나 독일보다 늦게 시작했던 프랑스에서 훨씬 성행했다.

19세기에 와서야 비로소 역사적 방법은 뚜렷하고도 강력한 주장을 얻게 되었는데, 그것은 두 사람의 프랑스 문인 생뜨 뵈브와 텐느의 저술에 빚진 바가 크다. 그 시대의 특징인 과학에 대한 관심이 커지자 거기에 영향을 받아 생뜨 뵈브는 "내가 확립하고 싶은 것은 문학의 박물학이다"라고 선언했다.[07]

텐느와 생뜨 뵈브의 이론은 유럽 대륙에 지대한 영향을 미쳤다. 유럽의 학문과 비평은 어느 나라에서든 관계없이 대부분 작가의 '정신 상태'와 그의 문학의 원천 등에 관심을 두었다. 텐느와 생뜨 뵈브의 이론은 발생한 지 몇 해 안 되어, 19세기에 줄곧 유럽의 것을 크게 모방하고 있었던 미국의 문학 연구에도 영향을 주었다. 영국과 독일에서 먼저 시작되고 프랑스에서 완성된 역사주의 비평이 미국의 존스 홉킨즈 대학 등에 크게 영향을 미쳤다고 S. N. 그래브스타인은 말하고 있다. 존스 홉킨즈 대학은 설립 때부터 독일의 학문 방법을 본받았으며, 미국학자들은 독일·영국의 문학탐구를 참고하여 나름의 방법론을 발전시켜 나갔다.[08]

역사주의 비평에서는 다음과 같은 성격을 지니고 있다. 첫째, 생뜨 뵈브나 텐느의 과학주의 정신에 바탕한 근대비평적이다. 둘째, 실증적인 방법

06) 박철희·김시태, 『문학의 이론과 방법』, 이우출판사, 1984, 86쪽.

07) 이선영 편, 앞의 책 (김병걸 역), 12쪽.

08) 위의 책, 13쪽.

등은 근대비평에서 현대비평에까지 아우르는 비평 방법으로 계승되고 있다. 셋째, 이 비평에는 본질상 다분히 학문적이면서 실제적인 원전비평, 전기비평, 역사적 비평 등이 포함되어 있다는 점이다. 넷째, 비평의 요건으로서는 원전, 언어, 전기(傳記), 명성과 영향, 문화, 관습 등을 중요시한다.

1.2. 비평의 주안점

역사주의 비평은 문학 작품을 역사적인 소산물(所産物)로 여기고 시대 상황이나 작가의 조건 등의 실증적인 자료로써 접근하려 한다. 그래서, 역사주의 비평은 어떠한 문학 작품도 그 자체로서 완전한 것으로 간주할 수는 없으므로 그 작품에 상관되는 정보자료를 참조하여 연구해야 한다고 주장한다. 따라서 역사주의 비평은 다분히 학문적인 요소로 지니게 된다. 그런 면에서 역사주의 비평은 오직 작품 자체 내의 요소들만으로 이해·평가해야 된다는 구조주의적인 신비평(New Criticism)과 대조를 이룬다.

그래브스타인은 역사주의 비평가가 중요시하는 비평의 요건 6가지를 들고 있다. 역사주의 비평가는 다음에 제시할 여러가지 가능한 문의사항 가운데서 하나 또는 둘, 셋을 추구하여 비평문을 작성한다는 것이다.[09]

[역사주의 비평의 요건 6항목]

① 원전(原典): 우선 비평의 주대상으로 삼은 원전(text, 또는 canon적인 正典)을 제대로 가려내고 바로잡는 일이다. 믿을 만큼 확실한 연구대상 작품

---

09) 이선영 편, 앞의 책 (김병걸 역), 15~24쪽.

의 원전을 확정해야 한다.

② 언어(言語): 문학 작품의 매재(媒材)인 언어를 해설한다. 작품이 쓰여진 시대와 장소를 고려하여 어떤 특수한 언어로 쓰여졌는가를 확인한다.

③ 전기(傳記): 작가의 전기에 관한 정보를 통해서 작품에 접근한다. 이는 역사 전기비평의 필수적인 요소이다. 작가의 생애와 그 성장 환경이 작품에 어떤 영향을 미쳤는가를 살핀다.

④ 명성(名聲)과 영향: 작품이나 작가가 발표되고 살던 당대의 명성(reputation)과 영향(influence)을 고찰한다. 이는 작품상호간, 또는 작가들 사이에 서로 주고받는 영향, 독자층의 평판을 말한다.

⑤ 문화: 문학은 역사의 문화적 표현이라고 보고, 문화(culture)를 문학 작품에 작용하는 중요한 요소로 간주한다. 작품 속에 전달된 문명의 변화하는 가치와 이념 및 작품의 불변적인 생명력은 무엇인가[10] 하는 문제를 다룬다.

⑥ 관습(慣習): 한 작품이 어떠한 문화적 계통을 지니며 그 작품이 비슷한 시기의 여러 작품과 적절한 전통 또는 관계 속에 있는가를 살핀다. 비평가는 관습(convention)을 문학 형식의 결정에 영향을 미치는 활성적, 현존적 힘으로 간주하므로 중요한 정보적 요건이 된다.

이들 요건이나 주안점은 역사주의 비평들에 적용된다. '원전'과 '언어'는 원전비평에, '전기' 및 '명성과 영향'은 전기비평에, '문화'와 '관습'은 역사적 비평에 해당한다.

이 글에서는 역사주의 비평의 중요성과 그 연혁을 살펴보고 몇 가지로 나누어서 그 특성이나 상이점 등을 논의해 보기로 한다. 편의상 역사주의 비평의 세 갈래에 해당하는 원전비평(原典批評), 전기비평(傳記批評), 역

10) 박덕은, 『현대문학 비평의 이론과 응용』, 새문사, 1989, 31쪽.

사비평(歷史批評)의 순서로 설명해 나가기로 한다.

1.3. 원전비평의 이론과 실제

1) 특성과 원리

원전비평(textual criticism)은 일명 원본비평(原本批評)이라고도 불리는 실증주의적이며 서지학적인 비평 방법이다. 원전비평은 본격적인 비평 방법이면서 경우에 따라서는 본격적인 비평을 위해 대상 작품을 확정하는 예비적인 성격도 지니고 있다. 원전비평은 흔히 근대 전후의 고전적인 작품에 적용되는 경우가 많으며, 오늘의 일부 창작품과 번역작품들에도 적용할 수 있음은 물론이다.

올바른 비평을 위해서는 제일 먼저 행해야 할 기초작업이 원전 확정이다. 원전비평이란 작품을 필사하거나 편집 또는 출판하는 과정에서 생기는 그릇된 대목(誤字나 脫字 또는 뒤바뀌는 경우 등)을 확인하여 논의하는 작업이다. 작가가 써낸 원본에서 손상된 대목이나 오류를 최소로 줄이고, 작가의 본래 의도가 반영된 원작(原作)대로 복원하는 것을 목표로 한다. 이는 보다 명확하고 바람직한 비평을 위해서나 문학의 발전을 위해서 필요한 일이다.

현존하는 문헌들을 통하여 가능한 한 작가의 원본과 수정본이 지니고 있는 최초의 순수성을 회복하고, 번각(飜刻)과정에서 흔히 일어나는 와전(訛傳)을 바로잡으려는 것이 원전비평의 목표이다. 그러므로 이것의 훈련은 우리의 문화유산에 포함되어 있는 지적 노력의 원형 복원과도 관계가 있다. 원본을 확정하는 작업은 서로 다른 시기에 발생한 텍스트의 다양한 판본이나 서로 다른 특정한 목적에 의해 첨삭된 사례에 따라 복잡해질 수 있지만, 그것의 일반적 원리는 동일하다.[11)]

H. 멜빌의 대표작인 『모비딕(白鯨)』(1851) 가운데 '몸 둥글게 말고 있는 바닷고기(coild fish of the sea)'라는 구절이 식자공(植字工)의 잘못으로 '더럽혀진 바닷고기(soiled fish of the sea)'로 인쇄되었고, 우스꽝스럽게 해석되었다는 지적 등은 암시하는 바가 크다.[12)]

이런 사정은 우리나라의 현대문학 작품에서도 자주 발견된다. 이상화의 대표작인 「빼앗긴 들에도 봄은 오는가」(1926)의 경우도 그 예이다. "나비 제비야 깝치지 마라 / 맨드램이 들마꽃에도[13)] 인사를 해야지 "[14)]라는 구절 가운데 들마꽃이 '들마을'로 둔갑한 채 교과서에 실려 한동안 중·고교 교육현장에서 가르쳐지기도 했다. 1920년대 중엽의 시(詩) 작품이 이런 지경이면 1910년대 무렵의 신소설이나 개화가사 등 근대 초기의 문학 작품들은 어떠했을까 미루어 짐작할 수 있다.

원전비평은 현대 문학분야보다도 고전문학 분야에 더욱 긴요하고 효용가치가 높은 면이 많다. 인쇄술의 미숙과 보급의 영세성으로 인해, 혹은 국한문으로 쓰여지고 퇴색된 이본(異本)들로 인해 원본이 잘못 전달된 경우가 많다. 바로 이런 문제를 정규복(丁奎福, 1927~)이 진지하게 논의하고[15)] 있다. 양주동의 향가·여요에 대한 연구업적이나 김동욱의 춘향전 이본 연구성과 등은 정규복의 「구운몽」에 대한 연구로 이어졌다. 오랜 연구와 고증(考證)을 통해서 「구운몽」의 원작은 결코 한글본이 아닌 한문본이라는

---

11) 노스럽 프리이 외, 김인환 역, 『문학의 해석』, 홍성사, 1978, 60쪽.

12) 위의 책, 58쪽. 여기에서도 '더럽혀진'이란 단어 'soiled'마저 'soild'라고 오식(誤植)되어 있어 실감을 더해 줌.

13) 『開闢』 7호(1926. 6).

14) 『開闢』 7호(1926. 6).

15) 신동욱 편, 『文學批評論』, 고려원, 1984, 18~32쪽.

결론을 얻었다. 그 결과로 원전으로 노존본(老尊本)을 확정하기에 이른 것이다.

볼프강 카이저는 원전비평을 '문헌학적 전제'라고 하면서 믿을 만한 텍스트를 '비평판(Die Kritische Ausgabe)'이라 불렀다.[16] 그만큼 원전을 바로 잡은 비평이 필요한 것인데, 특히 생존해 있는 문인들에 의해 발간되는 작품은 본인이 교정을 보지만 그 사후에는 문제가 발생할 수 있다. 때에 따라서는 출판사의 상업성 등에 의해 자의대로 첨삭되는 경우도 없지 않으므로 차라리 초간본이 더 원본에 충실한 측면이 있다.

한국의 많은 비평가들이 언급하고 있는 김소월의 경우, 1925년 매문사(賣文社)에서 간행된 『진달내꼿』에는 소수의 작품을 제외한 거개(擧皆)의 작품들에서 '손을 본 흔적'을 찾아볼 수 있다. 그런데 김억이 1939년 12월에 펴낸 『소월시초』에는 『진달래꽃』과 같지 않은 작품이 발견된다. 이러한 예에서 알 수 있듯, 최초에 신문이나 잡지에 발표된 형태와 시집으로 발간된 것을 일일이 대조하고 교열할 필요성이 생기고, 전문적인 지식을 가진 서지학적 접근이 불가피하게 된다.

이 방면에 깊이 관심을 기울인 책으로 백순재(白淳在)·하동호(河東鎬)에 의해 1966년 양서각(良書閣)에서 간행된 시집 결정판 소월전집 『못잊을 그 사람』과 김종욱(金鍾旭)에 의해 홍성사에서 간행된 『원본 소월전집』이 있다. 특히, 『원본 소월전집』은 소월의 전작품을 원형 그대로 수록하고 있으며, 현행 주요 소월시집과 대교(對校)를 하여 이형(異形)을 비교·검토하고, 미심쩍은 것은 편자(編者)대로의 주석을 붙이고 있다. 그렇게 해서 어느 것이 확실한 것이고 또한 원본에 근접할 것인지를 밝혀 주고 있다.[17]

윤동주의 경우도 마찬가지다. 윤동주 시와 산문의 원전 확정 작업도 험

16) 위의 책, 15쪽.

17) 김우종·김혜니, 『文學批評論』, 범우사, 1984, 294쪽.

난한 과정을 거쳤다. 윤동주가 빛을 보기 시작한 것은 1948년이었다. 그의 사후 3년이 지난 1948년에야 유고 31편이 『하늘과 바람과 별과 詩』라는 이름의 시집으로 간행된 것이다.[18] 음지에 묻힐 수도 있었던 윤동주의 시는 친구 강처중의 노력으로 『경향신문』에 「쉽게 씌어진 詩」가 발표되어 독자들과 처음 만났다. 그러다, 후배 정병욱이 간직하고 있던 윤동주의 자필 시고(詩稿)가 간행되면서 '일제 암흑기의 혜성'으로 그의 시가 주목을 받았다. 그렇다고 윤동주의 유고시집에 전혀 문제가 없었던 것은 아니었다. 『하늘과 바람과 별과 詩』가 시인 자신의 퇴고를 거쳐 간행된 것이 아니어서, 시의 원전 확정에 논란이 많았다. 그러던 차에 1999년 『사진판 윤동주 자필 시고전집』이 간행되면서 원전 확정 작업이 이뤄졌다.[19] 『사진판 윤동주 자필 시고전집』을 반영해 간행된 참고할 만한 정본으로는 『정본 윤동주 전집』[20]과 『원본대조 윤동주 전집 하늘과 바람과 별과 詩』[21]가 있다.[22] 2004년에는 정현종·정현기·심원섭·윤인석 편주의 『원본대조 윤동주 전집 하늘과 바람과 별과 詩』와 홍장학 편의 『정본 윤동주 전집』이 발간되어 원전에 입각한 판본으로 널리 읽히고 있다. 하지만, 원본 확정은 1999년 『사진판 윤동주 자필 시고전집』이 간행되면서 이뤄진 것으로 볼 수 있다.

이제까지 설명한 원전비평에 관한 내용을 정리하면 다음과 같다.

---

18) 윤동주, 『하늘과 바람과 별과 詩』, 정음사, 1948.

19) 윤동주, 왕신영·심원섭·오오무라 마스오·윤인석 엮음, 『사진판 윤동주 자필 시고전집』, 민음사, 1999.

20) 윤동주, 홍장학 편, 『정본 윤동주 전집』, 문학과 지성사, 2004.

21) 윤동주, 정현종·정현기·심원섭·윤인석 편주, 『원본대조 윤동주 전집 하늘과 바람과 별과 詩』, 연세대학교 출판부, 2004.

22) 홍장학 편의 『정본 윤동주 전집』은 발표순서대로 수록했으며, 정현종·정현기·심원섭·윤인석 편주의 『원본대조 윤동주 전집 하늘과 바람과 별과 詩』는 '윤일주 편 『하늘과 바람과 별과 詩』(정음사, 1984, 증보3판)'을 저본으로 삼아 『사진판 윤동주 자필 시고전집』과 원본대조를 통해 간행되었다.

첫째, 원전비평은 비평 대상인 작품의 진위(眞僞)를 가리는 기초작업이다. 둘째, 원전비평은 원본과 수정본의 차이를 밝히고, 원전의 순수성을 회복, 보존하는 것이 목표다. 셋째, 원전 확정 작업은 현대문학 작품뿐 아니라 고전작품에서 더 많은 효용가치를 지닌다. 넷째, 원전비평 방법은 문서적 증거, 기본 텍스트 결정, 이본(異本)의 상이점들의 대조 조사, 판본의 족보 문제와 최후의 결정판을 정하는 단계로 이어진다. 다섯째, 역사주의 비평가는 현대 독자들을 그 작품이 발표된 그 시대 독자들의 언어인식 상태로 되돌려 놓고, 현대에도 그 언어를 적용할 수 있게 하려 한다.

반면에 원전비평은 다음의 몇 가지 한계도 지니고 있다. 첫째, 문학 작품의 원전을 추적하고 바로잡는다 해도 그 복원이 완전무결할 수 없다. 둘째, 서지학적인 접근 위주로 하기에 단조로워지고 비평의 수단과 목적이 뒤바뀔 수 있다. 셋째, 원전 확정과 언어 중심 접근으로 인해 발생하는 정태적 측면과 비평의 제한성을 극복, 탈피할 보완책이 없다.

2) 원전비평의 실제

김소월 대표작인 「진달래꽃」을 예로 들어 원전비평을 적용해 보기로 한다. 1922년의 『개벽(開闢)』에 발표된 것과 1925년의 시집에 수정, 게재한 작품에는 차이가 있다. 여기서 다루는 경우는 원본의 복원(復元)에 목적을 둔 것이 아니라, 하나의 명작시가 어떻게 고쳐졌는가를 살피는 비평작업이다.

김소월의 「진달래꽃」이 최초로 발표된 원본(①)과 시집에 수록된 수정본(②)을 대조해 보면 아래와 같다. 3년 동안의 시간 사이에 상당 부분이 고쳐진 사실을 확인하게 된다. 물론 그가 살았을 당시에는 시인 자신과 소월의 스승인 김억(金億, 1893~?)에 의해 자의와 타의로 자주 퇴고(推敲)되었다. 그러나 작고(作故) 이후 오늘까지 소월의 시집이 자의적 교정과 빈번한 상업출판으로 인해 원본이 훼손된 경우는 그것을 바로잡아야 한다.

① 진달내쏫(民謠詩)	② 진달내쏫
나보기가 역겨워	나보기가 역겨워
가실때에는 말업시	가실때에는
고히고히 보내들이우리다	말업시 고히 보내드리우리다
寧邊엔 藥山	寧邊에 藥山
그 진달내쏫을	진달내쏫
한아름 싸다 가실길에 뿌리우리다.	아름 싸다 가실길에 뿌리우리다
가시는길 발거름마다	가시는거름거름
뿌려노흔 그쏫을	노힌그쏫츨
고히나 즈려밟고 가시옵소서.	삽분히즈려밟고 가시옵소서
나보기가 역겨워	나보기가 역겨워
가실때에는	가실때에는
죽어도 아니, 눈물흘니우리다.[23]	죽어도아니 눈물흘니우리다[24]

『개벽(開闢)』에 처음 발표된 이후 시집으로 옮겨가는 ①→②의 과정에서 고쳐진 시어(詩語)를 점검하여 밝혀보면 다음과 같다. 첫째 연에서는 둘째 줄의 '말업시'가 셋째 줄 앞으로 옮겨지고 셋째 줄의 '고히고히' → '고히'

23) 김소월, 「진달내쏫」, 『開闢』 25호(1922. 7), 146~147쪽.

24) 김정식, 「진달내쏫」, 賣文社, 1935, 190~191쪽.

로 생략되었다. 그리고 둘째 연에서 '寧邊엔' → '寧邊에', '그 진달내쏫을' → '진달내쏫', '한아름 싸다' → '아름 싸다'로 바뀌었다. 다음 셋째 연에서도 '가시는길' → '가시는', '발거름마다' → '거름거름', '뿌려노흔' → '노흔', '고히나' → '사분히'로 고쳐졌다.

작품의 개작(改作)이나 수정 외에 그 언어의 활용면에도 주목할 필요가 있다. '영변'이나 '약산'이라는 고유명사를 한자로 표기하여 향토성을 살리고 있어 민요적인 리듬이 그윽하다. 특히 셋째 연의 끝 줄에 쓰인 '즈려밟고'는 평안도 방언(方言)으로써 시어적(詩語的)인 묘미를 살린 대목이다. 마지막의 '죽어도아니 눈물흘리우리다'라는 구절도 도치법을 써서 김소월만의 개성미와 역설적인 맛을 자아낸다. 문제되는 점은 현대에 이르러 발표되던 당시의 처음 원고가 작품 전달과 교정, 인쇄와 숱한 시집 출간 과정에서 오자나 탈자 또는 수정이 자의적으로 이루어진 경우이다. 이는 원전에 입각한 엄밀한 출판과 판본연구를 통해 확인되고 수정되어야 한다.

1.4. 전기비평의 이론과 실제

1) 특성과 원리

전기비평(Biographical Criticism)은 작품을 해석, 평가하는 데 있어서 작자와 작품을 떼어서 보지 않고 가능한 대로 작품을 쓴 사람의 성장 과정이나 교육 정도, 교우 관계, 일상적인 버릇 등의 전기적(傳記的)인 자료를 조사하여 파악하려는 비평 방법이다. 문학 작품 자체보다는 그것을 쓴 사람의 인품이나 사회적인 활동하실 등을 참고하여 작품을 이해하려는 작가 중심적 비평 태도로 볼 수 있다. 그런 관계로 이에 대한 찬반의 논란이 끊이지 않지만 전통적으로 문학 연구에서 광범위하게 적용해온 접근방법이다.

전기비평의 대표적인 인물로는 근대비평의 원조(元祖)라고 일컫는 생뜨 뵈브를 꼽는다. 그는 처음에는 고전주의의 표준 등을 배척하고 낭만주의를 지향하며 주관적인 인상비평을 해오다가 다시 비평 태도를 바꾸었다. 이른바 객관적이고 과학적인 비평 방법에 입각한 전기 중심의 비평에 관심을 갖게 된 것이다. 생뜨 뵈브는 "예를 들면, 그는 종교에 대하여 어떻게 생각하고 있었는가, 그는 자연 풍경에 어떻게 감독을 했던가, 부자였던가, 가난뱅이였던가, 그의 식생활(食生活), 그날그날의 생활 방법은 어떤 것이었던가, 그의 좋지 못한 버릇, 또는 인간적인 약점은 무엇이었던가 등의 의문에…"[25]에 답하려 했다.

그는 자신의 응용비평에서 초지일관 전기적(傳記的) 접근법을 활용했고, 작가의 인품을 통해서 문학 작품의 품격을 규정하려고 했다. 생뜨 뵈브는 다음과 같이 말했다.

> 나에게 문학—문학 작품—은 인간과 그의 성품으로부터 전혀 독립된 것도 아니며 분리되는 것도 아니다. 나는 문학 작품을 즐길 수 있지만, 그것이 작가 자신을 아는 일과 무관하다고 판단하기는 어렵다. 나는 서슴없이 '그 나무에 그 열매(tel arbre, tel fruit)'라고 말하고 싶다.[26]

작가와 작품은 불가분의 관계라는 문학관을 지닌 생뜨 뵈브는 『월요한담(月曜閑談)』 28권[27]을 평론집으로 펴내기도 했다. 생뜨 뵈브의 생물학이

25) 백철 편, 『비평의 이해』, 민중서관, 1968, 118쪽.

26) 이선형 편, 앞의 책, 12~13쪽.

27) 이 평론집은 1849년부터 매주 월요일마다 『콩스티튀쇼넬』지에 연재(1849~1861)한 15권과 후에

나 물리학 지식을 동원한 박물학(博物學)을 드러낸 업적이다.

전기비평에서 중요한 요소는 작가적 전기 고찰과 작품이나 작가의 명성 및 그 영향의 파악이다. 이런 문제는 역시 그래브스타인이 앞의 논문에서 밝힌 역사·전기비평의 주요 요소인 원전(原典)·언어·명성과 영향, 문화, 관습 중에서 두 가지에 해당되는 것이다.

2) 작가의 전기 연구

역사주의 비평에서 가장 중심되는 영역으로서 전기적 정보자료의 수집과 활용은 특히 셍뜨 뵈브에 있어서는 결정적인 요소이다. 작품이란 직접·간접으로 작가에 의해 재구성된 인생이다. 예술작품으로서의 작품 자체보다 그 작품을 쓴 작가를 더 중요시하는 역사주의 비평에서는 더욱 그렇다.

사실 명작의 경우에서도 알 수 있듯이 '작가=작품'이라는 등식(等式)이 성립되는 경우가 많다. 이를테면 조선조때 송도삼절(松都三絶)의 하나였다는 황진이(黃眞伊)가 6년 동안 정을 나누며 지낸 당대의 명창(名唱) 이사종(李士琮)을 그리워하여 읊었다는 시조 「동짓달요」나 벽계수를 두고 불렀다는 '청산리 벽계수야~'도 그러한 예라고 할 수 있다. 평소 사냥과 낚시, 전쟁 참여 등의 모험을 좋아했던 E. 헤밍웨이의 삶의 태도 역시 그의 작품에서 구현된 인간적 삶과 일치한다. 그 자신이 적십자 요원으로 참전해 이탈리아 전선에서 박격포탄에 부상당한 체험을 장편소설인 『무기여 잘있거라』(1929)에서 생생하게 재현했고, 만년에 창작한 『노인과 바다』(1952)도 산티아고 노인을 통해서 자신의 야성과 인생관을 표출한 것이다.

문학적 전기(literary biography)는 자칫하면 한 작가의 일화집, 또는 연

발표한 『신월요한담』(1863~1870) 13권에 실린 역사상의 인물, 군인, 문인들에 관한 논문들을 모은 것임.

대기에 매달린 사실 나열, 또는 단순한 회고록에 지나지 않을 수 있으므로 유의해야 한다는 지적[28)]도 있다. 웰렉과 워렌이 지적한 바와 같이 문학적 전기가 단순한 역사적 사실의 확인에 그친다면 무의미하다. 현대에 이르러 전기(傳記) 비평의 방법이 사실 나열에서 비판적 해석으로 변천하고 있다.

3) 명성(名聲)과 영향연구

작품이나 작가의 평판(評判)과 영향에 관한 연구는 그 시대 독자층의 미적(美的) 가치를 논증하는 데 유용하다. 작품이 발표되던 시기 독자층의 실상을 파악하기 위해서도 위와 같은 연구는 필요하다. 예를 들면, H. 멜빌의 『모비딕』을 두고, 이 작품이 발표되던 시기의 독자층이 향유하는 방식과 21세기 독자들이 향유하는 방식을 비교할 수 있다. 이를 통해 과거로 거슬러 올라가 그 시대 미국인 취향을 확인하고, 이것을 다시 현대와 비교함으로써 취향의 지속성과 차이를 확인할 수 있다.

마찬가지로 영향 면에서 한 작가의 작품이 다른 작가의 작품에 미친 영향 관계를 취급할 때, 비평가는 작품 연구에 대한 역사적 태도를 취할 필요가 있다. 가령 한용운에 미친 타고르의 영향이나 김소월에 끼친 김억의 영향이 그들 작품에 어떻게 나타나 있는가를 역사적으로 엄밀히 살피는 것 등이 그 예이다.

과거 작가의 명성과 영향은 현대에 살고 있는 우리가 시간적 차이로 인해 충분히 설명하고 추정할 수 없는 경우가 많다. 한 시대를 휩쓴 인기 작가가 다음 시대에는 쉽게 잊혀지는 이유를 작품의 내재적 요인에 한정시킬 수는 없는 노릇이다. 여기서 역사적 연구가 뒤따르기 마련이다.

---

28) 이상섭, 앞의 책, 29쪽.

끝으로, 영향 관계 연구에서 주의할 문제점으로 영향 그 자체를 단일화하거나 절대화시켜서는 안 된다는 점을 분명히 해 둘 필요가 있다. 그것은 작품이나 작가에 대한 여러 가지 평가의 일환으로 고려되어야 한다. 영향이란 비록 개인적인 감성, 이미지, 작품의 원천 등으로 작용했다 하더라도 그것 자체가 절대적일 수는 없다. 문학적 영향이라는 것은 본질적인 영감이나 그것 없이는 형식이나 발전이 일어날 수 없는 예술적 표현 같은 것에 미치는 힘을 의미한다. 따라서, 영향이 바로 예술적 종속을 의미하는 것으로 해석되어서는 안 된다. 과거 한국에서의 영향 연구는 단선적이고 부분적이며 표면적이어서 지나치게 영향이란 술어가 남용되는 경향이 있었다.

위에 설명한 전기비평의 특질은 다음과 같이 요약할 수 있다.

첫째, 전기비평은 작가와 작품을 불가분의 관계로 파악하는 전통적인 비평 방법이다. 둘째, 작품보다는 작품을 쓴 작가의 개성과 성장 과정, 교육 정도, 종교 관계, 식생활 등을 조사하여 판단한다. 셋째, 작가 및 작품의 명성과 영향도 고려해야 한다.

더불어 전기비평이 안고 있는 한계도 지적할 필요가 있다.

첫째, 작가의 전기적 사실에 치우친 나머지 작품 자체의 본질을 외면하는 모순에 빠질 수 있다. 둘째, 문학적 전기는 자칫하면 단순한 한 작가의 회고록에 그칠 수 있으므로 유의해야 한다. 셋째, 작고 문인의 전기인 경우에는 긍정이나 부정적인 시각에 따라 자칫하면 왜곡되게 해석, 평가할 우려가 있다.

4) 전기비평의 실제

이상에서 고찰한 역사주의 비평 중의 한 갈래에 해당하는 전기비평(傳記批評)에 적절한 보기로서 이광수의 장편인 『무정(無情)』(1917)에 대한 김윤식의 견해를 들 수 있다. 이 작품은 우리나라 신문학의 대표적 작가인 이광수의 작품인 데다 현대소설의 효시(嚆矢)라 일컫는 기념비적 장편소설이어서 작가의 자전적(自傳的) 요소가 짙다. 말하자면 『무정』은 표현론적 관점에서 작가인 이광수 자신이 살면서 겪어온 체험이나 마음의 외상(外傷)을 작중인물에 투영시킨 작품이라고 할 수 있다.

일찍이 부모를 여의고 고아가 된 이광수가 일본 유학 중에 습작한 중편인 「영채(英彩)」를 장편으로 다시 써서 매일신보에 연재한 『무정(無情)』의 인물들은 사실에 바탕해 있음을 김윤식을 글을 통해 확인할 수 있다. 주인공 이형식은 이광수 자신이며, 스승인 박응진의 딸 영채는 그가 존경했던 박찬명 대령의 딸인 예옥이 모델이었음을 미루어 짐작할 수 있다. 인용문은 김윤식의 『이광수와 그의 시대』 중 일부분이다.

> 이광수는 1982년 2월 28일 평북 정주군 갈산면 익성리에서 태어났다. 그때 마흔이 넘은 아버지 이종원(李鐘元)은 무위도식하고 있었고, 겨우 이십 대 초의 어머니 혼자 집안을 고되게 꾸려갔다. 그러다가 이광수가 11세 되던 해인 1902년 당시 유행하던 콜레라로 인해 부모가 연달아 죽고 만다. 두 명의 누이동생과도 헤어져 이광수는 이집 저집 떠돌아다녔다. 이러한 춘원의 생애에서 전기를 이루는 맨 처음 사건은 박찬명 대령과의 만남이다. 11세 고아가 된 춘원이 동학의 간부 박찬명 대령의 비서 겸 심부름꾼으로 몸을 의지한 것은 13세 때였다. 실제 인물인 박찬명에게 딸 예옥이 있었는지의 여부는 확인할 길이 없으나, 춘원의 자서전 속에는 박찬명 대령에게는 딸 예옥이 있었고 그녀가 자기를 사랑했다는 것, 그러나 그 사랑이 이루어지지 못했음을 한탄하고 있다. 박찬명 대령은 일본 헌병대에 끌려갔다가 귀양 가서 죽고 예옥은 헌병 보조원에게 시집갔다가 버림

받고 결국 그의 어머니와 함께 중이 되어 세상을 등졌다고 했다. 박찬명의 집에서 춘원이 구원을 받고 가족 대접을 받았다는 점은 사실인 것이요, 그 딸과의 관련은 허구인지도 모른다. 그렇지만 박응진 진사에 의해 고아인 이형식이 구제되어 배움에 눈떴다는 것, 그 딸 영채와 그가 약혼하였다는 것, 서로 잊지 못했다는 것 등 '무정'의 인물 설정은 춘원에겐 자서전적 사실이다.

영채라는 모델 속에 내포되어 있는 작가 자신의 자서전적 사실은 여기에 멈추지 않는다. 기실 영채는 춘원이 가장 좋아했던 재당숙 집의 세 사람의 종매들에 오버랩되어 있는 것이다. 그 종매들은 원통하게 죽은 처녀의 원혼을 달래는 서사 민요를 불렀는데, 어린 춘원은 그것이 마음에 들어 베껴놓고 좋아하곤 하였다. 그리고 종매들을 통해서 『사씨남정기』, 『창선감의록』, 『구운몽』 등의 고전 소설을 읽을 수 있었다. 이것이 그의 문학 수업의 원형이었음은 물론이다. 『무정』에서 영채가 『소학』, 『열녀전』 등을 어릴 때 그 아버지로부터 배웠다고 강조하고 있음이 주목된다. 즉 세 번째 모델이자 가장 개연성이 많은 것으로서는 그가 외가에서 사귄 처녀 실단을 들 수 있다. 15세 동경 유학생인 춘원이 귀향하여 외가에 갔을 때 목소리 곱고 눈이 반짝이는 처녀 실단을 알게 된다. 춘원은 실단을 잊지 못해 『그의 자서전』, 『인생의 향기』 도처에서 실단을 그렸으며, 동경의 차디찬 하숙방에서 혼자 그녀를 생각하는 것이 일면 서러우면서도, 일면 즐거웠다고 회고하였다. 또 박진사의 모델의 하나로 오산 학교 교장을 역임한 애국지사 시당(時堂) 여준(呂準)도 거론될 수 있다.

박영채의 모델은 이와 같이 ㉠ 박찬명 대령의 딸 예옥, ㉡ 삼종매(三從妹)들, ㉢ 외가 쪽 먼 일가인 실단이 등의 복합이다. 11세에 고아가 되어 동학당에 의해 구제되고, 배움의 길이 열려 손병희의 알선으로 동경 유학을 갈 수 있었고, 귀국하여 오산학교 교사 노릇을 4년간 한 춘원의 자서전적 사실은 『무정』에서 무대가 오산 아닌 서울이고, 경성학교로 바뀌었을 뿐 그대로 재현되고 있다. 『무정』에서 영채가 겪은 기구한 운명, 가령 친척 집에서 당하는 구박, 동학당의 못된 사람에게 봉욕당한 것 등 초반의 여러 일들은 다소 과장되긴 했으나, 고아로 자라던 춘원이 당한 자서전적인 것을 영채라는 인물 속에 형상화한 것이다. 그러므로 『무정』의 남녀 주인공을 합하면 한 사람의 작자 이광수의 자전 자체가 오롯이 구성된다.

춘원이 한꺼번에 이처럼 큰 장편을 쓸 수 있었던 것은 오직 자전적 사실을 거의 꾸밈없이 그대로 나열한다는 생각 밑에서 집필했기에 가능했던 것이다. 따라서 『무정』은 쓴 것이 아니라, '쓰여진 것'이며 쓰여진 것이 아니라 '말해진 것'이며, 말해진 것이 아니라, '흘러나왔다'. 그러기에 그것은 그 무엇보다 작가에게 있어서는 진실이었다. 『무정』이 작가에게 있어 기념비적이란 말은 이런 뜻에서이다. 작가에게 있어 사심 없이 진실이기에 또한 누구도 감동시킬 수 있는 진실일 수 있었다. 이것이 『무정』으로 하여금 시대적 기념비가 되게 한 까닭이다.[29)]

1.5. 역사적 비평의 이론과 실제

1) 개관 및 특성

29) 김윤식, 『이광수와 그 시대』, 한길사, 1986, 559~563쪽.

근대비평을 이끌어 온 생뜨 뵈브와 함께 역사주의 비평의 대표적인 인물은 텐느이다. 생뜨 뵈브가 전기파(傳記派)인 데 비하여 그는 역사파(歷史派)에 속한다. 프랑스 철학자이기도 했던 텐느는 문학 비평을 사회학의 일부로 파악하여 실증주의적 과학적인 비평태도를 취했다. 그는 자신이 쓴 『영문학사(*History of English Literature*)』(1863)에서 '…문학 작품이 단순한 상상의 유희나 이상한 변덕이 아니고 동시대(同時代) 풍습의 모사(模寫)이며 어떤 정신상태의 전형이라'[30]는 주장 아래 인종, 환경, 시대에 의한 결정론(determinism)을 폈다.

텐느의 이런 성향은 S. N. 그래브스타인의 글에서도 찾아볼 수 있다.

어떤 점에서 생뜨 뵈브의 제자라 할 수 있는 텐느는 스승보다 한발 더 나아가서 문학 연구에 자연과학적 연구 방법을 끌어들였고, 문학을 인과(因果)의 결정론으로 설명하려 했다. 텐느의 결정론은 문학분석을 위한 기준에서 명백히 나타나는데, 그는 『영문학사』 서문에서 인종·시대·환경을 준거로 제시했다. 그것은 민족적 성격·역사적 시기·사회적 환경을 지칭한다. 텐느의 문학적 접근법은 또한 사회·문화적 문학 연구 방법의 원천이 되었다.[31]

텐느는 자신의 『영문학사』 서문에서 비평 방법을 구체적으로 설명, 제시하고 있다. 서두와 1장에서 당시의 역사학을 비롯하여 문헌학이나 언어학, 그리고 신화학(神話學) 등이 새롭게 해부학적인 방법을 도입하고 있다고[32] 지적했다. 그러므로 하나의 행동과 업적의 뒤에 숨어 있는 진실을 보고자 한다면, 역사의 영역에서 정확하고 타당성 있게 외적인 사물의 내적인 뒤

30) 백철, 앞의 책, 124쪽. 이는 『영문학사』 서문의 여덟 개로 된 장·중·서두에서 밝히고 있음.

31) 이선영 편, 앞의 책, 13쪽.

32) 백철, 앞의 책, 126쪽. 여기에서 보면 텐느는 여러 학문을 역사학 위주로 보는 성향이 짙고 동시에 모든 대상을 전체적으로 인식하며 과학적인 태도를 보이고 있음.

앙스를 식별해야 한다고 보았다. 그는 이어서 "일련의 근대비평은 생뜨 뵈브에 의해 뚜렷이 대표되고 있는데 역사학에의 새로운 길은 이러한 그의 방법에서부터 출발해야 한다"[33]고 말했다.

텐느는 『영문학사』 서문의 여덟 개 절(節) 가운데 V부분에서 사람들에게 공통된 정신과 심정의 몇 가지 특징 및 성격을 원동력이라 규정했다. 그리고 이 원동력을 인종, 환경, 시대로 보고, 이 세 가지의 근원들이 기본적인 정신을 발생시키는 데 공헌한다고 설명했다.

첫째, 인종(la race)은 유전적이며 선천적인 성향을 띠는 요인이다. 흔히 기질과 체질에 나타나는 뚜렷한 차이와 연결되는 것으로 다른 인종과 구별되는 고유한 습관과 능력과 본능의 체계가 존재한다. 기질이나 성격은 외적인 영향이 되풀이되어서 이루어진 것이며 유전에 의해 전해진다. 그렇기 때문에 그 시대 이전의 모든 행동과 모든 감각의 요약으로 볼 수 있다. 인종이 역사적 사건이 일어나게 되는 가장 풍부한 원천이라고 텐느는 주장한다.[34] 하지만, 인종에 대한 지나친 강조는 근대 제국주의적 속성을 포함한다는 측면에서 강한 비판이 제기되기도 한다. 선천적 요인을 강조함으로써 '제국주의의 식민지 지배'를 정당화할 소지가 있다는 것이 비판의 요지이다.

둘째, 환경(le milieu)은 외부적 요인으로서 인간의 성격을 침해하기도 인간의 성격을 강화시키기도 하는 요인이다. 개인이나 집단은 한 세대(世代)에서 다음 세대에까지 이르는 환경적 작용에 의해 특정 모형이 형성된다. 이 계속되는 외적인 힘에 의하여 내부 세계가 변화하는 것을 환경적 요인이라고[35] 텐느는 설명하고 있다.

---

33) 위의 책, 이헌구 역, 126쪽.

34) 위의 책, 127~128쪽.

35) 위의 책, 128쪽.

셋째, 시대(le moment)는 인종과 환경의 두 원인 이외에 시간적 개념이 첨가된 것이다. 인종과 환경이 개인이나 집단에 작용할 때, 그것들은 여러 가지 상징이 새겨진 지면(地面) 위에 작용하는 것이다. 한민족의 역사 속에 불규칙하게 나타나는 성공과 실패의 기복이 바로 그 지면이며 시대 개념이라고 할 수 있다.

텐느의 역사적 비평의 핵심 요인은 인종과 환경과 시대이다. 그는 이 요소들이 서로 어울리고 작용하면서 역사나 문학의 특이점이 결정된다는 결정론을 펼쳤다. 이런 요소들은 앞에서도 언급했던 여섯 가지의 역사주의 비평 요건 가운데, 다섯 번째 요소인 '문화'와 여섯 번째 요소인 '관습'에 직접·간접으로 연결되는 성향을 띠고 있다.

2) 문화적 조건

텐느나 아널드 같은 역사주의 비평가에게 '문화(culture)'는 중요한 조건으로 간주되었다. 텐느의 비평에서 인종·시대·환경은 직접·간접적으로 '문화적 조건'과 연결되어 있다. 영국 근대문학에서 대표적인 시인이며 평론가인 매슈 아널드 역시 문명과 문화적 조건을 매우 중시했다.

문화적 조건에 대한 설명에도 이 분야의 비평 이론을 체계화한 그래브스타인의 견해가 참고할 만하다. 그는 역사주의 비평의 전체 원리에서 중심이 되는 것은 과거에 대한 인식과 그것이 예술작품의 현존성에 미치는 영향이라고 보았다. 그래브스타인은 문화를 통해 '과거와 현재의 관계'를 해명할 수 있다고 주장했다.

> 트릴링(Lionel Trilling, 1905~1975)은 예술작품이 다음과 같은 세 가지 점에서 다소 역사적인 데가 있다고 말했다. 첫째, 작품은 그 자

체가 역사적 사실을 기록한다. 둘째, 작품 자체의 존재는 역사적 사실이다. 셋째, 작품의 미적 특성, 즉 신비감은 작품의 과거성과 불가분의 관계가 있다.

역사주의 비평가와 다르게 역사가 또는 사상적 역사가는 예술품을 그 자체가 중요하다고 생각하기보다 하나의 서증(書證)으로 중요시한다. 그는 한 시대와 하나의 문화 속으로 들어가기 위해 혹은 그것을 재구성하기 위해 예술품을 이용한다. 그에게 작품은 주로 문화의 '시대정신(Zeitgeist)'을 표현한 것이 된다. 그의 주요 관심이 '정신사(Geistesgeschichte)'의 기술(記述)이기 때문이다. 다른 한편 역사주의 비평가에게 있어서 역사는 결국 역사의 문학적 표현이 된다. 즉, 예술품의 창조는 역사적인 계기인 것이다.

비평가는 문학 작품의 언어와 문학 작품의 과거성, 현재성에 대하여 이중적 관심을 가지는 것과 마찬가지로, 작품 속에 전달된 가치와 이념에 관해서도 이중의 관심을 쏟는다. (…중략…) 역사주의 비평가에게 문학은 '인간성(humanists)'의 목소리이며, 그리고 그 목소리를 통해서 그는 단순히 교양뿐만 아니라 사람다운 교양을 열망한다.

그러나 비평가가 작품을 설명하기 위해 과거로 돌아가야 할 경우에, 그는 그 작품을 평가하기 위해 현재에서 기능을 다해야 한다. 즉, 이른바, '발생적 오류(Genetic Fallacy)'—문학 작품의 원전의 연구를 작품의 현재적 가치의 설명으로 잘못 보는 과오에 빠지는 일이 없도록 조심해야 한다.[36)]

모든 작품은 작가와 더불어 역사성을 지니며, 역사의 문학적 표현이라는

36) 이선영 편, 앞의 책 (김병걸 역), 22~21쪽.

측면에서 문화를 그 바탕으로 하기 마련이다. 역사가가 예술작품을 통해 '시대정신'이나 '정신사'를 복원하려 한다면, 역사주의 비평가는 과거와 현재에 동시에 관심을 갖는다. 이를 통해 과거와 현재를 아우르는 '인간성'과 '미적 가치'를 열망한다. 그런 의미에서 역사주의 비평가는 인종이나 환경 및 시대적 요인을 아우른 문화를 중시하는 것이다. H. 텐느나 M. 아널드가 그들의 비평에서 이런 문화적 조건을 중요시했던 이유도 여기에 있다.

3) 문학적 관습

역사주의 비평의 여러 요건 가운데 하나인 문학적 관습(literary convention)은 앞에 논의한 문화적 조건과 밀접하게 연관되는 요소이다. 인간들은 이미 축적해 온 문화적 환경을 이어받고 그것을 새로이 발전시켜 나간다. 문학은 문화를 반영하기도 하고, 그것을 굴절시키기도 한다.[37] 해리 레빈(Harry Levin)은 문학을 '도수가 있는 렌즈'로 비유했다. 그는 문학이 이 렌즈를 통해 세계를 과장되고 찌그러지게 바라볼 수 있다고 했다. 그러므로 문학은 문화의 단순 반영이 아니라, 문학적으로 변형해 재현하는 것이다. 문학은 사회 속에 존재하면서 그 자체의 역사인 문학사를 갖고 있다. 바로 이 내적 요소를 해리 레빈은 문학적 관습이라고 설명한다.

문학적 관습은 예술과 생활 사이에서 발생하는 차이로 인해 생겨난다. 예술은 형식의 제한, 표현상의 난점, 기술상의 문제 등으로 말미암아 인간 생활 자체와는 다른 형태를 띨 수밖에 없다. 예술가는 혼자서는 그런 장애물을 극복할 수 없으므로 독자의 도움을 받는다. 독자는 일정한 형식과 패턴화된 내용을 당연한 것으로 받아들이곤 한다. 독자들의 묵계는 인생의

---

37) H. 레빈, 이상섭 외 편주, 『*Selected Modern Critical Essay*』, 영어영문학회, 1969, 124쪽.

가능성과 예술의 편법을 타협시키는 결과를 낳는다. 어떤 관습 없이 예술은 존재할 수 없다.[38)]

문학적 관습에는 시간적으로 지속적인 것도 있고, 짧은 시간 존재했다 사라지는 것도 있다. 문학 장르의 경우, 고려 말기에 생긴 시조(時調)는 오늘날까지도 미약하나마 지속되고 있는 데 비해, 경기체가는 역사적 장르가 되어버린 지 오래다. 이상섭은 경기체가와 3장 6구 45자 내외로 지었졌던 시조의 율격을 형식적 관습(formal convention)으로 설명한 바 있다. 중요한 것은 이러한 형식적 관습이 작품의 의미 생성이나 독자의 향유에 어떤 영향을 미치며 존재, 혹은 소멸했는가이다.

문학적 관습에서 일반적으로 논의되는 것이 장르의 관습이다. 장르는 예전의 원시혼합예술(Ballad dance)에서 현재처럼 분화된 것으로 본다. 시(노래), 소설(이야기), 희곡(놀이)은 그 분화의 대표적 문학적 형식이다. 우리나라의 경우, 판소리 같은 장르는 노래와 이야기, 그리고 놀이의 요소가 혼합된 것이어서 특이하다. 당시의 역사적 상황을 고려할 때, 판소리야말로 텐느가 제시한 역사주의적 비평 방법을 통해 접근할 수 있는 대상이 될 것이다.

역사적 비평을 정리해 보면 다음과 같다. 첫째, 전기적 비평을 주창했던 생뜨 뵈브와는 대조적으로 역사적 비평은 텐느에 의해 확립되었다. 둘째, 텐느는 비평의 원칙으로서 인종(la race), 환경(le milieu), 시대(le moment) 세 가지 요소를 강조했다. 셋째, 인종, 환경, 시대라는 세 가지 요인을 결정론으로 간주했다. 넷째, 텐느의 비평은 역사성과 밀접한 관계를 지니는 문화적 요소의 문학적 관습을 중시했다. 전기비평이나 원전비평의 원전, 언어, 전기, 명성과 영향에 비해 문화와 관습을 더 밀접한 요인으로 파악했다.

---

38) 이상섭 외 편주, 앞의 책, 49쪽에서 재인용.

역사적 비평은 몇 가지 한계를 안고 있다. 첫째, 작품의 역사성에 치우친 나머지 문학 작품 자체를 외면하는 모순에 빠질 우려가 있다. 둘째, 텐느의 인종·환경·시대에 의한 결정론은 제국주의적 성향과 인종적 편견 같은 지나친 독단론에 이를 위험성을 안고 있다. 셋째, 작품의 과거에 집착한 결과로 오히려 현재적 해석을 소홀히 할 소지가 있다.

4) 역사주의 비평의 실제

역사주의 비평 방법은 현대에도 작가의 전기적 사실을 언급하면서 일반적으로 원용되고 있다. 여기서는 염무웅이 「개인사에 음각된 민족사」[39)]라는 이호철론을 쓰면서, 어떤 방식으로 역사 전기적 비평이 활용했는지 확인해 보기로 하자. 인용문은 글의 일부분이다.

> 이호철 문학의 뼈대를 이루는 것이 분단과 실향이라고 흔히들 말하는 우리 시대의 민족사적 운명이라 한다면, 그 운명의 중압을 뚫고 하루하루 살아가는 선량하고 힘없는 소시민의 사소한 일상의 세부들이야말로 그의 문학의 살이다. 그러나 그의 문학적 성취를 단순한 세태소설과 구별하게 만드는 것은 일상성의 늪에 매몰되는 것을 끊임없이 방해하고 간섭하는 이와 같은 어떤 원천적 시선, 근본적 물음이 있기 때문이다.
>
> 이호철의 문학세계를 이해하기 위한 방편으로 여기서 잠시 그의 이력을 간단히 훑어보기로 하자. 그는 1932년 함경남도 원산(시내가 아니고 좀 떨어진 농촌마을로서 후에 시로 편입되었던 듯하다)

---

39) 염무웅, 「개인사에 음각된 민족사」, 『혼돈의 시대에 구상하는 문학의 논리』, 창작과비평사, 1995, 148~150쪽,

에서 중농 정도의 집안에 2남 3녀의 장남으로 태어났다. 어려서 한문을 배웠으나 별 재미를 붙이지 못한 듯하고 해방되던 해 원산공립중학에 입학, 이때부터 문학서적을 탐독하기 시작했다. 6·25가 발발하던 해 고등학교 졸업반이었던 그는 인민군으로 동원되어 전투에 참가했으나 총 한방 제대로 쏘지 못하고 포로로 붙잡혔다. 북진하는 국군에 묻어 북상하다가 석방되었고 한 달 남짓 고향에서 지내다가 중공군의 참전으로 다시 후퇴할 때 단신으로 배를 타고 월남하여 부산에 닿았다.(1950.12.9) 이로부터 이호철은 가족과 고향으로부터 격리되어 남쪽 땅에서 외롭고 고단한 삶을 살지 않으면 안되었다. 피난 수도 부산에서 부두 노동, 제면소 직공, 미군부대 경비원 등으로 전전하였고(이때의 경험이 장편소설 『소시민』에 총화되어 있다) 처음으로 소설습작에 손대어 「오돌 할멈」 「권태」 같은 단편을 썼다. 1953년 서울로 올라왔고 1955년 단편 「탈향」이 황순원씨의 추천으로 『문학예술』지에 발표되어 작가로서의 길에 들어섰다. 1961년 「판문점」으로 현대문학사 신인상, 1962년 「닳아지는 살들」로 동인문학상을 수상함으로써 그의 작가적 위치는 확고하게 자리잡혔다.

이상의 경력으로 미루어 알 수 있듯이 이호철은 스무 살 전후 한창 나이에 겪은 혹독한 격랑에도 불구하고 비교적 순탄하게 또 상당히 일찍 소설가로 입신하는 데 성공하였다. 그러나 문인으로서 이름을 내는 것과 생활인으로서 사회에 뿌리를 내리는 것은 전혀 무관한 것은 아니라 하더라도 별개의 것임에 틀림없었다. 자라난 고향과 낳아준 부모형제를 떠나 단신 실향민으로 살아간다는 것, 그것은 이호철의 인생과 문학에 있어 근본적인 규정성이다. 그런 점에서 나는 단편소설 「큰 산」(1970)이 이호철 문학의 근원을 이해하는 데에 시사적인 작품이라고 생각한다.

어느 날 아침 깨어보니 첫눈이 내렸는데, 대문 옆의 블록담 위에 하얀 남자 고무신 한 짝이 놓여 있다. 아무것도 아니라면 정말 아무것도 아닌 이 일로 하여 '나'와 아내는 꺼림칙한 느낌에 휩싸인다. 가정의 단란함을 위협하는 어떤 불길한 손길이 다가오는 듯한 불안과 공포 속으로 빠져드는 것이다. 여기서 '나'는 어린 시절의 기억을 떠올린다.

> 우리 마을 서쪽 멀리 청빛의 마식령 줄기가 가로 뻗어갔는데, 마을 사람들은 이것을 '큰 산'이라고 불렀다. 내 경우 이 '큰 산'은 그곳에 그 모습으로 그렇게 있다는 것만으로 항상 나의 존재의, 나를 둘러싼 모든 균형의 어떤 근원을 떠받들어주고 있었던 것이다. 내가 태어난 뒤 가장 먼저 익숙해진 것은 어머니의 젖가슴이었겠지만, 두 번째로 익숙해진 것은 그 '큰 산'이었을 것이다. 아침저녁에서 우리 집으로 정면으로 건너다보이던 그 '큰 산', 문만 열면 서쪽 하늘 끝에 웅장하게 덩더룻이 솟아 있던 그 청빛 '큰 산'.

그런데 이 '큰 산'이 구름에 가려 보이지 않게 되면 갑자기 주위의 야산들이 시커멓게 이상한 모습으로 변하고 들판도 의지할 데를 잃은 듯 썰렁해진다. 어느 날 '나'는 가을비 내리는 저녁때 혼자 집으로 돌아오다가 길가 무밭에 버려진 '지까따비' 짝을 흘낏 보고 섬뜩한 공포감을 느낀 적이 있다. '큰 산'이라는 존재의 튼튼한 기반이 가려질 때 모든 사물들은 본래의 제자리와 분수를 잃고 안정감을 상실한다. 어머니의 품과 그 '큰 산'에서 멀리 떠나와 있는 오늘의 삶은 어떠한가. 무심코 지내는 일상생활의 균형과 안정은 지극히 사소한 외부적 힘의 개입에 의해서도 언제든지 허물어질 수 있는 허약함을 본질로 한다.

염무웅은 이호철의 성장사를 역사적 상황과 버무려 제시한다. 그의 작품 창작 계기를 전기적 사실에 비추어 설명함으로써, 그의 개성이 머무는 곳을 파악하려 했다. 염무웅은 이호철의 단편 「큰 산」(1970)을 구체적으로 제시하며 언급한다. 이를 통해 염무웅은 실향민으로서 혈혈단신 남한으로 넘어와 생활인으로 뿌리내리려 했던 이호철의 내면세계를 드러낸다. 역사주의 비평은 이렇듯 개인사와 역사를 함께 고려한 상태에서 작가의 내면세계와 문학적 개성을 해명하려 한다.

1.6. 문제점과 한계

역사주의 비평은 19세기에 영국이나 독일에서 시작되어 프랑스에서 확립된 실증주의적인 문학 연구 방법이다. 고대나 중세의 절대주의적 비평에 대한 반동으로 출발해 근대 과학정신을 중시한 비평으로 현대에까지 영향을 미치고 있다. 유럽 비평가의 문화유물론에 이어서 1980년대부터 미국의 스티븐 그린블랫 등에 의해 시작된 신(新) 역사주의 비평(New Historical Criticism)도 역사주의 비평과 관계가 있다. 미국의 F. 제임슨(F. Jameson)과 H. 화이트(H. White), 영국의 R. 윌리엄스(R. Williams)나 T. 이글턴(T. Eagleton) 등이 주장하는 신역사주의는 문학이 현존의 사회정치적 맥락에서 만들어진 언어적 서술의 체계라는 견해를 피력한다. 정치사회적 이념의 영향 아래서 문학과 비평의 기능을 이해하는 이들 작가나 비평가들은 지식

인의 정치사회적인 참여가 필연적이라고 본다.[40)]

역사주의 비평은 작품과 작가를 불가분(不可分)의 관계로 파악한다. 그래서 세 가지로 구분되는데, 원전비평, 전기비평, 역사비평이 그것이다. 원전비평은 비평의 대상이 될 원본을 확정하는 작업을 중시하는데, 특히 고전이나 번역 작품에서 그 중요성이 강조된다. 전기비평은 작품을 창작한 작가의 성장과정이나 교육정도, 교유관계, 일상적인 버릇 등 전기적 사실을 조사하여 작품을 해석하는 비평 방법이다. 역사적 비평은 인종, 환경, 시대 등의 결정요인을 중시해, 문화적 요소와 문학적 관습을 적극적으로 고려하는 비평 방법이다.

전통적인 비평 방법으로 간주되며 오랜 역사를 지닌 역사주의 비평도 몇 가지 한계점을 안고 있다. 첫째, 작품보다는 작품을 둘러싼 여러 문학외적(文學外的) 요인에 치우쳐 문학 본연의 가치 파악을 소홀히 하는 경우가 발생하기도 한다. 둘째, 작가나 작품의 과거에 집착한 나머지 현재적 의미를 적극적으로 해명하지 못할 수도 있다. 셋째, 작품출처에 대한 자료조사와 역사적 상황에 대한 의존도가 지나치면, 문학 연구의 목적과 수단에 혼동을 일으키기 십상이다. 넷째, 작가의 전기적인 사실과 사회역사적 관계에 대한 지나친 자료조사로 인해 문학 작품에 대한 인상주의 비평으로 흐를 가능성이 있다.

---

40) 정정호, 「텍스트와 역사의 대화」, 『문학사상』(1993. 1), 또한 『현대 영미 비평의 이해』, 탑출판사, 1989, 22쪽에 의하면 얼핏 보아 신역사주의자들은 전통적인 역사주의에 대한 반발을 보이지만 결국은 네오 막시스트로 불릴 만큼 역사주의적인 계열에 드는 것임.

2장 문학사회학과 마르크스주의 문학 비평

2.1. 중요성 및 개관

문학은 그것 자체로 존재할 수 있는 자율성을 가진 예술인가, 아니면 현실 혹은 사회를 비추는 거울인가. 이런 물음은 문학의 본질을 논의하는 자리에서 항상 제기되는 중요한 문제이다. 문학의 자율성과 사회성으로 요약되는 이 두 대립적 입장은 대다수 문학관의 근간을 형성하는 것이기도 하다. 문학의 예술적 '자율성'과 '사회성' 가운데 어떤 측면에 더 중점을 두느냐에 따라 비평의 태도는 뚜렷하게 달라진다. 문학사회학과 마르크스주의 문학 비평은 문학의 사회성과 내용성에 근거하여 작품을 해석, 평가하고자 하는 사회학적 문학 비평에 해당한다.

문학, 더 넓게 예술은 발생에서부터 사회와 밀접한 관련을 맺고 있었다. 고대 사회에서 예술은 일정한 사회적 기능을 담당했고, 집단적 의식(儀式)의 일부로 간주되기도 했다. 예술은 한 개인에게만 국한되지 않는 사회적 기능 내지 유용성을 가졌다. 하나의 예술 형식으로서 문학이 갖는 사회적 성격은 작품의 유통 구조와 문학을 둘러싼 제도에서도 뚜렷이 확인할 수 있다.[41)]

문학의 사회적 기능이 미적 기능보다 중요하다는 인식은 플라톤 이후 계속 제기되어 왔다. 예술과 관습은 환경의 산물이라는 견해를 지녔던 비코(Vico)나 독일의 헤르더와 헤겔 역시 이러한 주장을 펼쳤다. 또 근대비평을 대표하는 H. 텐느나 M. 아널드는 물론이요 "문학은 사회의 표현"이라는 견

---

41) 김치수 외, 『現代文學批評의 方法論』, 서울대 출판부, 1983, 114쪽.

해를 지닌 드 보날(De Bonal) 등도 마찬가지 견해를 가졌다.

문학사회학(文學社會學, Sociology of literature)은 문학 작품 속에서 사회적 진실을 읽어내거나, 그 사회의 무의식적 욕망을 해석해 낼 수 있다고 보는 문학 연구 방법이다. 이 접근 방법은 '사회학'이라는 객관적이고 과학적인 태도와 문학 연구 방법을 결합한 것이 특징이다. 문학에 대한 '사회학적' 접근은 20세기 들어서 이루어지기 시작했다. 사회학의 영역 가운데서도 정치사회학이나 경제사회학이 여타 사회학 분야에 비해 이론과 체계를 빨리 수립했다는 사실에 비추어 볼 때, 문학사회학의 전통은 역사적 전통은 길지 않은 편이다. 문학사회학의 이론과 체계는 여전히 형성되어 가는 과정에 놓여 있는 것으로 볼 수 있다.

문학사회학이 객관적 방법론 자체를 중시하는 학문적 성격이 강하다면, 마르크스주의 비평(Marxist Criticism)은 이념적 지향을 강조하는 정론성(政論性)을 지니고 있다. 마르크스주의 비평은 사회성과 관련되는 예술적 표현 형식에 대한 아카데믹한 근접 보다는 작품의 내용성을 작가의 정치적 의식으로 환원시키는 경향이 강하다. 특히 1917년의 볼셰비키 혁명 이후, 전 세계로 확산된 마르크스주의 비평은 러시아 형식주의 운동의 물결을 억누르며 사회주의 체제와 함께 성장했다. 북한문학이 주장하는 '주체문학론'도 마르크스주의 문학담론의 변형이라고 할 수 있다.

한국문학사에서 마르크스주의 비평은 1920년대 경향파 문학, 카프문학, 광복 이후의 좌익문학, 1980년대 노동 문학 등의 근본원리를 형성해 영향을 미쳤다.

2.2. 문학사회학

사회학적인 문학 비평은 그 이론의 실제적인 적용 방식에 있어서 조금씩 차이가 있다. 영·미를 중심으로 살펴본다면, 레이몬드 윌리엄스(Raymond Williams), 리차드 호가트(Richard Hoggart), 이언 와트(Ian Watt), 프랭크 커모드(Frank Kermode), 케네스 버크(Kenneth Burke), 메리 메카시(Mary McCarthy) 등의 비평이 문학사회학에 포함된다. 1960년을 고비로 기능주의(functionalism)적이었던 문학 연구의 주도권이 문학사회학에 의해 허물어졌다. 유럽에서는 루카치(G. Lukacs)나 골드만(L. Goldmann), 에스카르피(R. Escarpit), 아도르노(Th., Adorno) 등이 문학사회학의 범주에 들 수 있다.

G. F. 루카치는 변증법적 유물론에 바탕을 두고 분열된 총체성의 재구성을 시도했다. 그에 비해 R. 골드만은 사회구조와 소설구조 사이의 상동관계를 밝히기 위해 발생론적 구조주의를 제창하였다. 또한 R. 에스카르피는 문학의 생산·분배·소비의 사회적 관련성을 실증적 방법으로 탐구했다.[42] 프랑크푸르트 학파인 T. W. 아도르노는 전체주의 이데올로기와 자본주의 문화논리를 비판하면서 문학예술의 자율성을 강하게 주장하는 태도를 취하기도 했다. 이들은 대체로 '문학 작품은 사회구조적으로 조건지어진다" 는 관점을 갖고 있었으며, 일부에서는 문학사회학적 접근방법을 신(新)마르크스주의로 범주화하기도 한다. 문학사회학은 미하일 바흐친(Mikhail

---

42) 에스카르피 계통의 문학사회학은 작품보다도 문학의 사회적 현상에 관한 연구에 치중하고 있음. 앙케이트나 통계 같은 사회학적 방법에 의거하여 사회적·경제적 현상으로서의 문학을 최대한으로 규명하고자 함. 예를 들면 작가들의 출신, 연령, 수입 등을 조사, 연구하고 도표나 숫자의 도움을 받아 서적의 생산, 분배, 성공도, 소비 등을 분석하는 것임. 그의 문학사회학 관계 저서들로는 재판이 거듭된 『문학사회학』(1958), 『출판의 혁명』(1965) 등이 있음(김치수 외, 『現代文學批評의 方法論』, 서울대 출판부, 1988, 144쪽).

Bakhtin, 1895~1975)에 이르러 새로운 해석 가능성을 넓혔다. '민중의 언어와 카니발' '대화의 시학'으로 널리 알려진 바흐친은 '문학의 본질적 특성은 소설이 가진 다성적(多聲的) 구조와 관련을 맺고 있다'고 보았다.[43] 이는 문학이 어떻게 사회를 표현하는가에 대한 의미있는 발언이다.

이처럼 많은 비평가들에 의하여 사회학적인 문학 접근이 이루어져 왔는데, 그것들은 대략 다음과 같은 네 가지로 분류할 수 있다.[44]

① 사회경제적 제약과 예술의 관계를 따지는 유파.

② 표현의 형식과 문학 양식의 변화와 사회구조의 변화를 상관성을 연구하는 유파.

③ 작가의 출신 계층과 사회적 지위를 분석하는 유파.

④ 독자에게 미친 영향과 그에 따른 효과의 분석, 혹은 테크놀로지의 발달에 따른 예술 작품의 변화와 사회적·정치적인 귀결을 연구하는 유파.

문학사회학의 영역은 작가의 직업과 계층, 문학적 세대 등을 문제 삼는 '작가 사회학', 통사론인 의미론적 차원에서 작품 내적 문제를 다루는 '작품 사회학', 작품의 수용과정에 관련되는 문제를 다루는 '독자 사회학'으로 나뉘기도 한다.[45]

이러한 각 유파는 그 나름의 방법론과 그에 따른 성과를 안고 있다. 특히 문학사회학의 가능성을 뚜렷하게 보여 준 발생론적 구조주의(genetic structuralism)에 주목할 필요가 있다. 루카치 유형학에 이어 그의 소설이론을 더욱 객관화시킨 골드만이 '발생론적 구조주의' 방법을 주창했다.

---

43) 장 이브 타디에, 김정란 외 역, 『20세기 문학 비평』, 문예출판사, 1995, 224~225쪽.

44) 김윤식 편저, 『文學批評用語辭典』, 일지사, 1986, 59쪽.

45) 김현, 『文學社會學』, 민음사, 1987, 132~138쪽.

1) 루카치의 유형학

20세기 이후 성립된 초창기의 문학사회학에 크게 공헌한 이는 헝가리 태생의 철학자이며 비평가인 루카치(Georg Lukacs, 1885~1971)이다. 마르크스주의 미학의 근간을 이루는 '예술작품은 현실의 미학적 반영이다'라는 반영이론을 주장한 이가 바로 루카치이다.[46] 루카치의 초기 저작 『소설의 이론(*Theory of Novel*)』(1915)은 문학사회학 분야에 있어서 가장 중요한 문헌 가운데 하나이다. 『소설의 이론』은 호머의 서사시에 나타나는 시적 세계상황과 산문적 세계상황을 대비하여 설명한다. 루카치에 의하면 시적 세계상황의 특징은 내면세계와 외부 세계가 분리되지 않은 형이상학적인 원의 세계이며, 그 세계는 총체성(totality)에 의하여 지배된다. 호머의 서사시 이후의 세계는 총체성이 상실된 세계이며, 소설 장르는 그러한 세계에 대한 향수, 동경, 추구의 표현으로 특징지을 수 있다.

서사시가 삶의 총체성을 형상화 한다면, 소설은 숨겨진 삶의 총체성을 찾아내어 이를 재구성하려 한다. 소설은 "한 개인의 체험을 통하여 하나의 전체적 세계를 창조해야만 하고 또 개인에 의해 창조된 세계의 균형을 유지하지 않으면 안 될 정도의 무한한 높이로 개인을 고양"[47]시킨다. 이를 위해 소설은 역사적 상황이 그 자체 속에 내포하고 있는 모든 간극과 심연은 소설적 형상화 속에 흡수해야 한다. 또한, 소설적 구성이라는 수단에 의해 역사적 상황은 감추어질 수도 없거니와 또 감추어져서도 안 된다.

루카치는 역사철학에 기반해 소설 형식의 미학적 특성을 총체성으로 해

46) 루카치의 문학사상은 칸트와 헤겔을 토대로 한 초기의 것과 마르크스주의로 전향한 이후의 것으로 뚜렷이 구별됨. 여기서 그의 초기 사상을 잘 표현하고 있는 것이 헤겔의 미학을 바탕에 깔고 있는 『소설의 이론』임.

47) 게오르그 루카치, 반성완 역, 『루카치 소설의 이론』, 심설당, 1998, 89쪽.

명했다. 그의 논의 속에서는 '근대(modern)'라는 사회적 상황이 깊이 있게 다루어지고 있으며, 소설 주인공의 심리와 내적 형식이 '문제적 인간'으로 지적되고 있다.

『소설의 이론』에서 이루어진 중요한 업적의 하나는 근대 소설의 유형학(typology)이다. 루카치가 제시하고 있는 소설의 유형은 주인공과 세계와의 관계를 통하여 삶의 외연적 혹은 내포적 총체성을 어떤 방식으로 제시하고 있느냐 하는 점에서 나뉘어진다.

루카치에 의하면 단테의 『신곡(神曲)』은 신(神)이라는 형이상학적 좌표가 여전히 존재하던 시대의 형식으로서 서사시와 소설의 중간 형태를 나타내고 있는 것이다. 진정한 의미에서의 소설 형식은 신이 완전히 사라지고 인간이 형이상학적 방향감각을 잃어버린 시대 상황에서 발생한다. 그것은 현대적 시민사회 형성과 깊은 관련이 있다. 여기에서 소설의 세 유형인 추상적 이상주의의 소설, 환멸의 낭만주의의 소설, 종합으로서의 교양 소설이 구체적으로 제시되고 있다.

첫 번째 유형인 '추상적 이상주의' 소설은 세르반테스의 『돈키호테』가 대표적이다. 추상적 이상주의 소설의 주인공은 현실과 이상의 간격을 의식하지 못하고 현실 속에서 이상을 실현할 수 있으리라는 과도한 신념을 갖고 있다. 그는 신이 없는 세계에서 마치 자신이 신의 역할을 하려는 마성적인 내면성 때문에 외부 세계를 잘못 판단하여 그야말로 돈키호테적인 모험을 감행한다. 추상적 이상주의의 설의 주인공은 "내면성이 외부적 삶의 산문적 통속성"[48]으로 향해 가는 시민사회에 대항해서 최초로 대결한 것이라는 데에 그 역사철학적 의미가 있다.

두 번째 유형은 '환멸의 낭만주의' 소설이다. 이러한 유형의 소설 주인공

48) 위의 책, 114쪽.

은 완전히 산문화된 현실 속에서, 이상(理想)을 실현할 수 없다는 사실을 처음부터 의식하고 오로지 내면세계로 후퇴하여 그 속에서 자신의 욕망을 실현코자 한다. 이 내면성은 실현의 불가능을 인식하고 있기에 자기 기만적인 동시에 세계상황에 대한 우수(憂愁)를 나타내는 서정적인 성격을 강하게 드러낸다. 플로베르의『감정교육』이 이 유형의 중요한 작품이다. 환멸의 낭만주의 소설을 지배하고 있는 주인공의 내면적 세계는 너무 광대하고 주관적이기 때문에 소설 형식을 개인화 심리화하는데, 이것을 극복할 수 있도록 하는 소설적 장치가 바로 시간의 개념이다. 시간은 연속성을 가지는 것으로써 이 유형의 소설 형식에 유기적인 통일성을 부여한다. 시간은 '그 자체로서 존재하는 하나의 구체적이고 유기적인 연속'이다. 시간 속에서 발견되는 희망은 "삶에 의한 좌절의 결과로서 더럽혀지고 삶으로부터 유리된 예술 작품이 아니라 그 자체로서의 삶의 일부를 이루"[49]는 것이다.

세 번째 유형은 종합으로서의 '교양소설'이다. 괴테의『빌헬름 마이스터의 수업시대』에서 잘 드러나 있듯이 주인공은 자신의 세계상황 즉 외부세계와 내면세계의 간격을 인식하고 있지만 그 속에서 자신의 이상을 실현하고자 하는 노력을 포기하지 않는다. 따라서 무모한 행동을 하지도 않고 외부세계 에 대한 행동을 완전히 포기하지도 않는다. 이러한 고전주의 소설이 내면성을 가능케 하는 것은 독일 고전주의 소설에 나타나는 공동체 의식과 교육적 이상, 즉 휴머니즘이다.

루카치는 이러한 유형적 분류를 마무리하면서 '위대한 서사시'에 관해 언급한다. 그는 톨스토이와 도스토예프스키의 소설을 언급하면서, "사회적 존재로서의 인간도 아니고 그렇다고 유리되고 순수한 추상적 내면성으로서의 인간도 아닌" 순수한 영혼적 세계를 갈망한다.[50] 그는 순수한 영혼

49) 위의 책, 142쪽.

50) 위의 책, 174쪽.

적 세계를 단지 희망의 영역에 남겨 놓은 채 논의를 마무리하고 있다.

2) 골드만과 소설사회학

루마니아 태생인 루시앙 골드만(Lucien Goldmann, 1913~1970)은 루카치의 소설이론을 계승해 보다 객관적이고 사회학적인 문학 이론을 창안해 낸 인물이다. 골드만의 문학에 대한 사회학적인 접근은 발생론적 구조주의라는 방법론에 근거하고 있다. 이 발생론적 구조주의는 '모든 인간 행위는 어떤 특수한 상황에 의미 있는 대답을 주려는 시도이며 그것을 통하여 행동의 주체와 그 행동이 미치는 대상, 즉 주위의 외부세계와의 균형을 이루고자 하는 것'이라는 가설에 근거하고 있다.

발생론적 구조주의 문학사회학은 작품세계의 구조가 어떤 사회집단의 의식구조와 같거나 혹은 인지할 수 있는 관계에 있다는 가설에서 출발한다. 이와 같은 방법론을 적용하여 소설 형식의 특성을 해명하고자 한 것이 골드만의 『小說社會學을 위하여(*Pour une socioloigie du roman*)』(1964)이다. 여기서 골드만은 소설의 구조를, 그것을 발생시킨 사회의 구조에 포괄시킴으로써 발생론적인 의미 탐구작업을 전개시켜 나갔다. 골드만은 소설의 발생론적인 근원에 해당하는 사회의 구조를 '시장'과 '교환가치'라는 개념으로 설명하였다. 그에 의하면 소설의 구조와 시장을 위한 사회의 구조는 대응 관계를 가지게 되며, 비교되는 두 개의 항의 내부적인 관계는 서로 유사한 관계, '상동성(相同性, homology)'을 띠게 된다.

이와 같은 관점에 서 있는 골드만의 입론은 현대 소설의 성격과 발생사를 엄밀한 사회학적 개념으로 파악하고 있다는 점에서 주목할 만하다. 소설이 외형적으로 표현하는 지극히 복잡한 형식은, 사람들이 질적 가치 또는 사용가치를 추구하다가 점차 그 사용가치를 수량화해 교환가치라는 매개현상에 의존하면서 타락한 형태로써 표현되게 된다. 여기서 사물화에 따른 소외현상이 발생하는데, 사회적 관계 속에서 이루어지는 일상적 삶의 양식이 이를 반영하게 된다. 모든 가치가 직접성을 띠지 못하고 매개적 관계 속에서 훼손될 수밖에 없는 자본주의사회에서는 '직접적으로' 사용가치를 지향하는 모든 노력은 '문제적 개인들'을 만들어 낼 수밖에 없다. 그래서 중요한 창작 장르의 하나인 소설구조와 교환구조는 상이한 두 차원 위에 나타나는 동일 구조라고 할 수 있을 정도로 아주 빈틈없이 서로 대응한다는 것이 골드만의 주장이다.[51)]

골드만의 이러한 상동성 개념은 또 하나의 중요한 개념인 '세계관'과 관련되는 것이다. 그는 문화창조의 주체는 개인이 아니라 사회계급이라고 하면서 작품 속에 나타난 집단의식 또는 사회집단의 정신구조를 '세계관'으로 집약시키고 있다. 루카치에 의하여 '가능한 의식의 최대치'로 표현된 바 있는 이 집단적 지향성으로서의 '세계관'은, 골드만에게 있어서는 삶과 형식이 상징적으로 연관되는 틀로 제시된다. 골드만은 파스칼과 라신느의 작품을 분석한 그의 저작 『숨은 신(神, *Hidden God*)』에서 이 세계관 개념에 보다 엄밀한 정합성을 부여해 문학사회학을 뚜렷한 한 가지 방법론을 정립했다.[52)]

3) 프랑크푸르트학파의 비판적 예술론

프랑크푸르트학파(Frankfurter Schule)는 독일 프랑크푸르트대학의 '사회연구소(Institut für Soziaalforsohung)'를 모체로 하여 1923년에 성립되었다. 이

51) 골드만, 조경숙 역, 『小說社會學을 위하여(*Pour une socioloigie du roman*)』, 청하, 1986, 23쪽.

52) Lucien Goldmann, 『*The Hidden God*』, Trans., P. Thody (Routledge & Kegan Paul), 1977,3~21쪽.

사회연구소는 1920년대 독일 사회가 파시즘의 형태로 변화하는 시대 상황 속에서, 무엇이 인간의 자율성을 억압하고 무력하게 하는가를 해명하고자 노력했다. 그 구성원은 호르크하이머(M. Horkheimer)를 비롯하여 아도르노(T. E. Adorno), 벤야민(W. Benjamin), 프롬(E. Fromn), 로웬탈(L. Lowenthal), 마르쿠제(H. Marcuse), 폴록(F. Pollock) 등 저명한 학자들이었다.

벤야민과 아도르노, 마르쿠제 등은 철학적이면서도 사회학적인 이론을 바탕으로, 현대예술에 비판적 인식을 정립한 대표적 인물들이다. 프랑크푸르트학파의 예술론은 인간을 억압하는 산업사회의 문화적 기제들을 비판하는 데 집중되고 있으며. 새로운 이상적 사회건설과 예술 창조를 추구하고 있다. 이렇게 선명한 사회철학을 바탕으로 출발한 프랑크푸르트학파가 구미 학계의 주목을 받으면서 현실적으로 중요한 영향력을 드러낸 시기는 1960년대에 이르러서다.[53)]

아도르노는 예술이 사회를 단순히 반영할 수 없으며, 실제 세계 내에서 간접적인 종류의 인식을 낳는 하나의 자극제로서 작용함을 주장하였다. 이 형식에 대한 언급은 현대 예술, 특히 모더니즘 예술론에 있어서 중요한 의미를 갖는 것이기도 하다. 아도르노의 예술론은 루카치와의 논쟁에서 예각적으로 드러난다.[54)]

발터 벤야민은 20세기 후반과 21세기에 이르러 각광받는 문예이론가이며 사상가이다. 그는 프랑크푸르트학파와 식간섭석인 관계를 맺었으며, 아도르노와 갈등하면서도 동료적 관계를 유지하기도 했다. 그의 예술관 내지 문학관은 프랑크푸르트학파와는 조금 다른 맥락을 형성한다. 벤야민

---

53) 권기철, 「批判理論과 市民哲學」, 『人文學硏究』 19집, 중앙대, 1992, 109~156쪽. 그것은 1961년 독일사회학 대회에서 아도르노 및 하버마스의 공격과 이에 맞선 포퍼 및 Alhert의 반론으로 야기된 이른바 실증주의 논쟁을 지칭함. 그러나 이들 프랑크푸르트학파의 구성원들은 하버마스를 제외하고는 작고하여 점차 쇠퇴하고 있는 실정임.

54) 루카치 외, 홍승용 역, 『문제는 리얼리즘이다』, 실천문학사, 1985 참조.

은 그의 사회학적 문학관이 잘 표현되어 있는 「기술복제시대의 예술작품」에서 영화, 라디오, 전화, 축음기 등 현대의 기술적 혁신이 예술작품의 원본적 가치를 완전히 변화시켰다고 주장하였다. 예술 작품에 고유한 '아우라(Aura)'의 상실[55]에 대한 언급이 그것이다. 벤야민은 새로운 기술이 혁명적인 효과를 가질 수도 있는 반면에 이것에 대한 보장이 없음을 인식하고, 자본주의 상품으로 작품이 변화하고 있음을 냉철히 인식했다. 벤야민은 예술적 가치를 유지하기 위해서는 작가와 예술가들이 자신의 영역에서 '생산자'가 되는 것이 필요하다는 주장을 펼쳤다.

아도르노와 벤야민과는 세대가 달라 프랑크푸르트학파의 제2세대로 일컬어지는 마르쿠제는 예술을 사회적 관계 속에서 해명하려 노력했다. 그는 미적인 것이 그것 자체로 충분한 자율성을 가진다고 보았다. 마르쿠제는 문화적 억압과 종속의 이면에 존재하는 예술과 문화의 긍정적인 힘을 중시한다.[56] 마르쿠제에 의하면 미적인 사회 실현은 억압 없는 자유의식에서 가능해진다. 인간은 쾌락원칙과 현실의 투쟁 속에서 종속적인 지위에 머무르는 존재가 아니라 역사적, 사회적, 현실적 억압에 대항하여 예술의 주체로 나설 수 있는 가능성을 지닌 존재이다. 아도르노와 함께 마르쿠제의 예술론은 현대 사회의 전체주의화에 대한 비극적 인식의 날카로운 표현이라 할 수 있다.[57]

이와 같이 아도르노, 벤야민, 마르쿠제 등은 프랑크푸르트학파의 사회이론에 근거하여, 예술과 문학이 전체주의적 사회의 지배에 저항할 수 있다는 논지를 펼쳤다. 또한 해석학적 사회인식론의 태도를 지닌 하버마스(J.

---

55) W. 벤야민, 「技術複製時代의 예술작품」, 반성완 편역, 『발터 벤야민의 문예이론』, 민음사, 1983, 202쪽.

56) H. 마르쿠제, 김동일 외 편, 『사회과학방법론비판』, 청람문화사, 1983, 63쪽.

57) 김현, 『文學社會學』, 민음사, 1987, 108쪽.

Habermas)도 유사한 견해를 드러내고 있다. 하버마스는 프랑크푸르트학파의 제3세대로 일컬어지는데, 그는 '의사소통의 합리성'에 기반해 '근대적 기획'이 완성될 수 있다는 논지를 펼쳤다.

2.3. 마르크스주의 비평

마르크스주의 비평은 사회주의 사상가 칼 마르크스(Karl Marx, 1818~1883)의 철학, 특히 예술론에서 기반해 있다. 넓은 견지에서 본다면, 문학에 대한 사회학적 논의의 대부분은 마르크스의 유물변증법적 철학을 원용한 것이라고 할 수 있다. 이러한 의미에서 "마르크스주의는 문학의 사회학적 논의에 있어서 주류를 이루어 왔다"[58]는 지적은 타당하다.

문학사회학의 주요 이론가들이라 할 수 있는 루카치, 골드만, 마르쿠제, 아도르노, 벤야민 등도 부분적으로 마르크스의 영향을 받았다. 그러나 지금 논의하고자 하는 마르크스주의 비평은 그들과는 달리 마르크스의 사상을 전면적으로 수용한 좌파적 비평 경향을 지칭한다. 마르크스에서 출발하여 레닌에 의하여 실현되는 문학예술 노선에 따라 로젠탈(M. Rozental)과 킬포틴(V. Kirpotin), 루나차르스키(A. V. Lunacharskii), 누시노브(I. Nusinov) 등의 비평가가 등장했다.

마르크스주의 비평의 본질은 마르크스주의 문학예술 노선의 발전과정을 수용한 것으로, 현실 사회주의에서는 '사회주의 리얼리즘'으로 정립되었다. 마르크스주의 비평가들에 의하면 자본가 계급문학은 관념론적 개체주의와 자유경쟁적 시장경제로 인해 필연적으로 공황의 길에 빠져들 수 없다

58) John Hall, 최상규 역, 『文學社會學』, 혜진서관, 1987, 11쪽.

고 한다. 그리하여 자본가 계급문학은 '허무주의적인 자아부정의 문학', '반동으로써 부식을 감추기 위한 문학', '퇴폐적인 자산계급의 문학'[59] 등으로 매도되는데, 이러한 문학관의 정립은 고전적 마르크스주의 문학 이론, 레닌의 당문학, 현실 사회주의의 '사회주의 리얼리즘'으로 변화해 왔다.

1) 마르크스의 문학예술론

마르크스주의의 근본원리는 유물론(唯物論)을 토대로 하고 있는데, 그것은 '변증법적 유물론(辨證法的 唯物論)'과 '사적 유물론(史的 唯物論)'으로 구체화된다. 변증법적 유물론은 헤겔의 변증법과 유물론적 세계관을 결합한 것이다. 변증법적 유물론에 의하면, 세계는 물질의 운동으로 구성되고 있으며 세계의 발전 또한 물질의 운동법칙에 의한다는 것이다. 사적유물론은 변증법적 유물론의 원리를 사회현상과 역사 연구에 확대한 것이라고 볼 수 있다.[60] 사적 유물론은 '인간의 의식이 그들의 존재를 규정하는 것이 아니라, 반대로 그들의 사회적 존재가 그들의 의식을 규정하는 것'이라는 명제에서 출발하여 사회발전의 일반적인 법칙을 이끌어 낸다.

마르크스의 예술론은 예술을 노동 행위와 관련 짓는 데서 출발한다. 인간은 유적(類的) 존재로서 노동을 통하여 생산하는 활동적 존재이다. 인간은 자연에 대한 능동적인 노동행위를 통해서 자연을 정복하고 목적을 실현한다. 따라서 노동의 역사는 곧 생산수단의 발전을 통해 물질적 생산력의 증대 과정이었다. 노동이 자연을 인간화하는 것처럼 예술가는 인간의 정신적, 실천적 감각을 '미(美)의 법칙'에 따라 형상화함으로써 미적 대상화(對象化) 작업을 행하게 된다. 인간은 스스로의 노동을 통하여 객관적 세

59) 장사선 외, 『文藝思潮』, 새문사, 1991, 147~148쪽.

60) 陣繼法, 叢成義 역, 『사회주의예술론』, 일원서각, 1985, 30쪽.

계 가운데 위치하는 자신을 확인하고, 그 과정을 통해 자신의 창조성 또한 실현하게 된다. 마르크스에 의하면, 자아의 실현은 예술을 통해 표현될 수 있으며, 예술과 노동은 동일한 의미를 가지는 '창조적인 활동'[61]으로 평가된다.

개인 생활의 표현이 사회적 삶의 표현이라는 마르크스의 지적은 예술이 이데올로기적 내용을 가진다는 것을 의미한다. 마르크스는 이 이데올로기의 한 가지 형식으로써 예술이 가지는 특수성에 대해 이야기한다. '예술 상부구조론'으로 요약되는 이 이론은 경제적 토대를 의미하는 하부구조와 그에 기반해 성립된 상부구조라는 모델을 통하여, 다른 모든 이데올로기와 마찬가지로 예술이 사회적 의식의 한 형태임을 강조한 것이다.

이 이데올로기로서의 예술을 구체적으로 규정짓는 미적 범주가 바로 리얼리즘이다. 리얼리즘에 대한 논의는 마르크스 예술론의 핵심이라 할 수 있을 것이다. 마르크스와 그의 동료 엥겔스(Friedrich Engels, 1820~1895)는 인간의 미적 심성(心性)의 토대를 노동에 두었으며 궁극적으로 예술이 현실적 대상을 재생산한다고 보았다. 따라서 예술적 창조는 현실을 반영함과 함께 그것을 의식하는 하나의 방법이 된다. 마르크스주의 비평에서 현실의 정확한 묘사(描寫)에 관한 문제인 리얼리즘론에서 집중적으로 논의되었다.

> 내가 생각하기에 사회주의적 경향 소설은, 그것이 현실상황의 충실한 묘사를 통해 현실사회를 지배하고 있는 관습적 환상을 타파하고, 부르주아 세력의 낙관주의를 뒤흔들어 놓으며, 기존의 것이 영원히 정당성을 가진다는 데 대해 회의를 필연적으로 느끼도록 하

61) 쟈네트 월프, 이성훈·이현석 역, 『예술의 사회의 생산』, 한마당, 1986, 30쪽.

는 것, 그렇지만 그렇다고 스스로 직접 해결책을 제공하는 것은 아니며, 경우에 따라서는 심지어 노골적으로 당파를 취하지도 않을 때 자기의 사명을 완수하는 것입니다.[62]

예술작품에 대한 예술적 인식의 가치체계라 할 수 있는 리얼리즘[63]은 엥겔스의 위와 같은 견해에 의해 '리얼리즘의 승리'로 일컬어진다. 어떤 예술가가 자신의 이데올로기적 입장에도 불구하고, 리얼리즘적 태도에 충실할 경우에 그 이데올로기마저 극복될 수 있다는 것이다. 마르크스와 엥겔스는 위대한 리얼리즘 작가인 발자크에 관해 논의하면서, 리얼리즘은 단순한 이데올로기적 등가물(等價物)이 아니라 특정한 예술적 인식의 등가물이라고 평가했다. 즉, 특정한 삶의 지배적, 전형적 특징들을 리얼리즘적 태도로 표현할 경우, 자신의 의도하지 않은 새로운 세계로 진입할 수도 있다는 것이다.

저는 어떤 것을 비판해야 할 때 이야기가 혹시 충분하게 리얼리즘적이지 못한 것은 아닌가 하곤 합니다. 제 생각으로는 리얼리즘은 세부의 충실성 이외에도 전형적 성격들의 충실한 재현을 의미합니다. 작가의 견해가 감추어져 있을수록 예술작품은 더욱 훌륭해집니다. 제가 말하는 리얼리즘이란 심지어는 작가의 견해에도 불구하고 드러날 수 있는 것이라야 합니다.[64]

---

62) F. Engels, 「민나 카우츠키에 보내는 편지」, L. 박산달, S. 모라브스키 編, 김대웅 역, 『마르크스 엥겔스 문학예술론』, 한울, 1988, 146쪽.

63) 앙리 아르봉, 오병남·이창환 역, 『마르크스주의와 예술』, 서광사, 1988, 76쪽.

64) F. Engels, 「마가렛 하크니스에게 보내는 편지」, L. 박산달·S. 모라브스키 편, 앞의 책, 146쪽.

엥겔스는 전형적인 것은 특정한 역사적 조건 아래서 각 시기마다 다른 것으로 존재하며 항상 새로운 성격과 사건에 의해서만 구체화 될 수 있다고 보았다. 그는 보다 엄격한 의미로서의 리얼리즘적 전형성(典型性)을 언급하고 있는 것이다. 여기서 알 수 있는 점은 마르크스와 엥겔스는 예술이 가지는 상대적인 자율성을 인식하고 있었다는 사실이다.

마르크스와 엥겔스는 현실의 생생한 과정을 진실하게 반영하고 진보적인 사상과 세력을 확대시켜야 한다는 확신을 표명했으며 경향문학의 창조를 필연적인 것으로 보았다. 더 나아가 그들은 예술가들이 진보적인 사상에 입각하여 과학적으로 역사발전을 이해하고 표현해야 한다고 주장했다. 마르크스와 엥겔스의 관점은 이후에 레닌이 「당조직과 당문학」에서 기술한 예술의 당파성(黨派性) 원리의 기초가 된다.

2) 사회주의 리얼리즘

마르크스와 엥겔스의 예술관은 1917년 러시아 혁명이 이후 성립된 현실사회주의에 계승되었다. 이 가운데서 중심이 된 것은 러시아의 마르크스주의 문학예술 노선이다. 이 러시아 마르크스주의 문학론은 레닌(Vladimir Il'ich Lenin, 1870~1924)과 스탈린(I. V. Stalin, 1879~1953)으로 이어지는 정치적 변화와 밀접하게 연관되어 있다. 20세기 초 러시아는 공산주의 혁명의 열기 속에서 '당문학(黨文學)'이라는 개념을 정립시켰다.

> 당문학의 이러한 원칙은 어디에 존재하는가? 문학 활동은 사회주의적 프롤레타리아를 위해서, 개인이나 집단 이윤의 원천이 되어서는 안 된다는 사실에만 존재하는 것은 아니다. 문학활동은 프롤레타리아의 공동 대의와 무관한 어떤 개인적 과업일 수 없다. 당에

참여하지 않는 문학은 몰락할 지어다! 문학상의 초인은 몰락할.... 지어다! 문학활동은 프롤레타리아의 공동 대의의 일부분이 되어야 하며, 전 노동계급의 정치적으로 각성된 전체 노동계급의 전위병에 의하여 움직이게 되는 단일하고 거대한 사회민주주의적 기계장치의 '톱니와 나사'가 되어야만 한다. 문학활동은 조직적, 계획적, 연합적인 사회민주주의적인 당작업의 구성요소가 되어야 한다.[65)]

「당조직과 당문학」에서 제시된 내용 중에서 근본적인 것은 문학의 자율성과 자유에 대한 부정과 문학예술의 당에의 종속이라 할 수 있다. 마르크스와 엥겔스가 예술의 상대적 자율성을 인정했던 것과는 차이가 있다. 레닌은 당파성의 원리를 중심으로 예술의 시대적 과제를 강조했다. 1917년 러시아에서 일어났던 볼셰비키 혁명의 성공은 레닌의 당조직과 당문학 노선의 실현을 의미하는 것이었다. 여기서 레닌의 당문학은 고전적 마르크스주의 문학 비평에서 사회주의 리얼리즘 비평으로 전개되어가는 과정의 전환기에 해당하는 문학 이론이었다.[66)] 레닌이 주도했던 이 당문학의 시기는 혁명초기(1917~1920), 조정시기(1920~1922) 통제 조정시기(1922~1925), 실천시기(1925~1928), 조직단일화시기(1928~1932)[67)]로 다시 나누어 질 수 있다.

레닌 사후, 스탈린은 혁명적 과도기의 과제를 정리하고 소비에트 사회주의 건설이라는 새로운 정책을 수립했다. 그것은 종래의 프롤레타리아 문학에 대하여 소비에트 문학의 개념과 구체적인 창작 방법론을 정립하자는 것이었다. 여기에서 사회주의 리얼리즘(Socialist Realism) 강령이 채택된다.

1917년 10월 혁명 직후의 시민전쟁시대에 잉태했다고 볼 수 있는 서회주

---

65) 레닌, 「당조직과 당문학」, 이길주 역, 『레닌의 문학예술론』, 논장, 1988, 52쪽.

66) 오세영, 『文學硏究方法論』, 이우출판사, 1988, 173쪽.

67) 陣繼法, 앞의 책, 172~175쪽.

의 리얼리즘은 사실 스탈린 집권 후 혁명과업 수행에 효과적으로 문학을 이용하기 위해 활용된 것으로 볼 수 있다. 1932년 4월 30일에 소련공산당의 「문예단체개편에 관한 결의」이후 그해 고리키의 저택에서 소집된 제1차 작가회의 석상에서 스탈린이 '사회주의 리얼리즘'을 제시하였다. 그리고 1934년 8월 17일부터 모스크바에서 개최된 제1차 전소련작가 대회에서 사회주의 리얼리즘을 사회주의 문예창작의 지도원리로 공식화한다. 그 내용에는 구체적으로 무산계급투쟁사를 예술창작에 반영하여 사회주의 건설에 적극 참여할 것과 과학적 방법으로 창작을 연구, 작품을 분석하며 공산당의 지혜와 영웅주의를 반영하는 위대한 작품의 생산을 촉진하고 각 국가 간에도 창작에 관한 조직적 협조를 이룩해야 한다는 것 등을 작가들에게 임무로 부과시키고 있다.

스탈린에 의해 채택된 '사회주의 리얼리즘'은 사회주의 문학 비평의 근본적 원리 혹은 평가 기준으로 볼 수 있다. 소련을 중심으로 한 사회주의 국가의 문학예술은 따라서 이와 같은 실천 방법에 규정되었다. 그들에 의하면, 사회주의 리얼리즘은 다음과 같은 것이다.

> '사회주의 리얼리즘'이라는 명칭 자체가 이 예술방법이 가지고 있는 두 가지 중요한 특징을 설명하고 있다. 첫째, 현실주의적인 것이다. 즉 항상 생활의 진정한 사회 내용에 따라 전면적으로 진실하게 생활의 예술을 반영하고 인식하는 것이다. 둘째, 공산주의 당성 예술이다. 즉 그것의 영혼을 구성하는 것은 공산주의의 승리를 위한 자각적인, 목적적인 투쟁의 진행이며 공산주의적 이상에서 생활을 고도로 평가하는 것이다. 사회주의 세계관과 공산당의 사상은 사회주의 리얼리즘의 기초다. 사회주의 리얼리즘의 예술창작은 생활

과 신사회 건설의 실천과의 긴밀한 연결을 근거하고 있다.[68)]

여기에서 표명되고 있는 반영론적 미학관과 강력한 당파성의 예술관은 고전적 마르크스주의보다 정치적 이념성을 강화한 형태라고 볼 수 있다. 이것을 보다 구체화시킨 것이 인민성(narodnost), 계급성(klassavost), 당성(partinost)이라는 범주이다. 여기서 인민성은 무산계급의 감정과 사상, 의지 등을 잘 담아내야 한다는 것이다. 계급성은 예술적 대상으로서의 한 계급이 가지는 특정 입장을 표현하는 정치의식을 말한다. 당성은 문학예술이 당정책의 노선에 따르면서 그 전위에 선다는 입장이다. 사회주의 국가의 모든 문학예술은 이러한 세 가지 범주 속에서 평가되며 또한 관철해야 할 예술적 목표로서 창작방법론을 지배하는 개념이 된다.

이 사회주의 리얼리즘은 혁명을 향한 열정을 칭송하고 있는 마르크스의 '혁명적 낭만주의'에 정치적 방향성을 더욱 확고히 한 것이다. 이와 같은 점에서 사회주의 리얼리즘은 '마르크스주의 비평'의 한 범주이면서도, 그와는 다른 맥락을 형성하게 되었다. 또한, 서구에서 마르크스주의 비평론을 계승한 '비판적 리얼리즘'과도 구별되는 것으로 변화했다. 한국의 경우, 비판적 리얼리즘은 1920년대 전반에 있었던 프로문학 초기의 자연발생적이고 소박한 경향파적 수준에 대응한다. 북한의 경우, 사회주의 리얼리즘은 북한 정권 성립 이후 조직적인 형태로 진행된 코뮤니즘적인 단계라 할 수 있다.

북한문학에 있어, 소련의 사회주의 리얼리즘에 대응되는 개념은 바로 '사회주의적 사실주의'이다. 북한의 사회주의적 사실주의는 민족적 형식에 사회주의적 내용을 담는 것을 원칙으로 하는 혁명적 문화예술을 지칭한다. 김일성은 교시를 통해 "나는 우리나라에서도 사회주의적 사실주의라고 하면

---

68) 소련과학원 편, 『마르크스 레닌주의 미학원리』; 陳繼法, 앞의 책, 131쪽에서 재인용.

민족적인 형식에 사회주의 내용을 담는 것을 말한다는 정의를 주었습니다" 라는 했는데, 이는 특별히 민족적인 주체성을 강조한 것이다. "훌륭한 문학예술작품의 특징은 시대의 요구와 인민의 지향에 맞는 높은 사상예술성에 있습니다. 이러한 가치 있는 작품들은 현대의 유일하게 옳은 창작방법인 사회주의적 사실주의에 의하여서만 창조될 수 있습니다"라는 김일성의 언급을 따라 북한문학은 사회주의적 사실주의를 '주체문학론'(1992)을 변형해 새로운 이론을 정립했다.

> 우리 시대가 요구하는 문예관은 주체의 문예관이다. 주체의 문예관은 한마디로 말하여 사람을 중심에 놓고 문학예술을 대하는 관점과 립장이다. 주체의 문예관은 주체사상을 기초로 하고 있다.[69)]

이처럼 북한의 '주체문학론'은 주체사상에 근거해 사회주의적 사실주의를 변형한 것이다. '주체문학론'도 사실주의적 문학예술의 창조를 강조하고 있는데, 특이한 것은 '민족문학예술유산을 주체적 립장에서 바로 평가하여야 한다'면서 '유산과 전통'을 강조하고 있다는 점이다. 이는 북한의 문학예술이 민족주의적 성격을 유난히 강조하고 있는 것과 연결된다.

2.4. 작품비평의 실제

사회적인 문학 비평의 실천 형태는 1980년대 한국사회에서 이뤄진 비평문을 통해서 확인할 수 있다. '민중의 시대'로 일컬어지는 1980년대에는 사

---

69) 김정일, 『주체문학론』, 조선로동당출판사, 1992, 5쪽.

회적 현실과 문학의 관계를 적극적으로 고려한 상태에서 문학의 기능을 규정했다. 한 예로 김명인이 발표한 「문제는 리얼리즘이다 — '생짜 노동자' 전형을 찾아야 할 노동소설」[70]이라는 비평문의 전문을 살펴보자.

> 최루탄가스와 화염과 돌우박 속에 우리 노동자들이 다시 찾은 메이데이가 지나갔다.
>
> 1987년 7, 8월 대투쟁 이후 노동문학이 괄목할 만한 발전을 이루었듯이 5월도 노동문학의 질적 도약에 커다란 분수령이 될 것으로 기대된다.
>
> 노동자계급의 세계관을 올바로 견지하고 그 기초 위에서 역사의 합법칙적 전개 과정을 형상으로 포착하는 것이 노동문학의 핵심 내용이라면 의당 우리 노동문학은 노동자 대중이 자신의 생존권적 요구와 민족민주운동의 대의를 일치시켜 나가는 이러한 생생한 투쟁 과정 속에서 솟아나야 한다.
>
> 그런데 여기서 오해의 소지가 생긴다. 다양한 형태로 터져 나오는 투쟁들의 구체적 양상을 발빠르게 보고하는 보고문학 또는 그에 준하는 작업들도 거의 절대적 중요성을 갖는 것임에는 틀림없지만, 노동문학 하면 그것이 전부인 양 생각하는 경향이 일반적이다.
>
> 그리하여 쓰는 사람이나 읽는 사람이나 예컨대 울산 ○○중공업 투쟁기, 마산·창원 ○○산업 투쟁 르뽀, 메이데이 행사 보고라든가 그에 근거하여 약간의 상상력과 허구를 가미한 시, 소설 등이 곧 노동문학이라고 생각하는 것이다.
>
> 특히 그간에 발표되었던 노동소설들에는 대체로 르뽀나 수기적

70) 김명인, 「문제는 리얼리즘이다 — '생짜 노동자' 전형 찾아야 할 노동소설」, 『희망의 문학』, 풀빛, 1990, 383~385쪽.

수준의 사건 묘사에, 작가의 주관적 감상이나 의도를 등장인물들 속에 주입한 정도의 작품들이 상당수를 차지해왔다고 할 수 있다.

그러나 그 정도를 가지고는 우리 시대 계급 투쟁의 본질을 결코 포착할 수 없다. 투쟁의 현상들을 이것저것 나열하거나 당면한 '선전선동'의 목표에 얽매여 '인형극'을 만드는 것은 계급투쟁의 올바른 형상화가 될 수 없다. 문제는 늘 리얼리즘이고, 그중 가장 핵심적인 것은 생동하는 전형을 그려내는가의 여부이다.

이 전형을 통해 비로소 '객관적 현실의 총체성'은 현실의 피와 살을 얻게 되는 것인데 그간의 우리 노동소설들은 이 전형의 탐구에 소홀함으로 해서 내부적 비판에다가 적대적 문학관을 지닌 쪽으로부터의 온갖 악의적 비난까지도 함께 뒤집어쓰기 일쑤였던 것이다.

설사 전형문제를 의식했다 하더라도 전형의 두 축인 개성화와 개괄화 중에서 개괄화에 치중한 나머지 '생동하는 개성'을 잃고 그 인물이 그 인물인, 전형 아닌 스테레오타입을 양산해온 것이다.

돌이켜보면 1987년 이래 발표된 노동소설들에 등장했던 노동자 주인공들 중에서 진정 우리 가슴 속에 남아 있는 인물이 몇이나 있을지 모르겠다. 모두가 고만고만할 뿐이다.

정도상은 「새벽기차」의 순덕이를 끔찍이 사랑하지만 아무래도 주관적이고 「깃발」(홍희담)의 형자는 영웅적 전형이지만 전면적 애정과 공감을 받기에는 생동감이 부족하다.

「새벽출정」(방현석)의 여성 노동자들의 투쟁은 감동적이지만 역시 '형자'에게서 받는 느낌을 벗어나기 힘들다. 「파도」(김남일)는 잘 짜여진 작품이지만 거기 등장하는 조선소 용접공들은 기억에 남지 않는다. 「함께 걷는 길」(김인숙)의 위원장 부인은 감동적인 인물이지만 그 개성엔 뭔가 소시민적 체취가 느껴지고 「성장」(김한수)의 창진은 2세 노동자의 전형으로서 갖출 것은 다 갖추었지만 사적인 회상과 기록 속에 매몰되어 읽는 이로 하여금 동일시를 쉽게 허락하지 않고 있다.

오직 정화진의 인물들만이 이 '생동하는 전형'에 걸맞는 개성을 제대로 갖추고 있는 것으로 보인다.

그의 데뷔작인 「쇳물처럼」의 천씨와 「우리 다시 한번」(월간 『노동문학』 1989년 3월)의 봉수라는 인물이 그렇다. 그들은 둘 다 '운동권'물이라고는 조금도 먹지 않은 '생짜 노동자'들이어서 '노동자가 주인되는 세상' 어쩌구하는 것 같은 말은 입에 올리지 않는 것은 물론이거니와 의식 속에 들어와 있지도 않다.

또한 그들이 겪는 사건이란 것도 고작해야 김장보너스 받아내기(「쇳물처럼」), 계산 틀린 임금 제대로 받기(「우리 다시 한번」)일 뿐이다. 말하자면 조합운동에도 못 미치는 가장 낮은 차원의 경제투쟁인 것이다. 그런데도 그들을 통해 보는 것은 미각성 노동자들의 개량주의적 소시민적 환상이 아니라 노동계급의 궁극적 승리에 대한 첫 발자국인 것이다.

그것은 왜인가? 그들은 자신의 삶과 운명 전체를 걸고 노동하며 싸우고 있기 때문이며 작가 정화진은 그들의 삶 전체를 껴안아 거의 완벽하게 형상화해냈기 때문이다. 그들의 운명은 곧바로 노동계급의 운명이며 그 운명은 계급투쟁에서 궁극적 승리를 이끌어낼 운명임을 이 두 단편은 여실히 보여준다. 이 두 인물 안에 개성화와 개괄화가 통일된, 살아 생동하는 전형이 구현되고 있는 것이다.

지금 우리 노동소설에 필요한 것은 이러한 인물들이 보다 예각화된 투쟁, 강력한 노동자조직과 독점자본이 대규모로 충돌하는 큰 싸움터에서 싸워나가는 모습을 보여주는 일이다. 작가들의 대분

발을 기대한다.

〈『한겨레신문』 1989년 5월 5일〉

김명인의 글은 '문학운동적 관점'에서 노동자의 전형이 창조되기를 촉구하는 비평문이다. 그는 1987년 이후에 발표된 노동소설을 평가하고 있는데, 여기서 거론된 「새벽기차」(정도상), 「깃발」(홍희담), 「새벽출정」(방현석), 「파도」(김남일), 「함께 걷는 길」(김인숙), 「성장」(김한수) 등은 모두 성과작으로 일컬어졌다. 그런데 김명인은 이들 작품에 대해 비판적 논평을 가하면서 정화진의 「쇳물처럼」과 「우리 다시 한번」을 높이 평가하고 있다. 이전 작품들이 노동자가 아닌 지식인 작가들의 의도적 노력의 소산이었다면, 정화진의 작품은 '생짜 노동자'의 목소리가 살아 있어 '생동하는 개성'을 느낄 수 있다는 것이다. 김명인의 계급투쟁적 관점에서 노동계급의 승리를 주장하고 있으므로 마르크스주의 문학 비평의 입장을 취한 것으로 볼 수 있다.

2.5. 문제점과 한계

지금까지 살펴본 문학사회학과 사회주의 비평의 주요 내용을 요약하자면 다음과 같다.

① 이 두 방법의 근본적 원리는 문학의 사회성 내지 내용성에 근거하여 문학을 해석·평가하고자 하는 데 있다. 즉 문학 내적인 방법이라기보다는 문학 외적 요인을 고려한 접근 방법을 그 특질로 하고 있다.

② 문학사회학의 가능성은 루카치를 거쳐 골드만에 와서 정립되는 '발생론적 구조주의'에서 찾을 수 있다는 점이다. 이 발생론적 구조주의는 '상동성', '세

계관' 등 과학적인 개념을 활용해 문학을 분석하고자 한다.

③ 프랑크푸르트학파의 비평가들은 산업사회 속에 놓인 현대 예술의 성격에 주목, 그 비판적 기능과 창조성을 탐구하였다. 이들은 공통적으로 예술과 문학이 전체주의적 사회의 지배에 저항할 수 있는 영역이라고 주장한다.

④ 마르크스주의 문학 비평은 사상가 칼 마르크스의 유물론을 원용한 문학예술관이다. 마르크스의 예술론은 예술을 노동과 관련지으며, 사회적 의식의 한 형태로 여긴다. 그 미적 범주의 핵심은 리얼리즘이라 할 수 있다.

⑤ 사회주의 리얼리즘은 레닌의 당문학을 거쳐 스탈린에 의하여 채택되었다. 사회주의 리얼리즘은 인민성, 당성, 계급성을 주요 범주로 설정한다. 이 세 가지 범주는 사회주의 국가의 문학예술이 평가되는 틀이자 또한 예술적 목표로서 창작방법론을 지배하는 개념이라 할 수 있다.

이상의 논의를 토대로 생각해 볼 때, 문학사회학적 연구나 마르크스주의 문학 비평은 사회성이라는 것을 작품의 내용으로 환원하는 방식을 취하고 있다. 텐느를 거쳐 마르크스에 이르러 정립된 문학사회학적 비평은 문학작품의 내용과 사회의 집단의식 간의 관계를 해명하고자 하는 '내용(內容) 중심의 사회학'이었다. 이념적 차원이 강조된 사회주의 리얼리즘 비평의 경우, 그 내용중심주의는 당성과 인민성, 계급성이라는 문학 외적 요인을 중시해 문학 내의 미적 특성을 무시했다.

루카치에서 비롯되어 골드만에 와서 정립된, 작품세계의 구조와 집단의식의 구조 사이에 상동관계를 해명하고자 하는 '발생론적 구조주의'는 문학사회학 내에서 나름의 의미를 가진다. 이 문학사회학적 비평은 문학 작품과 시대상황, 사회현실과의 밀접한 관련성에 초점을 맞추어 거시적인 차원에서 작품의 이해를 용이하게 한다는 강점이 있다. 반면에 문학사회학의 공통적 문제점으로는 문학 내적 요인인 문체, 이미지, 상징 등에 대한 이해와 설명을 결여하고 있다는 점을 지적할 수 있다.

현대문학 이론의 역사는 우리 시대의 정치적, 이데올로기적 역사의 일부분이라고 지적한 T. 이글턴은 '참으로 반대할 것은 문학 이론이 가진 정치성의 내용'이라고 말한 바 있다.[71] 그 자신이 신마르크스주의자임에도 불구하고 '문학 이론이란 것은 그 자체로서 지적인 탐구의 대상이 되는 것이 아니고 우리 시대의 역사를 바라보는 특정한 시각'이라는 견해를 지녔던 이글턴은 '문학의 정치적 도구화'를 반대했다. 문학이 정치적일 수는 있다. 하지만, 문학이 정치적 수단화되는 것에 대해서는 비판적 입장을 분명히 할 필요가 있다.

---

71) 테리 이글턴, 앞의 책, 239~241쪽.

3장 정신분석학적 비평과 테마비평

3.1. 개관과 특성

역사주의적 비평과 문학사회학적 비평이 문학 작품의 외적 요인인 역사나 사회에 대한 고려 속에서 접근하는 방법이라면, 정신분석학적 비평(Psychological criticism)과 테마비평은 작품 내의 무의식 등에 관심을 두는 비평이다. 인간의 무의식을 탐구하는 정신분석학적 비평이나, 작품 속에서 반복적으로 등장하는 상징이나 이미지 등을 탐구하는 테마비평은 모두 작품에 내재한 특성을 탐구한다. 정신분석학적 비평과 테마비평은 작품 자체의 내적 형식이나 언어적 표현에 집중하여 분석, 평가하는 형식주의나 구조주의에 대한 반발로서 출현한 비평 방법이다.

3.2. 정신분석학적 비평의 이론과 실제

1) 개관 및 특성

20세기 철학과 사상에 가장 큰 영향을 미친 이로는 마르크스, 니체, 프로이트가 꼽힌다. 마르크스는 자본주의에 대한 과학적 분석을 해낸 사상가이고, 니체는 '힘에의 의지'를 중시하는 긍정의 철학을 창조했고, 프로이트는 무의식을 통해 인간 정신의 심층을 탐구했다. 정신분석학 비평은 프로이트의 정신분석학을 이론적 근거로 해 탄생한 문학 비평 방법이다. 19세기 인상주의 비평이 비평가의 주관적 반응을 기술하는 데 그친 한계를 극복하려는 노력 속에서 정신분석학적 비평은 발전했다.

심리비평은 연원을 따지자면, 아리스토텔레스의 카타르시스 이론[72]으로 거슬러 올라갈 수 있다. 카타르시스는 비극이 관객에게 주는 효과를 설명하기 위한 아리스토텔레스가 '정화'와 '배설'이라는 의미로 사용했다. 비극을 통해 관객이 일종의 심리적 변화를 지칭하는데 개념으로 사용된 것이다. 이렇듯, 문학예술이 독자의 정서에 미치는 영향에 관한 심리주의 비평의 흔적은 16세기의 필립 시드니(Philip Sidney), 그 이후 18세기의 흄(T. E. David Hume), 19세기의 코울리지(Coleridge) 등에서도 엿볼 수 있다. 이런 심리주의 비평의 노력들은 20세기에 넘어와서 지그문트 프로이트의 정신분석학의 확립과 더불어 본격적으로 문예비평의 방법론으로 사용되기 시작했던 것이다.

정신분석학의 태두인 프로이트는 히스테리에 대한 임상치료 경험에서 얻은 연구성과물을 1896년에 '정신분석학'이라고 명명(命名)했다. 이후 '꿈의 해석' 등을 통해 무의식의 세계를 구체화했으며, 프로이트의 심리학은 '정신분석학'이라는 이름으로 널리 쓰이게 되었다. 이런 프로이트의 이론을 원용(援用)해 정신분석학적 비평이 탄생했다.

정신분석학적 비평은 인간 무의식을 통해서 작가 자신이나 작품의 원인으로 파악하려 한다. 문학 비평을 정서적 차원에서 임상 결과 등 과학적 차원으로 끌어올리기 위해 정신분석학적 비평(또는 심리주의 비평)은 심리학에서 사용되는 개념과 용어를 도입했다. 예를 들면, 이드, 자아, 초자아, 콤플렉스, 리비도 등 문학 비평에 적용한 것이다. 이런 심리학적 비평이 유행하게 된 것은 20세기에 와서 인간 내면의 심층을 추구하는 현대 심리소설이 성행한 것과도 맥을 함께 하고 있다.

---

72) 아리스토텔레스는 그의 『시학』(B.C.4세기)에서 비극을 정의하기를 "연민과 공포가 일어나는 사건으로서 그러한 감정의 카타르시스를 행한다"고 말했음.

정신분석학적 비평은 작가의 창작 심리나 작품에 등장하고 있는 인물들의 심리, 그리고 작품을 읽고 반응하는 독자의 심리를 분석하고 평가한다. 따라서 정신분석학적 비평은 현상학적 비평, 신화비평, 의식비평 등으로 확장되어 현대비평의 중요한 방법으로 등장하였다.

정신분석적 접근이 현대비평의 큰 성과물로 부상할 수 있었던 것은 프로이트에서 출발하여 그 이후에 융, 아들러, 에릭슨 등의 노력으로 심리학이 지속적으로 발전했기 때문이다. 특히 융 심리학의 뒷받침으로 신화비평 등의 이론적 토대가 든든해지기도 했다.

2) 주요 이론 및 비평가

(1) S. 프로이트의 정신분석학

프로이트(Sigmund Freud, 1856~1939)는 오스트리아의 정신과 의사이며 정신분석학의 창시자이다. 그는 빈에서 활동하며 최면에 의한 신경증 환자의 치료에서 카타르시스 요법을 발전시켜, 자유연상법에 의한 정신분석을 확립했다. 그는 심리학적 병근(病根)을 푸는 열쇠가 꿈에 있다고 주장했다. 꿈의 내용은 과거에 있었던 체험이 상징의 형태로 나타나는 것이며, 이러한 무의식의 세계가 환자의 행동을 실질적으로 지배한다고 보았다. 그는 무의식의 세계를 설명하기 위해 꿈, 말실수, 의식의 구멍 등을 연구했다. 또 임상을 통해 중요한 기억의 대부분이 성적 경험인 것에서 착안해 성적 장애와 무의식의 관계를 중심으로 이론을 구축했다. 프로이트가 무의식을 발견하고 리비도론의 확립한 것은 심리학 영역에서 높은 업적으로 평가된다.

프로이트 이론은 다음과 같이 요약적으로 제시할 수 있다.[73] 프로이트가 생각하고 있는 정신 영역은 세 개의 중요한 체계로 구성되어 있다. 이러한 체계는 이드(id), 자아(ego), 초자아(super ego)이다. 정신적으로 건강한 사람은 세 체계가 통일되고 조화롭게 작용한다. 프로이트는 이를 도표로 제시했다.

지각 (perceptual–conscious)

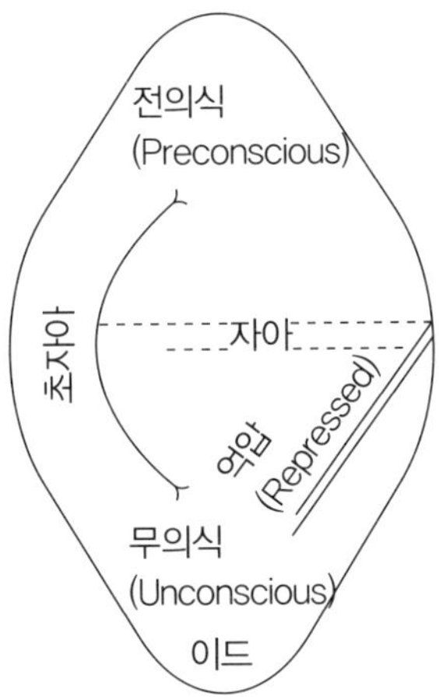

전의식
(Preconscious)
초자아
자아
억압
(Repressed)
무의식
(Unconscious)
이드

이드(ID): 본능적 욕구(쾌락 원리) 성적 생명력의 원천~리비도

자아(Ego): 인격의 집행자(현실원리) 이드와 초자아를 통제하며 현실탐색

초자아(Super Ego): 도덕적 이상아(도덕원리) 양심과 긍지의 저장소

여기에서 이드의 유일한 기능은 내적 또는 외적 자극에 의해 유기체 안에 생긴 많은 흥분(에너지 또는 긴장)을 직접 방출하는 것이다. 이드의 이러한 기능은 프로이트가 '쾌락 원리'라고 부른 원초적 또는 최초의 생활 원리를

---

73) 지그문트 프로이트, 박성수·한승완 옮김, 『정신분석학 개요』, 열린책들, 2004. 이 책에 포함되어 있는 「나의 이력서」를 참고하여 프로이트 이론을 정리했다.

실현시키는 것이다. 즉 쾌락 원리의 목적은 고통을 피하고 쾌락을 찾는 본능적 욕구이다. 이드는 정신적 에너지의 1차적 원천인 리비도가 자리잡고 있는 곳이다.

적응을 잘한 사람의 경우에는 자아가 인격의 집행자로서 이드와 초자아를 통제하고 지배하며 인격 전체와 그 광범한 욕구를 위해 외부세계와의 교섭을 유지한다. 자아는 쾌락 원리가 아니라 '현실 원리'의 지배를 받는다. 현실 원리의 목적은 욕구를 만족시켜 줄 실제 대상이 발견되거나 산출될 때까지 에너지의 방출을 연기하는 것이다. 이런 현실 원리의 설정이 쾌락 원리의 포기를 의미하지는 않는다. 쾌락 원리는 현실을 위해 잠시 보류될 뿐이다. 이런 자아의 발달은 경험, 훈련, 교육에 의해서 가능하다.

초자아(超自我)는 인격의 도덕적 또는 사법적 측면이다. 초자아는 현실적인 것보다는 이상적인 것을 지향하고, 현실이나 쾌락보다는 완성을 지향한다. 이런 초자아는 '이상아(理想我)와 양심'이라는 두 개의 하위 체계로 이루어져 있다. 이처럼 이상아와 양심은 동일한 도덕률의 안팎이다.

따라서 이드는 생물학적인 자질의 심리적 대표자이고, 자아는 객관적 현실 및 보다 높은 정신적 과정이 상호 작용한 결과이고, 초자아는 사회화의 소산이고 문화적 전통의 전달 수단이다. 그리고 유의해야 할 것은 이 세 체계 사이에는 명확한 구별이 없다는 것이다. 이것은 모두 인격 전체의 내부에서 일어나고 있는 각기 다른 과정, 기능, 메커니즘, 역학 관계를 나타내는 약어(略語)에 지나지 않는다.

종합적으로 살펴본다면 프로이트의 이론은 인간의 정신구조(이드, 자아, 초자아)와 이드에 숨어있는 리비도의 개념, 그리고 자아 속에 있는 자아 방어기제 등의 관계를 통해 형성되었다. 여기서 리비도(Libido)는 성적 에너지를 말한다.

프로이트의 관점에서 보면, 인간의 모든 정신 현상은 리비도의 변화와 발전으로 해석된다. 본능보다 더 높은 차원의 문학적 목표를 지향하여 리비도를 발산시킬 때 승화 작용이 나타나는데, 예술은 바로 이러한 승화 작용의 결실이라는 것이다. 요컨대, 프로이트는 ① 개인의 정신 과정 대부분이 무의식적이라는 것, ② 인간의 모든 행위는 궁극적으로 성욕에 의해 유발된다는 것, ③ 성 충동에 관련된 많은 사회적 금기로 인하여 열망과 기억이 억압된다는 견해를[74] 지녔다.

이처럼 프로이트는 무의식의 중요성을 발견한 중요한 업적도 있지만 그에 대한 비판도 만만치 않게 제기되었다. 그중의 하나는 "프로이트가 더 이상 받아들여질 수 없는 19세기적 과학개념을 때때로 사용한다는 것은 사실인 것 같다. (…중략…) 우리가 이미 언급한 남녀 차별주의적인 가치관이 적절한 예이다."[75]라고 이야기한 테리 이글턴의 문제제기이다. 프로이트는 과도하게 무의식의 원인을 성적인 것에서 찾음으로써, 결국 남녀의 성적 차이에 대한 편견을 고착화시키는 효과를 낳았던 것이다.

이런 프로이트의 정신분석학을 계승하고 그 노선에 따라 움직이면서도 그의 이론을 완전히는 받아들이지 않는 사람들을 신프로이트파라고 할 수 있다. 여기에 속하는 인물로는 호르나이(Horney), 설리반(Sullivan), 프롬(E. Fromn) 등이 있다.

또한 평생동안 프로이트 저작의 해석자로 자처해 온 라캉(Lacan)은 정신분석을 구조주의화 내지는 언어학화한 점에서 프로이트와 상이하다. 프로이트 이론을 구조적으로 재구성하고자 노력했던 라캉은 '소망(wunscb)'이라는 개념을 심적 논리의 중심으로 끌어올려 독특한 '욕망(Begelsen, d'escs)' 이론을 폈다(K. M. 보그달 편저, 『새로운 문학이론의 흐름』, 문학과지성사, 1994, 70~71쪽). 라캉은 현대에 이르러 가장 영향력 있는 정신분석

74) 윌프레드 L. 게린 외, 최재석 역, 『문학 비평입문』, 한신문화사, 1994, 121쪽.

75) T. 이글턴, 김명환 외 역, 『문학이론 입문』, 창작과비평사, 1986, 199쪽.

학자로 꼽힌다. 그는 '프로이트로 돌아가자'라면서, '무의식은 언어처럼 구조화되어 있다'고 주장했다. 그의 논의는 무의식의 기제인 압축과 전치가 언어학에서는 은유와 환유와 동일하다는 논지를 펼쳤다. 이를 통해 정신분석학의 범위를 인간 존재 철학으로까지 확장했다. 그의 독특한 욕망이론은 '상상계, 실재계, 상징계'로 구분해 전개되는데, 논의의 요지는 "언어를 사용하는 순간 주체는 의식과 무의식으로 분열"되며, 이 분열의 간극 때문에 "끝없는 욕망의 변증법"이 시작된다는 것이다. 이 끝없는 욕망 변증법 속에서 "주체가 되기 위해, 사회 속에서 한 자리를 차지하기 위해, 정신병자가 되지 않기 위해, 주체는 결여와 거세에 기초한 인간의 상징체계"를 받아들 수밖에 없다고 보았다.[76] 인간의 비극적 운명을 해석하기 위해 라캉은 정신분석학을 구조주의 언어학에 대입한 것이다.

(2) C.G. 융의 집단 무의식

스위스 태생의 정신과 의사이며 심리학자인 융(Carl Gustav Jung, 1875~1961)은 인간의 성격을 내향성과 외향성으로 분류했다. 또 개인의 무의식 속에 역사적 배경을 가진 '집단 무의식'이 존재한다고 주장했다. 프로이트·아들러와 함께 국제 정신분석학회를 창립했으나 후에 탈퇴하여 치료와 저작에 전념했다. 그는 한 때 프로이트의 수제자였으나, 프로이트와 갈등한 후 독자적인 이론체계를 형성했다. 그의 저서로 『리비도의 변전과 심벌』, 『심리적 유형』, 『무의식의 형성』 등이 있다.

프로이트의 정신분석학 이론과 비교할 때 융의 심리학은 다소 상이한 양상을 보인다. 융 심리학에서는 인격 전체를 정신이라고 부른다. 근대 이전

76) 아니카 르메르, 이미선 옮김, 『자크 라캉』, 문예출판사, 1998, 378~379쪽.

에는 영(靈) 혹은 혼(魂)이라고 불리던 것이 근대 이후에는 정신의 과학을 심리학이라고 부르는 것처럼 '정신'을 의미하게 되었다. 융은 심리 요법의 목적은 '고난에 직면하고도 끄떡없는 이성적인 인내를 지니도록 돕는'데 있다고 보면서 '인격'을 강조했다. 그에 따르면, "인격은 살아 있는 모든 사람들의 개성의 최고의 실현 형태다. 인격은 인생에 직면하는 고도의 용감한 행위며, 개인을 구성하고 있는 모든 요소의 절대적인 긍정이고, 보편적 생활 조건에의 가장 훌륭한 적응이며, 그와 함께 있을 수 있는 최대의 자기 결정의 자유다"라고 했다.[77] 인간은 일생을 통해 문명의 분화, 일관성, 조화를 향해 발전시키는 것과 그것이 제각기 흩어져 제멋대로 움직이고 분열되는 것을 막는 것이다. 이런 정신은 의식, 개인 무의식, 집단 무의식으로 이루어진다.

정신 속에서 개인이 직접 알고 있는 것은 의식뿐이다. 이런 의식의 개성화 과정에서 융이 '자아'라고 부르는 새로운 요소가 생겨난다. 이런 자아에 의해 인정되지 않은 경험은 융이 '개인 무의식'이라고 부르는 곳에 저장된다. 개인 무의식의 특징은 일군(一群)의 내용이 모여 하나의 집단을 형성하기도 한다는 것이다. 그리하여 이 콤플렉스는 뛰어난 업적을 쌓는 데 있어 불가결한 영감(靈感)과 충동의 원천이 되고 있는 것이다. 융은 초기에 콤플렉스의 기원이 아동기 초기의 외상성 체험(外傷性 體驗)에 있다고 믿었다. 그러나 후에 융은 콤플렉스가 인간 본성 중의 아동기 초기의 체험보다 훨씬 깊은 그 무엇으로부터 생기는 것임에 틀림없다는 사실을 깨닫게 되었다. 융은 이 깊은 무엇에 강한 호기심을 느껴 정신의 또 하나의 실체를 발견하고 그것을 집단 무의식이라고 불렀다.

집단 무의식은 융이 일반적으로 '원시적 이미지'라고 부르고 있는 잠재

77) C. S. 홀(외), 최현 옮김, 『융 심리학 입문』, 범우사, 1999, 173쪽.

적 이미지의 저장고다. '원시적'이란 최초의 또는 '본래의'라는 의미다. 따라서 원시적 이미지는 정신의 제일 첫 발달 단계와 관련이 있다. 인간은 이러한 이미지를 조상 대대의 과거에서 물려받고 있다. 과거의 조상이란 인류로서의 조상뿐만 아니라 인류 이전의 선행 인류 및 동물의 조상도 포함하고 있다.

집단 무의식의 여러 가지 내용은 원형(archetype)이라 불린다. 그 동의어는 태고유형(prototype)이다. 인생에 있어서의 과거 경험의 기억과 같은 그것은 경험에 의해 현상(現象)되어야 하는 음화(陰畵)와 같은 것이다. 몇 개의 원형은 인격과 행동을 형성하는 데 있어서 대단히 중요하므로, 융은 그것들에 특별한 주의를 기울였다. 개성(persona), 남성 속의 여성적 요소(anima), 여성 속의 남성적 요소(animus), 그림자(shadow) 그리고 자기(self)가 개개인의 심리 속에서 공동으로 작용하는 원형 중 가장 중요한 것들이다.

융은 다음과 같이 말한 바 있다. "원형[78]은 심리적 스펙트럼의 맨 끝에 있는 보이지 않는 자외선과 같은 것이다. 원형은 그 자체로는 재현 불가능한 것이다. 그것은 자신의 현시를 가능하게 하는, 즉 원형적 이미지들을 생성시켜 주는 힘을 의미하는 것인지도 모른다."[79] 이 말은 원형적 이미지란 시라든가 회화에서 의식적으로 꾸며진 이미지라기보다는 그것을 가능케 한 무의식의 한 패턴으로 인식해야 하는 점을 강조한 것이다. 융에게 있어 원형은 전승되는 대상이다.

78) 융의 원형개념은 이후, 여러 논자에 의해 발전되었음. 하이만은 원형은 핵심적인 인간 경험의 기본적이고도 오래된 유형이고, 그것은 특수한 정서적 의미를 가지는 어떤 시(또는 다른 예술)의 근저에 존재한다고 보았음. 또한 브룩스(C. Brooks)는 원형이란 근본적인 이미지, 집단적 무의식의 한 부분, 같은 종류의 무수한 경험의 심리적 잉여를 의미하고, 그리하여 인류의 상속 받은 반응유형의 한 부분을 의미하게 된다고 보고 있음.

79) 마광수 편저, 『심리주의 비평의 이해』, 청하, 1980, 69쪽.

퍼스나(persona)란 개인이 공개적으로 보여 주는 가면 또는 외관이기에 사회의 인정을 받을 수 있도록 좋은 인상을 주려고 한다. 융은 이렇게 가면(탈)이란 뜻의 희랍어인 퍼스나를 정신의 '외면'이라고 불렀다. 그것은 세계를 향한 얼굴이기 때문이다. 그리고 그는 정신의 '내면'에 대하여 남자의 경우에는 '아니마(anima)', 여자의 경우에는 '아니무스(animus)'라고 불렀다. 이 밖에 당사자 자신의 성(性)을 대표하고 동성(同性)인 사람과의 관계에 영향을 미치는 또 다른 원형을 융은 그림자(shadow)라고 지칭하고 있다. 이것은 모든 원형 중에서 아마도 가장 강력하고 사악한 악령적 요소일 것이다.

인격의 조직 원리는 융이 '자기(self)'라고 부른 원형에 의해 이뤄진다. 태양이 태양계의 중심인 것처럼 자기는 집단 무의식 속의 중심적인 원형이다. 자기는 질서, 조직, 통일의 원형이다. 자기는 모든 원형과 콤플렉스 및 의식 속의 원형의 표현 형태를 자기에게 끌어들여 조화시킨다.

인격이 작용하는 데 사용되는 에너지는 '정신에너지'라고 부른다. 융은 프로이트와 같이 리비도를 성적 에너지에 국한하지는 않았다. 그는 자연 상태에 있어서의 리비도란 허기, 갈증, 성욕과 같은 욕망으로 보았다. 의식적으로는 리비도는 지향하고 욕구하고 추구하는 것으로 표현된다. 정신은 상대적 폐쇄계다. 정신은 주로 감각 기관을 통하여 정신에 들어오는 경험에서 그 에너지를 끌어낸다. 제2의 원천은 본능 에너지이지만, 이 에너지의 대부분은 순수하게 본능적인 또는 자연스러운 생활 활동을 위해 사용된다. 이런 정신 내부의 에너지의 배분은 두 원리에 의해 결정된다. '등량의 원리'와 '엔트로피(entropy)'이다.

융의 구조적 개념에 대해 하나하나 논하면, 그것들이 서로 관계가 없는 별개의 것으로 생각될지 모르지만 실은 그렇지 않다. 그것들 사이에는 많은 상호 작용이 존재한다. 융은 세 가지 상호 작용을 논하고 있다. 그것은 어떤 구조가 다른 구조의 약점을 '보상(補償)하는' 경우, 어떤 요소가 다른 요소와 '대립되는' 경우, 그리고 둘 또는 그 이상의 구조가 '결합하여' 하나의 종합을 이루는 경우다. 이처럼 융에게 있어서 정신을 구성하는 요소와 전체로서의 정신은 역동적인 체계를 가지고 있다고 할 수 있다.[80)]

(3) E. 에릭슨의 자아 정체감

에릭슨(Erik Erikson, 1902~1994)은 현대 정신분석학의 대표적 이론가로 자아정체감(自我正體感, ego identity) 이론을 정립했다. 덴마크에서 유태인으로 태어났고, 미국으로 이주한 뒤 하버드 대학 교수가 되었다. 아동의 유희, 인디언 수족과 유러크족 등을 연구했지만, 연령에 따른 성격 발달 이론이 그의 두드러진 성과이다. 특히 그중에서 자아정체감의 이론은 심리학뿐만 아니라 문학, 사회학, 정치학 등에도 영향을 미쳤다.

에릭슨은 다른 자아 심리학자와 마찬가지로 자아(ego)의 발달과 기능에 큰 관심을 기울였다. 그래서 프로이트가 주장한 이드(id)와 초자아(super ego)에는 거의 관심을 기울이지 않았다. 에릭슨은 인간 발달과 관련하여 최대의 관심을 기울여야 할 것은 자아라고 보고 자아정체감[81)]을 특히 중시했다.

에릭슨의 기타 이론적 특징을 L. A. 젤리, D. J. 지글러를 통해 살펴보면 다음과 같다.[82)]

---

80) 융의 심리학 이론을 정신분석비평에도 영향을 끼쳤지만, 그보다 신화비평(원형비평)에 더 지대한 영향을 미쳤음. 그것은 그의 이론 중의 하나인 '집단 무의식'이란 개념 때문이었음.

81) 에릭슨은 자아 정체감에 대한 명확한 개념규정을 피했음. 자아정체감 이론 자체가 그 개념 정의를 거부한다고 보았기 때문임. 이런 자아 정체감을 필자가 소박하게 정의한다면 '내가 누구인가를 아는 것'이라고 할 수 있음.

82) L. A. 젤리 & D. J. 지글러, 이훈구 역, 『성격심리학』, 법문사, 1983, 141쪽.

① 인간의 전 생애를 통한 발달 변화의 강조

② 병적인 것이 아닌 정상 혹은 건강한 것에 초점

③ 정체감 확립의 중요성을 특별히 강조

④ 성격구조를 설명함에 있어서 임상적 통찰력을 문화학·역사적 요인과 결부하려 한 노력

그 중에서도 에릭슨의 '인간발달의 여덟 단계(Eight Ages of Man)'에 대한 논의는 성격이론에 대한 그의 가장 독창적이고 큰 공적이다. 그는 문화가 성격발달에 어떻게 영향을 미치는가를 설명하려고 시도했는바, 이것은 인간행동을 연구하는 이들에게 오늘날 인류가 직면한 중요한 심리학적 문제를 새롭게 이해하는 데 도움을 주었다.

문학 비평에 있어서 에릭슨의 심리학 이론 중 자아정체감의 이론은 아직 전면적 활용은 활발히 이루어지지 않고 있다. 그 이유는 에릭슨 이론이 문학 비평에 이용하는 데 있어 그리 체계적이지 못하기 때문이다.

3) 정신분석학적 비평의 접근 대상

앞에서 주요 심리학자의 이론을 소개했는데 정신분석학적 비평에서는 바로 이런 심리학자의 이론 및 용어를 활용해 문학 작품을 해석하는 데 이용하고 있다. 그러나 정신분석학적 비평은 심리학과 관련이 있지만 심리학은 아니다. 심리학에다 예술적인 감각과 안목을 융합시킨 것이 정신분석학적 비평이다.

이러한 정신분석의 이론들은 현대에 이르러 다양하게 확산되었다. 금세기의 작가들이 성격 묘사나 주제 의식으로 활용하기도 하였다. 또한 이런 경향은 초현실주의, 표현주의, 내적 독백, 의식의 흐름, 부조리라는 모더니

즘적인 문학운동으로 구체화되었다. 특히 문예비평은 물론 사회학이나 정치학에까지 심대한 영향을 끼쳤다고 할 수 있다.

> 특히 문예비평에서 먼저 리처즈(I. A. Richards, 1893~1979)는 비평가는 한 문학 작품과 관련되는 경험, 심적 상태를 확립하는 것이 그 임무라고 말했고, 홀란드(Norman Holland)는 문학 작품의 진실한 동기나 상황, 그 잠재적 의미를 캐기 위해 정신분석학을 원용하여, 분석과정에서 그는 텍스트의 면밀한 검토, 역사적 자료들까지 사용하여 일종의 정신분석학과 실증주의적 역사비평을 혼용하고 있기도 하다. 풀레(Georges Poulet)는 현상학과 실존주의적 심리학으로 확대시켰다. 그것은 방법 위주의 심리학이 아니라 주제 중심의 심리학이며 인간을 타인과 세계와의 참된 그리고 본질적인 관계 속에 놓으려는 시도이기도 하였다. 바슐라르(G. Bachelard)는 인간은 근원적인 물, 불, 공기, 흙으로부터 만들어 내는 상상적인 심상을 통하여 제작된 작품에 있어 콤플렉스의 분석이 원전(原典)을 판단하는 훌륭한 도체(導體)가 된다고 주장하고 있다.[83]

심리주의 비평이 지니는 일반적 특징을 그래브스타인의 설명을 요약·발췌하면,[84] 다음과 같은 세 가지 측면으로 정리할 수 있다.

(1) 작가의 창작 심리

83) 홍문표, 『현대시학』, 양문각, 1987, 465쪽.

84) S. N. 그래브스타인, 「심리주의 비평서설」, 이선영 편, 『문학 비평의 방법과 실제』, 삼지원, 1998, 288~291쪽.

심리학적 방법을 원용한 비평가는 작가에 대해 접근할 때, 역사전기적 방법론을 원용한 비평가와 비슷한 방식으로 일을 진행한다. 즉, 심리비평가는 작품 배후에 있는 창작가를 연구하기 위해서 그리고 창작과정 그 자체를 연구하기 위해서 정신분석학의 방법을 직접 도입하거나 그 자신의 필요에 맞게 그것을 뜯어고쳐 사용한다.

정신분석학적 비평가는 작가의 경험과 인간성이 그의 문체나 주제의 선택이나 인물묘사를 한정하는 것을 증명하려고 할 것이다. 그는 어떤 경위와 이유로 한 작가가 특정한 작품을 창작할 생각을 하게 되었는가를 설명하고 나아가서 삶이라는 원료가 예술로 변용하게 되는 창작의 여러 단계들을 재구성하는 일마저 하려고 할 것이다. 그렇게 함으로써 심리비평가는 작가의 사사로운 경험을 다른 사람들에게 전달 가능한 것으로 만들고 또한 의미 있는 것으로 만들어가는 과정, 특수한 것이 일반적인 것을 표현하게 되는 과정을 이해하려고 한다. 따라서 심리주의적인 비평 방법을 별로 지지하지 않는 학자들이나 비평가들도 문학적 전기를 쓸 때나 비평적인 주장을 뒷받침할 전기적 증거를 추출할 때는 그들 자신도 모르는 사이에 그런 비평 방법을 흔히 사용한다. 많은 비평가들은 의도적으로 그리고 능숙하게 심층심리학을 이용한다. 영국의 허버트 리드는 이 방면에 선구적 업적을 남긴 비평가이다.

이 항목에 해당하는 작가의 창작심리의 경우는 널리 알려진 영국 시인 워즈워스(W. Wordsworth, 1770~1850)의 시창작 과정의 성쇠도(盛衰度) 분석에서도 좋은 참고가 된다. 허버트 리드에 의해 조사, 발표된[85] 이 내용에서는 미국의 조지 하퍼가 워즈워스의 연인과 사생아 딸을 추적한 사실과 함께 흥미롭다, 즉, 워즈워스의 생애를 통틀어 시적인 창조 능력이 가장 왕성

85) H. Read, 『*Wordsworth*』, London, 1949.

했던 때는 여자 문제로 번민하던 무렵이라는 것이다. 워즈워스는 프랑스 혁명 때 연상의 프랑스 여인인 발롱과 사랑하여 딸 케롤라인까지 출산했는데, 27세 무렵에 그녀를 놓아두고 양갓집 규수와 영국에서 혼인했다. 리드는 워즈워스가 사랑하던 여인과 헤어지는 데서 자아가 이드와 조화된 주체를 이루어 창조력이 왕성했지만 안정된 결혼으로 인격자가 된 후에는 사회적으로 점잖은 인격자가 되려는 초자아의 요구로 성격이 굳어지면서 창조적 이드는 출구가 막히고 말았다고 분석했다.

(2) 작중 인물 심리

심리주의 비평가는 작가를 다룰 때에는 외재적 접근 방법을 사용하는 역사주의자와 비슷하지만, 작품을 다룰 때에는 그 절차에 있어서 내재적 접근 방법을 사용하는 형식주의자와 유사하다. 즉 정신분석학적 비평가는 작가의 생애와 그의 창작이 부합되는 점은 거의 무시하지만, 문학 작품 그 자체에 등장하는 인물들에 대해서는 정신분석학적 방법을 적용하는 것이다. 이때 그는 등장인물을 전적으로 작품의 맥락 속에서만 존재하는 자족적(自足的)인 실체로서 다루게 된다.

흔히, "심리주의 비평가는 그 조직이 복잡하고 내용이 풍부한 작품들을 즐겨 선택한다. 정신분석학자가 단순 명료한 심리에 흥미를 덜 느끼고 병적이랄 만큼 복잡한 심리에 흥미를 느끼는 것과 같다"고 말한다.[86] 작품의 복잡성은 단적으로 말해서 표면적 진술 이면에 감추어진 여러 층의 잠재적 의미에서 온다. 이러한 의미들이 서로 충돌하고 화합하여 심리적 역학 관계를 충만하게 실현하고 있는 현상을 포착하는 것이 정신분석학적 비평가가 하

86) 박덕은, 『현대 비평의 이론과 응용』, 새문사, 1988, 156쪽.

는 일이다.

그러므로 정신분석학적 비평가들은 정신분석학자들이 즐겨 사용하는 여러 가지 심리학적 개념들을 끌어다가 문학 작품의 분석에 이용한다. '오이디푸스 콤플렉스'란 것은 프로이트가 처음으로 제시한 심리학적 개념인데, 그 후 문학 작품을 분석하는 데 여러 차례 이용된 바 있다. 그 대표적인 예는, 문학 애호가이자 정신분석학자인 어네스트 존스(Ernest Jones)가, 햄릿의 복수의 주저와 지연의 원인을 분석한 「햄릿과 오이디푸스」이다. 이것은 햄릿의 오이디푸스 콤플렉스에 입각하여 쓴 글이다.

정신분석학적 비평가들은 꿈의 언어와 그 기능에 대해 많은 관심을 기울인다. 꿈은 곧 무의식의 메커니즘으로 들어갈 수 있는 통로로 보는 프로이트나 융의 이론에 기초한 정신분석학적 비평가들은 상상이나 상징을 분석할 때 정신분석학자가 꿈을 다룬 경험이나 심미적 현상과 상당한 유사성을 지니고 있는 자리바꾸기(displacement), 압축(condensation), 분열(splitting), 투사(projection)와 같은 심리 기제들의 도움을 받는다.

작품 속에 등장하는 인물의 심리와 상관된 보기로 「정읍사(井邑詞)」를 거론할 수 있다.[87] 여기에서 '달하 높이곰 도라샤'는 여성적인 성을 상징하는 이미지인데 특히 '즌대를 드디올세라'와 '어느이다 노코시라'의 해석문제가 중요하다. 즉 '즌대'란 상식적인 진흙구덩이가 아니라 시골 장터 주위에 있는 색주집을 가리키는 것으로 볼 수 있다는 것이다. 그리고 '어느이다 노코시라'는 무엇이든 그만 두고가 아니라 누구한테 정을 쏟고 있느냐는 여성의 의부증(疑夫症) 의식으로 볼 수 있다. 이렇듯 작품 내의 무의식을 적극적으로 해석하는 것이 심리학적 비평의 특징이다.

87) 이상섭, 『문학 연구의 방법』, 탐구당, 1973, 169~173쪽.

(3) 독자의 심리

정신분석학적 비평가는 작가와 작중인물들에 대한 관심뿐만 아니라 독자가 이것을 어떻게 받아들이고, 그런 독자들의 심리적 추이가 어떻게 되어갈까에 관심을 가지고 있다. 이런 측면은 수용미학과도 연결이 될 수 있다. 즉, 한 사람(작가)의 개인적인 증언이 많은 사람들에게 의미 있게 되는 과정을 증명하려고 한다. 또한 이와 똑같이 정신분석학적 비평가는 한 작품이 어떤 개인 독자에게 호소력을 지니게 되는 비밀에 대해서도 탐색한다. 여기서 정신분석학적 비평가는 독자가 작품을 읽을 때 끌고 들어가는 자신의 사사로운 경험이 어떻게 환기되어 그 작품이 유발하는 특수한 정서에 반응을 하게 되며, 작품에서 전달되는 경험과 일체가 되는가를 알아내려고 한다. 이 시점에서는 어떤 사람의 경험도 완전히 독특한 것은 아니고 그의 시대와 사회에 사는 다른 사람들의 경험과 부분적으로 같기 때문에 정신분석학적 비평가의 관심은 사회·문화적 비평가의 그것과 상통한다.

그리고 정신분석학적 비평가의 관심은 반드시 독자의 의식적 반응에 국한되는 것은 아니다. 작품에 내재해 있는데 가시적으로 설명하기 곤란한 부분에 대해서도 정신분석학적 비평가는 관심을 가지고 이것의 분석에도 정열을 기울인다. 이러한 추구는 신화비평가의 그것과 유사하다고 할 수 있다.

문학 비평에서 독자의 심리를 중요시하는 경향은 앞으로 더욱 강세 현상을 보이게 될 전망이다. 그것은 문학 작품을 쓴 창작가 위주로 해석하던 재래의 이해 태도와는 다른 추세에 따른 불가피한 일이다. 이제는 글을 쓴 사람보다는 글을 읽는 독자 중심 비평으로 접근해 가기 때문이다. 이른바 수용미학적 태도가 그것인데 이는 다음 장에서 논의하게 될 것이다.

4) 정신분석학적 비평의 실제

정신분석학적 비평을 활용한 실제비평은 그 성과도 비교적 풍부한 편이다. 한국 비평에서도 1950년대 중엽 이후 1960년대에 들어서면서 고전문학 작품 이해에 정신분석학적 방법이 활용되었다.[88] 더욱이 1970년대에 와서는 현대 문학 분야의 비평에서 정신분석적 접근 성과가 두드러졌다. 심리학적 연구의 절정기인 이즈음에는 문학 비평가가 아니고 정신과 전문의인 김종은, 이부영, 이규동, 백상창 등의 활동[89]이 돋보인다. 특히 김종은의 이상(李箱)문학을 통한 병적학적(病跡學的) 작가 연구와 한(恨)의 정신분석은 개성적 연구로 돋보인다.

1970년대에 이명재의 「체념과 저항의 시학(詩學)」[90]은 김소월에 대한 새로운 해석과 문제점을 제기한 평론으로써 눈길을 끌었다. 이 평론은 다분히 순응적이고 여성적으로 보이는 소월의 시세계 특성은 성장 과정에서 비롯된 정신적 외상(外傷)의 표현임을 밝혀냈다. 그래서 소월시의 요체는 그 심층에 담긴 한스러움과 저항성임을 들어 김소월의 항일 민족시인적인 실체를 새롭게 추출, 정립한 것이다.

여기서는 박수연의 「역사 속의 단절, 단절 속의 역사」[91]를 정신분석학적 비평의 한 예로 제시한다. 이 글은 백무산 시인의 시집 『인간의 시간』(1996)을 정신분석학을 원용해 비평하고 있나. 박수연은 백무산 시의 '단절'에 기입되어 있는 '무의식의 작동'을 분석한다. 박수연은 "무의식이 의식의 외부

88) 여기서는 김용숙, 「사도세자의 비극과 그의 정신분석학적 고찰」, 『국어국문학』 19호, 1958; 서정범, 「고전문학에 대한 정신분석학적 시론」, 『현대문학』, 1961년 3월 등이 있음.

89) 김준오, 「한국문학과 정신분석」, 김열규 외, 『정신분석과 문학 비평』, 고려원, 1992.

90) 이기준, 「체념과 저항의 시학」, 『신동아』, 1977년 2월. 신춘문예 입상평론인 이 글은 이 책의 저자 자신이 당시에 필명으로 발표했음.

91) 박수연, 「역사 속의 단절, 단절 속의 역사」,『문학들』, 실천문학사, 2004.

에 있는 '타자의 윤리'와 함께 움직인다"는 논의를 펼쳐 보임으로써, 정신분석학 비평을 '윤리'의 영역으로 연결시키는 분석이 인상적이다.

> 정신분석비평은 의식 외부의 무의식을 환기하면서 이 작업이 명징한 주체적 의식 외부의 세계로 나아가는 일임을 독자들에게 재환기한다. 이 작업은 정신분석 비평이 단순히 개인의 무의식과 관련된 개념을 활용하는 언어적 수단에서 그치지 않는다는 사실을 알 수 있다. 백무산의 노동시는 그것의 좋은 사례이다.
>
> 자본이 사람들에게 씌워놓은 타락의 굴레로부터 벗어나려 할 때 노동자는 자신의 모든 생애를 걸어야 한다. 모든 생애를 건다는 것은 삶의 단절과 변화를 감수해야 한다는 뜻이다. 변화 또한 단절의 다른 이름일 것이다. 이런 삶에 대한 인식은 구체적인 현실의 영역과 결합하면서 가능한데, 변화의 필요성을 수락했을 때, 사람들은 자신의 실존을 역사 속에서 단절시킴으로서 그 후의 신생을 마련할 수 있기 때문이다. 그리고 그 단절로 나아가는 길은, 단절을 살아가는 몸의 시각에서 보면 한 걸음일 뿐이다.
>
> 백무산의 시에서 단절은 그만큼 긴 시간과 삶을 드러낸다. 여기에는 모든 고통과 기억과 상처를 은유적으로 압축하고 환유적으로 이동시키는 무의식의 작동이 있다. 그 삶을 규정하는 두 개의 그림이 있다. 첫째, 저녁답의 눈내리는 산길에서 마주친 모녀와 둘째, 공장 앞에서 시신을 메고 항의하는 사람들의 기억이 그것이다. 희미한 기억 속에서 그 둘만이 명확하게 떠오를 만큼 그 둘은 시인의 마음 저 깊은 곳에서 움직인다.
>
> (A)눈보라에 가려 앞 못 보다 우뚝 내 코앞에

부딪칠 뻔한 그 불우한 표정과
겁먹은 여자 아이의 형용할 수 없이 까맣고 투명한 눈
그 눈 속에 하얀 눈송이가 수없이 부서지고 부서졌다
⋮
(B)수치와 공포와 용기와 두려움과 술기운이 뒤섞인
처음 세상의 벽을 향해 일어선
사람들의 그 눈물겨운 사람들의 절규가 있었다

(C)세월 지나 그 두 그림은 하나가 되었다
지워지지 않는 밑그림이 되었다
(C')내 이십대 삶의 전부를 녹여
그린 한 폭의 지워지지 않는 사상으로
오늘 내 안에 숨쉬고 있다

—「두 그림」(백무산,『인간의 시간』) 부분

두 개의 삽화는 시공간적으로 분리되어 있다. 단절된 두 그림을 하나로 묶는 것은 시인의 기억, 혹은 통제되지 않는 반복강박의 충동적 힘일 것이다. 이 기억의 공간 속에서 그림A는 B로 이동하면서 시적 주체를 표상한다. 시인이 경험의 강렬성에 묶여 말하는 것은 소외된 삶의 형식을 달리하는 반복이다. 백무산은 쉽사리 치유되지 않는 현실 모순의 확산에 붙들려 있다. '불행한 현실의 원체험'인 A는 '원체험의 변형된 반복'인 B로 확장된다. "열네 시간 열여섯 시간 기계 앞에 섰던" 삶이 우연히 마주한 모녀의 "불우한 표정"과 그 표정을 눈송이 속에 각인시키는 "까맣고 투명한 눈"은 아직은 생활민중의 불행에 대한 지각일 뿐이다. 이 현실은 치유되지 않은채 "세월 지나" 공장 앞의 항의 행렬 속에서 그 불행을 반복한다. 이때 시인은

"처음 세상의 벽을 향해 일어선 / 사람들"을 보고 그들의 삶에 대한 지각의 차원에서 인식의 차원으로 나아간다. 그리고 A와 B가 C(C')의 "사상"으로 압축된다.

지각→인식→사상으로 진행되는 이 과정에 생성의 세계를 포착하려 하는 백무산의 새로운 깨달음이 있다. 그것은 변혁의 사상이 단절된 것들의 결합을 통해, 그리고 그 구체들의 시간이 쌓이고 "세월 지나" 비로소 생성된다는 사실에 대한 깨달음이다. 이로써 백무산이 얘기하는 것은 구체들이 스스로 모여 이루는 결합의 역사이다. 단절된 것들은 자신의 존재 의미를 찾기 위해 끊임없이 스스로를 되돌아보고 그래서 자신의 몸에 역사성을 체화한다. 윗 시로 다시 돌아가보자. C'는 A와 B의 의미 해석을 가능케 해주는 것으로서 라캉이 말하는 바의 고정점(point de capiton)[92]이다. 이 고정점은 의미화(signification)의 가능성을 형성시킨다는 점에서 쾌(快)로 작용한다. 요컨대 C(C')의 사상은 B의 인식과 A의 지각으로 소급해가며 의미를 형성하고 그를 통해 스스로의 역사를 만든다. 동시에 고정점은 근원적 의미로 향하는 소급과정의 흐름을 등엣가시로 꽂아 놓는 것이기 때문에 불쾌를 동반한다. A와 B의 단절된 존재들 스스로가 구체로 남기 위해서는 지금이 현실 속에서 자신을 완결시키려는 싸움을 치러야 하는 것이다. 그러니 단순히 "세월 지나" "사상"이 만들어지는 것은 아니다. A에서 B로 이동하는 환유와 A, B의 C(C')로의 압축은 오히려 "상처와 투쟁과 영광을 아우르"(「위기를 먹고 크는 나무」)는 과정이다. 그래서 우리가 읽는 것은 그 상처의 "사상"(C')을 통해 단절된 존재들의 시간이 쌓인 역사이다.

그러나 위 시의 궁극적인 의미는 두 그림 사이에 패인 단절 만큼이나 넓고도 깊은 것이어서 확정적인 해석을 불가능하게 한다. 현실적 구체와 추

---

92) J. Lacan, "Subversion of the Subject and the Dialectic of Desire," 『*Écrits : A Selection*』, trans. Alan Sheridan(New York : W·W·Norton & Comoany 1977), 303면 참조.

상의 마주침에서 나오는 상상력의 긴장은 오히려 그 의미가 들어설 여백으로 독자를 끌고 간다. 그는 "아스라히 허공에 손을 뻗네 / 나 이제 모든 경계에 서네"(「경계」, 『인간의 시간』)라고 말하는 것이다. 우리는 백무산의 시와 함께 단절의 몸으로 이 단절의 시대를 걸어와서 구체와 추상이 만나는 그 생성의 긴장 상태에 들어간다. 그가 '단절된 존재론'으로 서 있는 장소가 바로 이곳이다. 그는 미래에 대한 어떤 확정적 기획의 관념으로부터 벗어나 있다. 그는 다만 단절된 것들을 결합시킴으로써 생성되어나올 의미들의 깊고 넓어진 운동을 기대할 뿐이다. 그 단절된 것들은 '자신을 불태우는 죽음과 같은 변화'를 견디어 온 것들이다. 그것들은 "대지의 혁명"을 통해 서로가 서로에게 순응하는 법을 익힌 존재들이다. 이를테면 이것들은 '타자의 윤리학'으로 살아간다. 이 경지에서는 위 시의 A는 B를 핍박하지 않고 B도 A를 핍박하지 않는다. 그 둘은 단절된 존재로 결합해서 "사상"을 만들어낸다. 그 사상이 무엇이겠는가. "한 사람의 이름을 부르나 모두를 부르는 / 모두를 부르나 꼭 한 사람의 이름을 부르면서"(「닭울음소리」) 그 사상은 오지 않겠는가. 그 사상을 확인하는 시인의 마음이 그의 무의식으로부터 길어올려진다는 사실, 그 무의식이 의식 외부에 있는 '타자의 윤리학'과 함께 움직인다는 사실을 유념해야 하는 이유이다.

5) 그 가능성과 한계점

정신분석학적 비평은 문학과 예술의 텍스트에 자주 적용되기는 하지만 아직까지 미학적 가치에 관해 만족할 만한 이론을 내놓지 못한 것이 사실이다. 물론 인간의 내면세계를 추구하는 현대의 심리소설 분석 등에서 정신분석 이론을 활용한 비평이 새로운 가능성을 찾고 있지만, 언어미학인 문학세계를 접근하는 데는 한계가 있다. 문학 비평에 대한 정신분석학적 방법의 결정적인 한계는 미학적으로 설명이 부적절한 경우가 많아 잘 만들어진 시나 걸작 소설의 아름다운 균형을 좀처럼 설명할 수 없다는 데[93]에 있다. 그것은 무엇보다도 문학 비평과 심리학의 근본적인 문제의식이 상이한 데도 이유가 있다. 이런 점을 감안할 때 크루즈(F. C. Crews)의 다음과 같은 지적은 의미가 있다.

① 작가에 대한 정신병리학적 경향: 작가를 흔히 신경증 환자(neurotic)로 볼 위험이 있다. 프로이트 자신도 한동안 이런 선입견을 가지고 있다가 만년에는 작가의 창조력을 높이 평가하였다. 작가의 심리는 이상(異常) 심리가 아니라 비상(非常) 심리이므로 신경증은 파괴적이지만 작가 심리는 창조적이다.

② 문학의 형식과 기교의 면을 무시하고 심리적 내용만을 따지는 경향: 정신분석학적 예술 이론가들은 형식의 심리적 의의를 설명하기 시작하면서, 심미적 요소도 심리적 요인의 작용이라고 설명하려 하고 있다. 이렇게 되면, 문학의 미학적 요소보다는 심리적인 요인을 중시하여 주객전도의 모순에 빠지기 십상이다.

③ 이미 사망한 과거의 작가를 정신분석 하고자 하는 경향: 충분한 근거(작품, 수기, 일화 등)에 의거하지 않고 한 작가의 정신상태를 재구성하는 일은 위험한 행위라는 점이 주장되고 있다. 작고한 옛 작가를 정신분석하는 데에 대한 불만은 이볼 벨라발도 제기한 바 있다.[94]

④ 문학의 무의식적 내용을 문학의 유일한 가치로 간주하는 경향: 정신분석학적 비평에서는 창작가의 문학정신이나 주관을 도외시하고 심리적 작용에만 기댄 모순을 범하기 쉽다는 점이다. 작품상의 인물 성격이나 무의식적 행동

93) 위의 책, 118~119쪽.

94) 최현무 외 공역, 『현대문학 비평론』, 한신문화사, 1994, 372쪽.

은 일부분인 경우가 많으며, 예술세계에서는 부차적인 것이기도 하다.

⑤ 정신분석학적 비평이 지나치게 전문적 술어를 많이 쓰는 경향[95]: 정신분석학적 비평은 너무 현학적인 술어를 쓰는 폐단이 있다. 문학 비평을 향유할 독자들에게 투사, 보상, 자리바꿈, 방어기제 등과 같은 용어는 독해에 지장을 주는 곤혹스런 면이 있다.

3.3. 테마비평의 이론과 실제

1) 특성 및 개관

테마비평(主題批評, Thematic criticism)이 1950년대 중반 이후 프랑스에서 유행한 프랑스 신비평 중의 하나이다. 이 비평이 조명을 받게 된 것은 뉴크리티시즘, 역사전기주의 비평, 마르크스주의 비평 등이 작품 해석과 동떨어져 있다는 반성 때문이었다. 김현은 이에 관해 다음과 같이 말하고 있다.

> "의식의 비평, 동화의 비평, 발생론적 비평, 주제 비평 등의 다양한 용어로 불리는 제네바학파의 비평은 넓은 의미의 실존주의로부터 많은 전망을 획득한 비평인데, 그것이 극복하려고 애쓴 것은 랑송류의 역사적인 데 근거를 둔 아카데미의 전통과 미국식 뉴크리티시즘의 객관적 전통이다. 간단히 말해서 그것이 비판하고 있는 것은 논리 실증주의적 태도이다."[96]

---

95) 이상섭, 『문학 연구의 방법』, 탐구당, 1992, 178~179쪽.

96) 김현, 「제네바학파의 문학 비평」, 『현상학』, 고려원, 1992, 85쪽. 제네바학파는 원래 소쉬르 등의 스위스 언어학자들을 가리키는 용어로 사용되었음. 그러나 문학 비평 분야에서는 마르셀 레이

김현의 언급에서도 알 수 있듯이 테마비평은 이전의 역사주의 및 뉴크리티시즘 같은 객관적 틀에 의한 실증주의적 비평을 거부하고 작가의 '의식'에 치중한다. 테마비평은 작품의 줄기보다 뿌리에 관심을 두는 역사·전기비평과 거리를 두면서, 형식주의의 지나친 객관성과 달리 심리적 내면성에 관심을 갖고 비평의 창조성을 중시한다.[97)]

현대의 테마비평가들은 과거처럼 테마를 작품의 중심 사상으로 보기보다는 작가가 의식적이든 무의식적이든 작품에 반복적으로 암시하고 있는 상징이나 이미지 등을 작품 내부에 내재한 특성으로 파악한다. 쿠르티우스(E. R. Curtius)는 테마에 관해 작품을 이끌어가는 일종의 아드리안느의 실과 같은 꺼지지 않는 생성에너지라고 하였다. 프루스트(M. Proust)도 한 테마를 한 인격체가 갖는 고유한 억양이나 일관된 호흡이라 규정하고, 그것만이 평론가의 추적 대상이라고 주장하였다. 따라서 테마란 작품에 나열된 언어나 심상들 보다는 훨씬 관념적이고 상징적인 의미의 총체이다. 테마는 경우에 따라 단순한 화제(topic)가 될 수도 있고, 신화·원형·주제(subject)·관념·상징이 될 수도 있다.[98)]

테마비평의 전통은 프랑스의 경우 헤로도토스 등 고대까지 거슬러 올라갈 수 있겠지만, 그 개척자는 M. 프루스트(Marcel Proust, 1871~1922)나 바슐라르(G. Bachelard) 등을 꼽을 수 있다. 이 외에도 자끄 리비에르(J. Riviere), 뒤보스(Ch. Du Bos, 1882~1939), 블랑쇼(M. Blanchot, 1907~), 마

몽, 조르주 풀레, 장 피에르 리샤르, 장 스타로벵스키, 장루세 등 제네바 대학과 직간접으로 연결되어 있는 비평가 그룹을 지칭하고 있음. 이 학파(Ecole de Geneve)는 1930년대 스위스 제네바 대학 중심으로 M. 레이몽 등에 의해 출발했음. 키엘 케골, 훗셀, 하이데거, 사르트르 같은 철학 사상에 영향받은 이들은 가장 주관적 비평태도를 지님, 이 비평가들은 장르 구분을 중시하지 않고 비평이 탐구해야 하는 것은 문학 작품 내의 주제와 충동의 내적 유형으로 보고 있어서 특색을 이룸(김현, 『김현문학전집』, 문학과지성사, 1991, 229~230쪽).

97) 이형식, 「주제비평」, 김치수 외 공저, 『현대문학 비평의 방법론』, 서울대 출판부, 1983, 31쪽.

98) 홍문표, 『문학 비평론』, 양문각, 1993, 211~212쪽.

르셀 레이몽(M. Raymond), 풀레(G. Poulet), J. P. 리샤르(J. P. Richard) 등을 들 수 있겠다.

테마비평은 작품의 내재적인 면을 중시해 접근하는 방법이다. 그런 점에서 보다 광범위하고 더 역사적인 문학주제학(Thematologie 또는 Thematics)[99]과는 상이하다. 이런 테마비평을 현상학적 비평과 동일시하는 견해가 있고, 구별하는 이도 있는데 전자의 견해가 지배적이라 하겠다.

테마비평은 작품을 완전하게 파악하기 위해 내재적인 접근 방식을 사용하기 때문에 "작품의 주인공이나 극적 사건, 작품이 내포한 이데올로기, 혹은 철학이 일차적인 모색 대상이 되지는 못한다. 더구나 작가가 성장한 사회 환경이나 시대, 그의 사생활 등이 고려의 대상이 될 수 없다는 것은 자명한 논리적 귀결이다"[100]라고 간주된다. 테마비평가들은 이런 작품 외적인 문제가 작품상에 표출되더라도 작가의식과 배치된 내용들은 무시하고 작가가 표현하고자 하는 것들의 심층 구조에 주목하여 비평을 한다. 이 점에서 테마비평은 현상학적 비평이나 정신분석적 비평과 긴밀하게 연결이 된다.

프랑스의 신비평(nouvelle critique)에서 파생된 테마비평은 뉴크리티시즘에서 문제시되는 실존주의, 마르크스주의, 정신분석학, 구조주의 등의 네 가지 이데올로기 중에서 정신분석학을 그 모체로 하고, 구조주의 영향을 받은 새로운 비평방식이다. 그런데 테마비평과 정신분석적인 심리비평의 차이점은 탐구의 대상에 따라 다음처럼 나뉜다.

주제비평—의식면을 탐구 (의식의 비평)
심리비평—무의식면을 탐구 (정신분석적 비평)[101]

---

99) 이재선 편, 『문학주제학이란 무엇인가』, 민음사, 1996, 5~20쪽.

100) 이형식, 「주제비평」, 『현대문학 비평의 방법론』, 서울대 출판부, 1983, 41~45쪽.

101) 김용직, 『문예비평용어사전』, 탐구당, 1992, 243~245쪽.

여기에서 역학적인 이미지의 구조가 무엇에 의하여 지탱되어 있느냐 하는 데 따라서 각각의 비평태도에 차이가 있다. 모롱의 경우 그것은 무의식이며, 바슐라르의 경우엔 원형(原型)이고, 제네바학파의 경우는 이미지가 태어나는 순간의 의식이며, 베베르의 경우는 유년(幼年)의 각인(刻印)이 된다.

모롱(C. Mouros)의 심리주의 비평의 구조는 무의식적 구조라는 점에서 바슐라르나 제네바학파와 구별된다. 조르주 풀레, 장피에르 리샤르, 장 스타로벵스키 등으로 대표되는 제네바학파의 주제비평은 바슐라르의 절대적 상상력 이론에서 4원소로 표현되는 집단적 원형성을 보다 개인적인 차원으로 집중한다.

한편, 제네바학파의 테마비평은 의식의 비평이라는 점에서 지나치게 주관적이고 비과학적이라는 비판을 받는다. 또한 모롱의 다주체주의를 거부하고 단일주체주의를 내세운 사람이 『시작품의 기원』으로 널리 알려진 J. P. 베베르(Weber)이다. 그가 관심을 갖는 주제는 예술작품에 일반적으로 무의식적으로 나타나는 유년 시절의 정신적 외상(trauma)에 연결된 사건 혹은 정황들이다. 이처럼 그의 주제비평의 출발점은 유아기에 인간 성격 형성의 근원을 두는 정신분석학의 기본원칙에 입각하고 있다.

또한 테마비평은 확정된 방법론을 갖지 않고 각 분석자(독자나 평론가)의 기질, 감수성, 성격에 따라 평론의 형태가 무한히 다양화되어 나타난다. 그렇기 때문에 테마비평의 특징은 동화(同化)적, 수동적, 직관적, 회상적, 의식적, 발생론적, 창조적, 예술적, 주관적이라 할 수 있다. 결국 테마비평이란 작품의 표면에 있는 사건이나 주제가 아니라, 작품의 심층에 있는 작품의 주제, 작가의 인식 등을 주관적·직관적인 방법으로 파악하여 작품 해석에 도달하는 방법론이자 세계관이라 할 수 있다.

2) 주요 비평가와 이론

(1) 마르셀 레이몽(M. Raymond, 1897~1984)

M. 레이몽은 제네바학파의 창시자라고 할 수 있는 비평가이다. 문학 비평가로서의 레이몽의 뛰어난 기여는 작품의 형이상학적 이해에 있다. 그의 「보들레르에서 초현실주의까지」는 라왈이 형이상학적 역사주의라고 부른, 작품 속에 내재해 있는 인간적 질을 역사적으로 따지는 글이었다. 이 글을 통해 그의 대표적인 방법론이 형성되었고, 이후 제네바학파의 한 전통을 이룬다. 그러나 철학자가 아니었던 그는 엄격한 논리적 분석보다는 창조자의 내적 체험을 재창조하는 것이 더욱 바람직하다고 보았다.

M. 레이몽은 1955년경에 프랑스, 특히 파리에서 그때까지도 위세를 떨치고 있던 역사주의와 실증주의를 떨칠 수 있도록 해준 장본인 중 한 사람이다.[102] 그의 박학에 의한 방대한 저술(13권의 문학 비평, 21권의 단행본과 시화집 등)은 테마비평의 심화에 많은 기여를 했다. 그의 저작들을 살펴보면, 제네바학파의 추진력이 독일적 사상과 프랑스적 사상의 교차점에 위치함으로써 생겨난 것임을 알 수 있다.[103]

(2) 조르주 풀레(Georges Poulet, 1902~1991)

본디 벨기에 태생인 G. 풀레는 에딘버러 대학과 존스 홉킨스 대학, 그리고 취리히, 니스 등에서 강의하며 비평했던 사람이다. 그는 특히 테마비평가로서 동화(同化)비평을 주장했다. 풀레의 주제 비평적 태도를 제일 잘 보

102) 장 이브 타디에, 김정한·이재형·윤학로 역, 『20세기 문예비평』, 문예출판사, 1995, 95쪽.

103) 위의 책, 98~99쪽.

여 주는 것이 인간적 시간에 대한 네 권의 연구서와 원의 변모에 대한 연구서이다. 거기에서 풀레는 그가 좋아하는 작가를 선별하여 연구되는 주제에 대한 그들의 언급을 찾아내었고, 그것의 의미를 분석하는 방법으로 작업했다. 물론 현상학적 비평과 테마비평은 큰 차이가 없지만, 풀레는 후에 테마비평에서 현상학적 비평으로 다가갔다.

> 그의 의식의 비평, 발생론적 비평, 주제 비평은 의식에 대한 의식의 비평이라는 점에서 동화의 비평이다. 「현대비평의 여러 갈래」의 머리글에서 풀레는 대뜸 새로운 비평이란 무엇보다도 참여의, 아니 차라리 동화의 비평이라고 단언한다. 그 비평은 남의 의식과 자기 의식을 합치려는 비평이다.[104)]

그런데 구체적인 문학 작품이나 책들은 과연 무엇인가? 그것이 바로 G. 풀레와 M. 레이몽 사이의 아름다운 『서간집』 안에서 지속되었던 논쟁의 주제이다. 레이몽은 자신의 명쾌한 저술인 『비평의 의식』에서 이 논쟁에 관해 언급했다. 그는 '작품과 더불어 내면 속에 들어가는 동일화'를 주장한 풀레에 대해 '저자의 순수한 의식만을 주장'하며 강하게 비판했다.[105)]

(3) 장 피에르 리샤르(J.P. Richard, 1922~2019)

바슐라르의 제자인 J. P. 리샤르는 역시 프랑스의 테마비평가로서 제네바학파의 일원이다. 리샤르의 첫 번째 저서인 『문학과 감각』(1954)은 의식비평과 연결되어 있다. 그는 내밀한 삶, 시간과 죽음에 대한 성찰, 사람들 사이

104) 김치수 외 공저, 앞의 책, 117쪽.

105) 장 이브 타디에, 김정한·이재형·윤학로 역, 앞의 책, 117쪽.

에서 감각과 욕구, 또는 만남의 한 가운데에 관한 관심 등을 통해 의식비평을 전개했다.[106] 김현은 리샤르를 다음과 같이 설명하고 있다.

> 그(편집자 주: 리샤르)를 통해 드러나는 것은 감각의 차원에서 작가와 세계가 처음 부딪치는 그 접촉이다. 그는 한 작품 속에서 빛, 냄새, 풍경, 물질, 소리 등에 관련된 모든 것, 다시 말해 저자가 환기시킨 모든 질과 실체를 찾아내 서로 다른 주제를 연결하여 하나의 체계를 재구성한다. 작가의 것이 아닐 수도 있을 여정(trait)을 재구축하는 것이다. 리샤르 분석의 정치학은 일반론의 풀레를 훨씬 앞지른다.[107]

이처럼 테마비평의 이론가는 논리적 체계를 구축하려고 이성을 사용하기 보다는 대상을 직관적으로 보고 얻은 인식을 더욱 소중히 여긴다. 그렇다고 해서 이들의 이론이 허황된 논리를 구축하고 있는 것은 아니다. 다만 그들은 이성을 통해 구축해낸 기존의 이론에 반발하여 직관과 감성에 더 의존하는 이론을 생산해 냈던 것이다.

3) 바슐라르의 상상력에 의한 비평 이론

(1) 가스통 바슐라르

가스통 바슐라르(Gaston Bachelard, 1884~1962)는 제네바학파에 속하

106) 김정한·이재형·윤학로, 위의 책, 150쪽.

107) 김현, 「제네바학파의 문학 비평」, 『현상학』, 고려원, 1992, 90쪽.

지는 않았지만, 상상력 비평[108]이라고도 독창적인 체계론을 전개했다. 그의 문학 이론의 핵심은 '몽상'을 통한 물질적, 역동적 상상력으로 작품의 의미를 파악하는 것이었다.

바슐라르는 상상력의 근거로서 물질적 현존이 필요하다고 보았다. 그 물질의 원형으로는 물, 불, 공기, 대지라는 4원소론을 제기했다. 이 물질들은 항상 인간의 원초적 무의식과 대응하고 있으며, 물질적 상상력은 상승의 이미지와 하강의 이미 속에서 시적 가치를 얻는다. 인간의 꿈은 이러한 네 가지 물질과 밀접한 관계에 놓이며 인간 심층의 원형을 표현한다. 바슐라르는 상상력에 하나의 체계를 부여한 것이다. 이처럼 물질 상상력을 통해 작품의 내재적 의미를 파악할 수 있다는 그의 인식은 융의 정신분석과 연결된다. 정신분석은 과학적인 방법론을 통해 대상에 대한 분석이 가능하다는 입장을 취했는데, 바슐라르의 4원소론은 이러한 분석 방법과 연결지어 이해할 수 있다.

상상력에 의한 형이상학적 비평 이론은 바슐라르의 다음 같은 여러 저서를 바탕으로 체계화되고 있다.

(2) 물질적 상상력 이론

바슐라르는 우체국 직원, 전기기술자로 지내다 43세 때 소르본대학에서 박사 학위를 받고 그 후 디종대학 교수를 거쳐 소르본대학에서 과학사와 과학철학 교수로 재직했다. 그는 『불의 정신분석』(1938), 『물과 꿈』(1942), 『공기와 꿈』(1943), 『대지와 휴식의 몽상(夢想)』 및 후기 삼부작인 『공간의 시학』(1957), 『몽상의 시학』(1960), 『촛불의 미학』(1961) 등의 저서를 내서

108) 장 이브 타디에, 김정한·이재형·윤학로 역, 앞의 책, 141~149쪽. 여기에서는 바슐라르를 비롯하여 장 피에르 리샤르, 질 베로 뒤랑, 노스럽 프라이 등을 상상력 비평계열에 포함시키고 있음.

이 분야 이론을 정립시켰다. 그는 또 상상력이 투사되어 나타난 외계를 '4원소설(물·불·공기·흙)'로 보고, 프로메테우스 콤플렉스, 오필리아 콤플렉스, 요나 콤플렉스 등의 문화콤플렉스로 설정하여 호응을 얻은 바 있다.

이런 상상력에서 중요한 것은 몽상(夢想)이다. 프로이트가 꿈을 중시한 데 비해 바슐라르는 몽상을 통해서 진리에 도달하고자 한다. 꿈은 너무 비인간적이며 자아가 꿈꾸고 있는 것은 아니라고 보았기 때문이다. 바슐라르가 사용하는 몽상이란 허황된 생각인 공상이나 기존의 예술가들이 말하는 상상과는 구별되는 '한 대상에 집중된 생각(글)'을 말한다. 그는 이런 몽상에 대한 억압이나 콤플렉스를 물질적 상상력으로 극복하고자 한다. 이때 바슐라르는 콤플렉스를 부정적인 것으로 보는 것이 아니라 물질적 상상력을 유발하는 긍정적인 존재로 파악한다. 억압이나 콤플렉스 등이 없었다면 몽상이나 몽상을 통한 상상력은 존재하지 않고, 진실을 파악하지 못한다고 보기 때문이다.

바슐라르는 이런 상상력을 크게 세 가지로 나눈다. ① 대상의 표면에 머무는 형식적(형태적) 상상력과, ② 대상의 심층까지 파고드는 물질적 상상력, 그리고 ③ 상상력이 마침내 새로운 존재를 만드는 역동적 상상력이 그것이다. 바슐라르는 자신을 심리학자로 의식하지는 않았지만 실제로는 프로이트 정신분석학의 상징체계보다 더 융통성 있는 상징체계를 만들어 낸[109] 것이다.

(3) 문화적 콤플렉스

바슐라르는 자신이 주장한 4원소론으로 물질적 상상력 이론을 심리 및

109) 엘렌느 튀제, 「가스통 바슐라르에 열린 문학 비평의 길들」, 김붕구 역, 『현대 비평의 이론』, 홍성사, 1982, 13쪽.

현상학적으로 정리하여 여러 문화콤플렉스(Complexe de culture)를 체계화하였다. 그것은 1938년, 바슐라르가 처음으로 문학적 상상력에 관해 쓴 『불의 정신분석』으로부터 시작하여 만년의 저작에 걸쳐서 계속되었다.

『불의 정신분석』에서 그는 불이 보여 주는 콤플렉스를 네 가지로 분석해 보았는데, 프로메테우스 콤플렉스, 엠페도클레스 콤플렉스, 노발리스 콤플렉스, 호프만 콤플렉스가 그것이다.[110] 이 네 개의 콤플렉스 외에도 물이나 공기 또는 흙 등에 상관된 중요 콤플렉스를 설명하고 있다.

① 프로메테우스 콤플렉스: 그리스 신화에서 프로메테우스가 연약한 인간을 구원하기 위해 신들만의 소유물인 불을 몰래 훔쳐내어 인간에게 나누어 주고 형벌을 받았다. 이것을 제우스의 입장에서 본다면 금지를 의미하는 것지만, 인간의 입장에서는 지식을 보급한다는 두 개의 측면이 공존한다. 불로 상징되는 지식에 대한 인간의 갈망을 표현한 것으로, 스승이나 아버지 이상으로 지식을 알고자 하는 인간의 성향을 프로메테우스 콤플렉스라고 한다. 혹은 윗사람에 반항하거나 남이 더 나아지는 것을 금하고 꺼리는 경우도 포함된다.

② 엠페도클레스 콤플렉스: 삶의 본능과 죽음의 본능이 대립되는 현상을 말한다. 그리스의 철학자 엠페도클레스의 이름에서 빌려 온 이 개념은 자신을 파괴하여 다시 재생의 기회를 얻는 것을 뜻한다. 엠페도클레스는 말년에 자신이 신이 되기 위해 에트나 화산에 뛰어들었다. 그는 이 세상과 저 세상을 연결시킨다는 생각과 신념을 가지고 자신을 파괴하여 재생의 길을 찾으려 한 것이다.

③ 노발리스 콤플렉스: 두 개의 사물이 마찰을 통해서 성적인 불이 더 강렬해

110) 가스통 바슐라르, 이가림 역, 『촛불의 美學』, 문예출판사, 1995, 14~16쪽.

지며 열기를 얻게 된다는 것을 지칭한다. 이는 '성화(性化)된 불'로 지칭되며, 원초적 사랑의 요소이기도 하다. 독일의 대표적인 낭만주의 시인인 노발리스(Novalis, 1772~1801)는 불의 빛보다는 그 열에 더 반응했다. 여기서 착상해 바슐라르는 '노발리스 콤플렉스'라는 용어를 만들었는데, 남성과 여성 사이의 사랑도 마찰을 통해 성적인 불이 강렬해지는 것으로 보았다. 제라르 드 네르발의 『불의 딸』에 나타난 사랑의 세계가 바로 이러한 불을 가장 잘 보여준 견본이라 할 것이다.

④ 호프만 콤플렉스: 불과 다른 요소와의 결합 관계를 가리킨다. 이를테면, 불이 공기와 결합하면 상승하여 하늘로 올라가서 양(陽)이 되고, 대지와 결합하면 음(陰)이 된다는 것이다. 특히 알코올의 세계는 불이 물과 결합한 상태로서 그것이 사람의 몸에 스며들어 가면 나중에는 열이 되고 마침내는 몸을 태워 무(無)의 경지에 이르게 한다. 에드거 앨런 포의 사상 세계에서 이러한 현상이 강하게 표현된다고 한다.

⑤ 카롱 콤플렉스: 그리스 신화에 나오는 황천길의 뱃사공(카롱) 이미지를 통해 명명된 것이다. 흔히 바다 소설들에 등장하는 '사자(死者)의 배' '신비의 파수꾼인 뱃사공' 등에서 보는 '물결 위의 죽음' 같은 상상적 원형이다. 카롱의 배는 인간들이 파괴하지 못하는 숙명적 불행과 결부된 상징이다.[111)]

⑥ 오필리아 콤플렉스: 문학에서 극적 가치 형성에 결정적인 요소인 자살을 물의 이미지와 연관시킨 것이다. 셰익스피어 희곡 『햄릿』에 등장하는 오필리아는 호수 속에 몸을 던져 죽은 후 물 위에 떠 있는 실연의 여인상이다. 바슐라르는 이 콤플렉스도 달과 물결의 일치를 상징화한 우주의 관계에까지 상승시킬 수 있다고[112)] 보고 있다.

⑦ 요나 콤플렉스: 구약성서에 등장한 선지자인 요나가 여행 중 풍랑을 만나,

111) 가스통 바슐라르, 이가림 역, 『물과 꿈』, 문예출판사, 1993, 113~115쪽.

112) 위의 책, 126쪽.

고래 배 속에 들어가 사흘 동안 안전하게 지냈다는 상상력을 활용한 것이다. 바슐라르 스스로 이미지의 현상학을 행한다고 했던『공간의 시학』에서 이 요나 콤플렉스는 '근원 회귀'의 원형적 이미지로 그려진다. 어머니의 태반 속에 있을 때의 안온함과 평화스러움을 느끼게 하는 내밀한 공간[113)]으로 돌아가고자 하는 욕망을 지칭하는 경우도 많다.

바슐라르는 '불' 이외에도 물, 흙, 공기 등의 물질적 상상력으로 기존에 묻혀 있던 무명의 작품들까지도 발굴하여 그 의미를 열린 정신으로 파악하고 있다. 이런 상상력을 통해서 문학에 접근했던 바슐라르의 문학 이론은 문학을 해석하는 비평가들뿐만 아니라, 실제 작품을 창작하는 작가들에게도 큰 영향을 끼쳤다. 그 당시 프랑스 신비평의 일류급 스타들인 G. 풀레, 장 스타로벵스키, J. P. 리샤르 등의 테마비평에 바슐라르는 이론적 근거를 제공해 주었다.

(4) 상상력 이론의 활용성

바슐라르의 문화콤플렉스에서 살펴본 상상적 이미지는 한국문학의 작품비평에 자주 활용되었다. 고전문학 분야에서는 정병욱 등이「구지가」풀이를 바슐라르의 이미지 현상학으로 접근해 신선한 충격을 주었다. 현대문학 경우는 허미자의 한용운론이나 이기철의 이상화론 등을 거론할 수 있고, 학위 논문들에서는 바슐라르의 방법론이 각광을 받기도 했다.

위에서 제시한 주요 문화콤플렉스를 통한 이미지의 현상학은 다음과 같은 적용 가능성도 고려할 수 있다. 먼저 불 이미지의 경우, 프로메테우스 콤

113) 곽광수,『가스통 바슐라르』, 민음사, 1995, 161쪽.

플렉스는 제우스신으로부터 불을 훔쳐다가 인간에 전해준 이야기를 풍자적으로 다룬 김성한 단편 「오분간」 등에 적용해 볼 수 있다. 또 노발리스 콤플렉스 경우는 오정희의 중편 『불의 강』이나 한승원의 중편 『불의 딸』 등에 원용이 가능하다. 호프만 콤플렉스는 서정주의 시 「화사(花蛇)」나 한용운의 시 「알 수 없어요」등에 적용 가능하다. 그런가 하면 물 이미지에 상관된 경우, 카롱 콤플렉스는 오영수의 중편 『갯마을』이나 전광용의 단편 「흑산도」에 대입할 수 있다. 바슐라르도 지적한 대로 '암흑의 태양'을 꿈꾸는 '흰 이마의 미망인들'[114]의 모습이 선연하기 때문이다. 그리고 끝으로 근원회기의 안온한 공간 이미지를 나타내는 요나 콤플렉스 경우는 이상화의 시 「나의 침실로」와 최인훈의 장편 『광장』 등에 적용할 수 있다.

4) 테마비평의 실제

테마비평은 작가가 작품 속에서 반복적으로 사용하는 상징이나 이미지를 통해, 작가의 무의식이나 작품의 특징을 해명해내는 것이다. 작가의 의식적 지향을 포착하는 테마비평은 특히 시비평에서 많이 활용된다. 고봉준은 김신용의 시집 『몽유 속을 걷다』를 비평한 「바다로 가는 빈집—김신용론」[115]에서 '빈집'의 이미지를 도출해내고 있다. 시인이 내면세계를 응시하는 방식과 '집'의 공간 이미지를 접합시킨 고봉준의 비평도 테마비평의 적용된 사례로 볼 수 있다.

지금—여기의 삶이 위기에 노출되어 있는 존재들은 종종 과거라는 시·공간에서 심리적 보상을 구하려 한다. 『몽유 속을 걷다』(실천문학사, 1998)

114) 가스통 바슐라르, 이가림 역, 앞의 책, 109쪽.

115) 고봉준, 『반대자의 윤리』, 실천문학사, 2006, 160~163쪽.

에서 뚜렷해지는 과거에 대한 기억과 귀향의 모티프들은 이러한 심리적 작용을 보여준다. 그러나 「어두운 기억의 거리」 연작에 등장하는 "초량·텍사스"의 잿빛 풍경이 말해주듯이, 열네 살 때부터 '거리'에서 생활해온 그에게 유년은 현재를 위로할 수 있는 어떠한 추억도 간직하고 있지 않다. 유년의 풍경 속에는 노가다의 아버지와 폐경기의 어머니가 "허기처럼 노오랗게"(「풍경· 幼年의 꿈」) 떠오를 뿐이다. 이런 점에서 『몽유 속을 걷다』는 하나의 시적 분기점이라고 할 수 있다. 그것은 세상에 대한 막연한 분노와 절망이 "곡괭이로 시를 쓸 수 있는 세계를 향해"(「내 뼈의 가지에 寒苦鳥」) 방향을 전환하고 있음에서 확인할 수 있다. "그 불특정 다수를 향한 살의처럼 살아왔다. / 이제 마침표의 잎새들을 매달고 싶다"(「등나무 앞에서」)라는 진술은 이러한 방향 전환을 확인시켜준다. 그는 인식의 전환을 계기로 지금—이곳의 삶에 대한 새로운 시각을 확보하기 시작하는데, 그것은 단적으로 내면세계에 대한 응시와 '집'이라는 공간에 대한 인식을 통해 형상화된다.

> 땅끝을 지나, 빈집에 들어서야/내가 빈집 속의 빈집이었음을//알겠네. 땅 끝에 매달려/저기, 수척한 바다처럼 누워 있는//사람, 그 바다에/나는 얼마나 많은 섬들을 띄워놓았던가//말의 섬들,/햇살 속에 온갖 魚族의 비늘들로 반짝이던//(중략)//몸, 이제 이 땅의 끝까지 지나왔지만/저기, 赤潮에 잠겨//잡풀 우거진 빈집으로 누워 있는 사람,/그 빈집에 들어서야//내가 빈집 속의 빈집이었음을 알겠네
>
> —「빈집 속의 빈집」 부분

> 나의 生은 여관의 삶이었다/나는 수많은 여관을 거쳐 이 길 위에

> 서 있다/그러나 저 구름장 여관으로 가는 길은 모른다/내가 마지막으로 머물러야 할 저 여관,/그곳에서의 하룻밤으로 내가 無化 되어야 할 곳!
>
> —「구름莊 여관」 부분

『몽유 속을 걷다』에는 유독 '집'의 이미지가 자주 등장한다. 시집 도처에 등장하는 '집'은 여전히 존재의 거소가 되지 못하는 "빈집"들이다. 이는 '거리'에서 시작된 그의 시적 여정이 「길」에서 명확하게 드러나는 것처럼 '가내工員 — 철창 — 청계천 — 담 — 철문 — 공사판 — 함바'라는 주변적 삶의 전형적 사이클을 거쳐 마침내 '집'에 도달했음을 보여준다. 그러나 「빈집 속의 빈집」, 「빈집지기」, 제비집, 〈제비집〉 등에서 확인되는 '집'은 어떠한 인간적 가치도 포함하지 않는 "모래의 집"(「불알 두 쪽」)에 불과하다. 이처럼 '빈집'은 일상적 삶을 영위할 수 있는 안정적 주거 공간이 아니라 "나의 生은 여관의 삶이었다"(구름莊 여관)에서 암시되듯이 황폐화된 내면을 상징한다. "나는 언제나 혼자였고, 혼자 살아남아야 했다"(「구름莊 여관」)나 "이미 폐허가 된 몸,/나는 내가 가공된 자연임을 안다"(「섬·斷想」)라는 뼈아픈 자각은 시인의 '내면'과 '섬'과 '빈집'을 하나로 계열화시킨다. 이 텅 빈 집에서 그는 자신의 내면을 돌아보는 '一人 전쟁'을 벌인다. 그 속에는 "내가 빈집 속의 빈집이었네"라는 실존적 자각도, 그리고 "나는 얼마나 많은 섬들을 띄워놓았던가//말의 섬들"처럼 시작(詩作)에 대한 성찰도 포함되어 있다. 그런데도 그의 시선은 세상을 향한 분노가 아니라 내면을 돌아보는 응시의 시선으로 바뀌어 있다.

'집'에 대한 인식의 전환은 곧 '거리'에 대한 인식의 전환기도 하다. 시인은 "그래, 사람에겐 저마다 살고 싶은 生이 있으리라/그 꿈을 찾아, 무수한 길을 걸어 나는 이 길 위에 서 있다"(「내 뼈의 가지에 寒苦鳥」)에서 드러나

듯이, '거리'와 '길'에 신생의 의미를 부여한다. 빈집이 결코 절망적으로 느껴지지 않은 이유도 여기에 있다. 이를테면 「내 뼈의 가지에 寒苦鳥」에서 시인은 "희망은, 길의 끝에 무덤을 만든다/모든 길의 끝에는 무덤이 있다"라고 말한다. 그러나 이 시에서 무덤은 죽음의 공간이 아니라 새로운 가치가 탄생하는, 즉 "자궁이 되는 무덤"이다. 이러한 인식의 반전은 「연탄불을 지피며」의 "너는 무덤 속에서도 살아 오르는구나/네 몸 가둔 감옥이 도리어 생명의 집이었구나"에서도 거듭 확인된다. 그렇다면 "자궁이 되는 무덤", "생명의 집"이 되는 '감옥'이란 과연 어디인가? 그것은 시작(詩作)의 차원에서는 "곡괭이로 시를 쓸 수 있는 세계"이며, 존재론적으로는 "떠도는 물방울끼리 만나" 마침내 도달하게 될 '바다'이다. "바다는, 언제나 우리의 꿈이었다"(「구름莊 여관」)와 "내 죽으면 머리통을 쪼개보라, 거기 자갈치가 꽃피어 있을 것이다"(「꽃의 자갈치」)는 시인의 귀향 의지가 얼마나 간절한 것인지를 보여준다.

3.4. 상이점과 한계

정신분석학적 비평과 테마비평은 작품의 내면에 숨어있는 심층의 의미를 파악하기 위해 과학적 체계를 활용한다는 측면에서 엇비슷하지만 서로 상이한 측면도 있다. 그러므로 정신분석학적 비평과 테마비평, 그리고 현상학적 비평 관계를 비교하여 한계점을 파악해 볼 필요가 있다.

테마비평은 작품을 완전하게 파악하기 위해 내재적인 접근 방식을 사용하기 때문에 "작품의 주인공이나, 극적 사건, 작품이 내포한 이데올로기, 혹은 철학이 일차적인 모색 대상이 되지 못"하며, "작가가 성장한 사회환경이나 시대, 그의 사생활 등이 고려의 대상이 될 수 없다는 것"은 자명하다."[116] 테마비평가들은 이런 작품 외적인 문제가 작품에 표출되더라도, 작가 의식과 배치되는 것들은 무시하고 작가가 표현하고자 하는 것에 한정해 작가의 심층구조를 비평한다. 이 점에서 테마비평은 현상학적 비평과 긴밀하게 연결이 된다.

현상학적 비평에서는 심층구조를 파악하기 위해 모든 것들에 대한 판단중지를 하여, 이것을 괄호 속에다 집어넣고 작품에 접근한다. 이것을 훗설은 '환원'이라고 설명하면서, 대상에 대한 환원과 대상을 파악하는 주체에 대한 환원으로 구분했다. 훗설이 주장한 것은 "의식이라고 하는 일원적인 행위를 통하여 사고를 하는 주체와, 주체가 지향하는 또는 의식하는 대상은 상호 연루되어 불가분리의 관계를 맺는다"는 사실이다. 여기서 의식의 지향성이 생기는데 "이 지향성은 의식하는 주체 혹은 작용과 객체 혹은 대상과의 상관관계 속에서 의식이 일정하게 움직이는 것"[117]을 말한다. 이처럼 현상학적 비평에서는 작품의 내재적 의미를 파악하기 위해서 판단 중지, 환원(대상적 환원, 주체적 환원), 그리고 주체와 대상과의 상호 지향성을 통해 작품 파악을 한다.

그런데 테마비평은 작품 해석에 있어 내재적 의미를 중시한다는 측면에서 현상학적 비평과 동일하지만, 그것을 파악하는 데는 체계화된 방법론보다는 직관과 주관에 더 의존하고 있어 현상학적 비평과 구별된다. 또한 현상학적 비평이 작품의 심층 구조에 표출된 작가 의식을 중요시한다면, 테마비평은 현상학적 비평에 비해서 작품 자체의 심층 의미를 중시한다. 이것을 다르게 표현하면, 테마비평은 현상학적 비평보다는 더 다양한 작품의 의미 해석이 가능하다고 볼 수 있다.

---

116) 이형식 외, 앞의 글, 4~5쪽.

117) 홍문표, 앞의 책, 509쪽.

앞의 글을 요약 정리하면 다음과 같다. 정신분석학적 비평은 프로이트 등의 심리학 이론을 문학 비평에 거의 그대로 수용하여 작가, 작품에 나타난 작중인물, 그리고 독자들의 의식과 무의식을 과학적으로 분석하여 작품의 심층구조에 도달하려는 비평 방법이다. 반면에 테마비평은 과학적인 방법보다는 직관과 주관에 더 의존하여 작품의 심층 구조에 도달하는 방법론이다. 어떤 의미에서 테마비평은 기존의 객관적, 과학적 방법론 등을 활용한 작품 분석이 오히려 작품 해석에 지장을 초래했다는 반성적 인식에서 출발했다고도 볼 수 있다. 그리고 현상학적 비평은 테마비평의 비체계성에 비해 판단중지, 대상적 환원, 주체적 환원 등의 방법론적인 체계를 세워 작품 해석에 접근했다. 이런 부분에서 작품의 심층구조에 도달하려는 현상학적 비평과 테마비평은 구별된다.

4장 신화·원형비평

4.1. 개념과 특성

신화·원형비평(Mythological and Archetypal Criticism)은 정신분석학적 비평이나 테마비평과 관계를 맺으며 현대비평의 한 주류를 형성했다. 정신분석학적 비평이 개인 무의식에 중점을 두는 방법론이라면, 신화 원형비평은 문학 연구의 여러 방법들을 다 포용하면서도 문학을 단일한 근원으로 환원시키려는 야심만만한 기획이다.[118] 사실 신화 원형비평은 인류학, 종교학, 민속학 등의 학문과 관계를 맺고 있을 뿐만 아니라, 심리학(심층 심리학) 및 언어학과도 연관되어 있어 복합학문적 성격을 지니고 있다.[119]

신화·원형비평 방법론은 제2차 대전 이후인 1940년대 후반기부터 1960년대 중반 무렵까지 미국을 중심으로 크게 유행했다. 이러한 지적 흐름은 당대를 지배하던 형식주의, 역사 전기주의 비평에 대한 비판적 자각과 인류학과 심리학의 발달 등의 영향 속에서 형성되었다. 또한 전후(前後)의 정신적 황폐화와 당대를 풍미하던 실존철학(實存哲學), 문학에서 나타난 현대인의 소외의식 등이 신화·원형비평을 유행하게 하는 시대적 분위기로 작용했다. 왜냐하면 신화·원형비평은 개별적인 여러 방법론을 통합할 수 있는 보편적 방법론으로 각광을 받았기 때문이다.

'신(神)은 죽었다'고 간주되는 현대 문명 속에서 개인은 자신을 포용해 줄 수 있는 공통의 감각, 시원에 대한 갈망을 갖게 마련이다. 이러한 근원에

118) 박덕은, 『현대문학 비평의 이론과 응용』, 새문사, 1988, 198쪽. 신화형성 비평이 '야심적'이란 지적은 S. N. 그래브스타인도 언급한 바 있음.

119) 김열규, 「신화비평론」, 신동욱 편, 『文學批評論』, 고려원, 1984, 219쪽.

대한 희구가 신화·원형비평의 등장과 시의적절하게 들어맞았다. 한마디로 신화비평가들은 과학기술문명을 불신하고 정신의 중요성, 인류 공동체 의식, 원초적 인간으로서의 본래적인 자연의 가치를 강조했던 것이다. 신화비평가는 "기술에 대한 불신, 영혼의 의미작용 추구, 공동사회의 아이디어에 대한 은밀한 집착, 인간의 근본의식에 대한 지속적인 관심"을 갖고 있다는 특징을 공유한다."[120)]

1) 생성과정과 특성

신화·원형비평은 구전(口傳)되는 신과 인간의 이야기인 신화(神話, myth)와 인간 전래(傳來)의 원초적 원형(原型, archetype)을 추적해서 분석·비교하는 문학 비평 방법론이다. 신화·원형비평가들은 동서고금의 여러 작품에 공통적으로 발견되는 원형적 유형들이 개별적 작품 속에 효과적으로 형상화될 때 독자의 감동을 불러일으킨다고 보았다.

신화·원형비평은 20세기 초엽, 영국의 케임브리지 대학 문화인류학자인 J. 프레이저(1854~1941)의 방대한 저서인 『황금가지』와 여성 비평가인 모드 보드킨(Maud Bodkin)의 논문 「시(詩)에 있어서의 원형적 유형(*Archetypal pattern in Poetry*)」(1934)이 발표된 이후 보편화되었다. '원형'이란 용어는 프랑스 문화인류학자인 방 제네프(Van Genep)가 처음 사용했다고 전해지는데, 그는 인간이 태어나서 죽을 때까지 거치는 탄생, 성년, 혼인, 장례 등에 수반되는 의례에 주목했다. '원형'은 조상 때부터 인류에게 끊임없이 반복하여 체험된 원초적인 경험들이 인간 정신의 구조적 요소로 교착되어 일반화된 기본적 상징이다. 이 상징이 이미지와 모티프로 작품에서 표현되어 보

120) V. B. 라이치, 김성곤 외 역, 『현대 미국 문학 비평』, 한신문화사, 1993, 148쪽.

편적인 인물상(人物像)이나 전형적인 행동양식을 만들어낸다.

이러한 원형은 신화로 연결되어 이야기의 구조, 인물 유형, 이미지 등의 요소를 파악할 수 있는 근거를 마련한다. 프레이저는 『황금가지』에서 신화 속 이야기가 미신 또는 단순한 비유, 은유가 아니라, 인류문화 의식의 표본이라고 주장했다. 신화에 선행(先行)했던 제식(祭式) 등이 점차 종교적 관습으로 쇠퇴하여 놀이(play)가 되거나 사라져버렸지만, 신화는 남아 이러한 원형의 양식적 유사성을 보여 준다는 것이다.

현대비평 접근 방법 중에서 고전문학과 현대문학, 또는 시대와 장소가 떨어져 있는 작품들 사이 발견되는 유사성을 설명하는 데 있어서 이만큼 유효 적절한 방법론은 아직 발견된 적이 없다. 그만큼 이 방법론은 보편적이면서 설득력이 있다. 물론 이런 지나친 보편성으로 말미암아 작품의 개별성을 소홀히 한다는 비판을 받기도 했지만, 원형(신화)비평이 발견한 '원형상징'은 인류의 공통감각을 해명하는데 유용하다는 평가를 받는다. 신화비평가는 "자기의 관심이 신화와 제의(祭儀, ritual) 그 자체에 있지 않고, 신화와 제의가 궁극적으로 예술의 형식으로 구현된 것으로서의 문학에 있다"고 주장한다. 그래서 신화비평가는 "정밀한 원문(原文)분석, 특히 이미저리와 상징의 해설에 손댈 경우"[121]가 많다고 한다.

신화·원형비평의 개념은 한 마디로 다음과 같이 요약될 수 있다. "신화비평이란 문학을 신화체계 내의 한 존재로 보고, 문학 속에 내재해 있는 신화체계를 밝히려는 비평을 가리키고 있다."[122] 이처럼 신화·원형비평은 주로 작품 속에 반영된 내용들이 신화의 내용과 어떤 연관성을 가지고 있는가를 밝힘으로써—그것은 원형으로 나타난다—작품을 분석하는 방법론이다. 이때 원형은 다시 상징과 이미지로 독자에게 표현되기 때문에 원형비평가

121) 홍문표, 『현대시학』, 양문각, 1987, 501쪽.

122) 위의 책, 500쪽.

들은 원형의 이미지와 상징을 해석함으로써 작품에 접근한다.

2) 신화와 원형비평

신화비평은 원형비평이라고 불린다. 문학 작품 속에 내재해 있는 신화적 요소가 신화적 원형을 이루고 있으며, 이러한 원형이 반복되거나 확대된다는 견해에서 신화비평과 원형비평은 혼용된다. 신화는 원래 집합적이고 공공의 것이며, 종족이나 국가가 이러한 공통된 심리적이고 정신적인 활동 속에서 일체감을 형성했다.[123] 신화체계가 다양하지 못할 경우, 신화비평보다는 인류 공통의 집단무의식으로서의 원형비평으로 접근하게 된다. 그런 까닭에 신화비평은 원형비평이란 용어에 비해 다소 작은 틀로 여겨진다. N. 프라이도 신화비평보다는 원형비평이란 용어를 선호했다.

원형비평가는 기교면에 있어서는 다원론자이나, 비평적 신념에 있어서는 일원론자로 규정할 수 있다. 신화비평가가 신화적 모티프와 유형들이 시대와 작가에 따라 어떻게 다른가를 설명하기 위하여 전기적 정보, 문화적 전통 등을 이용한다면, 원형비평가는 형식비평가의 태도를 가지고 개별 작품의 장르 및 유형의 형식과 구조를 연구한다. 이때 원형비평가들은 신화 등 그 자체에 관심이 있는 것이 아니라 신화 등이 예술이라는 형태로 형상화된 것으로서의 문학에 더 큰 관심이 있다. 원형비평가는 특히 정신분석학적 비평처럼 심층 심리학에도 관심을 지니고 있다. 정신분석학적 비평이 개인 무의식에 관심을 둔다면, 원형비평은 집단무의식에 관심을 표명한다. 이들 원형비평가는 다양한 방법론을 이용하여 문학에 나타난 원형을 추출하여 작품을 분석하고자 한다.

---

123) 윌프레드 L. 게린 외, 최재석 역, 『문학 비평입문』, 한신문화사, 1994, 151쪽.

4.2. 주요 이론가들

원형비평은 다윈(Charles Darwin, 1809~1882)의 진화론에서 그 출발점을 찾을 수 있다. 진화론은 역설적으로 신화에 대한 학문적이고도 비판적인 관심을 되살리는데 공헌을 했다. 타일러(Edward B. Tyler, 1832~1917)는 「원시적 문화(*Primitive Culture*)」(1871)를 발표하여, 인간의 문화, 제도, 예술 작품 등이 과거 사회에서 유형적 반복을 지속해왔다는 견해를 피력했다.

1) 프레이저의 『황금가지』

인류학자 프레이저(Sir James George Frazer, 1854~1941)의 저서인 『황금가지(*The Golden Bough*)』(1890)[124]는 본격적인 원형비평을 출발로 여겨진다. 이 저서는 세계 각처의 신화, 설화, 전설 등을 집대성한 12권으로 이루어져 있다. 프레이저는 신화가 단지 비현실적인 이야기, 미신 또는 우주의 신비를 알려주기 위한 비유나 풍자라는 통념을 뒤엎고, 신화를 구성하는 힘이 동서고금을 아우르는 인간의 공통된 '원형'이라는 사실을 발견한다. 그리고 초개인적 사회와 우주와의 의미 있는 대화를 위한 형식적 행위, 한 마디로 제식(祭式)이 언어의 형태로 나타난 것이 곧 신화라고 보았다. 세계의 주요 신화들이 단순히 우연이라고 보아 넘길 수 없을 만큼 많은 공통 요소를 공유하고 있다는 것이 그의 주장이다. 그는 이러한 사실에서 "단위 민족의 문화뿐 아니라 인류 문화 자체를 한 덩어리로 생각할 수 있는 기틀을 마

124) James George Frazer의 『*The Golden Bough*』는 세계 각처에 산재해 있는 선교사 등에게 앙케이트 등을 보내서 세계 각지 민족의 민속 신화 등을 조사, 수집한 책임. 1891년에 그 제1·2권이, 제3권은 1900년에 출판되었고, 1918년에 『황금가지』 전 12권이 완성되었으며, 그 마지막 권은 1937년에 출판되었음. 우리나라에서는 을유문화사에서 1975년에 발췌본을 번역, 출판한 바 있음.

련" 했다.[125)]

결과적으로 이 책은 인류학뿐만 아니라 고고학, 종교학, 민속학, 사회학, 정치학 등 광범위한 분야에 영향을 미쳤다. 20세기에 들어 3대 문예비평 담론으로 꼽히는 것이 마르크스주의 비평, 프로이트의 정신분석학적 비평, 그리고 프레이저로부터 기원한 신화생성적 비평(Mythopoetic criticism)이다. 그의 역저『황금의 가지』에는 한국의 사례도 일부 언급되어 있다.[126)]

2) 융의 심층심리학

신화·원형비평에 두 번째로 광범위한 영향을 미친 것은 C. G. 융(Carl Gustav Jung, 1875~1961)의 심층 심리학과 해리슨(J. E. Harrison)이 소속한 영국의 케임브리지 인류학자 및 고전주의자들의 연구를 꼽을 수 있다. 해리슨은 세익스피어의 햄릿을 원형으로 분석한「햄릿과 오이디푸스」라는 글을 발표한 연구자로 유명하다.

이 중에서 C. G. 융의 이론은 프로이트의 정신분석학 보다 덜 결정론적이다. 초기의 프로이트는 재능 있는 작가를 정신이상자로 보는 듯한 태도를 보였지만, 융은 예술가의 창조적 재능에 큰 존엄성을 부여했다. 그래서, 신화·원형비평에 관심을 표명한 작가나 비평가들은 프로이트의 사상보다는 융의 사상을 훨씬 더 열의를 갖고 수용하였다.[127)] 융의 개념인 아니마(anima), 아니무스(animus), 퍼스나(persona) 등의 개념은 아직도 신화·원형비평에 사용되고 있음이 이를 증명한다. 또한 융에게 있어 명작(名作)이

125) 이상섭,「문학 연구의 방법」, 탐구당, 1980, 179~180쪽.

126) 유병석,『20세기 韓國文學의 이해』, 한양대 출판원, 1996, 134~167쪽. 유병석은『황금의 가지』13권(1권은 보유편)의 영·불·독어본에서 참고. 인용한 24개의 사례를 들고 있음.

127) S. N. 그래브스타인,「신화비평이란 무엇인가」, 김병욱 역,『신화와 원형』, 고려원, 1992, 16쪽.

란 집단적 무의식과 개인적 무의식이 융합된 작품인데, 집단무의식의 반영인 '원형무의식'[128]이 작품 속에 잘 반영되었을 때 성공적인 작품이 된다.

또한 신칸트학파 철학자인 E. 카시러(Ernst Cassirer)의 『상징 형태의 철학』, 『언어와 신화』와 같은 저서도 인간 실제의 통제력에 핵심이 된다고 보는 상징적 형태로써의 정신적 이미지들에 관해 논의하고 있다. 카시러는 신화의 언어를 객관적·과학적 언어에 앞서는 것으로서 파악하여 "실제에 대한 인간 직관의 근본적 형태[129]로 보았다.이런 카시러의 영향을 받은 이는 휠라이트(Philip Wheelwright)와 웨인 슈마커(Wayne Shumaker)이다.

3) 프라이의 '사계(四季)의 원형'

선행 연구자들의 논의를 종합 내지 비판하여 원형비평의 틀을 확립한 사람은 노스럽 프라이(Northrop Frye, 1912~1991)다. 그의 비평 작업은 19세기 및 20세기 여러 학자, 비평가들의 문학 비평을 비판한 후, 그 바탕 위에 자신만의 독특한 문학 이론을 전개하는 방식으로 전개되었다. 그는 원형비평의 시학(詩學)이라고 평가받는 『비평의 해부(*Anatomy of Criticism*)』(1957)를 통해 흔히 소설(novel)이라고 부르는 무정형의 장르에는 네 개의 이야기 범주와 형(型)이 있다고 보았다. 그것을 도표화하면 다음과 같다.[130]

---

128) 융이 주장하는 원형무의식(Archetypal unconsciousness)이란 인류의 조상 때부터 반복하여 체험된 원초적인 경험들이 인간 정신의 구조적 요소로 고착되어 집단무의식을 통해서 유전되고 신화나 종교, 꿈, 환상 또는 문학에 상징적인 형태로 나타나는 정신 작용을 말함.

129) S. N. 그래브스타인, 김병욱 역, 앞의 책, 17쪽.

130) N. Frye, 『*Anatomy of Criticism*』, Princeton Univ. Press., 1973; 임철규 역, 『비평의 해부』, 한길사, 1982, 227~228쪽.

프라이는 고대 신화, 종교, 계절의 변화 등이 인간은 근본적 경험에 관계해 작품 서사의 투영된다고 보았다. 그래서 모든 문학의 근저에는 희극, 로맨스, 비극, 아이러니와 풍자 같은 네 개의 이야기가 각기 봄·여름·가을·겨울 이라는 신화소(mythoi, 神話素)와 연결된다고 했다. 이를 프라이의 자연신화(自然神話, nature myth)라고도 한다. 그가 파악한 춘하추동(春夏秋冬)의 순환적·변증법적 원리의 내용은 다음과 같이 제시된다.

① 봄의 미토스(mythos): 희극(comedy)

② 여름의 미토스: 로맨스(romance)

③ 가을의 미토스: 비극(tragedy)

④ 겨울의 미토스: 아이러니와 풍자(irony and satire)[131]

이 사계의 자연신화는 자연과 동화되고 조화를 이루는 견지에서 파악하

131) N. Frye, 『*Anatomy of Criticism four essays*』, New Jersey Princeton Univ. Press.,163~239쪽.

고 정리되었다. 순차적이고 순환적인 질서 의식에 따라 희극, 로맨스, 비극, 아이러니와 풍자로 짝이 지어졌다.

이 자연신화 내용과 원리를 더 자세히 살펴보면 다음과 같다.

> ① 새벽, 봄 그리고 출생의 단계: 영웅의 탄생, 부활과 소생, 창조의 신화(네 단계가 하나의 주기를 이룸)와 죽음, 겨울, 어둠의 힘, 패배의 신화, 부속적인 등장인물—아버지와 어머니, 로맨스와 디티람보스, 서사시의 원형.
>
> ② 절정, 여름 그리고 결혼 혹은 승리의 단계: 신격화, 신성한 결혼, 낙원 입장의 신화, 부수적 등장인물—친구와 신부, 희극, 목가, 전원시의 원형.
>
> ③ 황혼, 가을 그리고 죽음의 단계: 시들고 죽어 가는 신, 사고로 인한 사망과 희생, 영웅 고립의 신화, 부수적 등장인물—배반자와 요정, 비극과 엘레지의 원형.
>
> ④ 어둠, 겨울 그리고 해체의 단계: 승리의 신화, 홍수와 혼돈의 되풀이, 영웅 패배의 신화, 신들 몰락의 신화, 부수적 등장인물—도깨비와 마녀, 풍자의 원형[132)]

신화·원형비평은 정신분석학적 비평과도 밀접한 관련이 있는데, 프라이도 융의 영향을 받았다. 프라이는 융의 학설에 따라 신화의 원형적 패턴을 삶과 죽음의 재생이라는 순환적 형식에서 찾았고, 여기에서 순환운동의 여러 가지 형식들을 생각해 냈다. 그는 자연 현상이나 인간 생활 양태에서 볼

---

132) N. Frye, "The Archetypes of Literature", D. Lodge ed., 『*20th Century Literary Criticism*』, London Longman, 1972, p. 429; 이선영·권영민, 『문학 비평론』, 한국방송통신대학 출판부, 1992, 117쪽에서 재인용. 그런데 여기서 문제되는 것은 봄과 여름에 해당되는 희극과 로맨스가 뒤바뀐 사실로서 이상섭의 앞의 책, 194~195쪽과 일치한다는 점임. 하지만 확인을 위해서 Robert de Beaugrande, 『*Critical Discourse*』, New Jersey, 1988, 61쪽의 표나 설명을 보면 분명히 봄의 Mythos에는 코미디, 여름에는 로맨스로 되어 있음.

수 있는 순환의 여러 형식을 문학의 여러 원형에 견주어 보려고 했다.

신화는 가장 단순하고 전형적인 의미에 있어서 신이나 신성한 존재에 대한 이야기이다.[133] 그러므로 이야기를 언급할 때에는 신화를, 의의 언급할 때에만 원형을 쓰는 것이 편리할 수 있다. 그러나, 보통은 신화가 곧 원형이라고 간주되기도 한다.[134]

4.3. 신화와 원형

신화(myth)란 원래 그리스어 미토스(mythos)에서 유래했는데, 이것은 '사람이 하는 이야기'라는 의미를 지녔다. 미토스는 처음에는 '진실한 이야기'라는 뜻으로 쓰였는데, 나중에는 '지어낸 이야기'라는 의미로 더 많이 쓰이게 되었다. 신화와 문학의 관계에 대해 프라이는 '문명사의 관점에서 보자면 문학은 신화보다 뒤처져 따라온다'고 보았다. 그는 "신화는 인간적 세계와 비인간적 세계를 동일시하는 상상력의 단순하고도 소박한 노력"이라고 하면서, "신화가 만든 가장 뚜렷한 결과는 신(神)에 대한 이야기"라고 했다. 덧붙여, "훗날 신화는 문학에 합류하기 시작했고, 신화는 이야기 문학의 구조적 원리를 이루게 된 것"이라면서, 결국 "문학이란 신화의 연장이며 문학의 구조적 원리란 신화에 불과하다"는 입장을 취했다.[135]

이것을 토대로 하여 신화·원형비평에서 사용하는 신화의 개념을 정리하면 다음과 같다.

① 신화는 의식의 언어적 형태이고 의식을 전달하는 수단이다.

---

133) N. Frye, 『*Literature and Myth*』, Relations of Literary Study, 1967, 27쪽.

134) 김우종·김혜니, 『문학 비평론』, 범우사, 1984, 337쪽.

135) 홍문표, 앞의 책, 500~501쪽.

② 신화는 상상력이 기본적인 정신적 심상들을 연결하고 질서화한 언어이다.

③ 신화는 최고의 진실된 표현과 계시의 한 틀이다. 그것은 사실에 대한 진술이 아니라 가치에 대한 진술이다.

④ 신화는 문학에 유사한 구조물이고, 문학에서와 같이 의식과 무의식의 사이에서 미적 창조를 매개한다.

⑤ 신화는 하나의 이야기이거나 설화(서사)인데, 그 기원과 성격에 있어서 불합리하고 직관적이다. 따라서 본질적으로 신화는 논의적이고 논리적이고 체계적인 것과는 다르며, 또 논의·논리·체계적인 것에 선행한다.[136)]

신화와 문학은 플롯과 인물, 주제와 이미지를 지니고 있다는 점, 문화적으로는 지식과 지혜를 전달하는 이야기라는 점에서 유사하다. 하지만, 역사적으로 볼 때, 신화는 문학에 재료와 사례를 제공함으로써 문학적 해석을 얻어냈다. 이제 신화 속에 나타난 원형의 개념을 살펴보기로 한다.

신화·원형비평에서 사용되는 원형(Archetype)의 개념은 처음 C. G. 융이 처음 사용했던 원형의 의미와는 약간 달라졌지만 아직도 그의 개념은 원형비평을 이해하는데 유효하다. 그가 사용한 원형의 개념은 "원형은 결코 쓸모없는 고대의 잔존물이거나 유물이 아니다. 원형은 살아 있는 실체이고 신령사상의 전성 혹은 주요한 상상력을 나의 원형에 대한 개념이 사고의 외연을 나타내는 물려받은 유형으로, 또는 철학적 성찰의 일종으로서 흔히 잘못 이해해 왔다는 사실을 마음속에 새겨 두는 것이 중요하다. 실제로 원형은 본능의 활동 영역에 속하고 그와 같은 의미에서 그것은 심리적 형태를 물려받은 형태를 나타낸다"는 것이다.[137)]

이에 비해 현재 통용되고 있는 원형의 개념에 대해 S. E. 하이먼(Stanley

---

136) 신동욱, 「신화비평론 서설」, 『신화와 원형』, 고려원, 1992, 32쪽.

137) S. N. 그래브스타인, 김병욱 역, 앞의 책, 17쪽.

Edgard Hyman)은 '중심적인 인간 체험의 오래된 기본적 유형'으로 보았다. 그것은 특수한 정서적 의미를 지니는 어느 시의 근원에도 가로놓여 있기도 하다. C. 브룩스(C. Brooks)는 원형은 원시적인 심상이고, 집단적인 무의식의 한 부분이며, 같은 종류의 무수한 경험들의 영적 잔여라고 보았다. 그리고, '종족의 유전적 반응 유형이다'[138]라고 언급했다.

이렇게 작품 속에 내재해 있는 집단무의식으로서 원형은 독자들에게 상징과 그런 상징을 통해서 느끼는 이미지로 다가오게 된다. 그러므로 원형을 분석한다는 것은 작품에 나타난 집단적, 종족적, 보편적 상징과 이미지를 분석한다는 것이 된다. 이에 비해 정신분석학적 비평은 개인적, 특수적 상징과 이미지를 고찰하는 것이라 할 수 있다.

4.4. 필립 휠 라이트의 원형상징

상징은 하나의 이미지가 다른 하나의 관념을 암시하거나 환기하는 것이다. 그렇게 함으로써 의미망은 더욱 확대되어 인간의 정신 영역도 동시에 넓혀지게 된다. A. 랄랑드에 의하면 상징이란 '부재해 있거나, 지각하기 불가능한 그 무언가를 자연스런 관계에 의해서 표현해내는 구체적인 모든 기호'이다. 융은 상징에 대해 '비교적 미지의 것이어서 우선, 보다 확실하고 특징적인 방법으로 지칭할 수 없는 대상을 가능한 한 최선의 방법으로 형상화시킨 것'이라고 했다.[139]

인간의 과학적 인식이 발달한 것과 비례하여, 이런 상징의 영역은 근대에 점점 축소되어 왔다. 하지만, 과학 문명에 대한 회의, 신의 존재의 부재 등으

138) 위의 책, 30쪽 재인용.

139) 질베르 뒤랑, 진형준 역, 『상징적 상상력』, 문학과지성사, 1983, 15~16쪽.

로 인해 현대인의 소외의식이 확대되자, 현대인을 통합시키기 위한 노력의 한 방편으로서 상징은 다시 강력하게 소생하였다. 이때의 '상징[140]'은 원형 상징으로서 미지의 것, 원시적인 것, 집단무의식을 담을 수 있는 방법으로 채택되었던 것이다.

휠라이트(Philp. E. Wheelwright 1901—1970)는 그의 저서『은유와 실재』(*Metapher and Reality*, 1962)에서 시간적으로나 지리적으로 상당히 거리가 있어 역사적으로 어떤 영향을 주고받거나 인과의 관련성이 전혀 없는 이질 문화 사이에 공통성이 존재한다는 사실을 밝혀냈다. 그것은 아버지인 하늘, 어머니인 대지, 광명·피·위아래·바퀴 축 등의 상징들이 거듭 사용된다는 사실에서 증명되었다. 이러한 상징들이 부단히 나타나는 이유는 그 의미가 모든 인간들에게 유사하게 다가오기 때문이다. 이 상징들이 나타내는 유사성은 특히 물질적 측면과 심리적 측면에서 고찰된다.

1) 상하(up—down)의 원형

상향운동은 성취의 관념과 결합되며, 드높음이나 상승의 의미를 지니는 여러 이미지들은 탁월함, 왕권, 지배 등의 개념을 연상시킨다.

'상'의 관념과 결합되는 이미지들인 비상하는 새, 공중으로 쏘는 화살, 별, 산, 돌기둥, 자라는 나무, 높은 탑 등은 성취의 희망을 의미하고, 선의 의미 속에 놓인다.

---

140) 필립 휠라이트는 상징어를 크게 다섯 가지로 나누고 있음, 첫째 유형으로 문학적 혹은 문화적으로 어떤 계보에도 속하지 않으며 관련 시 밖에서는 작용력이 없는 상징(특정 시의 주도적 이미지), 둘째 유형으로 개인 상징, 셋째, 잠재적인 연상력을 지니며 작품의 배경을 떠도는 것으로 조상 전래의 활력 상징어, 넷째, 어떤 공동체나 종교적 숭배 또는 비교적 큰 종교 단체 혹은 비종교 단체에 속하는 사람들에게 중요한 생명력이 있는 상징들로서 문화의미론적 상징, 다섯째 인류 전체나 그 대부분 사람들에게 동일하거나 유사한 의미로 통하는 원형상징 또는 원형이 있음을『은유와 실재』에서 밝히고 있음.

반면에 '하'의 이미지는 상과 정반대의 뜻을 함축한다. 나쁜 버릇에 빠지거나 파산지경에 빠지는 것이지 올라가는 것은 아니다. 종교적으로는 지옥, 심연의 이미지다.

이렇게 상하의 원형들은 다른 관념이나 이미지와 혼합되어 나타남을 알 수 있다. 또한 상하의 상징적 의미는 신화적 사상 속에 나타난다. 곧 하는 꽃핀 광활한 대지, 모든 생물의 궁극적인 어머니를 지향한다. 상하의 대비가 천지 관계의 구체적인 형식으로 드러날 때는 그 자체가 의인화의 형식이 된다.

2) 빛의 유형

빛의 특성을 세 가지로 유추해 낼 수 있다. ① 빛은 가시성을 가진다는 점이다. 곧 어둠을 추방하여 사물을 명료하게 인지케 하며, 이러한 특성은 은유적 단계에서 지적 공간화를 상징한다. ② 빛은 신화적 단계에선 시각적 실체로 정의되지 않는다. 따라서 빛은 지적 명료성의 상징이면서 동시에 불의 은유적 내포가 된다. ③ 빛은 우리의 상상력을 자극하는 물질로서의 불의 특성을 환기시킨다. 그러나 불의 규제된 유형으로는 '불꽃'이 있다. 상의 개념과 결합되어 상의 상징적 내포인 선을 지향한다. 지상의 불은 궁극적인 근원인 태양을 상기할 때, 선을 내포하며 동시에 상향의 관념과 결합된다.

하지만 빛의 또 다른 심원한 특성은 '빛이 지나치면 장님이 된다'는 데서 찾을 수 있다. 곧 빛은 암흑과 결합된다. 따라서 빛과 암흑은 상호보완적인 관계며, 이 둘이 전체 세계를 형성한다. 동양에서의 음양(陰陽) 상징도 이러한 보완적 성격과 관련이 있다.

빛은 특수하게 정신에 대한 중심적·상상적 상징으로써 정신의 의미론적 매개가 된다. 끝으로 신성의 단계에서 빛은 바로 신성의 상징이 된다. 신은 빛이 되는 것이다.

3) 피의 원형물

원형상징으로 '피'는 유난히 긴장되고 역설적인 특성을 나타낸다.

① 피는 선과 악의 두 요소로 구성되며, 선의 관념일 때는 명료하나 악의 관념일 때는 모호하다.

② 긍정적인 면에서는 생을 함축하지만, 사회적으로는 불길한 의미와 결합된다. 마술의 붉은 색은 힘의 상징을, 반대로 금기 경우는 지나치게 출혈이 죽음을 초래하기에 '죽음'의 상징이 된다.

③ 피는 처녀성의 상실, 여성의 월경과 관련되어 한편에서는 금기로, 다른 편에서는 탄생의 암시로 이어진다.

④ 자연적 논리에 따르면 피는 무서운 형벌을 의미한다. 따라서 맹세의 파기는 두 사람의 혈연을 더럽히는 것이고, 피를 흘림으로 하나의 형벌이 된다.

⑤ 피는 죽음, 탄생, 사춘기(월경), 결혼 등의 육체적 양상, 전쟁, 건강, 힘 같은 일반적 관념과 결합됨으로 의식(儀式)과 원시관념의 공동관계를 함축한다. 죽음이면서 바로 재생인 동시성으로 나타나며, 이것은 모든 사건을 전환적 사태로 인식함을 뜻한다.

4) 물의 원형

물은 형태를 해체하고 폐기하며 죄를 씻어 버리고(정화하고) 새로운 삶을 부여한다.[141] 물에 들어가는 것은 형태 이전으로 되돌아감, 완전한 재생, 새로운 탄생으로 역행하는 것을 상징한다.

물은 역사를 무(無)로 돌려보내고, 일순간일지라도 최초의 완전함을 회복시켜 주기 때문에 정화하고 재생하는 일을 한다.

물의 리듬과 달의 리듬은 동일한 패턴이 되기에 적합하다. 양자는 모든 주기적이다. 이미 구석기 시대에도 나선(螺旋)은 물과 달의 풍요성을 상징하고 있다.

물에 의한 세정식(洗淨式)은 세계가 치유되는 한순간의 도래를 기원하는 목적으로 행해진다. 특히 물에 잠기거나 물을 끼얹는 세례(洗禮)는 많은 종교에서 행해져 왔는데, 그것은 정신적인 면에서 질적으로 다른 삶으로의 정화, 이행이다.[142]

5) 원의 원형

원형상징 가운데 철학적으로 가장 성숙된 상징은 원과, 원의 구현체인 바퀴다. 원은 이 세계에서 가장 완벽한 형태다. 헤라클레이토스는 '원의 시작과 끝은 한 가지다'라고 할 정도이다.

수레바퀴의 살은 태양의 광선을 상징한다. 살과 광선은 둘 다 중앙에 자리하는 생명력의 원천에서 시작해 우주 만물을 향해 창조적 영향력을 발산한다는 상징성을 갖는다.

살의 회전은, 그 축이 편안할 때는 살과 가장자리의 운동은 완전히 정상적인 것이다. 이러한 상태는 '영혼의 고요한 중심이 경험과 행위의 평정한

---

141) 김우종·김혜니, 앞의 책, 347쪽에서 재인용; M. 엘리아데, 이은봉 역, 「물과 물의 상징」, 『종교형태론』, 형설출판사, 1979 참조.

142) 아기자·올리비에리·스크트릭, 장영수 역, 『문학의 상징—주제사전』, 청하, 1990, 148쪽.

질서를 낳는다'는 인간적 진리를 상징한다.

그러나 수레바퀴는 앞의 원형들처럼 '상극적인 특성'을 내포한다. 부정적인 면에서 수레바퀴는 서양에서는 운명의 장난, 동양에서는 죽음과 재생의 끊임없는 윤회를 상징한다. 긍정적인 면에서 수레바퀴는 힌두교의 달마, 곧 신성의 법칙이며, 불교의 법(空)이 된다.[143)]

4.5. 원형 이미지

원형상징은 다음 같은 이미지를 통해서 독자들의 분열된 가슴을 하나로 연결시키고 있다. 이들 이미지들을 W. L. 궤린 등이 제시한 바를 통해 살펴보기로 한다.[144)]

1) 태양(불과 하늘이 밀접하게 관련됨)

창조하는 힘: 자연의 이치: 의식(사고, 각성 내지 지혜, 정신의 비전)을 지니고 있다. 달과 지구는 여성 내지 모성(母性)의 원리를 지니고 있다.

① 아침해: 탄생: 창조: 각성

② 저녁해: 죽음

143) 김우종·김혜니, 앞의 책, 348쪽.

144) 윌프레드 L. 궤린 외, 정재완 역, 『문학의 이해와 비평』, 청록출판사, 1987, 169~171쪽과 원서 『*A. Handbook of Critical Approaches to Literature*』, New York, 1979, . 157~161쪽을 대조하면서 부분적으로 발췌 정리하였다.

2) 색채

① 빨강: 피: 희생: 격렬한 열정: 무질서

② 초록: 성장: 희망: 다산(풍부): 부정적인 의미로는 죽음과 몰락을 연상시키기도 함

③ 파랑: 고도로 적극적인 면에서는 진리, 종교적 감정, 안정성, 영적 순수성을 연상시킴.

④ 검정(어둠): 혼돈: 신비: 미지: 죽음: 근본의 지혜: 무의식: 사악: 우울

⑤ 흰빛: 긍정적인 면에서는 고도로 복합적인 의미로서의 빛, 순수성, 순결, 영원과 관련됨: 부정적인 면에서는 죽음, 공포, 초자연적인 것, 불가사의한 우주적 신비의 현혹되는 진리

3) 원(구체, 전체성, 통일)

① 만다라: 영적인 통일과 정신적인 전일(全一)에의 갈망(고대의 Shri—Yantra 曼荼羅의 불교적인 표지를 참조)

② 계란(타원체): 생의 신비와 생식(출산)의 힘

③ 음양: 양(남성의 원리, 빛, 활동성, 의식)과 음(여성 원리, 어둠, 피동, 무의식)의 반대되는 힘이 화합함을 나타내는 중국의 상징

④ 오우보로스(Ourboros): 뱀이 제 꼬리를 문 고대의 상징, 삶의 영원한 순환, 음양과 같은 상반하는 세력의 통일, 원초의 무의식을 의미

4) 뱀(또는 지렁이 같은 벌레)

'리비도' 같은 순전한 힘의 상징: 사악, 부패, 관능성, 파괴, 신비, 지혜, 무

의식

5) 숫자

① 셋: 빛, 영적인 깨달음과 삼위일체 같은 통일: 남성원리

② 넷: 순환, 삶의 순환: 네 계절과 관계됨: 여성원리, 지구, 자연: 네 원소(地, 水, 火, 風)

③ 일곱: 온갖 상징적인 숫자 가운데서 그중 잠재력이 있는 숫자—셋과 넷의 통합을 의미하고 순환의 완전성과 오롯한 질서를 뜻함.

6) 정원

낙원, 천진무구, 특히 여성의 순결미, 풍요를 상징한다. 정원은 야생적인 벌판과 달리 잘 가꾸고 밀폐된 장소로서 안정되어 있는 유년의 마법적 공간이기[145] 때문이다.

7) 나무

우주의 조화, 성장, 번식, 생산과 재생의 과정 그것이다. 다함 없는 삶과 영원성의 상징적 등가물이다.

8) 사막

145) 아기자·올리비에라·스크트릭, 앞의 책, 203쪽.

정신적인 삭막함=죽음=니힐리즘, 절망을 상징한다.

이와 같은 신화·원형비평의 이미지 역시 원형상징과 더불어 동서고금을 통한 인류들에게 반복되고 일반화된 원초적 심상이다. 그것이 오늘의 작품들에도 활용되고 우리 인식의 공간에 자리하여 문학적으로 연결되는 요인인 것이다.

4.6. 원형비평의 실제

신화·원형비평은 실제 비평에서 광범위하게 활용된다. 하지만, 신화의 이야기나 원형상징이 기계적으로 비평언어에 대입되는 것은 아니다. 대부분의 신화·원형비평은 '원형상징'의 문제의식을 원용해 자신의 언어로 표현하는 방식을 취한다.

예문으로 홍기돈이 권혁웅의 시를 비평한 「제의의 시간, 태양의 사제(司祭) — 권혁웅의 『황금나무 아래서』[146]에 대하여」와 월프레드 L. 궤린이 '앤드루 마아벨(Andrew Marvell)의 「수줍은 연인에게」'를 분석한 글을 제시한다. 인용문은 글의 일부분이다.

1) 홍기돈의 「제의의 시간, 태양의 사제(司祭) — 권혁웅의 『황금나무 아래서』에 대하여」[147]

권혁웅은 상징적인 죽음을 통해 다시 살아왔다. 검은 강을 건넌

146) 홍기돈, 『인공낙원의 뒷골목』, 실천문학사, 2006, 246~249쪽.

147) 홍기돈, 『인공낙원의 뒷골목』, 실천문학사, 2006, 246~249쪽.

것이다. 거듭난 존재는 다시 시작하는 존재이기에 세상을 달리 바라볼 수 있게 된다. 다시 시작한다는 것, 그것은 겨울을 보내고 봄을 맞는 것처럼, 어둠을 견디고 아침을 맞이한 것처럼 변화하는 것이 아닐까. 이러한 변화의 찬란한 순간을 권혁웅은 「돼지가 우물에 빠진 날」을 통해 기록해두고 있다.

「돼지가 우물에 빠진 날」은 여름에서 시작하여 가을, 겨울을 거쳐 봄에 이르는 계절의 순환을 바탕으로 하고 있다. 이러한 계절의 순환은 신화적인 시간을 연상시킨다. 존재의 변화를 암시하고 있기 때문이다. "그해 여름"으로 시작되는 상황의 설정은 시인의 연령층을 환기시키면서 "중돈"이라는 상징으로 이어진다. 시인은 1967년생이니 어리지도 않지만, 그렇다고 완전히 늙은 것도 아닌 나이이다. 그러니까 직선적인 시간의 흐름에 갇혀 속수무책 나이 들어가는 존재를 돼지에 비유하면서 스스로를 중돈이라 칭한 것이다. 직선적인 시간을 순환적인 시간으로 구부려 죽음과 재생의 신화를 복원시키기 위해 중돈/시인은 우물 속으로 "우아하게 몸을 날렸다". 상징적 죽음을 선택한 것이다.

우물이 종종 성찰의 상징으로 사용된다는 사실을 염두에 둔다면, 우물에 비친 제 얼굴을 보면서도 곧바로 부정해버리는 사람들에게 성찰의 자세가 결여되어 있다는 것을 알 수 있다. 성찰은커녕 우물의 입구를 돌과 흙으로 덮어버림으로써 그들은 상징적 죽음의 가능성을 적극적으로 봉쇄해버리지 않는가. "사람들은 물속의 제 그림자를 들여다보고는 슬픈 얼굴로 혀를 찼다 틀렸어, 저 퉁퉁 불은 얼굴 좀 봐 겨울이 가기 전에 사람들은 결국 입구를 돌과 흙으로 덮었다". 그들은 아직 검은 강을 건널 준비가 안 된 사람들인 것이다. 그들은 겨울을 건너갈 수 없다.

우물을 통해 스스로를 응시하는 시인의 모습은 자신의 내밀한 체험 속에서 향기 나는 나뭇가지를 물어오는 시작(詩作) 태도를 연상시킨다. 『황금나무 아래서』는 바로 그렇게 해서 지어진 불사조의 둥우리이다. 그러고 보면 스스로를 향한 권혁웅의 시선은 검은 강을 건너면서도 시종일관 유지되어왔다. 그는 "손으로 입을 막"은 자세로 검은 강을 건너오지 않았던가. 그러면서 유지하는 자기 응시의 시선은 "고개를 떨군 나를 검은 강 아래서/한 남자가 입을 가린 채 쳐다보고 있었어요"(「공무도하가」)라는 진술 속에서 드러난다. 한 마리 중돈/시인이 "봄이 되자 작고 노란 꽃들"로 피어날 수 있는 힘은 여기에 있다. 자, 이제 봄, 정말 봄이 아닌가.

칼들은 녹이 슬었고 식욕은 사라졌다 사람들은 어디에 우물이 있었는지 기억할 수도 없었다 그러나 봄이 되자 작고 노란 꽃들이 꿀꿀거리며 지천으로 피어났다 초록의 床 위에서, 紙錢을 먹은 듯 꽃들이 웃었다 숨어 있던 우물이 선지 같은 냇물을 흘려보내는, 정말 봄이었다

—「돼지가 우물에 빠진 날」 3연

새롭게 봄날을 맞이한 이는 먼지처럼 날리는 고양이털에서조차 희망을 읽어낸다. "아스팔트 위 타이어가 그어놓은 일탈의 끝에서" 그는 이렇게 노래한다. "햇살의 이편과 저편이 솜털 속에서 섞이네 압착된 육신을 벗어버린 껍질이 자유롭네"(「봄은 고양이로다」). 그는 이제 "길고 긴 타이어 자국" 속에 갇혀 먼지와도 같은 삶을 절망하던 시인이 아닌 것이다.(나는 개를 먹고 개처럼 짖고/개털은 나리고 나를 따라/먼지는 이 방에서 저 방으로 옮겨다니고/내가 손을

흔들어도/버스는 떠나가고 비행기는 활주로에/길고 긴 타이어 자국을 남긴다 —「지문」). 그러니 그는 더는 "네가 누었던 자리에 먼지가 따라와 눕는다/먼지로 만든 침대, 먼지로 만든 몸, 먼지가 되어/흩어지는 얼굴"(「코끼리」)이라며 죽음(겨울)의 가치를 따라가지 않을 것이다.

이제 나는 새롭게 되살아온 권혁웅을 기념하기 위해 태양의 신 아폴론의 주술로써 이 글을 마무리하고자 한다. 죽음과 재생의 제의를 통해 여생을 얻는 불사조가 태양신의 새이고 보면, 태양신의 주술로써 새롭게 되살아온 자를 기념하는 것이 당연하게 느껴지기 때문이다. 아마 아폴론의 주술은 시인으로부터 "태양의 오벨리스크, 태양의 司祭"라고 칭송받는 '황금나무'의 앞에 바치면 좋으리라. 불사조의 낡은 육신이 재가 되어 묻힌 곳이 태양신의 신전이라면, 권혁웅의 낡은 육신이 묻힌 곳은 바로 황금나무 아래일 것이기 때문이다. 아폴론의 주술을 빌려 저 나무, 황금나무에 이른다.

"영원한 청춘이야말로 내가 주재하는 것이므로 그대는 항상 푸를 것이며 그 잎이 시들지 않도록 해주리라."

2) 궤린의 「A. 마아벨의 「수줍은 연인(戀人)에게」—시간과 불멸성의 원형」[148)]

신화비평적 접근의 짤막한 문학 형식인 서정시보다는 희곡이나 장편소설에 적용되기 알맞다고 할지라도 이들 짧은 작품들에서도 신화적인 요소를 발견할 수 있다. W. 블레이크, W. B. 예이츠와 T. S. 엘리엇 같은 신화를 만

---

148) 윌프레드 L. 궤린, 정재완 역, 앞의 책, 182~184쪽.

드는 많은 작품들의 구조를 신화 위에 세웠다. 이 밖에 시인들도 의도하고 나 않거나 간에 원형으로서 기능하는 이미지와 모티프를 가끔 채택한다. 앤드루 마아벨(Andrew Marvell)의 「수줍은 연인에게」가 후자에 속할 것 같다.

어떤 문학적 고전도 단순히 솜씨 좋거나 잘 쓰였다고 해서 길이 남지는 못한다. 무언가 보편적인 성질을 띠어야 하며, 원형적인 요소를 포함하고 있어야 한다. 신화비평의 입장에서 마아벨의 시에 대해서 원형적인 내용에 대한 눈을 지니고 음미해 보자. 피상적으로는 연시(戀詩)인 「수줍은 연인에게」는 깊은 뜻으로는 시간성에 대한 시이다. 신화의 기본적인 모티프인 불멸성과 관련된다.

첫 연은 시간의 제약에서 벗어나 어떤 낙원의 상태로 이르는 반어적인 표현이다. 하지만 완전하고 영원한 지복(至福)은 화자가 가정법으로 원형적인 정원에서 무한한 크기로 서서히 자라는 기이한 식물적인 성숙으로 사랑을 묘사해 제시함으로써 어리석은 망상이 되어 버린다. 극적인 대조로서의 둘째 연은 이 세상의 자연적인 시간성으로 사막의 원형을 나타낸다. '시간의 날개 달린 전차(Time's winged chariot)'로 호소되는 태양 상징을 주의한다면 제2연은 가차 없는 자연법칙에 의해 지배되는 시간에 대해서 쓰이고 있음을 알 것이다. 이를테면 부패와 죽음과 육체의, 사멸의 법칙에 지배되는—첫 연이 실현 불가능한 이상화(理想化)라면 둘째 연은 그와는 아주 달리 철학적인 현실주의를 써놓고 있는 것이다.

마지막 연에서는 어조(tone)가 급격히 바뀌어 시간의 세 번째 종류인 순화하는 시간으로 도피하고 그로써 불사의 호기(好機)를 표현한다. 또다시 태양상징을 만나지만 이는 영혼과 절박한(instant) 불타는 정열의 태양이다. 이 구체(球體) 이미지는 근원적인 전체성과 완전성의 상징이다. 엘리아데(Mircea Eliade)는 『신화와 실재(*Myth and Reality*)』에서 불멸성의 신화에서 가장 널리 퍼진 모티프 중 하나는 창조의 근원에의 복귀, 즉 삶의 상징적 자궁에의 복귀(regress ad Uterus)임을 지적했다. 또한 그는 이 같은 복귀는 어떤 철학자들, 예를 들면 도교(道敎)를 신봉하는 사람들에 의해 연금술의 화학적인 불로 상징화할 수 있는 것으로 생각되었음을 지적했다.

금속이 용해하는 중에 도교도(道敎徒) 연금술사는 창조 이전에 존재하던 원초적인 혼돈 상태를 재생시키기 위해서 '하늘과 땅'이라는 두 우주 원리의 융합을 자기 몸 안에서 이루고자 한다. 이 원초적인 상태는 계란(즉 원형적인 구체)이나 태아와 창조 이전의 세계의 낙원과 같은 순결무구한 상태와 일치한다.

마아벨이 도교철학자(道敎哲學者)와 유사하다거나 의식적으로 불사(不死)의 원형을 구사했다고는 말하지 않는다 하더라도 시간과 불사라는 해묵은 딜레마를 지적함으로써 그가 신화적인 의미로 가득 찬 일군의 이미지들을 채택했다는 것을 지적할 수 있다. 그의 시인풍(詩人風)의 화자인 연인은 자연 질서의 시간을 패퇴시키는 방법으로 연금술을 제공하는 것처럼 느껴진다. 화자의 사랑은 자연의 구원한 순환, 극도로 강화되고 신비로운 리듬에 참여하는 수단이 되고 있다. 삶이란 어떤 철학자가 이야기했듯이 질질 끄는 것이 아니라 그 강도에 의해서 측정되어지는 것이라면 마아벨의 연인들은 최소한 사랑의 행위를 하는 가운데서는 시곗바늘이 알리는 시간의 법칙('시간의 날개 달린 전차')을 초월함으로써 또는 시간을 '게걸스럽게 먹어치움'으로써 어떤 불사의 지경에 이르게 될 것이다. 그리고 이 연금술적인 변질이 원초적인 구체(ball)로 연인들을 녹일 만한 뜨거운 불을 필요로 한다면 그것은 태양 자체를 용해시키고 태양을 달아나게 할 만큼 뜨겁게 달아오를 것이다.

신화적인 의미에서 위와 같이 마아벨의 시에 나타난 성에 대한 강조가 심원한 형이상학적 통찰, 즉 시간과 영원의 신비를 꿰뚫어 보려는 철학자와 과학자들을 오래오래 매료시킬 만한 통찰을 보여 주고 있는 것이다.

4.7. 신화·원형비평의 문제점

앞에서 언급했듯이 원형비평은 제2차 대전 이후에 미국 등의 서구사회에서 각광을 받은 비평 방법론이다. 원형비평은 파편화되어 버린 현대인의 감수성과 고독감, 그리고 언어의 소통 불능 상황 속에서 소통을 꿈꾸는 현대인을 '원형상징'으로 묶으려 했다.

따라서 원형비평은 원형을 추출할 수 있는 방법이라면 형식주의적, 역사전기주의적, 사회문화주의적, 정신분석학적 비평 방법을 활용함에 주저하지 않는다. 원형비평은 다른 비평 방법론에 비해서 열린 체계를 가지고 있다. 이것은 원형비평의 장점이기도 하지만 동시에 단점이 되기도 한다.

이 밖에 원형비평은 작품의 개별성을 무시하거나, 작품의 형식적 측면을 소홀히 하기도 했고, 일종의 복음주의적인 종교의 성격을 강조할 위험성도 다분히 있다. 어떤 원형비평가는 기독교의 성경이 원형비평의 모든 것이라고 언급하기까지 했다.

각기 다양한 견해들이 중구난방으로 전개될 때, 그들의 견해를 하나로 종합하는 것이 필요하다. 그러나 그것이 작품의 개별성을 완전히 무시하는 방향으로 나아간다면, 원형비평은 또 다른 도그마(dogma)를 생성해 내어 작품과 독자를 분리하는 결과를 낳을 수도 있다. 이제 마지막으로 원형비평의 장점과 단점을 주장하는 논자의의견을 제시하려 한다.

김양호는 원형비평의 장점을 다음과 같이 제시하고 있다.[149)]

149) 김양호, 『한국 현대소설과 비평의 만남』, 한불문화출판, 1993, 23쪽.

① 작가를 모르는 고전문학 작품을 분석해낼 때 유용할 수 있다.
② 역사를 두고 계속 반복되어져 온 원형적 패턴을 분석하여 작품의 기본 틀을 제시할 수 있다.
③ 시공을 넘어서 감동을 주는 작품의 의미를 원형으로 설명해 낼 수 있다.

S. N. 그래브스타인[150)]은 원형비평의 문제점을 다음과 같이 지적하고 있다.

① 원형, 단일신화(기본신화), 또는 문학의 '대원리'를 추구하다 보면, 신화형성 비평은 어느 일정한 동일성이나 예상성에 빠질 수 있다.
② 작품의 기교나 예술로서의 작품 특징보다도 주제나 소재에 치중한 나머지 가치평가적인 면이 드물다.
③ 문학 작품을 때로는 원시적 표현의 한 형식으로 환원해 버리고 예술가를 어린이나 원시인과 동일한 것으로 그려놓고 있다.

신화·원형비평은 이처럼 장점과 단점을 공유하고 있는 방법론이다. 하나의 완벽한 방법론이란 존재할 수 없다. 그것은 신의 영역에 속하는 문제이다. 인간의 영역에 속하는 비평 방법은 불완전한 것이 숙명이다. 그 불완전성을 인식하고 끊임없이 수정해나감으로써, 인간 존재의 이유를 계속 확인할 뿐이다. 신화·원형비평은 이런 과정에서 나타난 것으로서 다양한 방법론을 하나의 체계로 설명하고자 한 야심만만한 방법론이다. 한국문학에 있어서도 신화·원형비평 방법론은 고전문학과 현대문학, 더 나아가 한국문학 작품과 외국 문학 작품의 비교에 이르기까지 폭넓게 이용될 수 있을 것이다.

150) 이선영 편, 『文學批評의 方法과 實際』, 삼지원, 1991, 330~331쪽. 여기에서 그래브스타인은 신화비평의 오용이나 위험성을 들고 있음.

5장 형식주의와 뉴크리티시즘

5.1. 개관 및 특성

형식주의(形式主義)와 뉴크리티시즘은 다음 장에서 논의할 구조주의(構造主義)비평과 함께 문학외적 요소보다는 작품 자체(the work itself) 내의 형식적 요건을 중요시해 분석, 평가하는 비평을 말한다. 형식주의 비평은 문학이 언어의 예술이라는 점에 주목하며, 언어 형식 속에 미적 실체가 있다고 간주한다. 형식주의 비평가들은 작품의 내적 구조, 스타일, 양식, 문체, 운율 등 작품 자체의 구조를 집중 분석한다. 재래의 전통적인 문학 연구 방법이던 역사주의 비평에 반발하여 제기된 비평 방법이다.

형식주의와 뉴크리티시즘은 르네 웰렉이 강조하듯 이전에 행해지던 문학 연구의 비본질적이고 외적인 접근(the extrinsic approach)을 버리고, 본질적이며 내적인(the intrinsic approach) 연구를 해야 한다[151)]는 관점에서 출발했다. 반(反)역사주의적 비평이라 할 수 있는 형식주의 비평(Formalistic Criticism)은 문학 작품에서 역사, 정치, 경제, 사회적인 면보다는 작품 자체 내의 구성 요소를 중시한다. 작품 각 부분들의 배열 관계 및 전체와 부분의 관계, 문체, 상징성 등을 분석하고 평가한다. 형식주의 비평가들의 목적은 문학 작품이 감동을 주는 열쇠를 언어의 조직과 그에 따르는 의미분석을 통해 발견하는 것이다. 따라서 작품 밖을 둘러싸고 있는 작가의 전기나 시대환경 및 문화 조건은 경원시 된다. 형식주의 비평가들은 문학이 사회나 정치적 맥락에서 해석되는 것으로부터, 문학을 독립적인 위치로 끌어올리

151) R. Wellek & A. Warren, 『*Theory of Literature*』, New York, 1956.

려는 의도를 갖고 있었다.

문학예술의 형식적 특징을 더욱 강조했던 형식주의와 구조주의 비평은 문학예술에 대한 미적 평가를 중심으로 한다는 점에서 의미가 있다. 그리스의 아리스토텔레스의 『시학』이나 로마의 호라티우스 등 고전주의 문학에서도 형식은 중요하게 다루어졌다. 그러던 것이 18세기 말엽부터 낭만주의의 영향으로 상대적으로 소홀히 다뤄져 왔던 형식적 아름다움의 가치를 되찾으려는 노력이 현대에 이르러 다시 생겨난 것이다.

형식주의를 처음 주창한 이는 러시아의 쉬클로프스키였다. 1914년 성 페트르스부르크에서 발표된 논문에서 빅토르 쉬클로프스키(victor shklovsky 1893—1984)는 이렇게 적고 있다.

> 지금 낡은 예술은 죽었다. 그러나 아직도 새로운 예술은 태어나지 않았다. 모든 것이 죽어 있다. 현실에 대한 느낌마저 우리는 상실하였다. 오직 새로운 예술 형식의 창조만이 우리에게 세상에 대한 각성을 되돌려 주고, 사물을 부활시키며, 비관주의를 치유할 수 있을 것이다.[152)]

이 논문은 형식주의에 대한 최초의 서문으로 간주되고 있다. 이 글로 인해 알렉세이 크루체니치와 빅토르 흘레브니코프가 미래파로 명명되는 이론적 틀을 갖게 되었고, 러시아 형식주의의 탄생을 알리는 계기가 되었다. 러시아 형식주의는 '문학성(文學性)'이라는 개념을 통해 보다 과학적이고 체계적인 문학 담론이 되었다.

그럼에도 불구하고 당시 러시아에서는 사회주의 사상이 지배담론이어

152) D. Lodge, 『*20th Century Literary Criticism*』, London, Longman, 1972; 윤지관 외 역, 『20세기 문학 비평』, 까치사, 1984, 25쪽.

서 이런 기법적인 운동을 펴는 사람들을 비꼬아 형식주의라 칭했다. 야콥슨이 문학이 진정한 과학적 이론을 얻고자 한다면, '장치'라는 것을 과학의 '주인공'으로 삼아야 한다고 주장했을 때, 그것은 그가 문학성의 변별적인 본질에 관심을 가졌기 때문이었다. '러시아 형식주의자'라는 말은 실상은 그 그룹에 속한 이들이 붙인 것이 아니고, 그 그룹의 적대자들이 붙인 것이었다.[153)]

초기의 형식주의 운동에 이바지한 영국의 I. A. 리처즈와 T. S. 엘리엇의 역할도 참고할 필요가 있다. 리처즈는 『문예비평의 원리(*Principles of Literary Criticism*)』(1924)와 『실천비평(*Practical Criticism*)』(1929) 등에서 해석과 판단의 기초가 되는 정밀한 분석 방법 및 문학 작품의 언어에 대해 관심을 집중하였다. 엘리엇의 『성림, (聖林, *The Sacred Wood*)』(1920)이란 평론집에 포함되어 있는 「전통과 개인적 재능(*Tradition and the individual Talent*)」은 20세기 형식주의의 경전으로 꼽힌다. 이 글에서 형식주의자들의 기본적인 태도로 다음과 같은 세 가지가 제시되었다.

① 문학전통 — 함축적으로는 문학사 — 은 결정적이거나 변경할 수 없는 것이 아니라, 새로운 작품의 출현에 따라 끊임없이 재조명된다. 과거는 결국 현재가 되는 것이며, 또 현재에 의하여 갱신되는 것이다.

② 실제적이든 상상적이든, 예술가의 체험은 결국 그의 작품 속에 응축되어 있다. 그러므로 독자의 진정한 관심사가 되는 것은 작품을 만든 사람이 아니라 작품 그 자체이다.

③ 예술가의 정서와 개성은 그 자체로서 중요한 것이 아니라 예술작품 속에 융

153) A. Jefferson & D. Robey ed., 『*Modern Literary Theory*』, Barnes & Noble Books, 1982; 김정신 역, 『현대문학이론』, 문예출판사, 1991, 31쪽. 또한 33쪽에서는 "러시아 형식주의는 문학 연구를 독자적인 기반 위에 세우려는 체계적인 시도를 한 그리고 문학 연구를 하나의 자율적이고 특수한 분야로 만든 가장 첫 운동으로 꼽힌다"고 언급하고 있다.

합되어 있을 때 중요해진다.

엘리엇은 흄과 더불어 '낭만주의자들이 예술을 표현으로 보았던 견해'를 논박했다.[154] 이 형식주의 비평은 여러모로 구조주의 비평과도 연결된다. 이후 러시아 형식주의는 프라하학파와 프랑스 구조주의, 기호학 등에 영향을 미쳤다. 이런 측면에서 러시아 형식주의 비평의 이론은 현대문학 비평의 조류 중에서 가장 복잡한 양상을 띠었다고 볼 수 있다. 이미 1910년대에 출발한 형식주의가 세계 문예사조의 중심을 이루면서 오늘에 이르고 있을 뿐만 아니라, 탈구조주의적인 해체주의의 비평담론(批評談論)에까지 이어져 있다. 이 이론의 범주에 오르내리는 인물들의 이름도 다채롭고 그 영향력이 미친 공간적인 영역도 동서양에 걸쳐 있다.

형식주의 비평운동은 다음과 같은 역사적 과정을 거쳤다고 정리할 수 있다. 이 운동은 1920년대 전후의 러시아 형식주의로부터 시작하여 1930년대에 체코 구조주의 내지 1960년대 부활된 소련 기호학(記號學)과 맥이 닿아 있다. 이어서 1940~50년대 영미 중심의 뉴크리티시즘(New Criticism)과 1950년대 전후의 프랑스 구조주의에 영향을 미쳤다. 뿐만 아니라 1970년대 이후는 후기(脫) 구조주의나 해체주의(解體主義)란 이름으로 형식주의와 구조주의의 법통이 논의된 바 있다. 여기서는 형식주의 문예비평운동의 시간적 발생순서에 따라 러시아 형식주의와 영미의 뉴크리티시즘을 주로 다룬다. 다음 장에서는 형식주의와 본질상 유사성을 지닌 구조주의와 기호학에 대해 다루려 한다.

---

154) S. N. 그래브스타인, 「형식적 방법」, 박철희·김시태 역, 『문학의 이론과 방법』, 이우출판사, 1984, 132쪽.

5.2. 러시아 형식주의

1) 역사적 전개 과정

1914년 빅터 쉬클로프스키(Victor Shklovsky)가 미래파 시에 대한 논문 「언어의 부활」을 발표하면서 러시아 형식주의는 세계적인 비평의 큰 흐름에 진입했다. 형식주의 이론은 학생들로 구성된 두 개의 소규모 문학 연구 그룹이 회합이나 토론의 결과물을 간행물 발행하면서 구체화되었다.[155) 그 하나는 1915년에 모스크바 대학의 학생들이 창립한 '모스크바 언어학회(Moscow Linguistic Circle)'이다. '모스크바 언어학회'에는 로만 야콥슨(Roman Jakobson) 등이 시어 분야에 관심을 갖고 연구했다. 다른 하나는 1916년에 페트로그라드(레닌그라드)에서 결성한 '시언어연구회(OPOJAZ)'인데 여기에 V. 쉬클로프스키와 보리스 에켄바움(Boris Eikhenbaum) 등도 끼어 있었다. 이들 회원들은 이전의 막연한 정신주의 및 신비주의에 빠져있는 상징주의자들에 대항해, 문학은 내용보다 형식(기교)이라며 문학의 언어를 객관적·과학적으로 파악하려는 방법론을 채택했다.

이들은 문학 연구의 독자적인 입장을 정립하는 데 노력했다. 에켄바움은 형식주의의 목표가 특수성을 띤 문학적인 재료를 연구하는 독립된 문학과학을 창조하는 데 있다고 말했다. 러시아 형식주의 운동은 마침 일어난 볼셰비키 혁명의 소용돌이 속에서 정치적 탄압을 속에 곤란을 겪기도 했다. 러시아 형식주의는 제1차 세계대전 중에 형성되었으나, 1930년경 스탈린의 독재로 와해되었던 까닭에 그들 학파의 작업과 연구 내용은 제대로 조명을 받지 못했다. 그 후, 빅토르 얼리치(Victor Erlich)의 『러시아 형식주의

155) 앤 제퍼슨 외, 김정신 역, 앞의 책, 31쪽.

(*Russian Formalism*)』(무통, 1955)와 츠베탕 토도로프가 번역, 편집하여 펴낸『문학의 이론(*Théorie de la littérature*)』(세이유, 1965)이 출판되고 난 이후에야 비로소 서유럽과 미국에 알려지게[156] 되었다. 러시아 형식주의는 지역적으로 유럽에서 떨어져 있음에도 불구하고, 비평담론에서 세계적인 영향을 미쳤다. 러시아에서도 형식주의와 마르크스 전통을 결합시킨 '바흐친학파'[157]로 그 전통이 계승되었다.

2) 주요 비평 용어

러시아 형식주의 비평가들은 나름대로의 선명한 문학론을 세웠다. 그들이 비판의 대상으로 삼은 것은 퇴폐적인 부르주아 문화와 영혼 탐구적인 자기 분석에 치중하는 상징주의 운동, 그리고 문학에서 사상성을 중요시하던 재래의 문학관 등이다. 미래파 예술가들을 포함한 러시아 형식주의자들[158]은 무엇보다 참신한 표현과 표현의 기법 등 문학성을 강조한다.

① 낯설게 하기: 형식주의의 선구자인 V. 쉬클로프스키가 1910년대에 주창한 이론이다. 그는 문학은 언어와 문자에 의한 예술이므로 표현에 있어서 낯설게 하기(러: Ostranenie, 영: defamiliarization)가 요구된다고 주장했다. 예술은 삶의 경험에 대한 감각을 새롭게 하는 것이기에, 습관적이고 일상적인 것을 탈피하는 언어를 사용하는 일이 바람직하다는 견해이다. 비유하자면, 일상 언어는 마치 자판기에서 나오는 상품처럼 자동적으로 발음되는데,

156) 장 이브 타디에, 김정란 외 역, 『20세기 문학 비평』, 문예출판사, 1995, 19쪽.

157) '바흐친학파'란 러시아 형식주의와 마르크스주의를 효과적인 방법으로 결합시킨 미하일 바흐친, 피텔 매드베데프, 발젠틴 볼로쉬노프 등을 지칭함. 그들은 문학의 언어적 구성과 동시에 이데올로기를 분리시킬 수 없다고 보고 말(發話, slorve)의 사회성을 강조하였음.

158) 레이먼 셀던, 『현대문학이론』, 문학과지성사, 1995, 19~20쪽.

시의 언어는 비스듬하고(oblique), 어렵고(difficult), 약화된(attenuated), 비틀린(torturous) 것이어야 한다[159]는 것이다. 이런 견해는 「기교로서의 예술」(1917) 등에서 '문학이란 그것이 사용된 모든 스타일상의 기교의 총화'[160]라는 그의 주장과도 연결된다.

② 문학성(文學性): 형식주의자들은 문학을 언어의 특수한 예술영역으로 보고, 문학적 언어는 일상 언어와 변별된다고 했다. 실용적, 지시적, 과학적, 산문적 언어는 청자에게 어떤 메시지나 정보를 전달하기에 의사소통적이다. 문학적 언어는 스스로에게 집중하는 '자기 초점적'(self—focused)라는 특징을 지닌다. 그 기능은 의미를 지시하는 것이 아니라, 자체의 형식적 자질에 의해 언어적 기호이며 환기적인 효과를 자아낸다. 야콥슨은 "문학과학의 연구 대상은 문학이 아니라 일상언어와의 변별적 자질(distinctive feature)로서 하나의 작품을 문학 작품으로 만드는 문학성(literariness)"[161]라고 했다.

③ 전경화(前景化): 전경화(foregrounding)란 티냐노프와 무카로브스키가 쉬클로프스키의 '낯설게 하기' 개념을 발전시킨 용어이다. 문학 작품이란 음운적, 사회적, 주지적인 여러 요소들과의 상호작용인데, 그중에서 일군의 지배소(dominant)를 앞에 드러내서 전경화하고 나머지 요소는 후경(background)으로 삼아 전체를 체계화한다는 것이다. 한 편의 작품에서도 지배소는 시대에 따라 종속관계가 뒤바뀜으로써, 문학 발전을 이룬다고 보았다. 한편 토마셰프스키는 산문 양식에서 낯설게 하기와 전경화의 관점을 도입해, 사건(event)과 구성(construction)을 파블라(fabula)와 슈제트

159) 앤 제퍼슨 외, 김정신 역, 앞의 책, 36~37쪽. 문학은 어떤 재료들과 차이를 낯설게 하기(Ostranenie) 또는 소원화(defamiliaization)라 말하고 있음.

160) 레이먼 셀던, 앞의 책, 21쪽.

161) 박덕은, 『현대문학 비평의 이론과 응용』, 새문사, 1989, 114쪽.

(sjuget)라는 용어로 설명하고[162] 있다.

3) 형식주의 비평의 실제

김현은 서구문학 비평의 다양하게 원용하면서도, 작품의 실제에 밀착한 평론가다. 그의 비평은 '형식주의 비평'으로 한정할 수는 없지만, 언어의 문제를 통해 작품을 해석한 한 글을 제시하려 한다. 정현종의 시세계를 비평한「술취한 거지의 시학 — 정현종의 문학적 자리」[163]는 '형식주의 비평'의 한 측면을 포함하고 있다. 인용문은 비평문의 일부분이다.

> 통사론적으로 보자면 그의 시의 큰 특색은 서구식 어법이며, 어사론적으로 보자면 한자어이다. 한문 번역투의 글에서 가장 혼란이 많은 것은 조사이며, 한문 대가들의 번역을 잘 읽어낼 수 없는 것은 그 조사의 오용 때문인 경우가 많다. 한문 번역 문장처럼 한자를 많이 사용하면서, 조사의 정확을 기하면, 이상하게도 그 문장은 서구어에 가까워진다.

> 不足으로 끼룩대는 空腹을
> 大海魚類 등의 접시로도 메꾸고(『거지와 광인』, 나남, 1986, p.24)

의 시행에서, 부족으로 끼룩대는 속, 대해어류 등의 접시 등은 그 좋은 예이다. 한자를 많이 쓴다고 해서, 조사의 정확을 기하면, 그 문장이 반드시 서구어에 가까워지는 것은 아니다. 그 한자가 동양 고전의 무게를 갖고 있

162) 홍문표, 『비평문학론』, 양문각, 1993, 271~272쪽.

163) 김현, 『분석과 해석』, 문학과지성사, 1988, 12~16쪽.

으면, 김관식의 시에서처럼 한문에 가까워지지만, 그것에 동양 고전의 무게가 없으면, 한문과 오히려 멀어진다.

山中宰相은
臨終할 때도 그린 듯한 눈썹에 또렷한 눈매
運身이 自由로워
잠자듯 꿈꾸듯 고운 顔色 그대로
香내음새 날을 두고 피어나리라

라는 김관식의 「山中宰相」에 나오는 자유와 향은,

靈魂의 집일 뿐만 아니라 香油에
젖은 살은 半身임을 벗으며 鴛鴦衾을 덮느니,

낳아, 그래, 낳아라 거듭
自由를 지키는 天使들의 오직 生動인 불칼을 쥐고
바람의 核心에서 놀고 있거라(p.25)

라는 정현종의 「獨舞」의 자유와 향과 완전히 다르다. 이 예는 같은 어휘라도 그것이 서로 다른 문맥 속에 위치할 때는 다른 의미를 얻게 된다는 의미론의 한 원칙을 보여주는 예로 기록될 수 있겠지만, 정현종의 한자어들은,

세월을 佩物처럼 옷깃에 달기 위해 (p.24)

라는 그의 시의 한 이미지를 빌면, 패물처럼 그의 시 속에서 반짝이며, 가

장 동양적이며 가장 서양적인 양가적 가치를 발휘한다. 그 양가적 가치를 발휘하는 데 큰 역할을 맡고 있는 것이,

> [생각하겠지 하늘은]
> 亡者들의 눈초리를 가리기 위해
> 밤 映窓의 해진 구멍으로 가져가는
> 확신과 熱愛의 손의 運行을 (p.23)

의 시행에서 볼 수 있는 의의 사용이다. 조사 의는 동작을 명사화시키면서 그 동작의 윤곽을 확실히 한다. "손은 확고하고 열렬히 움직인다"와 "확신과 열애의 손의 운행"은 동작의 관념화라는 차원에서 상당한 차이를 드러낸다. '움직인다'는 관념화되기 전의 움직임이며 '운행'은 관념화된, 혹은 관념화하고 있는 움직임이다.

통사론적으로 보자면, 그의 시의 큰 특색 중의 하나는 서구식 어법인데, 그것은 인칭대명사·소유형용사·관계대명사적 용법, 서구식 문장 배치 등의 빈번한 이용의 결과이다. 가령

> 때때로 내가 밤에 깨물며
> 의지하는 붉은 사과 (p.29)

의 내가나,

> 그대의 숨긴 極致의 웃음 속에
> 지금 다시 좋은 일이 더 있을 리야
> 그대의 疾走에 대해 궁금하고 궁금한 그 외에는

그대가 끊임없이 마루짱에서 새들을 꺼내듯이

살이 품고 있는 빛의 갑옷의

그대의 서늘한 勝戰 속으로

亡命하고 싶은 그 외에는 (pp. 26~27)

의 그대의 등은, 정현종이 얼마나 인칭대명사·소유형용사에 민감한가를 잘 보여준다. 보통의 한국 사람이라면 '때로 심심풀이로 먹는 붉은 사과'나 '그대가 숨긴 극치의 웃음' '질주에 대해 궁금하고 궁금한 그 외' 등으로 표현하였을 것들이, 정현종의 의식 속에서는 서구식 문장으로 재배치되어 나타난다.

金인 시간의 비밀 (p.31)

이나,

그 잎 위에 흘러내리는 햇빛과 입맞추며

나무는 그의 힘을 꿈꾸고 (p.81)

따위의 관계대명사적 용법이나,

한 처녀가 자기의 눈 속에서

나를 내다본다

나는 남자와

풍경 사이에서 깜박거린다

남자일 때 나는
말발굽 소리를 내고

풍경일 때 나는
다만 한 그루 나무와 같다

달도 돌리고 해도 돌리시는 사랑이
우리 눈동자도 돌리시느니

한 남자가 자기의 눈 속에서
처녀를 내다본다 (p.196)

와 같은 시에서 볼 수 있는, 주어—자동사, 주어—목적어—타동사의 단순한 구조를 그대로 따르는 어법 등으로 그의 시는 더욱 서구적으로 드러난다. 문화적으로 순수주의자들이나 전통복귀론자들의 눈에는 견딜 수 없는 폭력으로 느껴질지 모르지만, 그것은 서구적 문법 체계에 의해 한국어를 배우고 — 우리에게는 전통적인 어법으로 비치는 개화 초기의 어법에 대해 김현은 그것이 일본 문법에 의거한 것이라고 준엄하게 질타한 바 있다! — 중학교 때부터 내내 영어(불어 혹은 독일어)와 부딪쳐온 세대의, 그것도 비교적 공부 잘한 세대의, 당연하다고는 할 수 없으나, 자연스러울 수 있는 문장 감각이다. 다시 말해 그것은 어쩔 수 없이 그것 역시 한국적이라고 인정해야 할 문형이다.

4) 형식주의 비평의 문제점

문학 외적 요소에 치중하던 역사주의 비평과는 다르게 형식주의 비평은 문학 작품의 내적 요소인 언어나 짜임새 등을 주로 다루려는 성향을 띠고 있다. 러시아 형식주의는 1930년대 초에 정치적 사정에 의해 곤란을 겪었다. 그러자 체코의 프라하 언어학파 중심의 구조주의가 생장한다. 다시 체코의 프라하 언어학파도 정치적 어려움으로 말미암아 국외로 추방되었다. 소련이 해빙기를 맞은 1960년대에 소련 기호학이 한동안 소생하기도 했지만, 전반적으로 숱한 고난을 겪으면서도 형식주의와 구조주의 운동은 꾸준히 계속되어 왔다. 특히 쉬클로프스키, 야콥슨, 무카로프스키, 웰렉 등이 세계적으로 끼친 공로는 적지 않다.

하지만 형식주의의 한계점도 지적되고 있다. 첫째, 시작품들에 대한 문학 내적 비평으로 세부적인 것에 성공한 대신 장편과 드라마의 분석에는 실패했다. 둘째, 형식주의 비평은 형식에 몰두하는 나머지 감정을 간과하고 정서적인 부분에서 냉담하다.[164)] 셋째, R. 웰렉의 지적처럼 형식주의는 유럽문학을 너무 한정적으로 다루고 있으며, 역사적 안목이 결여되어 있어 문학사를 무시하는 경향이 있다. 문학사적 측면에서 미학적 근거가 아직 충분히 개발되지 않았으며, 문체론적 분석기법과 현대 언어학을 결합하는 데 무리가 있었다.

문학에 대한 기법적 관심은 형식주의자의 핵심적 특징이다. 그들은 '창작자'라든가 '천재' 대신에 문학 생산자를 등장시켰다. '직관' 대신에 예술 수단(예술적 처리 수법)을 중시한 것이다.[165)]

---

164) 월프리드 L. 게린 외, 정재완 역, 앞의 책, 129~130쪽.

165) 페터 뷔르거, 김경연 역, 『미학이론과 문예학 방법론』, 문학과지성사, 1987, 112쪽.

5.3. 영미(英美)의 뉴크리티시즘

1) 뉴크리티시즘의 전개와 특성

영미(Anglo American)의 신비평(New Criticism)은 형식주의와 구조주의 계열의 현대비평 이론에서 커다란 흐름을 형성했다. 뉴크리티시즘 역시 이전의 전통적인 실증주의에 입각했던 역사주의 비평이나 사회적인 이데올로기에 치중한 태도에 반발해 생성되었다. 작품 외적(作品外的) 요소인 작가의 전기(傳記)적 사실과 역사적 맥락에 중점을 두던 방법과는 달리, 문학의 내적 요소인 작품(text) 내의 언어를 분석하고 평가해야 한다는 것이 뉴크리티시즘의 문제의식이다. 형식주의의 한 유파로 볼 수 있는 신비평은 일면 언어비평(言語批評) 또는 분석비평(分析批評)이라고도 부른다. 여기서는 영미의 신비평을 프랑스의 신비평과 구분하기 위해 뉴크리티시즘이라는 용어를 쓰기로 한다.

신비평은 제1차 대전을 전후한 무렵부터 영국과 미국에서 시작된 문예운동이었다. 1920년대 들어 T. S. 엘리엇의 「전통과 개인의 재능」, I. A. 리차즈의 『문예비평의 원리』와 『실천비평』에서 형식주의에 관한 주장이 드러난다. 러시아 형식주의 운동보다는 다소 늦게 시작된 셈이지만 문학 비평의 기본 태도에서 텍스트의 언어를 중심으로 삼았다는 점에서 양자는 유사하다. 1940년대 이후에는 미국에서도 성행하게 되면서 흔히 영미 형식주의(Anglo—American Formalism)로 불리게 되었다. 신비평이란 명칭은 비평가 J. C. 랜섬(John Crowe Ransom, 1888~1974)이 출판한 『신비평(*New Criticism*)』(1941)에서 비롯되었다.

주요한 신비평가들(New Critics)에는 방금 인용한 사람 외에도 이버 윈

터즈(Ivor Winters), R. 웰렉(Rene Wellek), 워렌(A. Warren), 윌리엄 엠프슨(William Empson), 블랙머(R. P. Blackmur) 등을 꼽을 수 있다. 1950년대를 전후해서 윌리엄 윔사트(W. K. Wimsztt), 클린스 브룩스(Cleanth Brooks), 그리고 앨런 테이트(Allen Tate) 같은 평론가, 학자들을 중심으로 미국 남부의 소규모 단과대학들에서 논의가 활발하게 전개되었다.

뉴크리티시즘은 작품을 다른 조건에 의해서가 아니고, 작품 자체의 조건에 의해서 이해하고 해석하고 평가하고자 한다. 비평은 작품 그 자체를 대상으로 내부적인 접근을 해야 하며 사회적 조건이나 가치평가의 기준에 의한 외부적인 접근에 의해서 평가하는 것을 배제한다. 그러므로 신비평은 말콤(Malcom)이 지적했듯이 '꼼꼼하게 읽기(close reding)'라는 말로 표현되기도 한다. 뉴크리티시즘의 이와 같은 관점은 스피처(L. Spitzer, 1887—1960)가 "작품비평은 작품에 내재한 것이 아니면 안 된다"라고 말한 것과도 연결된다. 러보크(P. Lubbock)는 "비평의 시작은 올바르게 읽는 일이다. 바꿔 말하면 될 수 있는 대로 작품에 접근하는 일이다"라고 했고, 몰턴도 "문학 작품을 상대로 하는 것 외에는 여하한 가치평가도 인정하지 않는다"라고 말했다. 이는 작품을 어떻게 썼느냐 하는 언어적 측면을 중요시 한 것인데, 이런 요소는 그대로 영미(英美)의 뉴크리티시즘에 이어졌다.

2) 비평용어들

신비평은 어디까지나 구체적인 작품을 대상으로 한다. 따라서 유기체로서 예술 작품을 파악해 짜임새나 문체, 상징성, 모호성, 표현기교 등에 주목한다. 신비평에서 활용되는 전문용어로는 객관적 상관물, 의도의 오류, 감동의 오류, 조직과 구조, 모호성 등이 있고, 역설이나 '반어(反語)' 같은 일반용어도 특수하게 활용하기도 한다. 신비평에서 자주 쓰이는 비평용어 몇

개를 검토해 보면 다음과 같다.

① 객관적 상관물(objective correlative)

1919년에 T. S. 엘리엇이 「햄릿과 그의 문제들」에서 셰익스피어의 『햄릿』에 대해 불만을 표하면서 사용한 용어를 일반화시킨 것이다. 실생활에서의 정서와 예술표현의 차이를 지적한 언어라고 할 수 있다. 그는 객관적 상관물은 '어떤 특별한 정서를 나타낼 때 공식이 되는 한때의 사물·정황·일련의 사건으로서, 바로 그 정서를 곧장 환기시키도록 제시된 외부적 사실들'이라고 정의한다. 즉, 시적 정서의 주관성을 객관화하기 위해서는 그 상황에 맞는 적절한 형태의 정서를 창조하는 능력이 필요하다. 이때 창작자의 의도와 흡사한 외부 이미지가 객관적 상관물이 된다. 예를 들어, '내 마음은 호수요, 그대 노 저어 오오'와 같은 시적 표현은 사랑의 정서를 '호수'을 표현한 것이다. 이때 호수는 객관적 상관물로 볼 수 있다. 객관적 상관물이라는 용어에 대한 비판도 제기된다. 객관적 상관물 자체가 정서를 직접 만드는 것이 아니라, 그 객관적 상관물을 사용하는 창작자의 표현방식에 의해 정서가 형성된다는 것이 그 비판의 대표적인 사례이다. 하지만, 감정의 직접적인 진술에 거리를 두려는 경향이 있는 현대시에서는 여전히 객관적 상관물이라는 용어를 선호한다.

② 모호성(ambiguity)

애매성 혹은 다의성(多義性)으로 불리기도 한다. W. 엠프슨(W. Empson)의 저작인 「모호성의 일곱 가지 유형」에서 제시된 개념이다. 모호성은 과학용어의 명백성과 대조되며, 문학예술(특히 시)에서 불분명한 언어사용이 오히려 시적 효과를 창조하는 경우를 지칭한다. 한용운의 시에서 많이 등장하는 '님'이나, 이상의 「오감도(烏瞰圖)」'시 제1호'에 나오는 13이란 숫자 등이 그런 예이다. 언어에서의 이런 모호성은 엠프슨의 스승인 의미론자 I. A. 리차즈가 주장했던 것을 제자가 계승, 발전시킨 것이다. 언어학자들은 하나의 표면적 문장구조에서 두 가지 이상의 심층문장구조(deep structure)를 발견할 수 있다고 말한다. 이러한 언어의 다의적 성격이 애매성을 만들어낸다.

③ 의도의 오류(intentional fallacy)

작품 창작에 임하는 작가의 창작 의도가 곧 그 작품의 의미와 직결되는 것이 아니라는 이론이다. 역사주의 비평이 추구하는 창작 의도와 작품 해석을 직접 연결시키는 연구 경향에 대한 비판의 의미를 담고 있다. 이 용어는 윔세트(W. K. Wimsatt)와 버어즐리(Monroe C. Beardsley)에 의해 제안되었다. 그들은 두 사람의 공동 논문인 「의도(意圖)의 오류(誤謬)」라는 글 속에서, 작가의 본래 의도와 작품에서 성취된 의미 사이에는 근본적인 차이가 있다고 보았다. 이 둘 사이의 간격을 혼동하는 데서 작품의 이해와 평가에 오류가 발생한다는 것이다. 그들은 다음과 같이 말한다. "시는 비평가나 작가의 소유물이 아니다. 작품은 그것이 탄생되는 순간 곧바로 그 작가의 통제력이 미치지 않는 세계 속으로 떠나가 버린다. 시는 공중(公衆)에 속하는 것이다." 이런 견해는 작가 위주로 작품을 풀이하려는 전통적인 방법에서 벗어나서 작품을 수용하는 독자를 주목한 현대 형식주의 비평의 한 경향을 보여준다.

④ 감동의 오류(affective fallacy)

'감정의 오류' 혹은 '영향의 오류'라고도 한다. '감동의 오류' 역시 윔세트와 버어즐리가 『스와니 리뷰』지(1949)에 발표했던 논문에서 주장한 것이다. '감동(感動)의 오류'란 문예 작품의 의미나 가치를 그 작품에 대한 독자들의 정서적 반응의 강렬함에서 찾으려는 역사주의자들의 태도는 오류(그릇됨)라는 것이다.

존재하는 작품과 그것이 독자들의 마음속에 작용하는 결과를 혼동하기 때문에 이러한 오류가 발생한다. 즉 "감정에 관한 오류는 시 작품과 그것이 낳는 결과를 그것이 있는 바의 것과 그것이 하는 바의 것을 혼동하는 것이다. (…중략…) 그것은 비평의 기준은 시가 낳는바 심리적 효과에서 이끌어 내고자 하는 것에서 시작하여 인상주의나 상대주의가 되어 끝난다"[166]는 것이다. 이런 신비평적인 주장은 오늘날의 베스트셀러 작품이 곧 명작은 아니라는 문제와도 관련이 있다.

⑤ 구조와 조직(structure and texture)

랜섬이 시를 "모순된 국부적 조직을 가진 느슨한 논리적 구조"라고 파악한 데서 사용한 언어다. 그에 의하면 구조(structure)는 문학 작품에 있어서 전체와 부분의 합리적 통일성(coherence)을 의미한다. 이에 비해 조직(texture)은 결이나 짜임새인데, 시의 사상 내용인 구조와 대조를 이룬다. 이러한 조직의 요소로는 상황, 비유, 운율, 이미지, 어조, 각운 등을 거론할 수 있다.

⑥ 긴장(tension)

앨런 테이트(Allen Tate, 1899—1979)가 창안한 개념으로서 외연(外延, extension)과 내포(內包, intension)라는 두 개의 단어에서 접두사인 in과 ex를 제거한 후 남은 것이 '긴장(tension)'이다. '긴장'이라는 용어는 '문학언어는 작품 외부를 향한 문자적 의미와 작품 내부를 향한 비유적 의미의 충돌

166) 이선영·권영민, 『문학 비평론』, 한국방송통신대학 출판부, 1982, 68~69쪽.

에서 비롯되는 긴장을 품고 있다'는 뜻을 지닌다. 테이트가 강조하고자 한 것은 밖과 안이라는 반대 방향에서 서로 당기는 팽팽한 힘이 문학언어에 있다는 점이다. 그에 의하면 훌륭한 작품은 바로 그러한 의미의 힘을 가지고 있으며, 그 힘은 한 단어 내에서 서로 반대되는 세력들의 밀고 당김 속에서 발생한다. 테이트는 훌륭한 시의 의미는 그러한 의미의 긴장 관계, 즉 "그 시 안에서 발견할 수 있는 모든 외연과 내포의 완전한 조직체"라고 말했다.

3) 뉴크리티시즘의 쇠퇴

뉴크리티시즘은 1957년 프라이의 『비평의 해부(*Anatomy of Criticism*)』의 출판과 함께 시들었다. 르네 웰렉은 뉴크리티시즘이 "1961년에는 탈진 상태에 이르렀다"고 말했다. 1940년대에서 1960년대 중반까지 전성기를 이루었던 뉴크리티시즘이 쇠퇴한 대신에 그동안 뉴크리티시즘에 눌려왔던 현상학적 비평이나 페미니즘 비평 등이 부상하게 되었다.

이런 경향은 다음과 같은 영문학 전공 교수들의 증언을 통하여 확인된다. 그동안 신비평가들이 추방했던 작가를 회복시킨 풀레(George Poulet)의 현상학적 비평과, 페미니스트 비평은 작가와 독자를 동시에 복원시켰다. 그리고 역시 뉴크리티시즘이 단죄했던 독자를 복원시킨 웨인 부스(Wayne C. Booth)의 시카고 비평이나 컬러(Jonathan Culler)의 구조주의 비평도 새롭게 각광을 받았다. 데리다(Jacques Derrida)의 이론을 더욱 발전시킨 폴 드 만, H. 밀러 등의 '예일 마피아'들과 그들이 제시한 '새로운 뉴크리티시즘'인 해체비평, 이저(W. Iser)의 현상학적 비평이 뒤를 이었다. 뿐만 아니라 피쉬(S. Fish)의 영향론적 문체론, 독자 지향적인 홀랜드(N. Holland)의 정신분석적 이론, 가다머의 주관적 해석학 등과 같은 독자반응 비평 등이 계속 생성되기도 했다. 마지막으로 신비평이 경멸했던 그린블랫(S. Greenblat)의 신역사주의(New Historicism) 등, 대부분 유럽 철학에 그 뿌리를 둔, 비평 이론들이 뉴크리티시즘 쇠퇴 이후 우후죽순처럼 등장했다.[167)]

5.4. 방법상의 특징 및 한계점

뉴크리티시즘은 작품의 내적 형식을 중심으로 접근하기 때문에 작품의 짜임새나 문체, 모호성, 상징성 등에 유의한다. 뉴크리티시즘은 비평용어를 개발해 활용했는데, 객관적 상관물, 감동의 오류, 의도의 오류, 모호성, 구조와 조직 및 반어(irony), 역설(paradox) 등이 바로 그것이다.

뉴크리티시즘의 관점과 방법상의 특성을 들면 다음과 같다.[168)] 첫째, 시(詩)는 시 자체로서 다루어져야 하고 독립적이며 자주적인 객체로 간주되어야 한다고 주장했다. 둘째, 한 작품을 구성하고 있는 요소들의 복잡한 상호관계와 애매성(다의성)을 상세하고 정밀하게 분석하는 '정해(精解) 또는 정독(精讀)'을 강조했다. 셋째, 신비평의 원칙은 근본적으로 언어적이라는 점이다. 그래서 주로 단어, 비유 그리고 상징 등의 의미와 상호작용을 다루고 있으며, 구조와 의미의 유기적(有機的) 통일성을 중시한다.

뉴크리티시즘의 세계적 흐름이 맨 처음 소개된 것은 최재서의 「비평과 과학」(1934)을 통해서였다. 하지만, 뉴크리티시즘은 1950년대 중엽 한국에서 백철이 「뉴크리티시즘에 대하여」[169)]등을 발표하면서 본격적으로 소개,

---

167) 이명섭, 「뉴크리티시즘: 반실증주의적인 창조적 로고스」, 인문과학연구소 편, 『현대문학 비평 이론의 전망』, 성균관대 출판부, 1994, 5쪽.

168) 박덕은, 『현대문학 비평의 이론과 응용』, 새문사, 1989, 123~124쪽.

169) 백철, 「뉴크리티시즘에 대하여」, 『문학예술』, 1956년 9~10월; 「I. A. 리처즈씨와의 문학대화」, 『思想界』, 1958년 5월; 「뉴크리티시즘의 제문제」, 『思想界』, 1958년 11월; 「뉴크리티시즘의 행방」, 『思想界』, 1966년 2월.

수용되었다. 그 후 영문학 전공자들이 선호하는 비평 방법론으로 각광을 받았다. 이 가운데 구체적인 작품 분석에 적용한 것으로는 정병욱의 「쌍화점고(雙花店考, 1962)」와 오랫동안 잡지에 연재하다가 단행본으로 펴낸 송욱의 『시학평전(詩學評傳)』을 들 수 있다. 1960년대 이후에는 뉴크리티시즘이 한국에서도 시들해지는 형세에 접어들었는데, 그 한계점은 대개 다음과 같은 요소들이라 볼 수 있다.

① 너무 지나친 학문성, 고답성(高踏性) 및 일종의 귀족성을 보였다. 이것은 일부 식자층 위주의 전문 술어를 쓰는 강단비평식의 현학성을 띠어 독자들에게 곤혹감을 주는 면이 있었다.

② 언어적 조건에 매달린 나머지 언어 이상의 사상이나 정열을 외면하려는 경향이 있었다.

③ 시작품을 분석하되 다른 외부적 요소는 참고하지 않고 구절과 시행 하나하나를 정밀하게 검토함으로써 시 자체의 의미를 무화(無化)시키는 경향이 있었다. T. S. 엘리엇은 「비평의 한계」(1956)라는 논문에서, 그런 태도는 레몬의 본래 성분이 없어질 만큼 한 방울도 남기지 않고 지나치게 그 대상을 짜내는 압착기(lemon squeezer)에 비유된 방 있다.[170]

④ 철저하게 작품 위주의 언어분석에 치중한 나머지, 정작 비평가나 독자의 창의성 발휘를 억압하고, 비평의 안목을 좁게 만들었다.

⑤ 작품이 미치는 사회적 효용이나 반향을 차단한 결과, 작품의 역할을 폐쇄적으로 한정하는 오류를 자초했다. R. 웰렉이 지적한 바 있듯이, 신비평은 문학사를 외면한다는 불만 또한 여기에 해당된다고 볼 수 있다.

---

170) 백철 편, 『비평의 이해』, 민중서관, 1974, 305~308쪽. 위의 첫째, 둘째, 셋째 한계점은 여기에 준한 것임.

6장 구조주의와 해체비평

6.1. 개관과 전개 과정

구조주의 비평(Structuraist Criticism)은 실존주의(實存主義) 몰락 이후인 1950년대 중엽부터 프랑스에서 문화인류학자인 레비스트로스(Claude Levi Strauss, 1908—2009)에 의해 창시(創始)되어 1970년대 초엽까지 성행한 문학 비평 이론이다. 러시아의 형식주의나 영미의 뉴크리티시즘보다는 늦게 시작되었지만 전통적으로 문학 밖의 요소에 치중하는 역사주의에 반대하고 작품 자체 내의 요소에 치중하는 면에서는 동일한 성격을 지녔다. 그리고 그 생성이나 발전과정에 예의 형식주의 운동은 물론이요 체코의 구조주의와 소련이나 프랑스의 기호학과도 영향 관계가 있었음을 알 수 있다. 또한 러시아 형식주의의 계승자[171)]인 이 구조주의는 탈구조주의(Post—Structuralism)를 생성시키고 '해체비평'(Deconstructive Criticism)으로까지 이어졌다.

1) 계보상의 순서

문학의 내적 요소인 형식이나 구조를 중요시하는 비평의 계보를 알기 쉽게 정리해 보면 다음과 같다. 그 연대나 속성을 고려하여 대강의 발전과정에 관한 윤곽을 살펴보기 위한 것이다.

---

171) R. Scholes, 위미숙 역, 『문학과 구조주의』, 새문사, 1991, 12쪽.

형식주의와 구조주의 계보

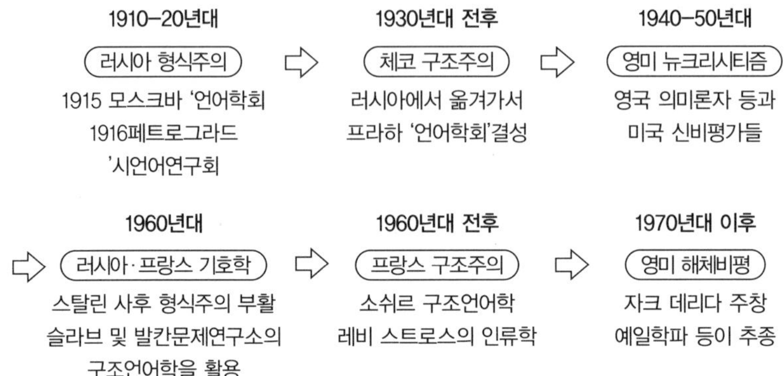

이런 발전과정이나 성향의 유사성들은 테리 이글턴의 다음과 같은 언급에서도 확인할 수 있다.

> 야콥슨, 얀 무까르조프스키(Jan Muka ovskŷ), 펠릭스 보디쮸카(Felix Vodiĉka) 등의 프라하 언어학파는 러시아 형식주의에서 현대 구조주의로의 이행의 한 모습을 보여준다. 그들은 형식주의자들의 생각을 다듬었지만, 그것을 소쉬르의 언어학의 테두리 안에서 더 엄격하게 체계화시켰다.[172)]

테리 이글턴은 러시아 형식주의와 프라하 언어학파의 상관성에 관해 언급하고, 이러한 경향이 뉴크리티시즘이나 프랑스 구조주의와 연결되었다고 말한다. 구조주의는 형식주의와 연동하면서도 차이점을 드러내며 현대비평의 한 흐름을 형성해 왔다.

172) T. 이글턴, 김명환 외 역, 『문학이론 입문』, 창작과비평사, 1995, 126쪽.

2) 구조주의와 형식주의의 상이점

프랑스 구조주의가 러시아 형식주의와는 어떻게 상이한가에 대해 확인할 필요가 있다. 그 중요한 핵심을 적절하게 파악해서 간추린 견해인 것이다.

> 러시아 형식주의와 프랑스 구조주의는 많은 유사성을 가지고 있지만, 형식주의가 문학체계 전체(랑그)에 비추어 개별예술작품(빠롤)을 밝히는 일에 주로 관심을 쏟는 데 비해, 구조주의자들은 '랑그' 전체 즉 기호체계 자체를 총체적으로 밝혀내려는 방향을 취한다. 따라서 구조주의자들의 활동은 자연히 상부구조에 대한 연구, 이데올로기에 대한 연구가 되는 경향이 있으며 인간의 의식적인 사회적 삶을 무의식적으로 규정하는 가치체계나 기호체계들에 대한 총체적 분석으로 나아간다. 그렇기 때문에 구조주의의 연구업적 속에는 마르크스주의에서 제기된 상부구조와 토대의 문제가 어떤 식으로든 다루어지게 마련이다.[173)]

형식주의가 개별 작품에 집중해 체계에 접근한다면, 구조주의는 전체체계 자체의 규명에 관심을 표명한다. 따라서 개별 작품 속에서 언어 전체나 기호체계 자체를 도출하고 해명하려는 경향이 있다. 구조주의가 토대와 상부구조, 이데올로기, 사회적 가치규범 등에 연관되는 이유가 여기에 있다.

레비스트로스는 1955년에 『슬픈 열대』라는 책에서 현상학(現象學)과 실존주의에 대한 환멸을 표현한 바 있다. 그러면서 그의 은사들이 베르그송의 논문에 너무 집착하고 있는 반면 소쉬르의 『일반언어학개론』(1915)

173) 위의 책, 327쪽.

은 읽지 않는다고 비판했다.[174] 그즈음부터 소쉬르(Ferdinand de Saussure, 1857—1913)의 언어학 이론을 원용한 비평운동이 프랑스를 중심으로 일어났다. 그리고 구비평을 대표하는 레이몽 피카르와 신비평을 대표하는 롤랑 바르트의 문학논쟁[175]이 치열했던 1965년에 구조주의는 큰 성황을 이루었다. 바르트의 비평은 레비스트로스의 문화인류학적 구조주의 계열에 가까운 것이다.

6.2. 프랑스 구조주의

프랑스 구조주의는 소쉬르의 언어학의 영향으로 정립[176]되었다. 구조주의와 소쉬르의 관련성은 앤 제퍼슨(Ann Jefferson)의 언급에서도 분명하게 제시되어 있다. 그는 소쉬르의 저작을 구조주의적 사유의 형성에 있어서 하나의 혁명을 불러일으킨 책[177]으로 거론했다.

프랑스 구조주의는 기호의 일반과학이라는 소쉬르의 꿈—기호론(Semiology)—의 한 실현이다. 그는 모든 표현체계의 가장 복합적이고 가장 특징적인 것이 언어라고 보았다. 그럼에도 불구하고 언어는 구조와 조직에 있어서 사회행위와 유사성을 갖고 있다. 언어의 표본적인 지위 때문에 언어는 '기호론의 모든 지론(枝論)들에서 주 유형(master pattern)'이 되어야 했다.

174) D. W. 포케마 외, 정종화 역, 『20세기 문학이론』, 을유문화사, 1985.

175) 피가르는 저서 『신비평인가 아니면 사기극인가』(1965)로 바르트는 「역사인가, 문학인가?」(1963)와 큰 논쟁을 벌여 유럽 문단을 떠들썩하게 했음(위의 책, 89~91쪽).

176) Robert Scholes, 『*Structuralism in Literature*』, Yale Univ. Press., 1974, 13~21쪽. 이 책에서는 구조주의가 소쉬르의 언어학에서 시작하여 야콥슨과 레비스트로스의 시학에 연결되었다고 논하고 있음.

177) 이 책은 Benoist가 1976년에 펴낸 『구조주의의 혁명(*La rêvolution structurale*)』임.

구조주의 언어학의 외연 확장으로 인해 거의 모든 인문과학이 중요한 관점을 변화를 겪어야 했다.

이는 더 이상 경험적으로 검증될 수 있는 데이터의 문제가 아니었고, 실증주의적 태도로 세계를 해석하는 문제도 아니며, 어떤 고유한 자질에 따라 의미를 파악하는 것과도 달랐다. 구조주의 언어학은 관습·관계·체계들에 그 의미가 의존해 있는 기호로서 표현형식들을 파악하는 것을 의미했다. 이러한 인문학적 관점의 전환에 가장 먼저 응답한 사람은 '구조인류학'라는 학문을 창시한 레비스트로스였다.[178)]

1) 소쉬르의 이론

프랑스 구조주의를 올바르게 이해하기 위해서 소쉬르 언어학 이론을 고찰할 필요가 있다. 소쉬르(1857~1913)는 즈네브대학에서 오랫동안 비교언어학과 산스크리스트학을 강의했으며, 구조주의 언어학을 정립한 이다. 그가 작고한 2년 뒤에 출간된 『일반언어학개론』은 구조주의 언어학의 개념적인 골격을 보여준다.

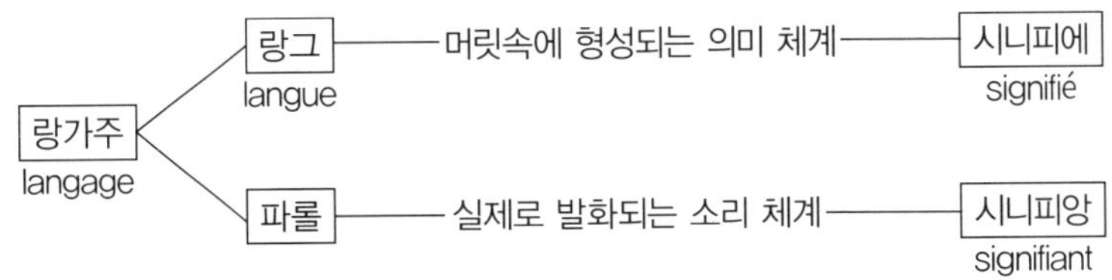

소쉬르는 언어(랑가주)를 의미체계인 랑그와 소리체계인 빠롤로 나누

178) 앤 제퍼슨·데이비드 로비, 김정신 역, 『현대문학이론』, 문예출판사, 1991, 140~141쪽.

었다. 랑그는 사회 일반적인 약호(略號)로 빠롤은 개인적인 구체적 행동으로 지칭되었다.

일종의 집단적 관습으로서의 의미체계인 랑그에 이어지는 씨니피에는 한자의 '人'이나 '山' 경우처럼 언어의 내용면에 해당한다. 소리 체계인 빠롤에 이어지는 씨니피앙은 사람(또는 man)이나 산, 뫼(또는 mountain)의 경우처럼 표현적인 형식면에 해당된다. 이럴 때, 랑그는 집단적 관습이므로 변경되기 어렵지만, 빠롤은 개인적인 행위이므로 개성적이며 자유롭게 변화하는 속성을 지녔다.

이런 이론에 대한 부연과 소쉬르 언어학이 널리 채택, 활용되는 과정은 다음 글에서 살필 수 있다. 랑그가 일반적인 문학을 구성하는 법칙이 된다면, 빠롤은 그 일반법칙에 변형이 가하여 이루어진 개별적인 문학 작품이 된다. 소쉬르는 '구조'에 대해서는 언급한 적이 없었다. 그는 언어가 조직되는 내적 법칙을 지칭하는 체계라는 어휘를 사용했다. '구조'라는 어휘는 제1회 '슬라브 문헌학자 대회'(프라하, 1929)에서 언어학의 용어로 사용된다. 거기에서 익명의 선언문이 발표되는데, 선언문을 기초한 사람들은 러시아 언어학자인 야콥슨(R. Jakobson), 카르체브스키(Karcevskij), 트루베츠코이(Trubetzkoy)였다. '구조'의 개념은 체계 안에서 형성되는 '관계(relation)'와 밀접하게 연결되어 있다.[179)]

나머지 속성이나 개념 파악은 6장의 기호학적 비평에서 설명할 것이다. 그런데 여기에서 프랑스 구조주의와 러시아 형식주의의 상이점을 살펴볼 필요가 있다.

---

179) 이선영·권영민, 『문학 비평론』, 한국방송통신대학 출판부, 1992, 84쪽.

2) 대표 이론가들과 특성

프랑스 구조주의 이론가들은 1950년대의 초창기부터 오늘날에 이르기까지 많은 사람들이 거론될 수 있다. 우선 구조주의로 일종의 문학혁명을 일으킨 문화인류학자 레비스트로스와 그 이론의 언어적 모델이 된 소쉬르를 꼽을 수 있다. 또 크게 논쟁을 벌였던 롤랑 바르트와 루시앙 골드만, 르네 지라르도 프랑스 구조주의 이론가 그룹에 포함될 수 있다. 이밖에 마란다, 빈델반트, 그레마스, 미셸 푸코 등이 있다. 이 가운데 R. 바르트와 그레마스는 다음 장에서 다루는 기호학에도 해당되고, 미셸 푸코는 정신분석학적 비평과도 연관이 있다.

프랑스 구조주의 이론가들 사이에는 그 주장이나 비평 방법에서는 차이가 있지만, 이들은 문학이 근본적으로 현실의 모방이라는 모방비평태도에는 반대하고 있다. 또한 이들은 문학이 우선적으로 저자의 감흥이나 기질을 표현하는 것이라는 역사주의적인 표현비평에도 반대한다. 뿐만 아니라 문학이 저자와 독자 간의 의사표시 방식이라는 어떤 견해에도 반대하여 각각의 작품은 고정된 공적(公的)인 의미를 부여받은 독자적 어휘로 보는 분석비평(신비평)의 견해에도 반대한다.[180]

> 먼저 구조주의는 문학에 대한 가차없는 '탈신비화'를 뜻한다. (…중략…) 인간적 의미의 '만들어진 것임(人爲性)'에 대한 구조주의의 강조는 커다란 진전을 뜻한다. 의미는 이제 사적(私的) 경험도 아니고 신이 내려준 것이 아니었다. 그것은 어떤 공유된 의미작용체

180) 이 단락의 내용은 필자가 읽고 참고한 여러 저서나 논문을 검토하고 혼합해서 독자적으로 간추린 강의 노트의 일부임.

계의 산물인 것이다.[181)]

프랑스 구조주의 비평에 드러난 특성들은 다음과 같이 정리할 수 있다.

① 문학 작품은 순전히 문학적 관습과 법칙들에 따라 다양한 요소들이 작용하여 이루어진 저작(著作)의 한 방식으로 파악하고 있다.

② 구조주의 비평의 초점을 독서행위에 두고 있다. 독서란 필수적 관습과 약호들을 작용시킴으로써 문학적 의미를 만드는 것으로 본다.

③ 개개의 작가나 테마는 물론이요, 구성 역시 창작하는 데에는 주도권도 의사권도 없는 대신, 의식의 자아는 대명사 '나'를 사용하는 하나의 구성체로 파악한다.

④ 이전의 비평 용어를 사용하지만 구성, 장르, 등장인물, 상징 등의 의미를 상이하게 사용하고 있다.

⑤ 프랑스 구조주의자들은 영미 신비평가들과는 대조적으로 시보다는 산문(픽션)에 많은 관심을 보였다.

3) 구조주의의 한계

위에서 구조주의의 여러 면모와 가능성을 프랑스 중심으로 살펴보았는데, 그 취약성도 다음과 같이 지적되고 있다.

① 구조주의는 기본적으로 작품의 구조에 집착하는 데서 오는 공허하고 분명치 못한 보편성을 지니고 있다. 그래서 프레드릭 제임슨은 구조주의를 언어

---

181) T. 이글턴, 김명환 외 역, 앞의 책, 134~135쪽.

의 감옥이라고 비판했다.(프레드릭 제임슨 『언어의 감옥—구조주의와 형식주의 비판』, 까치, 1972.)

② 반 역사주의적인 성향으로 인해 문학의 배경 등에 작용하는 입체성을 부정하고 있다.

③ 언어구조 등에 치우치는 데서 오는 탈사물화(脫事物化) 요소를 포함하고 있다.

이런 취약성을 내포하고 있는 프랑스 구조주의는 그 약점을 의식, 보완하면서 후기구조주의 내지 해체주의(Deconstructuralism)로 이어졌다. 따라서 구조주의의 본질이나 발전과정 및 성과를 파악하기 위해서는 탈구조주의(해체주의)나 포스트모더니즘 등을 고려해 입체적으로 이해해야 할 것이다.

6.3. 구조주의 비평의 실제

여기에서는 구체적인 비평의 보기로 허윤진의 글을 제시하기로 한다. 허윤진은 '구조주의의 복권을 위하여'라는 테제 속에서 「다시, 읽다 — 자기재현적 네트워크로서의 문학 텍스트」[182]라는 글을 발표했다. 인용문의 글의 도입부의 일부분이다.

차를 마시며 시를 읊는 전통적인 시간. 우리는 의자에 앉아 있다. 그런데, 우리가 앉아 있는 의자는 '동일한' 의자일까? 당신은 '의자'

182) 허윤진, 『5시57분』, 문학과지성사, 2007, 92～97쪽.

라는 말에서 어떤 속성을 가진 실체를 떠올리고 있는가? 당신이 생각하는 의자는 혹시, 짙은 고동색에 나무 소재이고 등받이와 팔걸이가 모두 있는 딱딱한 의자인가? 나도 그 의자를 생각하고 있다고 하자. 그때의 '고동색'은 '어느 정도의' 색깔이며, 나무는 어떤 나무이고, 등받이는 어떤 모양이며, 팔걸이는 또 어떤 모양인가? 크기와 높이는? 우리가 의자에 앉아 지금 함께 마시고 있는 '차'는 어떤 맛과 향기를 지녔는지 말해줄 수 있을까? 이런 식의 질문을 계속하는 것이 우리의 대화라면 그 대화는 끝날 수가 있을까?

비트겐슈타인은 대상들의 완전한 동일성이란 존재할 수 없으며, 우리가 가정하는 동일성이란 마치 가족 구성원들의 모습처럼 속성이 부분적으로 상호 간에 겹쳐지는 현상과도 같다고 보면서 이러한 유사성을 "가족 유사성family resemblance"이라고 지칭한다.[183] 개념 자체가 지니는 속성은 모든 개체들에 편재할 수도, 일반적일 수도 없다. 이처럼 불완전한 개념을 언어로 다시 재현하는 작업, 즉 '번역'하는 작업은 동일성의 영역에서 더 멀어지는 작업일 것이다. 재현된 개념과 재현하는 언어 사이에는 근본적인 간극과 불일치가 존재한다.

현실의 영역에서도 언어로 무엇인가를 규정하고 명명하는 행위가 이처럼 협의 불가능한 의미의 불균일한 장을 생성해내는데, 언어로 허구적인 세계를 구성하고 그것을 감상하는 문학의 행위는 하물며 어떠하겠는가? 만일 어떤 문학 작품이 재현하려는 세계를 완벽하게 동일하게 재현했다고 가정한다 해도, 문학 작품을 매개로 이루어지는 의사소통 과정은 볼프강 이저의 말처럼 '텍스트'와 '독

---

183) Ludwig Wittgenstein, 『*Philosophical Investigation*』, G. E. M. Anscombe, tr., Prentice Hall, 1958, 32쪽.

자'의 관계로서 생성되기 때문에, 재현과 의미는 그 관계 사이에서 비대칭적으로 고려될 수밖에 없다. 텍스트의 소통 과정에서는 언어 기호의 조직체를 심리적이며 상상적인 세계로 재구성해내는 독자의 참여가 절대적이다. 여기에서의 독자는 롤랑 바르트 식으로 작가를 포함한 개념이다. 모든 텍스트의 최초의 독자는 그것을 기술(記述)하면서 동시에 읽는 존재인 작가일 수밖에 없기 때문이다. 이런 전제 아래서, 우리는 작가를 포함한 모든 독자가 궁극적으로 텍스트를 의미 있는 대상으로서 창조하는 존재라고 정의할 수 있을 것이다.

그런데 개별 독자들은 동일한 정체성과 동일한 사유 방식을 갖고 있지 않다. 그/녀가 경험한 세계와 그/녀의 구성적 정체성은 개체에 따라 다를 수밖에 없다. 개인의 정체성 역시 개념과 마찬가지로 가족 유사성의 측면에서만 그 닮은꼴을 이야기할 수 있다. 문학적 관습을 포함해서, 개인을 구성하고 개인이 구성하는 아비투스 역시 개인이 어떤 공동체들에 속해 있느냐에 따라 다른 양태로 작용할 수밖에 없다. 이저의 내포 독자implied reader나 조너선 컬러의 이상적인 독자ideal reader처럼 문학적 관습에 대한 지식으로 충만한 '완벽한' 독자와, 그/녀처럼 '완벽하지 못한' 독자가 동일한 독서 행위를 수행할 수 있겠는가? '정치적으로 올바른' 현대의 수많은 문학이론이 증명하고 있는 것처럼 개인의 성적 정체성, 인종, 계급 등의 조합과 재조합에 따라 독서 행위의 과정과 결과는 다양한 양태로 나타날 수밖에 없다. 그리고 매번 일회적으로 발생하는 독서 행위의 사례를 보아도, 독자 개인의 육체가 수행하는 행위 역시 매번 다른 행위라고 말할 수 있다. 이것은 물론 독서 행위가 지속되는 시간 자체가 일직선적으로 전개되며 불가역적이기 때문이기도 하다. 어겠든 독서 행위와 독서 행위자의 차원에서 생성되는 문학 텍스트라는 것은 임시로 지어진 일종의 가건물과도 같은 셈이다. 언제든 부서지고 새로운 구조물로 재탄생할 수 있는 가능성이 잠재한 임시의 구조. 극단적으로 말해서 문학 텍스트에서 재현되는 현실은 독자가 참여해서 의미를 만드는 과정 자체일 뿐이다. 수용미학과 독자 반응 비평은 현대 문학 이론으로서 우리에게 이런 전제를 수긍할 수 있는 토대를 마련해주었다.

언어가 이처럼 가—설(假—設)적이라는 인식이 대두된 것은 20세기의 인식론적 혁명이라고 할 수 있는 구조주의가 탄생한 즈음의 일이라고 할 수 있다. 기호가 기표와 기의의 '자의적' 결합으로 구성된다는 소쉬르의 선언적인 명제는 언어와 음성과 의미가 유연적(有緣的)으로 고정되어 있다고 보는 본질론적인 견해에 충격을 주었다. 언어행위에 참여한다는 것은 무엇인가? 소쉬르에게 언어활동은 체스 게임과 같다. 판을 조직하고 있는 어떤 법칙과, 그 법칙대로 말(!)을 움직이는 행위자가 존재할 때 언어 행위가 이루어질 수 있다. 행위자는 법칙을 존중하지만 말을 움직이는 것은 분명히 그/녀의 '의지'이다. 체스 게임이 진행되는 동안 중요한 것은 법칙이라기보다는 말과 말의 관계, 행위자와 행위자 간의 대결이다. 퀸(수호되는 말)과 그 밖의 말(수호하는 말) 간의 의미론적 대립이 있어야만 게임은 지속된다. 여러 가지 의미론적인 이항 대립 관계 중에서 체스 게임을 추동하는 것은 기본적으로 삶과 죽음의 대립이다. 다른 말들의 죽음으로써 퀸의 죽음을 유보할 수 있다면 그리하라. 여왕을 수호하라. 죽음으로써 삶을 유지시킨다는 역설적인 상황이 체스 게임이라는 것을 소쉬르는 무의식적으로 의식했던 것이 아닐까? 레비스트로스가 『신화론』 1권인 『날것과 익힌 것』(Plon, 1964)에서 북아메리카와 남아메리카의 인디언 신화를 주요 판본과 부수적 판본의 이분법적 위계 구조로 보지 않고, 오히려 개별 신화들을 서로서로의 변주곡 혹은 변이형으로 파악하는 방식 역시 구조주의적 사유의 가능성을 재발견하게 한다. 통시성/공시성이라는 시간의 축을 비롯해서 여러 층위에서 이항 대립적인 관계를 통해 설정된 요소들 간의 '차이'가 구조를 만든다는 구조주의적인 명제는 그 자체로 가설적이다. 또한 신화론을 기술하면서 책의 각 장들을 모두 음악적 양식들(서주, 변주곡, 소나타, 교향곡, 푸가, 칸타타, 인벤션, 캐논, 협주곡 등)의 체계로 구성하면서 음표와 건축을 시도하는 모습 역시 저작을 일종의 자기재현적인 예술의 체계로 만든다는 점에서 인상적이다.

이런 점에서 바르트의 『S/Z』(Seuil, 1970)는 구조주의의 가설 실험의 최정점에 있는 동시에, 구조주의의 확산과 변화를 예고하는 수축점에 있기도 하다. 그는 이 저작에서 발자크의 소설 『사라진(*Sarrasine*)』을 5개의 약호code를 분석적 틀로 삼아 정전적인 해석을 거부한 채, 텍스트 자체를 약호의 구조로 재편성한 바 있다. 역사주의적 비평의 감독 아래 획일적인 공사 현장에 방치되었던 『사라진』은 언어 기호의 작용이 어떤 텍스트보다도 활성화된 텍스트로서 스스로를 재현하기에 이른다. 『S/Z』에는 텍스트를 요소들의 관계망으로 재편하고자 하는 욕망이 극단화되어 있다. 이런 맥락에서 바르트나 줄리아 크리스테바를 '탈구조주의자'라고 부르는 것은 옳지 않다. 프랑스어 'post—structuralisme'에서 'post'라는 접두사는 어원상 '탈(脫) — ' '후(後)'의 뜻을 모두 지니고 있다. 바르트나 크리스테바의 이론은 구조주의에 대한 반대급부로 나타난다기보다는 역으로 언어가 곧 가설이라는 구조주의적인 명제의 심연에 접근하는 측면이 있기 때문에 그들의 이론에는 '후기 구조주의'라는 말이 더 자연스러울 것이라고 본다. 구조주의적인 사유 방식은 현대의 문학 이론에 여전히 기입된 채로 이론의 무의식적 지층을 형성하고 있다.

'구조주의'라는 말에서 어떤 경직성을 떠올린 채 굳어져버린 이들에게 말한다. 구조란 레고 블록에 지나지 않는다고. 블록이 담긴 상자에서 하나의 요소를 선택해보라. 초록색의 작은 블록이 나왔다. 이 블록은 자연의 체계에서는 나무의 잎사귀나 풀이 될 수 있겠지만, 주거의 체계에서는 빨강머리 앤이 살았던 그린 게이블즈의 일부도 될 수 있을 것이다. 아니, 어쩌면 이런 선택 방식 역시 문화에 길들여진자의 고정관념을 폭로하고 있을지도 모르겠다. 체계를 가설적으로 설정하는 것은 역설적이게도, 초월적이고 특권화된 존재로부터 확고한 에티켓이 도래하는 것이 불가능한 상황에서 보편적 가치의 네트워크에 자발적으로 걸려들어가고자 하는 인간의 의지를 드러내고 있다. 체계가 불가능한 시대에 체계를 설계해보려는 욕망, 그것이 구조주의가 현대의 철학이자 이론으로서 우리에게 남겨준 유산이다. 이런, 차는 식었고, 우리는 아직 시를 제대로 읊어보지 못했다. **전통**의 시간은 이제야 찾아올 모양이다. 그런데, 당신은 어떤 시를 읽으려 하는가? 내가 생각하는 시와 당신이 생각하는 **시**는 동일할 수 있을까? 아마도, 나의 책에 끝이 없는 것처럼, 당신의 책에도 끝은 없으리라.

6.4. 해체비평론의 이해와 그 한계

1) 개관 및 특성

해체비평(Deconstructive Criticism)은 전통적인 작품 읽기나 해석방법을 부정하고 새로운 텍스트 읽기를 주장한다. 그렇다고 해체비평이 이성 중심주의에 기반한 모든 합리성의 전통을 부정하고 파괴하는 데에 목적을 둔 비평 방법론이라고 볼 수는 없다. 해체비평은 어떤 대상의 기원을 파악하여, 그 본성과 역사를 다시 사유하는 것에서 시작한다. 이를 통해 현재 대상의 본성으로 간주되던 것이 역사적으로 배제하거나 억압했던 것을 다시 해석해내려 한다. 기성의 지배체제에 균열을 가하고 해체하여, 새로운 방식의 사유를 도출해내려는 급진적 비평 방법이 해체비평이다. 해체라는 용어는 해체 대상을 전제로 하는데, 해체비평이 그 대상으로 삼은 것은 이항 대립적 체계로 이뤄진 서구의 로고스 중심주의 형이상학이었다. 일명 후기구조주의 또는 탈(脫)구조주의라 부르는 해체비평은 다분히 포스트모더니즘적인 비평 방법으로 일컬어지기도 한다.

해체비평은 소쉬르와 그에 바탕을 두고 있는 구조주의 기호학에 의해 발달된 개념들을 사용하면서 동시에 그 모태들을 무너뜨리는 성격을 띠고 있다. 이 비평 방법은 신비평이나 구조주의 대신에 현대 서구 사상계에 큰 영향을 발휘하는 철학 및 문학 이론의 하나인 것이다.

해체비평[184)]의 선구자는 프랑스 철학자인 자크 데리다(Jacques Derrida,

---

184) 여기에서 유의할 바는 해체비평의 용어 문제인데 일부에서는 '해체주의'라는 용어를 사용하지 않는다는 점임. '해체'라는 용어는 하이데거의 '해체적·파괴적(destructive)' 분석이라는 개념에 대응하여 데리다가 만들어낸 것으로서 무언가를 새로이 구축한다는 뜻을 암시하고 있음. 'deconstruction'은 추상적이고도 포괄적인 본질론을 가리키는 'ism'으로는 사용할 수 없다는 견해임(정정호 외, 『현대영미비평의 이해』, 탑출판사, 429쪽 참조). 그러나 김욱동은 미국 예일 학파

1930—2004: 처음에 구조주의 추종자였다가 기호학을 제창)이다. 그는 36세의 무명 학자였던 1966년 10월에 미국의 존스 홉킨스 대학에서 열린 「비평과 언어의 인문학」이라는 주제의 국제 심포지엄에서 논문을 발표하면서 일약 스타로 부상했다. 그의 논문 「인문학의 언술행위(言術行爲)에 있어서의 구조, 기호 그리고 유희」는 세계적인 구조주의 석학들을 놀라게 했으며, 이듬해 프랑스에서 3권의 역저(力著)를 발표해 세계적인 영향력을 확대했다.[185] 이 저서가 당시 뉴크리티시즘에 대한 회의와 불만으로 새것을 찾고 있던 미국 비평계에 소개되었다. 미국의 학자들인 폴 드 만(Paul de Mann), J. 힐리즈 밀러(J. Hillis Miller), G. 허트만(Geoffrey Hartmann), 해럴드 블룸(H. Bloom) 등은 데리다의 영향 속에서 예일학파를 형성했다. 해체비평가들의 문학적 텍스트에 대한 치밀한 분석은 신비평을 연상시킨다. 이로 인해 이들(해체비평가)을 'New New Critics'라 부르는 사람들도 있다.

2) 해체적인 글 읽기와 비평적 글쓰기

자크 데리다를 비롯한 해체비평가들은 이전의 이성중심주의가 확신하는 언어의 확정성에 회의를 품고 기성의 작품 해석이나 주장들을 일체 부정했다. 해체론을 추종하는 그들은 텍스트의 해체적 글 읽기와 기존 서술에 대한 비판적이면서도 비평적인 글쓰기 태도를 취한다. 해체주의는 신비평주의자들에 의해 이미 사용된 '정독' 혹은 '자세히 읽기' 방법을 통해 주어진 어느 한 텍스트를 〈분석〉하는 데 그 목적이 있다. 데리다의 이론을 미국에

이론가들이 '해체주의'라는 용어를 회피라는 대신, 네덜란드의 한스 베르란스나 영국의 데이비드 하비 같은 이론가는 '해체주의'라는 말을 즐겨 쓴다며 '해체주의'라고 명명해도 무방하다는 주장을 펴고 있음(『현대예술비평』 창간호, 315쪽).

185) 이들 저서는 1967년에 데리다가 발간한 『저술과 차연』, 『문자학(文字學)에 대하여』, 『음성과 현상』이다.

전파하는 데 크게 기여한 바버러 존슨의 지적대로 '해체'는 '파괴'의 의미보다는 오히려 '분석'이라는 말이 더 가깝다.[186)]

J. 힐리스 밀러는 "모든 독서는 오독(誤讀)이다."라고 설파하고 제프리 하트만 또한 "해체이론은 텍스트의 구조를 해체하는 것이 아니라 텍스트가 이미 스스로를 해체해 버렸다는 것을 보여주는 것이다."라는 파격적인 발언을 할 정도였다.

그들의 해체적인 글 읽기에 대한 열정은 매우 강렬했다. 해체적인 비평가들은 이제 비평의 지위를 격상시켰으며 독서의 중요성을 제기하고 있다. 이런 면모는 다음과 같은 김성곤의 글에서도 찾아볼 수 있다.

> "우리는 이제 비평에 대한 창작의 우위성에 도전할 수 있는 시대에 접어들었다."[187)]라는 하트만의 1975년 선언은 드디어 창작과 비평의 구분이 없어지고 모든 것이 저술(écriture)로 집약되는 새로운 시대의 도래를 천명한 것이었다.[188)]

주목해야 할 또 다른 개념이 바로 '독서'와 '해석'이다. 비평가들은 비평이라는 말 대신 '독자(reading)' 또는 '해석자(the interpreter)'라는 말을 사용해 오고 있다. 서구의 비평계에서 20세기에 많이 사용한 용어 중의 하나가 바로 이 '독서'와 '해석'일 것이다. 에이브럼즈(M. H. Abrams)가 적절하게 지적하고 있는 것처럼 현대는 '비평의 시대'라기보다는 차라리 '독서의 시대(*the Age of Reading*)'인지도 모른다.

---

186) 김욱동, 「해체, 해체주의」, 『현대예술비평』 창간호, 1991년 여름호, 307쪽.

187) Geoffrey Hartmann, 『*The Fate of Reading and Other Essays*』, Chicago: Univ. of Chicago Press., 1975, 17쪽; 김성곤, 「해체이론에 대한 논의」(『현대시사상』, 1990년 겨울호) 에서 재인용.

188) 김성곤, 위의 논문, 112~113쪽.

3) 신비평 및 포스트모더니즘과의 관계

해체비평의 분명한 성격을 파악하기 위해 해체비평과 다른 비평 등과의 상이점을 살펴볼 만하다. 앞에서 해체비평은 '뉴크리티시즘'이라고 했지만, 신비평가들이 객관적 의미를 추구하였다면 해체비평가들은 객관적 의미의 불확정성에 따르는 언어의 역할 그 자체에 원인을 두었다.[189] 이런 면이 신비평의 유사한 점이면서 동시에 상이한 점이다.

또한 새로운 글읽기나 파괴적인 해설을 주로 하는 해체비평은 직간접으로 모더니즘과 연결되고 있다. 테리 이글턴은 "실제로 구조주의와 탈구조주의 비평을 최초로 탄생시킨 것은 모더니즘이라는 문학"이라고 하면서, "바르뜨와 데리다의 후기 저작들 중에 몇몇은 그 자체가 실험적이고 수수께끼 같고 아주 애매한 모더니즘의 문학 텍스트였다."[190]고 지적했다. 1차대전 때의 다다이즘 제창자들처럼 혁신적인 문학표현을 지향했다 해서 해체비평을 '데리다다이즘(Derridadaism)'[191]이라고 부른 J. 하트만의 지적도 참고할 만하다.

해체주의와 포스트모더니즘과의 관계는 다음의 견해에서처럼 비평과 창작문학과의 초장르(beyond genre)적인 상관성에서도 드러나고 있다.

> 창조적 비평의 문제 그것은 비평을 〈제2의 창작〉으로 간주하는 포스트구조주의자들, 그 가운데에서도 특히 해체주의자들에 의하여 보다 본격적으로 논의되기 시작하였다. 해체주의자들은 비평을 의미하는 〈크리티시즘(criticism)〉이라는 용어와 창작을 의미하는

189) 정정호 외 편, 앞의 책, 428쪽.

190) 테리 이글턴, 앞의 책, 172쪽.

191) 김욱동, 「해체, 해체주의」, 『현대예술비평』 창간호, 1991년 여름호, 312쪽.

〈픽션(fiction)〉이라는 용어를 만들어 낼 만큼 비평에 창조성을 부여했던 것이다. 문학과 비평 장르가 이렇게 서로 통합되는 현상을 지적하기 위하여 로절린드 크라우스는 〈패러리터러처(준문학)〉라는 용어를 사용하기도 한다. 그런데 여기에서 〈패러리터러처〉는 포스트모더니즘 문학을 특징짓는 가장 중요한 문학 형태 중의 하나이다.[192)]

김욱동이 지적했듯이, 포스트모더니즘은 모더니즘의 논리적 계승이며 발전인 동시에, 모더니즘에 대한 비판적 반작용이며 의식적 단절이기도 하다.[193)] 이합 핫산의 지적에서처럼 모더니즘은 본질적으로 형식에 있어서는 권위주의적이고, 문화정신에 있어서는 귀족주의적인데 반해 포스트모더니즘은 형식에 있어서는 파괴적이고, 문화정신에 있어서는 무정부주의이다. 서구에서는 이미 1970년대부터 구체적인 문예개념으로 논의되어온 포스트모더니즘이 우리나라에 처음 소개되기 시작한 것은 1980년대 중엽부터다. 처음에는 백낙청 등에 의해 포스트모더니즘의 부정적인 면에[194)] 대한 비판적 언급으로 인해 한국에 소개되었다. 그 후 문학·예술은 물론이요 문화 부문에서 획기적인 이론으로 받아들여지며 확산되었다.

하지만, 포스트구조주의와 해체이론은 동의어가 아니므로 구별해서 사용해야 한다. 사실, '구조주의의 몇몇 입장을 비판하고자 하는 포스트구조주의'라는 개념적 우산 속에는 자크 데리다의 이론은 물론이고 미셸 푸코의 사회이론이나 역사이론, 자크 라캉의 이론 그리고 쟝—프랑수아 리오타르의 철학이론 등이 포함되어 있다. 이런 점에서 해체주의는 어디까지나 포

192) 김욱동, 『포스트모더니즘의 이론』, 민음사, 1994, 338~339쪽.

193) 위의 책, 87쪽.

194) 위의 책, 441~442쪽.

스트구조주의의 하부 개념[195]에 속하는 것이다.

4) 데리다의 차연

데리다는 소쉬르적인 서구의 이원론적인 사고에 반기를 들었다고 이야기된다. 그는 불변의 진리라고 믿어오던 전통적인 서구의 로고스 중심주의의 형이상학을 부정한다. 데리다는 플라톤 이후 서양 철학의 로고스 중심주의(logocentrism)를 해체하기 위해 차연(差延)이라는 개념을 설정하여 활용한다. '차연'은 공간적 개념인 '차이(difference)'의 의미와 시간적 개념인 '지연(deferment)'의 의미를 함께 내포하는 용어다. 이 단어는 말이란 글을 전제로, 글은 말을 전제로 해서 상호 보완적으로 얽혀 있으므로 둘 사이는 이중개념(차이와 지연)으로 바라보아야 한다는 데리다의 사상을 함축하고 있다. 데리다는 이 용어를 통해 언어가 비결정적이고 비종결적인 특성을 지녔다는 사실을 강조한다.

해체비평은 소쉬르의 이론을 계승하면서도 거부하고 있을뿐더러 프랑스 철학자들과 미국의 예일학파 주창자들 사이에도 견해가 상이하다. 하지만 대체로 작품(텍스트)의 이론과 분석을 주로 하는 한 양식으로서 전통적인 것들을 전복하고 기호, 언어, 텍스트, 문맥, 작자, 독자, 해석 작업에 관해 새롭게 접근하려는 비평 이론이다.

5) 해체비평가들의 상이점

해체비평의 두 산맥을 이룬 프랑스의 구조주의 전통과 미국 예일학파의

---

195) 위의 책, 312쪽. 레이먼 셀든 등도 탈구조주의 비평 속에 롤랑 바르트, 크레스테바, 라캉, 데리다의 해체이론 및 미셸 푸코, 애드워드 사이드 등을 포함시키고 있음.

상이점을 참고해야 한다. 이는 위에 든 데리다의 저술 외에 다음 같은 예일학파 이론에서 그 차이점들이 드러난다. 폴 드 만의『눈멂과 통찰』(1971),『책읽기의 알레고리』(1979)와 선배 문인들의 작품을 오독하기 위해 투쟁한다는 H. 블룸의『오독의 지도』(1975) 등을 참고할 수 있다. 재래의 학문적이고 상식적인 비평에 반발한 하트만의『형식주의를 넘어서』(1970),『책읽기의 운명』(1975),『광야에서의 비평』(1980)과 함께 제네바학파의 현상학에서 영향받고 픽션에 초점을 맞춘 힐리스 밀러의『픽션과 반복』(1982) 등의 다양한 저술들도 해체주의 이론 전개에 기여했다.

그리고 이들 프랑스 구조주의자들과 미국 해체비평가들의 차이점은 아래처럼 상이한 그들의 성격에서도 발견된다.

> 데리다는 레비스트로스를 공격한 후 1967년 3권의 책을 동시에 출간하고 누구보다 일찍 미국으로 건너가 예일대학에서 강의를 한다. 그에 의해 형성된 예일그룹은 폴 드 만을 선두로 하여 힐리스 밀러, 해롤드 블룸, 그리고 제프리 하트만이었는데, 그 가운데 밀러는 이들의 대변인 격이었다. 폴 드 만은 언어의 비유성에 근거하여 모든 독서는 오독을 피할 수 없다고 말하며 이를 알레고리라 이름 붙인다. 블룸은 해체론을 계몽주의 이후 영미시의 역사에 적용하며 후배 시인이 어떻게 선배를 억압하고 귀환시켜 강한 시인이 되는지 오독의 지도를 통해 보여준다. 루소의 글을 읽은 데리다를 다시 해체하는 폴 드 만의 방식이 언어에 중심을 둔 정교한 수사비평이라면, 프로이트의 '억압된 것의 귀환'을 문학사에 적용시킨 블룸의 이론은 무의식과 수사를 결합시켜 조금은 추상적이다. 밀러는 1950년대 중반에서 1960년대 중반까지 제네바 현상학파의 우두머리 격인 조르주 풀레의 계승자였다. 그는 1960년 중반부터 '현존'의 형이상학

> 에 대한 충성을 버리고 1970년 초부터 '차이'로 돌아선다. 그러나 그의 해체비평은 풀레의 의식비평 위에 덧쓰인 인상을 준다. 이론보다 실제 비평을 선호한 그는 독자가 차근차근히 기대와 좌절을 맛보면서 이미 해체되어 있는 텍스트를 되밟는 과정을 보여 주기 때문이다. 아무리 충성심을 버렸다 해도 그의 의식에는 이미 풀레가 새겨져 있었고 해체는 그 위에 덧쓰인 것이다. 이런 의미에서 그는 데리다의 '흔적' 이론을 스스로 드러낸 셈이다.[196)]

미국 해체론과 프랑스 해체론 간의 두드러진 차이의 하나는 비평적 글쓰기의 양식에 있다. 예컨대 데리다와 바르트가 때로(특히 1970년대 이래로) 파편화되고 장난스러운 담론을 선보이는데 발해, 폴 드 만과 밀러 그들은 잘 짜여진 관습적 텍스트를 내놓는다. 메타언어의 문제 틀을 다루는 것은 프랑스 해체론자들에게 훨씬 더 긴요하며 중요한 것처럼 보인다. 미국 해체론자들은 텍스트성의 자유 유희를 주창하면서도 전통적인 담론 양식을 실천한다. 반면 프랑스 해체론자들은 온갖 형태의 파열된 스타일을 시도한다[197)]는 점들이 그것이다.

6) 해체비평의 한계점

프랑스와 미국을 비롯해서 세계 지성계를 풍미했던 이 해체주의(포스트구조주의)이론의 힘도 1980년대 후반부터 약화되었다. 그것은 해체주의 자체 내에 적지 않은 취약점을 안고 있었기 때문이었다. 한국에는 뒤늦게 소

---

196) 권택영, 「밀러의 해체비평」, 『현대시사상』, 1990년 겨울호, 63쪽.

197) V. S. Leitch, Deconstructive Criticism, 권택영 역, 『해체비평이란 무엇인가』, 문예출판사, 1988, 323쪽.

개된 이 비평 이론은 아직 은근한 기대 속에서 유지되고 있지만, 서구에서는 사양길에 접어든 셈이다.

그 원인이 된 해체주의의 한계점은 다음과 같이 지적된다.

① H. 블룸의 불만에서처럼 해체비평 이론은 극단적이고 회의적이다.

② 에이브람스는 '일종의 부조리 철학인 해체이론이 텍스트 의미의 불확정성을 주장함으로써 텍스트 해석을 불가능하게 만들었다'고 했다. 해체비평의 전복성이 우리의 일상 체계와 상식을 뒤흔들어 놓아 혼란을 자초했다.

③ 해체라는 매우 부정적인 개념으로 인해 반(反)물질에 관한 사상인 흔적이론들로 연결돼 일반인들의 상식과 인내에 죄를 범하고 있다[198]는 평가도 있다.

④ 버틀러도 블룸처럼 데리다 등의 '해체비평'의 기본 입장이 너무 회의적이고 주관적이라고 평했다.[199]

특히 예일학파 대부격이던 폴 드 만마저도 1983년 사후 과거 친나치적인 글을 썼던 비행이 드러나서 그가 주창해온 '해체적 글 읽기' 자체부터 해체해야 한다는 여론의 반격을 받았다. 이런 해체주의의 한계점 때문에 신역사주의(新歷史主義) 주창자들은 해체주의와 마르크스주의를 모태(母胎)로 하면서 동시에 극복하려는 지적 모색을 추구했다.[200]

---

198) 위의 책, 315쪽.

199) 정정호 외 편, 앞의 책, 286~290쪽. 이 책은 Donald Kessey, 『*Contexts for Criticism*』, Mountin Univ. C.A.: Mayfield Publishingd Co., 1987에 의해 형식주의나 신비평 등을 작품 지향적 비평으로 다루고 있으나 Kessey도 자신의 도식에서 유보하고 텍스트 상호비평으로 다루고 있음. 같은 책, 479쪽.

200) 정정호, 「텍스트와 역사의 대화」, 『문학사상』, 1993년 3월, 186~189쪽. 여기에서는 돈 웨인의 주장과 엘리자베스 폭스 제노비노의 견해를 참고했음.

7장 기호학적 비평

7.1. 개관 및 특성

기호학(semiology)이란 상징체의 기본으로, 우리의 일상생활 전반에 관여하는 기호에 관해 체계적으로 연구하는 학문을 지칭한다. 기호(sign)는 의사전달을 수행하기 위한 일정한 의미를 가진 것이고, 스스로는 존재하지 못하며 반드시 기호 체계에 소속되어야 한다. 여기서 체계란 구조를 내포한 개념으로 기호들이 서로 의존하고 있는 그 집합 내에서의 일정한 원리에 의해 이루어진 통일된 전체를 뜻한다. 따라서 기호학이란 의사전달의 일반적인 현상을 나타내는 구조를 이론적인 연구로서 밝혀내는 것으로 의사전달 행위를 전제로 한다.

의사전달이 수행되기 위해서는 반드시 발신자와 수신자가 있어야 한다. 이때 발신자와 수신자 사이의 의사전달을 위하여 존재하는 매개체가 '기호'이다. 의사전달에 사용되는 기호에는 여러 가지 종류가 있다. 가장 대표적인 한글 자모(字母) 같은 언어기호를 비롯해서 과학 분야에서 사용되는 원소기호나 그리스의 문자, 교통, 표지, 상표, 암호, 지도, 사진 등등 셀 수 없을 정도로 많다. 그렇다고 의사전달에 쓰이는 매개체가 모두 기호로 된 것만은 아니다. 기호가 되기 위해서는 그 사회나 집단에서 공통되는 약속을 바탕으로 할 때 그 기호가 인정된다. 이때에 약속된 규약을 일반적으로 약호(略號, code)라고 한다. 이것은 어떤 표현을 기호화시키는 기본 요건이다.

인간의 행위는 따지고 보면 의사소통을 통해 이뤄지는 경우가 상당히 많다. 사피아(Sapir)의 말을 빌리면, 문화적 패턴이나 행동 하나하나는 모두가 명시적으로든 암시적으로든 의사소통을 수반하고 있다[201]는 것이다. 이와 같이 모든 메시지는 기호(記號)로 되어 있다. 그러기에 기호학이라고 불리는 기호의 과학은 모든 종류의 기호 구조를 밑받침하고 있는 일반 원칙을 다루고 있다. 또한 기호학은 메시지 안에서 기호를 이용하는 방식을, 또 가지각색의 기호체계와 여러 가지 종류의 기호를 사용하는 다양한 메시지의 특성을 다루게 되는 것이다.

현대 기호학의 발전은 역시 구조언어학의 발전에 힘 입은 바 크다. 구조언어학이나 기호학은 거의 소쉬르(F. de Saussure, 1857~1913)의 개념에 토대를 두고 있다. 소쉬르는 언어를 가장 체계적인 기호로 보고, 자율적인 언어체계가 내재적으로 지니고 있는 법칙을 발견하려고 했다. 또한 소쉬르와 같은 시대 사람으로 기호학의 초석을 마련한 미국의 철학자 퍼스(Charles. S. Peirce, 1839~1914)가 있다. 소쉬르는 기호의 사회적 기능을 강조하였지만, 퍼스는 그 논리적 기능을 강조하였다. 소쉬르가 기호들의 삶을 연구하는 학문을 '기호론(semiologie)'이라 정의할 때, 퍼스는 기호들의 과학을 '기호학(semiotics)'이라 명명했다. 그러나 사실 기호학과 기호론은 사실상 동의어다. 불어권에서는 기호론, 영어권에서는 편의상 기호학으로 불리어지고 있기 때문이다. 중요한 것은 이 두 학자가 서로 모르는 처지에서 영향을 주지도 받지도 않았다는 사실이다.

현대 기호학의 방향은 전달의 기호학과 의미작용의 기호학으로 크게 두 갈래로 나눈다. 이 구분은 프리에토(Luis Prieto)의 논문 「기호학」(1963)에서 사용되었는데, 뷔이상스와 프리에토는 전달의 의도가 분명한 넓은 의미의 기호를 신호로 규정하고 이를 그 연구 대상으로 한정하려고 했다. 무넹(Georges Mounin)은 프리에토의 이분법(二分法)을 확대·발전시키면서

201) 테렌스 호옥스, 오원교 역, 『구조주의와 기호학』, 신아사, 1988, 175쪽.

문학의 기호학은 의미작용의 기호학이 되어야 한다고 주장한다.[202)]

사실 프리에토도 기호로서의 의미작용을 해독(解讀)하려는 바르트의 방대한 기호학에 대해 비판했지만, 나중에는 그 자신도 의미작용의 기호학에 관심을 가질 수밖에 없었다. 왜냐하면 기호에 의한 전달이 가능하게 되는 것은 의미를 전달하는 의미작용을 전제로 하지 않을 수 없기 때문이다. 이렇게 해서 바르트로 대표되는 의미작용의 기호학은 전달의 기호학을 토대로 해서 광범위한 분야까지 심도 있게 파고들 수 있었다.

7.2. 문학기호학

1) 구조주의와 기호학

구조주의와 기호학은 역사주의와 해석학 연구 방법들에 반대하여 형성되었다. 구조주의의 토대가 되었던 것은 그 이전의 러시아 형식주의이다. 문학성 자체를 연구하는 러시아 형식주의는 문학에 대한 과학적인 접근 방법을 보여주었는데 쉬클로프스키, 토마셰프스키, 티냐노프, 야콥슨 등이 대표적 인물이었다. 1930년대 초 소련 공산당에 의해 탄압을 받게 된 러시아 형식주의는 동구권으로 옮겨가 체코의 프라하 언어학파로 계승되었다. 이들이 바로 야콥슨, 무카로프스키, 트루베츠코이 등이다. 이 같은 작업은 프랑스에서도 일어나 인류학, 언어학의 발전에 힘입은 구조주의의 성립과 함께 구조주의적 문학 이론으로 발전한다. 레비스트로스, 롤랑 바르트, 그레마스, 주네트, 토도로프의 이론가들이 여기에 지대한 영향을 준 것이다.

202) G. 무넹, 김화영 역, 『프랑스 현대 비평의 이해』, 민음사, 1984, 99~100쪽.

1960년대를 전후하여 확산되기 시작한 구조주의는 문학 연구에 커다란 역할을 하게 된다. 바르트는 「기호학의 요소」(1967)에서 소쉬르의 사상을 문화연구와 문학 연구의 총체적 변혁을 위한 원리로 사용하였다. 또한 「신화론」(1972)에서는 이 원리를 다양한 당대의 화제와 주제에 적용함으로써 구체적인 방법론을 정립했다. 그러나 1960년대를 통하여 발전하던 '구조주의'는 그 이후에 '기호학'이라는 용어로 대체된 셈이다.

그렇다면 구조주의와 기호학의 관계는 어떤 것일까. 박이문은 구조주의가 인문사회과학의 '관점(觀點)'의 특수한 성격을 가리키는 개념인 데 반하여, 기호학은 그러한 관점에 의해서 이룩된 인문사회과학의 '대상(對象)'의 특수한 성격을 나타내는 개념이라고 구분했다.[203] 그러나 구조주의는 기호에 대한 이론으로서 모든 기호는 구조를 전달하는 이론이라는 점에서 구조주의와 기호학은 혼동될 수밖에 없다.

이렇게 볼 때 구조주의는 하나의 방법론으로 기호의 관계를 결정해주는 동인으로 봐야 할 것이다. 그러니까 기호학은 구조주의를 포괄하는 광의의 개념으로 '구조'를 바탕으로 하여 다양한 의미 생성을 연구하는 이론이 된다.[204] 어떤 현상이 의미를 가질 때 그것은 그저 단순한 현상이 아니라 기호가 되며, 개별적인 각각의 기호들은 반드시 어떤 구조 내에서만 의미를 갖게 된다. 즉 구조와 기호는 뗄 수 없는 관계로, 구조를 전제하지 않은 기호는 상상할 수도 없고 기호를 전제하지 않은 구조는 이해할 수 없는 것이다.

구조주의 방법론을 토대로 한 기호학의 분야는 기호를 상호간의 관계를 규명하는 통사론, 기호와 의미의 상호관계를 연구하는 의미론, 기호와 기호 사용자 간의 제반 관계에 주목하는 화용론 등으로 세분될 수 있다.

---

203) 박이문, 「구조주의와 기호학」, 『세계의 문학』, 1977년 여름호 참조.

204) 김치수, 「구조주의와 문학연구」, 이승훈 엮음, 『한국문학과 구조주의』, 문학과비평사, 1988, 259쪽.

2) 문학의 기호학적 접근 방법

문학 작품은 일종의 기호체계이며 전달의 한 진술 단위이다. 곧, 기호학에 있어서 하나의 문학 작품이란 발신자(작가)에게서 수신자(독자)에게로 전달되는 기호의 체계인 것이다. 그러므로 체계의 개념은 기호학에 필수적이다. 체계는 구조를 내포하며 어떤 상호 관련된 자료군도 이들 개념 없이는 이해될 수 없다. 가장 일반적인 의미에서 구조 기호학은 '체계의 사상'[205] 이라고 정의할 수 있다. 그러므로 작가에 의해 약호화되어 있는 작품의 의미구조를 약호로 해독하기 위해서는 총체적인 구조적 독서 행위가 불가피하다. 왜냐하면 한 작품의 구조는 작품 내에서 언어의 특수한 조합체계에 의해 밝혀지는 것이기 때문이다.

문학 작품에 있어서 '단위'와 '규칙', '문법'을 찾으려고 하는 기호학의 방법은 문학 연구의 객관성을 시사해 준다. 또 이 객관성이 문학 연구의 과학화, 즉 문학 과학의 길을 열어주고 있는 것이다. 소쉬르는 기호론을 논하면서, 문학 작품의 언어적 의미는 보이지 않는 언어의 관계성이며, 그것은 공시적인 관계 속에서 파악되어야 한다고 강조했다. 소쉬르는 언어를 사고의 표현으로 간주했던 이전의 언어 이론들과는 대조적으로 언어를 기호들의 체계로 이해했던 것이다. 소쉬르는 이 체계 내에서 시니피앙(記表)과 시니피에(記意) 사이의 자의적 관계를 이끌어낸다. 여기서 언어의 자의성이란 어떤 사상(事象)을 가리키는 음성의 연속과 그것이 나타내는 개념과의 사이에서는 아무런 자연적, 내적 관계가 없다는 것이다. 이를테면 '나무'의 기호 표현, 곧 [ㄴ]+[ㅏ]+[ㅁ]+[ㅜ]라는 음성의 연속과 '나무'라는 실제 사물 사이에는 필연적이고 내적인 관계가 없음을 말한다.

---

205) 유리 로트만, 유재천 역, 『詩 텍스트 분석: 詩의 구조』, 가나, 1987, 12쪽.

기호는 세 가지 기본 요소로 이루어지는데 그것은 기표, 기의, 그리고 기호 자체이다. 기호 자체는 기표와 기의가 연합하여 만들어낸 새로운 요소가 된다. 그림으로 표기하면 다음과 같다.

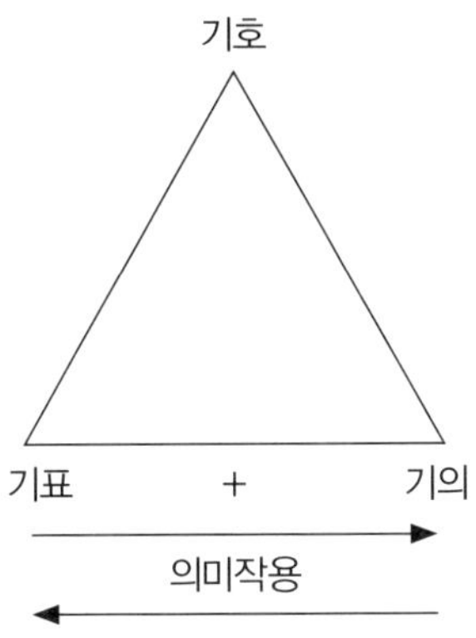

기표와 기의를 결합시키는 작용을 의미작용 또는 의미화라고 부른다. 의미작용은 기호를 만들어 낼 때에만 일어나는 것이 아니고, 기호의 의미를 풀이할 때도 생긴다.[206)]

흔히 기표를 메시지 또는 전언이라고 하는데, 메시지의 수신자 쪽에서 보면 의미를 재생산해 내는 작용이 된다. 발신자와 수신자를 연결하는 것은 전달된 기표뿐이고 전달된 기표는 수신자에게 의미를 재생할 기회를 제공한다. 결국 외부세계가 공급하는 기표, 마음이라고 하는 내부세계가 공

---

206) 이해를 돕기 위하여 가장 쉬운 예를 들어보자. 갑돌이가 갑순이에게 사랑한다는 의미를 전달하려고 하는 경우를 가정할 수 있다. 이때 갑돌이에게는 기표와 기의가 필요하다. 갑돌이 머릿속에 있는 '사랑'은 정신적 의미로 추상적 관념을 나타내는 것이다. 이것이 갑돌이가 생각한 기의라고 할 수 있다. 기의를 나타내기 위해서는 의미의 운반체가 필요하다. 의미의 운반체가 기표가 된다. 갑돌이는 그 기표로서 장미꽃을 골랐다. 갑돌이는 '내가 너를 사랑한다'라는 기의를 자료인 장미꽃에 담은 것이다. 갑돌이는 갑순이에게 기표로서 장미꽃이 사랑이라는 기의와 결합됨으로서 하나의 기호가 되는 것이다. 발신자인 갑돌이가 의미작용으로서, '사랑'의 의미를 담은 장미꽃을 보냈지만, 수신자인 갑순이가 이 장미꽃을 받고 의미 작용을 일으킬 때는 갑돌이와 같은 의미로 해석할 수도 있고 다른 의미로 받아들일 수 있다.

급하는 기의, 이 두 가지가 합성되어 표상의 세계에 편입하는 기호가 탄생한다. 그러므로 라캉이 말하는 것처럼, 인간은 기표의 세계에서 끊임없이 미끄럼을 타는 존재인 것이다.[207)]

문학적 기호는 다중(多重) 의미체이다. 그러한 다중 의미성은 기표와 기의가 자의로 연결되는 경험에 따라 그 기호는 여러 가지 뜻을 불러일으킨다. 예를 들면 '집'이라는 기호의 외연적 의미는 '사는 곳'이다. 외시(外示)적 의미는 객관적이고 구체적이어서 모호한 데가 없다. 이것은 기호 속의 기의가 누구에게나 똑같이 알려져 있을 때 알게 되는 의미이다. 그러나 '집'은 외시적 의미 외에 여러 가지 함축 의미를 가지고 있다. 함축 의미는 그 사람이 집에서 어떤 문화적 경험을 했느냐에 따라 달라진다. 어떤 사람에게는 '집'이 '낙원'일 수도 있고, 다른 사람에게는 '지옥'일 수도 있는 것이다.

이와 같이 자연언어로 된 1차 모델링 체계[208)]는 발신자가 보낸 메시지를 수신자는 별다른 변경 없이 거의 그대로 수용한다. 이것이 이른바 전달의 기호학이다. 2차 모델링 체계인 문학언어는 고정적인 약호 체계를 일탈하여 다각적인 약호 체계의 창조에 참여한다. 이 약호 체계는 초월적이고 일탈적인 성격을 강하게 띤다. 이와 같은 텍스트의 연구를 가리켜 의미 작용의 기호학 또는 분석적 기호학이라 명명한다.[209)]

일반적으로 문학기호학은 의미 작용의 기호 현상에 중점을 둔다. 이러한 분석 방법은 주로 소쉬르가 제기한 구조언어학의 주개념이 되는 랑그

---

207) 김경용, 『기호학이란 무엇인가』, 민음사, 1994, 27쪽.

208) 로트만, 앞의 책, 14쪽. 로트만에 의하면 자연언어, 즉 일상 언어를 1차 모델링 체계라고 명명함. 그에 비해서 시적 또는 순문학적 언어와 다른 예술 형식들은 2차 모델링 체계를 구성한다는 것임. 사실상 인간의 인지와 이해의 모든 측면은 어느 정도 이 1차적 해석체계에 의해 이루어짐. 다만, 문학 텍스트는 1차 모델링 체계를 기초로 하여 겉으로 나타낸 2차 모델링 체계로 구성되는 것임.

209) 정효구, 『현대시와 기호학』, 느티나무, 1989, 25쪽.

(langue)와 빠롤(parole),[210] 시니피앙(記表)과 시니피에(記意), 연합관계와 통합관계 등이다. 문학 텍스트에 나타난 언어는 빠롤에 의해 산출된다. 따라서 언어의 개인적 변용 행위를 가리키는 빠롤은 언어체계 속에 들어 있는 기호들을 선택하여 의미 있는 메시지를 만든다.

메시지를 산출하는 빠롤은 기본 행위는 '선택'이라는 연합관계와 '조합'이라는 통합관계의 원리를 따른다. 빠롤, 즉 언술은 개인 단위의 행위이기 때문에 기호의 변용은 천차만별로 일어난다. 그러나 그러한 변용에도 나름대로의 규칙과 코드가 있다. 이러한 규칙과 코드를 분석하는 것이 바로 문학기호학이다.

또한 소쉬르의 '차이' 이론도 문학기호학의 기초 이론을 제공한다. 소쉬르는 언어를 차이의 체계로 보았다. 하나의 독립된 기호는 그 자체로 무의미하다. '밤', '밥', '발'이 각기 의미를 갖는 것도 사실은 차이 때문이다. /ㅂ/ㅁ/ㄹ/ 사이의 차이 때문에 서로가 다른 의미를 갖는다. 그러므로 기호학의 기본을 이루고 있는 것은 차이(差異)이고, 차이는 이항(二項)대립적 관계에서 비롯된다.[211] 예를 들어 '뜨겁다'라는 단어의 의미는 대립항인 '차다'라고 하는 단어가 있기 때문에 가능하다. 남과 여, 음과 양, 위와 아래, 미와 추 등 헤아릴 수 없이 산재해 있다. 말하자면 일체의 모든 것들은 '차이의 놀이'에 의해서 그 의미를 획득한다. 이러한 관점에서 본다면 언어로 구성된 문학 작품의 분석과 그 의미의 산출은 작품 내의 관련망을 통한 이른바 '차이의 놀이'를 인식할 때에 제대로 이루어질 수 있겠다. 이러한 이항 대립의 개

210) 언어학의 분석 대상이 랑그인데, 그 랑그는 언어활동의 사회적 측면을 나타내고 빠롤은 개인적 측면을 나타냄. 다시 말하면 랑그는 어휘적이며 통사론적인 양식들의 공통적인 창고, 자율적이며 사회적인 관습에 의해서 규약화되고 약정된 집합들을 말함. 그리고 빠롤은 이러한 공동체적 자산 속에서 개인이 그 능력을 행사하는 개별적이고 일회적인 표현을 말함. 언어가 진정한 약호가 될 수 있는 이유는 랑그에 있음. 그러므로 파롤은 기호를 창조하지 못하고 약호의 체계와 그 법칙에 따라 기호를 결합시킬 따름임.

211) 이사라, 『시의 기호론적 연구』, 중앙, 1987, 21쪽.

념은 주로 공간 기호학 비평에서 중요한 원리로 사용된다.

그러나 소쉬르의 구조언어학 이론을 그대로 문학기호학 비평이라고 할 수는 없다. 롤랑 바르트가 명확하게 지적하고 있는 것처럼 언어학이 다루는 것은 하나의 문장을 이루고 있는 여러 가지를 그 기능에 따라 밝히는 것이다.[212] 따라서 언어학은 문장보다 상위의 대상을 다루지 않는다. 왜냐하면 한 문장을 넘어서면 거기에는 다른 문장들이 있기 때문이다. 그것은 마치 '꽃을 연구하는 식물학자가 꽃다발을 묘사하는 데 종사할 수 없는' 것과 마찬가지이다. 그러니까 언어학자는 문장 하나하나를 별도로 다루게 되지만 문학 연구가는 꽃다발에 해당하는 여러 개의 문장을 동시에 대상으로 할 수 있다. 문학 연구에서 다루는 하나의 작품은 그것을 구성하고 있는 여러 문장들의 집합에 의해 이루어진 것을 대상으로 한다. 그래서 문학기호학은 언어학과 방법론적인 유사성의 관계를 유지하면서 동시에 언어학을 뛰어넘는 독자적인 영역을 개척하고 있는 것이다.

따라서 문학기호학은 텍스트의 문학적 특성에 대한 기술에 초점을 맞출 뿐만 아니라, 문학 텍스트가 스스로의 기호체계를 생성해 내는 특수한 방식으로까지 파고든다.

7.3. 기호학 이론의 전개 양상

1) 야콥슨의 시적 기능

로만 야콥슨(Roman Jakobson, 1896~1982)은 본질적으로 언어학자로서

212) 김치수, 앞의 책, 262쪽.

의 태도를 견지하는데도, 그의 주된 관심사는 언어의 시적 기능을 해명하는 데 있었다. 시의 연구에 관한 야콥슨의 공헌들 가운데는 시 텍스트에 대한 시론적 분석과 시의 기능에 대한 일반적인 이론들이다. 그가 레비스트로스와 함께 쓴 보들레르의「고양이들」이라는 논문은 시에서 실행 가능한 기호학적 접근 방식을 확립하려는 노력의 징표였다. 야콥슨은 은유/환유의 의미론적 양분법을 바탕으로 그의 시학을 전개한다. 즉 양극성과 등가성의 개념이 그것이다.[213)]

양극성이라는 개념은 소쉬르로부터 유래한 것인데, 이것은 언어 운용의 연합적 축과 통합적 축을 말한다. 이 양극성의 원리에 의하여 하나의 문맥, 나아가 텍스트가 구성된다. 여기서 전자는 선택의 영역이며, 후자는 결합의 영역이다. 이러한 선택과 결합은 언어체계 안에서 각각 독자적 가치를 나타나게 할 뿐만 아니라, 인간의 정신활동의 두 형태에 상응하는 것이기도 하다.[214)]

그러므로 선택과 결합은 언어 행위의 근본적인 배열 방식이 된다. 예를 들어 '어린이'가 메시지의 화제라면 화자는 어린이, 아이, 젊은이, 꼬마 등에서 동일한 의미를 갖는 현존하는 단어 중에서 하나를 선택할 것이고, 그 다음에는 이 화자에 대한 언급을 하기 위하여 의미적으로 동족 관계의 동사들—자다, 졸다, 낮잠 자다, 꾸벅꾸벅 졸다 중에서 하나를 선택한다. 이렇게 선택된 두 낱말이 언술하는 지점에서 결합되는 것이다. 이때 선택의 근간은 등가성, 유사성과 상이성, 동의어와 반의어 따위가 있고 결합, 곧 배열의 순서를 이루는 밑바탕은 인접성이다. 바로 시적 기능은 등가의 원리를 선택의

---

213) 로만 야콥슨, 「언어의 두 양상과 실어증의 두 유형」, 신문수 편역, 『문학속의 언어학』, 문학과지성사, 1989, 92~116쪽 참조.

214) 문덕수, 「구조주의 비평」, 『현대의 문학이론과 비평』, 시문학사, 1991, 163쪽.

축에서 결합의 축으로 투사하는 것이다.[215] 그러므로 선택과 결합은 양극적인 것이면서 서로의 질서를 존중하는 상호 보완적인 속성을 갖게 된다.

야콥슨은 실어증 연구에서 선택과 결합의 원리가 은유와 환유에 의해 성립된다는 사실을 발견한다. 즉 '유사성' 장애를 겪고 있는 환자는 언어의 수직적 차원인 선택의 영역이 불가능하고, '인접성' 장애를 겪고 있는 환자는 언어의 수평적 차원인 결합의 영역이 불가능하다는 것이다. 이것을 수사학상의 비유에 연관시키면 '유사성'의 환자에게는 은유가 맞지 않으며, '인접성'의 환자에게는 '환유'가 맞지 않는다는 사실이다.

이 두 차원을 다음과 같이 표시할 수 있다.

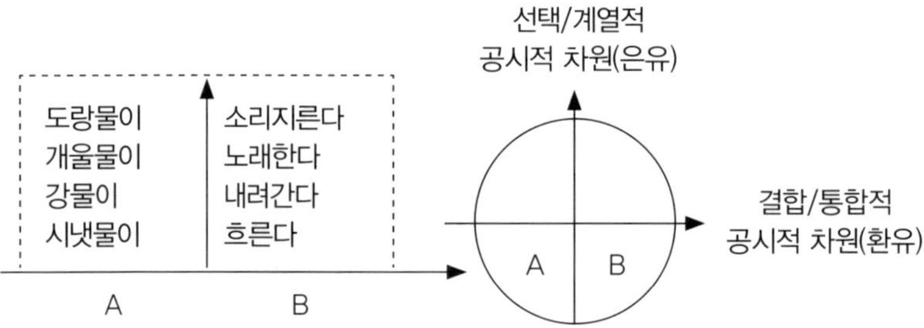

이 그림에서 A와 B를 결합하여 문장을 완성해 가는 것이 수평적 차원으로 환유에 의해 이루어진다. 반면에 앞에서 살핀 것처럼 A에 해당되는 언어 저장고에서 또는 B에 해당되는 언어 저장고에서 오직 한 단어만 선택하는 것이 수직적 차원인데, 이것은 은유에 의해 이루어진다.

야콥슨은 이렇게 은유와 환유를 이항 대립의 양극성을 지닌 특징적인 양식으로 본다. 이 양자가 존재함으로써 선택과 결합이라는 두 겹으로 된 언

215) 로만 야콥슨, 「언어학과 시학」, 앞의 책, 61쪽.

어기호의 형성 과정이 성립될 수 있다. 이렇게 양극성에 의해서 완성된 문장은 의미작용의 양식을 서로 구별하게 해 주는 중요한 방법이 된다. 야콥슨은 이러한 은유양식은 시에서 '전경화(foregrounding)'[216]가 잘 되고, 환유양식은 산문에서 전경화가 잘 되는 경향이 있다는 것이다. 이와 같이 은유와 환유는 기호가 의미를 나르는 가장 기본적인 두 가지 수단이다. 은유가 연상법칙에 따라 만들어지는 기호라면, 환유는 연속법칙에 의해 만들어지는 기호가 되는 것이다.[217]

야콥슨의 양극성을 근거로 하여 언어 전달 행위에 6가지 언어 기능들이 있다고 주장한다. 이것을 도식화하면 다음과 같다.[218]

관련 상황(지시 기능)
메시지(시적 기능)

발신자(감정표시 기능) ----------------------- 수신자(능동적 기능)

접촉(친교 기능)
약호체계(메타언어적 기능)

발신자가 수신자에게 전달하기 위해서는 관련상황(지시대상)이 있어야 한다. 그 다음에는 발신자와 수신자가 서로 이해할 수 있는 공통적인 약호체계, 즉, 코드(code)가 필요하며, 마지막으로 발신자와 수신자 간의 물리적 회로 및 심리적 연결이 되는 접촉이 있어야 지속적인 의사소통을 유지할 수 있다. 그러므로 의사소통에 있어서 단 하나의 기능만으로 성립하는 언

216) 전경화(前景化)는 무카로프스키가 주장한 개념임. 전경화라는 것은 정상적인 언어 규범 혹은 사회적으로 수용되는 규범으로부터 의식적으로 이탈함을 뜻함. 그러나 언어의 정상적인 규범을 파괴하고 낯설게 만들지만, 그 나름대로의 규범을 지님. 이러한 전경화의 기능은 일상적 의미를 넘어선 신선하고 충격적인 시적 의미를 독자에게 부여해 줌.

217) 김경용, 앞의 책, 74쪽.

218) 로만 야콥슨, 「언어학과 시학」, 앞의 책, 54~61쪽 참조.

어 메시지란 거의 없다. 다만 의사소통의 과정에 있어서 어느 기능이 더 지배적이냐에 따라 위계 순서가 정해질 뿐이다. 물론 대다수 언어 메시지의 주요 임무는 지시 대상을 지향하는 기능을 나타낸다. 곧 관련 상황에의 동향인 외연적 기능에 의해 수행된다는 뜻이다. 그러나 여기에 부수되는 다른 기능들 역시 분석의 중요한 고려의 대상임을 잊어서는 안 될 것이다.

예를 들어 '오늘 아침은 비가 올 것 같군'의 문장은 감정 표시 기능이요, 관련 상황인 지시 대상은 '비'가 된다. '마셔라', '보아라' 등의 메시지는 수신자를 향한 능동적 기능을 나타낸다. '식사하셨어요', '안녕하세요' 등의 의례적인 인사말은 친교적 기능을 나타낸다. 이에 비해 '내 마음은 호수'라는 문장은 시적 혹은 미적 기능이 우세해진다. 여기서 언어의 미적 용법은 메시지가 어떤 '현실'이나 '지시대상'에 우선 관계하는 것이 아니라, 메시지 자체 내의 구조로 지향하려는 것을 말하다. 즉 기호와 지시대상을 1:1의 외연적 관계로 파악하는 것이 아니라, 기호들의 상호 관계성 속에서 제2차적인 내포적 의미를 파생시키는 것을 말하는 것이다.

언어의 시적 기능은 기호학의 중요한 연구 대상이 된다. 야콥슨은 실제로 보들레르의 소네트 「고양이들」을 기호학적으로 분석하여, 언어의 시작 기능을 상세히 고찰했다. 야콥슨의 이런 분석은 리파테르 등 많은 기호학자들에게 지대한 영향을 주면서 동시에 비판을 받기도 했지만 시 분석에 있어서 효과적인 주요한 모델을 제시했다. 야콥슨이 제기한 시적 기능의 특징을 세 가지로 요약해 보면 다음과 같다.[219)]

첫 번째는 언어 메시지 그 자체에 대한 강도 높은 관심, 두 번째는 지시적 기능을 모호하게 하려는 두드러진 경향, 세 번째로는 음운론, 형태론, 통사론, 어휘론 등 모든 언어학적 층위에서 평형을 지향하려는 강한 충동이다.

---

219) Vincent B. Leitch, 김성곤 외 공역, 「구조주의와 기호학」, 『현대미국문학 비평』, 한신문화사, 1993, 308쪽.

이러한 시적 기능의 특성은 기호와 대상 간의 근본적인 이분성을 심화시키는 것이다.

2) 바르트의 신화 체계와 메타언어

바르트(Roland Barthes, 1915~1980)는 1960년대와 1970년대의 프랑스 기호학 이론가들 중에서 가장 재기 넘치는 인물이었다. 프랑스의 신·구 비평 논쟁에서 신비평의 옹호자로 나섰던 그는 여러 번 기호학의 이론 방향을 수정했지만, 언제나 이론의 중심적 주제는 의미화의 과정이었다. 그러므로 실질적으로 의미작용의 기호학을 처음으로 전개한 것은 바르트에 의해서이다. 소쉬르의 구조언어학과 레비스트로스의 구조인류학을 토대로 해서 의미작용의 기호학 이론으로 응용 전개해 나간 것이다.

그 첫째 산물이 『신화론』의 제2부 「오늘의 신화」이다. 신화도 하나의 전달체계이며 또한 의미작용의 양식이라는 전제에서[220] 의미 작용의 기호학이 가능하다는 가설을 세운 것이다. 이런 인식에서 출발한 바르트의 기호학 이론은 『기호학의 원리』(1964)에서 본격적으로 시도되는데, 이 이론은 언어기호를 넘어선 일반 기호현상에까지 확대 적용한 비언어체계의 기호학 이론이었다. 즉, 바르트는 소쉬르의 일반언어학에서 채용된 분석 개념을 원용하여 비언어적 기호를 분석하는 방향을 취하게 되었다는 말이다. 그러나 소쉬르와 바르트가 언어를 바라보는 시각에는 큰 차이가 놓여 있다. 소쉬르는 언어가 기호학의 영역 중에 한 부분을 차지하고 있다고 보는 데 반하여, 바르트는 오히려 기호를 언어학의 일부분으로 보고 있다는 점이다.[221] 왜냐하면 모든 비언어적 기호가 의미화 작용을 하기 위해서는 어쩔 수 없이

220) Roland Barthes, 『*Mythologies*』, Paris: Seuil, 1957, 193쪽.

221) Roland Barthes, 『*Elements de Semiologie*』, in Communication 4, Paris: Seuil, 1964, 2쪽.

번역되어야 하기 때문이다. 가장 쉬운 예로 A가 하트 모양을 그려 B에게 전달했다고 하자. 이때 비언어체계인 하트의 그림이 나타내는 의미는 그 자체로는 생길 수 없다. 그 의미를 언어기호로 '사랑'이라고 번역될 때만이 가능해지는 것이다.

바르트에 따르면, 의미작용에는 두 수준의 질서가 있다. 제1차 질서는 현실의 수준, 또는 자연의 수준이며, 제2차 질서는 문화의 수준이다. 제1차 질서는 기호가 현실을 대표하는 기초적 표상의 세계에 대한 것으로 기표와 기의가 결합하여 기호를 이루는 기본적 의미작용이 일어나는 수준이다. 이 수준에서 기호는 모호함이 없는 객관적, 직접적 자연의 의미를 배태한다. 의미작용의 제1파 질서는 기호가, 그것이 표상하는 현실의 외연적 의미만을 생산한다. 그러므로 제1차 질서는 기호의 사회적, 축어적 해석만을 허용한다. 제2차 질서는 두 가지로 되어 있다. 하나는 함축의 질서이고, 다른 하나는 신화(myth)의 질서이다.[222] 함축은 기표의 제2차 의미작용을 나타내는 것으로, 기표가 기호의 형태를 결정한다. 이 기표는 모든 사람의 문화적 배경과 체험에 따라 천차만별의 함축 의미를 일으킨다. 예를 들면, 한 알의 '모래'일 경우, '담벼락'을 상상하는 사람도 있을 터이고, '우주가 보인다'고 상상할 수도 있는 것이다. 시인이자 화가인 윌리엄 블레이크는 '한 알의 모래에서 우주를 본다'라고 했다. 신화란 바로 이런 함축적 기의들로 엮인 고리의 체계를 말한다. 이렇게 바르트는 신화를 '함축 의미의 체계'라고 정의하는데, 이 신화는 끊임없이 변형을 시도한다.

그러므로 여기서 신화라는 것은 고전적인 신화체계를 말하는 것이 아니다. 이것은 '하나의 이야기' 혹은 '하나의 특수한 언술'을 가리키는 것이다. 다시 말하면 기호의 '의미체계'를 형성하고 있는 섬유조직 자체와 같은 것

222) 김경용, 앞의 책, 166~168쪽.

으로 보면 된다. 신화에 의한 의미작용의 모델을 나타내보면 다음과 같다.

<table>
<tr><td>1. 기표</td><td>2. 기의</td><td></td></tr>
<tr><td colspan="2">3. 기호
Ⅰ. 새로운 기표</td><td>Ⅱ. 새로운 기의</td></tr>
<tr><td colspan="3">Ⅲ.기호</td></tr>
</table>

이 도식에서 제1차 수준의 의미작용은 기표와 기의가 결합하여 기호가 되면서 일어난다. 이 일차 기호는 기호가 지니는 직접적이고도 명확한 자연적 의미, 즉 객관적이고 외연적인 의미를 품고 있다. 제2차 수준의 의미작용은 이러한 일차 기호의 의미를 바탕으로 새롭게 형성된다. 일차 기호의 기의와 기표를 빌려 형성된 이차 기호의 기표는 새로운 기의를 배태하는 것이다. 바르트는 이차 기호의 기표를 수사적인 것으로, 이차 기호의 기의를 신화로 본다.[223] 이러한 신화 작용에 의하여 의미작용은 꼬리와 꼬리를 물면서 복잡해지는 것이다. 즉, 일차 기호는 말해지고 있는 것 자체를 의미하는 것이지만, 이차 기호는 말해지고 있는 것 이외의 다른 무엇을 의미하는 일이 된다. 이차 기호는 언어의 문학적 내지 미학적 사용을 나타내는 것으로, 결국 메타언어가 되는 것이다. 이것은 기호 자체의 입장으로서 기호현상과 관련될 수밖에 없다.

제1차 대상 언어에 대해 당당하게 작용하는 제2차 언어는 메타언어이다. 메타언어는 외연적(1차) 의미체계 자체를 내용으로 삼아, 그것을 표현한다. 이때의 표현은 하나의 과학적 조작이 된다. 이런 조작에 의하여 어떤 메

223) 위의 책, 178쪽.

타언어라도 결국엔 제2차 언어의 위치에 놓여질 수밖에 없고, 또 다른 메타 언어에 의해 신문을 받게 된다. 이렇게 되면 궁극적인 메타언어는 존재할 수가 없다. 바르트도 「유행의 체계」에서 이런 점을 인정했다. 바르트는 모든 메타언어의 권위를 파괴하는 무한한 회귀(aporia)를 보게 된다. 이렇게 되면 문학언어는 밑창 없는 언어이고 텅 빈 의미에 의해 지탱되는 순수한 애매성과 같은 것이 된다.[224)]

후기에 접어들면서 바르트는 구체적으로 텍스트의 의미를 해명하는 방법론에 대한 관심을 기울인다. 이와 같은 저서들이 「저자의 죽음」(1968), 발자크의 소설 『사라진*Sarrasine*』에 대한 연구인 『S/Z』(1970), 『텍스트의 즐거움』(1973) 등이다. 사실 이러한 바르트의 문학과학을 위한 구조 기호학의 탐색 이론은 한편으로는 그레마스, 주네트, 토도로프 같은 기호학자들에 의해 심화되고 있다. 그레마스의 「구조적 의미론」(1966), 「기호학과 사회과학」(1976), 주네트의 「문체비평」, 토도르프의 「산문시학」(1971) 등이 그것이다.

7.4. 기호학적 비평의 실제

기호학적 비평은 이론적인 프로젝트에 가깝다. 한국에서는 기호학적 비평에 대한 이론적 논의는 이뤄졌으나, 실제비평의 적용 사례는 드물다. 문학 연구에서 '이상 시의 기호학적으로 접근'과 같은 몇몇 사례들이 있을 뿐이다. 여기서는 황진이(黃眞伊, 성종~중종)의 시조인 「동짓달요(謠)」를 대상 작품으로 삼아 기호학적 비평 실험해 보기로 한다.

224) T. 이글턴, 김명환 외 역, 『문학이론 입문』, 창작과비평사, 1986, 169쪽.

동지ㅅ달 기나긴 밤을 한 허리를 버혀내어

춘풍 니불 아래 서리서리 넣었다가

어른 님 오신 날 밤이여드란 구비구비 펴리라.

먼저 이 작품의 구조를 그레마스가 제시한 기호학적 사각형이라는 모형에 적용하고자 한다. 모든 이야기는 부정적 상황과 긍정적 상황이라는 이항 대립으로 치환될 수 있다. 이러한 대립과 부정의 인식은 인간의 가장 기본적인 개념 양식이다. 미와 추, 이별의 만남, 선과 악, 밤과 낮, 길고 짧음 등등 많은 것들이 이항 대립을 이루고 있다.

황진이의 시조에서 특히 대립되는 어휘소들은 밤과 낮의 시간적 대립이다. 이것을 기호학적 사각형에 배치시켜보면 아래와 같다.

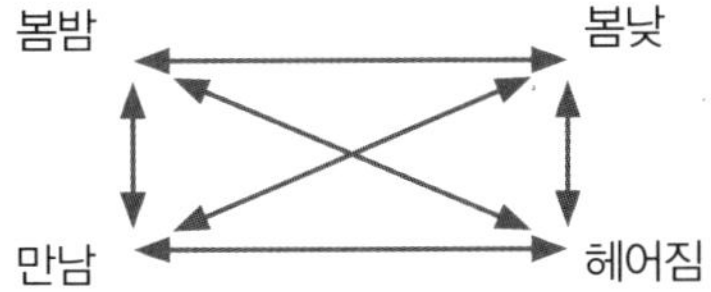

이 작품의 화자(話者)가 님과 함께하는 시간은 밤이다. 그러나 만남의 시간인 밤은 너무나 짧기만 하다. 시간성으로 볼 때 동지(冬至)의 밤은 봄의 밤보다 훨씬 길지만 딱하게도 홀로 지내게 되는 밤이다. 그래서 화자는 그 긴 시간성을 잘라다 보드라운 이불 속에 넣어 시간성의 확장을 꾀한다. 그러므로 시적화자(詩的話者)는 님과의 만남을 준비하고 그 만남을 오래도록 지속시키려고 한다. 그러면 만남을 다시 기호학적 사각형에 배치시켜 보자.

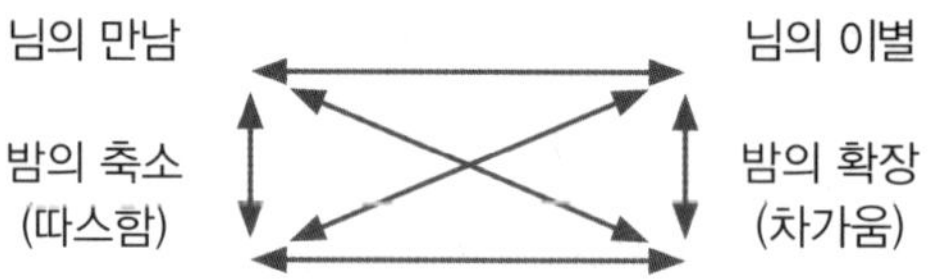

밤의 시간은 낮과의 대립성을 나타낸다. 특히 동지의 밤과 봄의 밤은 대립과 동시에 공간의 차가움의 따스함이라는 대립구조를 이룬다. 즉 이별의 장에서는 '차가움', 만남의 장에서는 '따스함'이 생성된다, 그러므로 이 기호학적 사각형은 따스함과 차가움의 대립을 나타낼 뿐만 아니라, 따스함의 시간성을 확장하려는 구조를 드러낸다. 여기서 수직 축의 양항(兩項)은 모두 화자인 나(홀로 있음)를 주체로 삼고 있다. 님과의 만남의 주체도, 님과의 이별의 주체도 화자인 나인 셈이다.

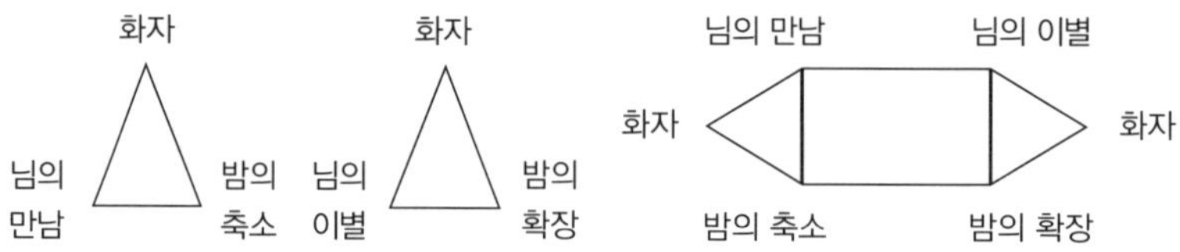

이것을 행위자 모델로 보면 다음과 같다. 이 작품에서 화자가 탐색하고 추구하는 객체(客體)는 이불이다.

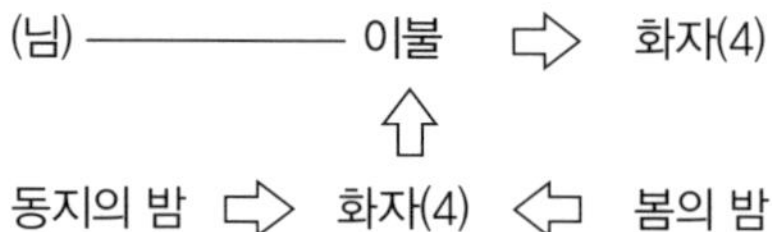

이불은 님과 함께 실존할 수 있게 해 주는 실현의 장으로 만들어 준다. 이러한 이불의 공간은 밤의 확장을 꿈꾼다. 그러므로 여기에서 봄의 밤은 방해자이고 동지의 밤은 조력자의 역할을 한다. 세속적인 입장에서는 봄의 밤이 조력자일 것 같지만, 밤의 확장이고 싶은 화자의 욕망 때문에 오히려 방해자로 바뀌게 된다.

이 텍스트를 선택과 결합이라고 하는 계열축과 통합축이라고 하는 입장에서 분석해 보자. 앞서 밝힌 바와 같이 선택은 은유이고 결합은 환유이다. 이 텍스트 역시 비유적 표현으로 되어 있다. 동짓달의 밤은 길고, 봄의 밤은 짧기만 하다. 여기서 밤이 지니고 있는 시간성, 즉 길고 짧음의 대비가 님과 만나는 시간의 길고 짧음으로 비유된다.

그러나 동지와 밤은 유사성에서, 즉 선택축으로 된 것이 아니라 결합축으로 되어 있다는 사실이다. 동지는 낮이 짧지만, 봄은 낮이 길다. 이러한 개념을 상기할 때에 동지와 밤은 유사성을 갖지 않는다. 동지와 밤의 개념이 결합할 때에 근접성(近接性)으로서 동지와 밤이 의미상관을 맺는다. 그러므로 동지와 밤은 선택축이 아니라 결합축에서 생겨나며 봄의 밤도 유사가 아니라 근접성을 갖는다.

따라서 이 텍스트 전체는 환유 구조로 형성되어 있다. 그러한 언어들을 결합시키고 있는 통합축의 체계는 '버혀내다', '넣다', '펴다'라는 동사에 의해서 만들어진다. 통사축으로 인하여 시간성이라는 동지와 봄은 의인화가 될 뿐만 아니라 '서리서리', '구비구비'의 반복으로 시간성의 확장을 꿈꾸면서 동시에 시간성을 공간성으로 변형시키는 다층적 텍스트가 된다.

이상과 같이 문학기호학의 일반적인 이론과 황진이의 시조 한 편을 기호학적 개념에서 살펴보았다. 소쉬르의 언어체계에 대한 기호학을 바탕으로 한 기호학적 문학 비평은 바르트, 그레마스, 크리스테바 등등의 이론가들에 의하여 광범위하고도 깊이 있게 연구되어 왔다. 그들의 문학기호학 비평은 문학기호를 하나의 기호체계로 본 공통점을 가지고 있음에도 불구하고 의미작용의 기호학을 실제 분석할 때의 관점에 있어서는 미묘한 태도의 차이를 나타낸다.

7.5. 기호학적 비평의 문제점

여기에서 문학기호학이 갖는 문제점 및 한계점을 간략하게 짚어 보기로 한다.

① 문학기호학의 연구 방법이 광범위하여 다른 여타의 비평 방법과 뚜렷한 구별이 모호하다.

② 문학기호학이 주로 공시적 관점에서 이루어지는 고찰이므로, 통시적 고찰을 간과하고 있다.

③ 문학기호학적 접근 방식이 어떤 법칙이나 구조를 내세우기 때문에, 이런 방식이 하나의 구조로 굳어질 수 있다.

④ 문학기호학은 전기적 사실, 문학과 문화의 역사, 그리고 독자를 무시하고 있다.

⑤ 문학 작품의 미학적 기능을 도외시하고 있으며, 수신자와 발신자 그리고 텍스트 사이에 어느 쪽을 대상으로 하고 있는지 모호하다.

⑥ 개인이나 심리적인 면을 고려하지 않고 있으며, 기호의 대상으로 랑그만 해명했지, 빠롤 부분을 해명하지 못하고 있다.

⑦ 기호의 대상으로 기표와 기의는 두 부분으로 인위적으로 나눌 수 없다.

이처럼 기호학이 가지고 있는 문제점에도 불구하고 기호학은 더욱 발전되고 있는 실정이다. 이러한 기호학적 문학 연구가 한국문학에서도 상당히 다각적인 접근의 시도로 진행되고 있다. 물론 서구의 기호학 성과에 기계적인 접근으로 기댄 점이 있지만, 차츰 기호학에 대한 인식의 확산으로 주체적 시도를 하고 있으며, 그 성과 또한 새로운 면모를 보여주고 있는 것이 사실이라 하겠다.

8장 수용미학과 독자반응 비평

8.1. 명칭과 차이점

수용미학과 독자반응 비평은 독자와 텍스트 사이의 관계를 독자의 능동성을 강조하며 접근하는 문학 비평 방법이다. 이 비평 방법은 영향 미학적으로 작가와 작품을 파악하기 보다, 수용미학적인 독자를 문학 연구의 중요 요소나 문학 연구의 중심에 놓고자 한다. 이 이론은 수용미학(受容美學), 수용이론, 독자반응 비평, 그리고 독자중심비평 등이 구별 없이 거의 공통적으로 함께 쓰이고 있는 실정이다. 굳이 이 개념을 구별해 본다면 수용미학(Rezeptionsästhetik)이나 수용이론이라는 것은 독일을 중심으로 한 유럽권 문학 이론에서 사용되고 있으며, 독자반응 비평(Reader—Response Criticism)은 미국 비평계를 중심으로 사용되었다.

그러나 홀럽(Robert C. Holub)은 수용미학, 수용이론, 독자반응 비평을 구별하려 했다. 또한, 홀럽은 1960년대 말의 서독에서 독자의 수용적 측면을 지향하거나 중시하는 독일의 문학 이론 일반을 수용미학 또는 수용이론이라 지칭했다. 이 중 수용미학은 야우스(Hans Robert Jauss, 1921~1997)의 초기 이론적 저술만을 한정하는 용어로 사용했다.[225] 독일의 수용미학과 수용이론은 결속력이 있는 의식적이고 집단적인 비평운동의 성격을 띠었다. 1980년대 무렵, 미국에서 시작된 독자반응 비평(독자중심비평)은 비운동성, 비집단성, 비학파성이라는 성격을 지녔기에 수용미학·수용이론과 구별된다. 그러나 이러한 구별에도 불구하고 양자가 독자 및 독서 행위에

225) Robert C. Holub, 『*Reception Theory*』, London and New York: Muthuen, 1984, 'Preface' vii쪽.

초점을 두는 공통점을 갖고 있으므로 같이 논의해도 큰 차이는 없을 듯하다. 다시 말하면 독일의 수용미학과 미국의 독자반응 비평이 서로 연결되어 있다는 것이다.

수용미학(수용이론)	독자반응 비평(독자중심비평)
독일의 불문학자 H. R. 야우스가 정립. W. 이저가 체계화시켜 구현. 1960년대부터 유럽에 파급. 의식적·집단적 문예운동.	독일의 영문학자 W. 이저가 주창. 미국의 J. P. 톰킨스 등이 보급 1980년대 이후 미국서 성행. 비의식적·비집단적 비평운동.

8.2. 개관 및 특성

수용미학(독: Rezeptionsästhetik, 영: aesthetics of reception) 또는 독자반응 비평은 독자의 독서 경험을 중시하는 문학 텍스트의 연구방법론이다. 이 방법론은 러시아 형식주의, 신비평, 또는 프랑스의 구조론 등과는 차이가 있다. 이들 비평이 작가의 의도, 작품의 내용이나 구조, 내용과 형식의 일치 등에 관심이 있었다면, 수용미학 등은 문학 텍스트와 독자 사이의 교감 과정에 관심을 기울인다. 그러니까 이 이론의 초점이 작품에서 독자 쪽으로 옮겨진 독자지향이론(reader oriented theory)인 것이다. 또한 작가를 중심으로 작품의 영향 미학이나 작가의 표현미학(독: Darste llungstästhetik)을 중시했던 기존의 비평 방법론과도 차별된다. 따라서 이 이론의 관심은 문학 텍스트의 무엇을 해석하느냐에 있는 것이 아니라 어떻게 해석을 하느냐에 있다.

야우스는 1967년 서독의 개혁적인 신설 대학인 콘스탄쯔 대학에 취임하면서 「문예학의 도전으로서의 문학사」[226]라는 강의논문을 발표했다. 야우스는 작가나 문학 비평가, 문학사가들도 독자라는 신분에서 출발한다는 사실을 강조했다. 문학 작품의 역사성은 수용자의 능동적인 참여 없이는 생각조차 할 수 없으며, 문학사는 작품과 독자 간의 대화(對話)의 역사로 씌어져야 한다고 주장한 것이다. 수용미학의 이론적 논의의 기반은 1917년 독자의 수용 면을 중시한 쉬클로프스키(V. Shklovsky)의 '낯설게 하기' 이론이었다. 그후, 무카로브스키의 콘스탄츠학파를 거쳐 유럽과 미국 쪽에서 여러 학자들에게 영향을 미쳤다. 이러한 형식주의의 영향 아래서 야우스는 '독자'라는 해석 지평을 발견한 것이다.

독자는 단순히 수동적으로 행위하는 것이 아니라, 역사 형성의 힘을 갖고 있다. 문학 작품의 역사적 생명은 독자의 능동적인 참여 속에서 연속성과 재생산성을 가질 수 있다. 따라서 문학의 역사는 작품의 전달적 기능과 마찬가지로 독자와의 대화적 기능을 전제로 하여야 한다. 그래서 야우스는 문학 작품의 일차적인 조건으로 작품의 수취인(受取人)이며, 문학사의 능동적 주체인 독자를 적극적으로 고려해야 한다고 보았다. 즉, 독자는 작가—작품—독자의 삼각관계에서 수동적으로 반응하는 것이 아니라, 문학사를 형성하는 원동력이라 보았던 것이다. 야우스는 지금까지의 문학 연구가 독자의 미학적 위치를 소홀히 하였기 때문에 문학의 미적 기능과 사회적 기능을 제대로 해명할 수 없었다고 보았다.

수용미학이 새로운 문학 비평 방법으로 각광을 받았던 만큼, 이에 대한 반발이나 비판의 목소리도 높았다. 한편에서는 변증법적 발전 이론을 근원에서부터 거부하며 자본주의적 세계관을 정당화하는 논리로 간주되어 배

226) 1967년 4월 13일 강연된 이 논문은 처음 『*Konstanzer Universitätsreden*』(G. Hess 편찬. Nr. 3, 1967, alc Nr. 6, 1969)에 수록되었고, 나중에 『*Rezeptionsästhetik*』(R. Warning 편찬, 1975 UTB 303)에 요약되어 발표됨(장영태 역, 『도전으로서의 文學史』, 문학과지성사, 1983도 있음).

척하기도 했고, 다른 한편에서는 수용미학 속에는 유물론이 잠재해 있는 것은 아닌가 의심을 하기도 했다.

수용미학은 이론적 측면에서 역사학, 해석학, 구조주의와 연관되어 있다. 야우스는 역사학자 같은 인상을 주고 있으며, 무카로브스키의 형식주의를 참고한 것은 구조주의와 관계가 있고, 볼프강 이저(Wolfgang Iser, 1926~2007)는 해석학으로부터 영향을 많이 받았다.[227]

수용미학의 영향으로 오늘날 문학 연구는 문학 작품의 수용과 영향[228]을 작품 이해의 중요한 요인으로 파악한다. 문학 작품을 읽는 독자의 입장을 고려해 문학 작품 내지 문학사에 해석하고, 그 가치를 평가하는 것은 문학 연구에 있어서 지평의 확대라고 할 수 있다.[229]

일종의 '독서의 사회학'[230]인 독자반응 비평(reader response criticism)은 미국 템플대학 교수인 J. P. 톰킨스(Tompkins)의 책 이름[231]에서 유래했다. 1980년 무렵부터 미국 비평계에서 널리 사용되고 시작한 독자반응 비평은 1930년대의 형식주의와 1950년대 뉴크리티시즘에 대한 비판으로부터 촉발되었다. 하지만 독자반응 비평은 수용미학에 비해 조직적인 문학운동으로 이어지지는 않았다.

---

227) D. W. 포케마·E. 쿠네 입쉬, 정종화 역, 『20세기의 문학이론』, 을유문화사, 1985, 214쪽.

228) '수용'이라는 것은 독자 내지는 수취인이 결정적인 역할을 하는 부분. 즉 창작 텍스트가 수용자에 의해서 구체화될 때 수취인(독자)이 결정적인 작용을 하는 측면을 가리키는 것임. '영향'이라는 것은 문학 작품이 구체적으로 읽혀질 때 텍스트 자체가 가지는 영향력의 측면을 가리키는 것임.

229) 박찬기 외, 『수용미학』, 고려원, 1992, 11쪽.

230) 장 이브타디에, 김정란·이재형·윤학로 역, 『20세기 문학 비평』, 문예출판사, 1995,233쪽.

231) J. P. Tompkins, ed., 『*Reader—Response Criticism: From Formalism to Post—Structualism*』, Johns Hopkins University Press., 1980.

8.3. 이론 형성과 주요 이론가

수용미학이나 독자중심비평의 이론 형성에 기여한 비평가들은 너무 많고, 그 주장의 갈래도 복잡하다. 러시아의 쉬클로프스키와 프라하 학파인 무카로브스키의 형식주의가 이론 형성에 자극을 주었고, 이후 잉가르덴, 피쉬, 라파테르, 야우스, 볼프강 이저 등의 이론가들이 주요 이론가로 꼽힌다. 여기서 논의하지 않은 비평가만 해도 깁슨(G. Gibson), 바인리이(H. Weinrich), 컬러(J. Culler), 프린스(G. Prince), 레스카르쁘(R. Escarpit), 홀랜드(N. Holland), 풀레(G. Poulet) 등이 있다. 다음에서는 잉가르덴 등 중요한 몇 사람만 들어서 소개하고, 수용이론을 대표하는 야우스와 독자반응 비평을 대표하는 이저의 이론을 상술해 보기로 한다.

1) 잉가르덴의 층이론

잉가르덴(Roman Ingarden, 1893~1970)은 예술 작품이 스스로 완결적이고 사회로부터 자율적인 것이 아니라, 수용자의 의식에 의존한다고 보았다. 이는 현상학적 태도와 연결된다. 그는 폴란드 태생으로서 독일 철학자 훗설의 제자[232]이며, '현상학적 예술 이론'의 입장에서 문학 텍스트를 해석했다. 그래서 수용미학에서는 작가가 창작해 놓은 인쇄물을 '텍스트'라 부르고, 독자의 읽기 활동을 통해 '작품'이 실현된다고 보았다. 독자의 수용이라는 관점을 중시해 작품을 우선 '텍스트'로 규정했다. 그리고, 독자의 독서 행위가 '텍스트에서 작품을 실현'하는 결정적 요인이라고 본 것이다.[233] 수

232) 김용권 외 공역, 『현대문학 비평론』, 한신문화사, 1994, 301쪽.

233) 텍스트는 라틴어 'testus'를 어원으로 하며, 그 의미는 '실로 짜여진'(waven)임. 이는 텍스트의 구조적 성격을 보여주는 것으로, 쓰기와 읽기, 의미하는 국면과 의미되는 국면이 상호 교환·반전되는

용미학의 입장에서는 '작품은 수용자(독자)가 텍스트를 구체화한 것이다'라고 주장한다.

그는 문학 작품을 다층적 구조물로 보았다. 첫째는 낱말소리Worltaute와 발화 형성체sprachlautlich Gelbilde의 층위, 둘째는 의미 단위Bledeu-tungxeinheiten의 층위, 셋째는 주제를 묘사하는 대상의 층위, 넷째의 도식화의 층위가 그것이다. 작품 속에는, 즉 작품의 층에는 아직 분명히 표현되지 않은, 따라서 앞으로 그 내용이 확정되어질 '불확정적인 부분'이 있다고 했다. 바로 이것은 문학 텍스트를 읽어나가는 독자들이 실현해 나간다고 보았다.

잉가르덴의 '층이론(層理論)'에 의하면 텍스트 속의 모든 불확정적인 부분이 텍스트의 '의미층'과 일치됨으로써 여러 가지 양식으로 채워질 수 있다고 한다. 불확정적인 부분을 채워 넣는 구체화 과정은 능동적인 독서 행위에서 일어난다. 여기서 구체화란 도식화된 문학 텍스트(작가의 의도 또는 창작 텍스트와 독자가 일치를 이루는 견해)의 구조 속에 있는 '빈틈'이나 '불확정적인 부분'을 의미로 채우는 것이다.

가령 소설 속의 어떤 인물이 살아 움직이게 하기 위해서는 독자가 작품

장소라는 뜻을 포함함. 텍스트는 작가의 의도에 따라 어떤 하나의 보편적 의미를 지니는 것이 아니라, 독자의 읽는 행위를 통해 부단히 짜여졌다가 풀리고, 풀렸다 짜여지는 의미의 직물임. 수용미학이 '작품은 독자의 수용 활동에 의해 텍스트를 구체화함으로써 실현된다'고 보는 반면, 롤랑 바르트는 좀 더 적극적으로 '텍스트와 작품'의 차이를 밝혀 '텍스트' 이론을 발전시켰음. 바르트에 의하면 '텍스트와 작품'은 다음과 같이 구분됨. 1) 작품은 서점, 연구 목록 등으로 한정할 수 있으나, 텍스트는 언어적 차원에서 읽는 행위, 독서 행위, 또는 쓰는 행위를 통해 경험될 수 있을 뿐임. 2) 작품은 장르 규정이 가능하나. 텍스트는 장르로 분류할 수 없음. 3) 작품은 표현된 기호의 내용에 닫혀 있고, 텍스트는 유희에 관점에서 발생하는 기호의 표현 자체의 무한성으로 열려 있음. 4) 텍스트는 작품에 비해 다의성을 지님. 5) 작품의 발생적 근원은 외적 세계와의 연관에서 파악하는 연결성, 작품과 작품 사이의 논리적 연관성, 작가와 맺어져 있는 작품의 위치로 파악하지만, 텍스트는 발생적 근원 조건 없이 발생할 수 있음. 6) 작품은 독자의 소비 대상이나, 텍스트는 쓰기와 읽기 사이의 거리를 좁히는 유희 활동임. 7) 텍스트에 접근하는 최종적 방법으로 쾌락이 강조됨. 텍스트의 쾌락은 작가와 독자의 분리 속에서 나타나는 작품의 소비 쾌락과 대비됨.

속의 빈자리를 채우고 불확정적인 부분을 확정지어야 한다. 다만, 이때의 독자 역할은 작가의 의도나 작품의 내용을 정확히 파악하는데 맞춰져 있어 제한성을 지닌다.[234] 그런데, 잉가르덴의 수용론은 작품에 대응하는 독자의 체험에 의해 그 존재가 조건 지어지지만, 그것은 동시에 작품에 의해서 결정된다. 문학 작품은 구체화를 거쳐 표현되었을 때만 미적 대상을 구성하지만, 구체화의 최종 결정권을 여전히 작가가 가지고 있는 듯이 보인다. 어떤 작품에 대한 구체화는 다양한 양상을 띤다고 볼 수 있으나, 작품 자체는 고정되어 있다는 것이 잉가르덴의 입장인 듯하다. 여기서 잉가르덴은 안정된 구조를 가지고 있는 작품과, 그 구조를 미적 대상으로 구체화하는 독자의 활동을 명백히 구별하고 있다.[235] 이러한 잉가르덴의 수용론인 '빈틈'이나 불확정성의 개념은 볼프강 이저의 독서 이론에 밑거름이 되었다고 할 수 있다.

2) 피쉬의 정통독자

미국의 피쉬(Stanley E. Fish, 1938~)는 "내게 있어서 독서(그리고 일반적 이해)는 하나의 사건이며, 폐기되어야 할 부분이 아니다. 이 사건을 통해 의미는 현실화된다.[236]라고 말했다. 그는 「독자 속의 문학: 감정문체론」(1970)이라는 논문에서 독자를 의미 형성의 중심에 놓았다. 독서 행위를 하나의 사건으로 보았고, 읽는 과정에서 발생하는 체험이 바로 문학적 의미를 생성한다는 것이다.

피쉬는 '의미란 밤송이에서 밤알을 끄집어내듯이, 한편의 시에서 추출될

234) 잉가르덴의 문학 작품 존재양식론은 신비평의 원리에도 영향을 주었음.

235) 문덕수 외, 『현대의 문학이론과 비평』, 시문학사, 1991, 292쪽.

236) Stanle Fish, 『*Literature in the Reader : Affective Stylistics*』, Jane P. Tompkins, 86쪽.

수 있는 것이 아니다'라고 했다. 오히려 의미는 누구나 독서 과정에서 체험할 수 있는 경험에서 발생한다고 했다. 결과적으로 그는 문학을 고정적 의미의 결집체로 본 것이 아니라, 독자의 마음속에서 발생하는 일련의 사건으로 간주했다. 이와 함께 문학 비평의 목적은 독서 행위에 대한 충실한 설명, 즉 하나의 독서와 그 사람 다음의 독서가 결코 같은 의미를 생성하는 것에 대한 상세한 해설에 있다고 보았다.

피쉬는 바람직한 독자의 상으로 '정통 독자'(Informed Reader)라는 개념을 제시했다. 정통독자는 알아야 할 것을 다 알고 있는, 깊이 있는 독자(나)이며, 그 자신을 정통하게 만들기 위해 최선을 다하는 독자이다. 그러니까 그가 제시한 독자는 문학적, 언어학적 능력을 충분히 갖고 있는, 일종의 복합적인 존재이다. 충분한 문학적 능력을 가진 독자라는 점에서 '능력 독자' 라고도 일컬어진다.

3) 리파테르의 초독자

리파테르(Michael Riffaterre, 1924~2006)는 독자의 수용기능을 인정하기는 하지만, 여전히 텍스트의 기능을 더 강조했다. 독자가 텍스트를 읽고 어떤 문학적 의미를 깨닫게 되는 것은, 그 의미가 이미 텍스트의 언어 속에 내재되어 있기 때문으로 본 것이다. 리파테르는 뜻(meaning)과 의미(significance)를 구별하여, 먼저 뜻을 발견하는 첫 단계를 거친 후, 그다음 단계에서 의미의 해석으로 넘어간다고 주장했다.

시에 있어서는 비문법성이 의미화하는 복합체의 단계를 거쳐 기호화하는 통일체의 단계로 이어진다. 즉, 시가 더욱 발전된 체계로 전이될 때, 이러한 과정을 세미오시스(semiosis)라고 했다. 세미오시스는 대상을 그대로 복사하는 미메시스가 아니라, 주관에 의한 구성적 재현을 통해 새로운 의미를 창조하는 것을 말한다. 이러한 기호화(記號化) 과정은 실제로 독자의 마음속에서 일어난다. 그리고 그것은 재독(再讀)의 결과로 생겨나는 것이다. 시(詩)의 기호학을 이해하자면 독서의 두 수준 내지 단계를 세심하게 구분해야 한다.[237] 왜냐하면 의미에 도달하기 전에 독자는 모방을 뛰어넘어야 하기 때문이다. 그래서 그는 '뜻'에서 '의미'로 넘어가는 과정에 '해석소'의 개념을 도입했다. 그러다 보니 텍스트에 대한 뜻 → 해석소 → 의미의 해석과정은 시종 텍스트에 의존하고 있는 셈이다.

리파테르는 '초독자(super reader)'라는 개념을 제시한다. 초독자는 몇 번이고 통상적인 독서 과정을 정확히 거쳐서, 시의 언어적 형상이 진술한 대로 문장을 따라 해석해 낼 수 있다. 초독자는 독자의 주관적인 자의성이 배제되어야 한다는 관점을 갖고 있으나, 현실에서 그 실제 가능성은 희박하다.[238]

4) 야우스의 수용미학과 기대지평

야우스(Hans Robert Jauss, 1921~1997)는 러시아 형식주의자들의 문학이론과 함께 독일 철학자 가다머(Gadamer)의 해석학을 결합해 수용미학을 정립했다.[239] 야우스의 '수용이론'은 문학 작품을 수용하는 독자의 측면에서 문학 내지 문학사에 재해석하는 데 초점이 맞춰져 있다. 그는 문학 작품의 예술성과 역사성이 수용자의 작품 경험에 내재해 있다고 보고, 수용

237) M. 리파테르, 「문학 비평과 기호학」, 박철희·김시태 역, 『문학의 이론과 방법』, 이우출판사, 1984, 171~173쪽. 제1단계는 '발견적 독서'로 최초의 해석인 뜻을 이해하는 단계임(단어나 문장의 뜻 비유를 아는 것). 제2단계는 '소급적 독서'로 진정한 해석학적 독해임(이차적 해석 또는 구조적 독해라고 함. 텍스트의 의미 발생을 아는 것).

238) 박덕은, 『現代文學批評의 理論과 應用』, 새문사, 1989, 267쪽.

239) 페터 뷔르거, 김경연 역, 『미학이론과 문예학 방법론』, 문학과지성사, 1987, 155쪽.

자의 '심미적 경험'을 통해 문학 텍스트를 의미화하려고 했다.

야우스의 수용미학에서 주요한 논점을 살펴보면 다음과 같다.

(1) 수용자 중심의 문학 연구

수용미학은 현대 사회의 다원화와 개인 의식의 심화 속에서 발생했다. 서독의 경우 1960년대 말, 옛것의 답습을 극복하고 '자기인식'으로 학문을 성찰하려는 논의가 활발하게 전개되었다. '68혁명'의 영향으로 대학에서는 학문적 연구가 '현실 인식'을 중시하는 태도를 회복했고, 이러한 분위기가 수용미학을 낳게 한 동인(動因)이 되었다. '수용자'는 '독자'라는 범주를 넘어서 문학가, 비평가, 문학사가, 문학교수, 작가, 일반독자 등은 물론 청취자, 기자, 연출자, 관객 등 어떤 형식으로든지 문학 작품에 관여하는 모든 수취인을 가리킨다.[240)]

읽히지 않는 문학 작품은 무의미하므로 작품은 수용자를 위해 존재한다. 따라서 문학 작품의 연구는 그것이 어떻게 받아들여지는가 하는 수용과 영향을 포함하지 않을 수 없게 되었다. 문학 작품을 다루는 데 있어 '영향'은 텍스트에 의해 제약되는 요소이고, '수용'은 작품 수취인에 의해서 제약되는 요소이다.[241)] 그래서 문학 작품과 독자와의 관계는 심미적 연계성과 역사적 '내포성'을 함께 지니게 된다.

(2) 문학 텍스트와 기대지평

---

240) 차봉희 편저, 『수용미학』, 문학과지성사, 1988, 28쪽.

241) H. R. Jauss, 『*Racinesund Goethes Iphigenie—Mit, einem Nachwork über die Partialität der rezeptionsästheische Methode*』, in: Rezeptionsästhetik, a.a.O., 2002. 383쪽.

수용은 수용자의 상태에 따라 받아들여진다는 해석학적 원칙과 독자들의 기대가 창작 텍스트의 구성 요소로 되고 있다는 '기대지평'이 작용한다. 야우스는 작품 수용에서 '기대 지평(또는 期待의 地平線)'[242]을 제시했다. 기대 지평에는 수용자의 이해를 구성하는 모든 요소(선험적 지식/체험적 지식/기대의 한계 등)들이 포함된다. 따라서 수용자의 기대 지평이 작품의 기대 지평과 일치할 때 작품은 수용자에 의해서 온전히 받아들여진다. 그러므로 기대의 영역에 대한 개념은 야우스의 이론에서 중요한 역할을 한다. 여기서 '기대'란 칼 만하임이 사회학적 분석에서 사용한 용어를 빌어 수용자가 지니고 있는 바램, 선입견, 이해 등을 총망라한 개념어이다.[243]

한편의 작품을 이해하고 받아들이는 데에는 이러한 수용자의 기대지평이 바탕을 이루고 있으며, 이 기대 지평에 반응하는 작품의 상태와 영향의 정도에 따라 작품의 예술성이 결정되고 있다. '상상의 독자'와 '실재의 독자'를 구별해 볼 수 있다. '상상의 독자'는 작가가 창작할 때 가정했던 독자이다. '상상의 독자'는 창작단계에서 작가의 구상에 모티프를 주지만, 작품의 실제적인 효과의 구성 요인으로 간주할 수는 없다. 반면에 '실재의 독자'는 작품을 수용하는 독자이다. 이 '실재의 독자'는 작품의 영향을 논할 때 중요한 요소일 수밖에 없다. 이와 같이 수용미학적인 문학 작품 연구는 수용자의 의식·입장·견해·성향 등 '기대 지평'을 이루는 제반 여건 및 요소들을 밝히는 것을 작품 이해의 첫 단계로 본다. 즉 작품 수용이란 작가의, 작품

242) 기대의 지평(Erwartungshorizont)은 독자가 하나의 새로운 문학 작품을 대할 때 자기가 과거에 읽었던 다른 작품 또는 독자 자신의 체험이나 관점 등에 따라 새로운 작품이 대략 어떠하리라는 기대를 가지게 되는 것을 의미함. 지평선(Horizont)이란 용어는 시계라고도 하며 독일의 철학자 헤겔이 인식이나 이해, 사고 등의 범주를 의미하는 단어로 사용한 바 있음. 여기서 야우스는 수용자의 입장에서 작품에 대한 이해의 범위와 그 한계를 지칭하는 것으로 지평선이란 개념을 도입한 것임. 그리하여 기대의 지평선은 수용자의 이해를 구성하는 요소들, 즉 선험적이거나 체험적인 지식, 거기서 발생하는 기대의 한계가 포함됨.

243) 홍문표, 『문학 비평론』, 양문각, 1993, 394쪽.

당대의, 수용자의 '기대지평'들을 재구성하는 것이다.[244)]

또한 작품의 수용은 '지평의 전환'을 통해서 이루어진다. 새로운 작품을 수용한다는 것은 수용자의 '친숙한 지평'이 새로운 작품의 '지평'에 부딪쳐 변화한다는 것을 말한다. 야우스는 이미 주어진 '기대 지평'과 새로운 작품의 출현으로 발생하는 '지평' 사이에서 생겨나는 거리감에 대한 인식에 주목했다. 그는 새로운 작품이 일단 이루어져 있는 경험을 부정하거나 재의식하게 함으로써 '지평 전환'을 초래한다고 보았다. 이때의 거리감을 '심미적 차이'라고 표시한다. 이와 같이 창작 작품과 '기대 지평' 간에, '친숙한 지평'과 '지평 전환' 간에 생기는 거리는 한 작품의 예술성을 수용미학적으로 결정한다.

한 편의 문학 텍스트를 읽고 이에 관해 글을 쓰는 행위는 곧 이 작품의 수용사(受容史)에서 수용자로서 한 자리를 차지하는 것이다. 그리고 문학 텍스트는 수용자의 변화된 사회·문화적 조건에 따라(예컨대 동일한 텍스트가 동일한 수용자에게서도) 계속 다르게 수용될 수 있기 때문에, 어떤 문학 텍스트든지 계속 새롭게 또는 다르게 의미화될 수 있다는 가능성이 전제되어 있다.

5) 볼프강 이저의 수용미학과 독서이론

야우스의 수용이론을 주도적으로 발전시킨 사람은 독일 콘스탄츠 대학의 영문학자 볼프강 이저(Wolfgang Iser, 1926~2007)이다. 이저는 작품이 독자의 독서 행위를 통해서 완성된다는 수용미학적 작품관과 작품 체험의 과정을 중시하는 심미적 독서 이론을 폈다. 그의 정교수 취임 논문인 「텍스

244) 차봉희, 앞의 책, 35쪽.

트의 호소 구조」(1970), 연이어 발표된 「독서과정」(1971~1972), 「내포된 독자」(1972), 「독서의 행위」(1976) 등에서 지금까지의 작가, 작품 중심적인 문학 이론과 구별되는 논의를 펼쳤다. 그는 창작 작품인 문학 텍스트는 독자에 의해서 다시 탄생한다는 견해에 입각해 작품과 텍스트를 구분하였다. 작품이란 텍스트가 독자의 의식 속에서 재정비되어 구성된 것이라고 보았다. 그는 문학 텍스트가 역사 속에서 변하는 것이라면, 이는 시대와 상황에 따라 텍스트가 수용자에게 무엇을 해주느냐에 대한 새로운 인식이 필요하다고 주장했다.

(1) 문학 텍스트와 작품

이저는 문학 텍스트와 문학 작품을 구별하려고[245] 하는데, 이 구별은 문학 텍스트가 독자의 독서 행위를 통해서만 완성된다는 수용미학적 견해에 따르는 것이다. 작가가 창작해 놓은 지시적 제시물인 창작품을 문학 테스트라고 하고, 이것을 독자가 읽고 이해하여 새로운 경험으로 만들어낸 것을 문학 작품이라고 한다. 이렇게 볼 때 문학 텍스트는 여러 독자들에 의해서 상이한 문학 작품으로 태어날 수 있으며, 시간과 상황에 따라 같은 독자에 의해서도 다른 작품으로 나타날 수 있다는 말이 된다.

이저는 문학 텍스트란 독자에게 작용하고 영향을 미치는 계기를 품고 있는, 즉 텍스트 구조에 얽힌 채 짜여 있는 가능성을 지닌 지시물이라고 본다. 텍스트는 그것을 읽는 독자의 상상을 위해 미리 제시된 지시의미론과 같은 지시성을 지니고 있기 때문에 소통의 필요성을 야기시킨다. 요컨대, 텍

245) Wolfgang Iser, "Interaction between Text and Reader", 『*The Reader in the Text*』, ed. by Susan R. Suleiman and Inge Crosman, Princeton UP(1980), 106~119쪽. 결국 문학 작품은 작가에 의해 만들어진 예술적인 면과 독자에 의해 실현된 심미적인 면을 함께 공유하는 셈.

스트는 수용자와의 소통과정을 통해서 '작품'으로 탄생되므로 이저는 문학 텍스트를 '소통 담지자'라고 정의한다. 고전주의적 의미의 '작품(work)'은 문학의 자율성을 강조한 개념이라면, '텍스트(text)'는 수용자와의 소통과정을 통해서 '작품'으로 탄생되는 것을 지칭한다.[246)]

(2) 내포독자와 빈자리 메우기

독자에게 중요한 것은 문학 텍스트의 잠재적 구조를 어떻게 선택하여 구체화하느냐이다. 이러한 독자의 선택과 구체화 작업은 독자의 취향에 따라 이루어지는 것이고, 독자는 친숙한 역사적·문화적 코드에 따라 제약을 받으며 텍스트를 해석한다.[247)] 이러한 실현 과정에서 독자는 필연적으로 여러 가지 갈등을 겪게 마련이다. 이 갈등은 사회적·문화적 코드와 문학 텍스트의 사건적 특성 사이에서 일어난다. 그러나 독자는 텍스트에 제시된 모든 요소들(사회적·문화적 요소)을 새롭게 해석할 수 있다는 의미에서 창조자이다. 물론 이 창조자는 자유분방한 창조자가 아니라, 텍스트의 영향을 받고 있는 제한된 창조자이다.[248)]

그러면 독자는 텍스트의 예시적 잠재력을 어떻게 수용하며, 구체화하는 것일까. 이저는 문학 텍스트의 구체화가 이루어지는 현장을 '독서과정'으로 보고, 이것을 해명하고 있다. 그는 문학 텍스트의 독서과정은 인간의 '경험구조'를 지니고 있다는 독서이론을 편다. 독자의 의식 속에서 이루어지는 창작 텍스트의 이해가 인간의 실재 세계에서 이루어지는 경험구조를 따르

---

246) 차봉희, 「현대문예학과 수용미학」, 박찬기 외 공저, 『수용미학』, 고려원, 1992.

247) Wolfgnag Iser, "Reader Response Criticism in Perspective", 『*Changes and Challenges: Proceedings of the International Symposium*』, Seoul: Hanyang UP, 1989, 229쪽.

248) 이성호, 「영향과 수용의 상호소통」, 『문학사상』, 1992년 3월, 344쪽.

는 것이 그의 견해이다.

독서 과정의 경험 구조, 이것은 문학 텍스트의 불확정성인 특수성의 영역을 심미적으로 구체화하는 작업이다. 바로 이러한 독자의 직접적인 반응을 통해서 문학 텍스트는 존재하고, 또 그렇기 때문에 독자에게 살아 있는 경험으로 수용되는 것이다. 텍스트의 의미는 이러한 독자 구조와 텍스트 구조 간의, 작가와 독자 간의 '의식 상호 관계'에서 구체화되기 때문에 사실적인 것으로 경험될 수 있다. 그러므로 하나의 텍스트를 구체화하는 것은 독자의 상상력을 필요로 하며, 독자는 텍스트에 기록되지 않는 부분인 빈 자리(gaps 또는 blank)[249)]와 미결정성[250)]의 영역을 자기 자신의 경험으로 채우게 된다. 이저의 이런 '빈자리' 견해는 잉가르덴의 층이론에 제기된 '빈 틈'을 더 심화시킨 것이라고 볼 수 있다.

이저는 독서과정을 통해 텍스트의 잠재력을 실현할 수 있는 요소로 내포독자(implied reader)[251)]를 제기했다. 이것은 독자의 형태·역할 등이 미리 결정지어져 있지 않고, 텍스트의 구조로 인해 생겨나게 될 '연루된 독자'를 가리킨다. 내포독자는 사실 실제독자와 암시된 내포독자와의 알력을 거쳐 자신의 위치를 구체적으로 결정짓게 된다. 그러므로 내포독자는 텍스트의 수용자에게 주어진 가장 적극적이며 능동적인 구성 행위를 할 수 있다. 이와 같이 수용미학에서는 독자의 반응구조와 텍스트의 효과구조가 상호 작용함으로써 이루어지는 문학 텍스트의 구체화를 주장한다. 이에 따르면, 독자는 자신의 체험이나 주관에 의해 스스로 작품의 빈자리를 채우며 독서하는 과정에 이르게 된다.

---

249) 이를 주장자에 따라서는 '간격'이나 '공백' 또는 '틈' 등으로 지칭하고 있다.

250) 레이먼 셀던, 현대문학이론연구회 역, 『현대문학이론』, 문학과지성사, 1995, 172쪽. 이는 잉가르덴이 주장했던 작품 중에서의 '미확정 부분(unbestimmtheitsstelle)에 해당된다.

251) Wolfgsng Iser, 『*The Implied Reader: Patterns of Communication in Prose Fiction from Bunyan to Beckett*』, Baltimore: Johns Hopkins. UP, 1974, xii쪽.

(3) 문학 텍스트의 영향과 수용

문학 텍스트와 독자 사이의 역동적 관계를 기술하기 위하여 이저는 두 개의 기본 개념인 텍스트의 영향적 요소와 독자의 수용적 요소를 구분한다.

문학 텍스트의 영향적 요소는 텍스트 구조가 독자의 반응을 유발시키고 진전시켜 주는 잠재력과 관계가 있으며, 독자의 수용적 요소는 텍스트의 이러한 잠재력을 활성화시키는 선택력과 관계가 있다.[252] 그러나 이것은 텍스트의 영향적 요소와 독자의 수용적 요소가 상호작용을 함으로써만 가능하다. 이저는 영향적 요소와 수용적 요소의 소통 관계를 가능케 하는 요인으로 '수용'을 내세우고 있다. 그는 '해석'과 '수용'을 구분하여, 해석이 의미론적인 과정이라면, 수용은 상상적인 것이 텍스트 내에 작용하여 경험되는 것으로 본다.

한 편의 문학 텍스트를 읽고 구체화하는 경우, '텍스트가 무엇을 의미하는가' 하는 질문을 내세우기보다는 '텍스트를 통해 무엇을 경험했는가'에 관해 성찰하는 것이 중요하다. 이것은 곧 텍스트의 '수용'과 '영향'의 과정이며, 작가—텍스트—독자—작품 간의 소통과정에서 완수되는 과정이기도 하다.

8.4. 독자반응 비평의 실제

현대 비평에서는 독자반응 비평이 '독자의 욕망'을 읽는 방식으로 펼쳐진다. 독자의 취향 변화를 통해 시대를 읽고, 시대가 만들어낸 독자의 욕망

252) 이성호, 앞의 글, 340쪽.

이 작품 속에 어떻게 투영되는가를 살피기도 한다. 이명원의 「위안의 서사, 문학적 대중주의 — 오늘의 한국 소설이 보여주는 반인간주의에 반발해 공지영을 찾는 독자들」은 공지영의 소설 『우리들의 행복한 시간』(2005)이 대중 독자의 욕망과 어떻게 만나는가를 살피고 있다. 그는 공지영 소설의 '위안과 연민의 서사'가 문학적 대중주의를 실현하고 있다고 비평했다. 이명원의 평론은 대중 독자의 반응을 통해 한국소설의 현재를 반성하는 태도로 이어지고 있어 인상적이다.

어느 심포지엄 자리에서 문학평론가 임헌영은 공지영 소설이 한국 장편소설의 미래라고 말했다. 신문기사를 통해서 들은 이야기인지라, 그 발언의 정확한 맥락을 알 수는 없지만 나는 다소 다른 생각을 갖고 있다. 나는 공지영의 문학이 한국문학의 미래일지는 알 수 없지만, 적어도 한국문학의 중요한 현재성을 보여주고 있다고 생각한다. 문학적 대중주의의 실현이라는 차원에서 보자면, 역시 공지영은 한국문학의 중요한 현재성을 보여준다.

한국문학의 중요한 현재성

공지영의 소설이 대중들에게 폭넓은 호소력을 발휘하고 있다. 그 원인은 체계적으로 분석될 필요가 있지만, 특히 공지영 소설이 보여주는 '위안의 서사'가 중요한 역할을 하고 있는 게 아닐까 생각하게 된다. 한국 소설의 심각한 위기 속에서도 유독 공지영의 〈우리들의 행복한 시간〉이 선전하고 있다. 이 소설은 한 사형수와 방황하던 중산층 여성의 우연한 만남과 사랑, 그리고 사형수의 죽음을 통한 이별이라는 스토리라인을 갖고 있다.

한 철없는 중산층 여성이 절대빈곤으로 유발된 범죄의 순환고리에서 빠져나오지 못하고 결국은 살인범으로 전락, 이제 사형수의 운명으로 전락한 수용자를 만나게 된다. 물론 그런 수용자를 만나고 있는 이 여성 역시 인생에 대한 비관 때문에 수시로 자살을 연출했던 사람이라는 점에서는 정서적 한계상황에 봉착한 문제적 인물인 것이 사실이다. 한 사람은 경제적 빈곤이 인생을 파국으로 이끌었고, 그를 바라보는 한 여성은 내면의 파탄이 파국 일보 직전까지의 상황으로 그를 내몬 셈이다.

이런 상처받은 두 인물이 죽음을 눈앞에 둔 한계상황에서 서로의 지나온 삶을 온전히 껴안으면서, 급기야는 마술적 감정이라 해야 마땅할 사랑에 빠지게 되고, 당연한 결과지만 그 사랑이 실현되지 못하고 결국 수용자가 사형당하게 되자, 여자는 절규하게 되는 것이 이 소설의 간단한 스토리다.

공지영이 이 소설에서 그리고 있는 두 남녀의 만남은 마치 바보 온달과 평강공주의 극적인 만남을 극화한 이야기처럼, 현실에서는 지극히 실현되기 어려운 판타지의 실현 가능성과 그것의 실패를 보여주는 것처럼 보인다. 리얼리티라는 측면에서 보자면, 이 여자의 갑작스러운 사랑에의 몰입은 '연민'의 극대화에서 발생하는 갑작스런 선택이다. 그런데 바로 그것이 대중 독자의 눈물샘을 자극하고, 공지영 소설에 대한 대중적 환호를 이끌어내는 주요한 요소가 되고 있다. 위안의 수사학인 것이다.

공지영의 소설을 비판하는 많은 평자들은 그의 소설에서 반복적으로 발생되는 감상주의의 흔적들을 발견한다. 공지영의 초기 작품에 속하는 〈무소의 뿔처럼 혼자서 가라〉 역시 세간에서 화제가 되었던 페미니즘에 대한 격렬한 인식론의 밑에서 오히려 도도하게 울려퍼졌던 것은 청춘의 감상주의였다고 말하기도 한다. 특히 공지영이 〈봉순이 언니〉와 같은 작품을 통해 하층계급 여성들의 생에 대한 태도를 공감적으로 서술할 때조차, 그것은 '연민'이라는 대중적 감상에 호소하는 것으로 느껴지고, 또 이것이 봉순이 언니를 둘러싼 현실의 모순에 대한 날카로운 의식을 역설적으로 무디게 한다는 지적은 그것대로 타당한 비판이라고 생각한다.

대책없는 선량한 태도

작가의 독일 체류 시절이 많은 부분 함축되어 있는 〈별들의 들판〉 역시, 소설 속에는 현실에 상처받은 다채로운 인물, 특히 역사로부터 청춘을 박탈당한 다양한 인물들이 등장하지만, 그러한 인물에 대한 작가의 태도는 일관되게 연민을 동반한 공감의 제스처로 나타나고 있다. 공지영은 그의 소설을 통해, 페미니즘으로부터 마르크스주의, 또 사회적 빈곤과 이에 따른 삶의 전략을 배경으로 배치하고 있지만, 중요한 것은 그러한 구조적 원인이 아니고 그러한 구조 속에서 상처받은 자들의 내면에 대해 서술자나 주동인물이 혼연일치의 감성으로 동화되고 있는 장면을 자주 연출한다는 데 있다.

그런데 흥미로운 것은 이러한 위안의 수사학, 공감적 연민의 증폭, 갈등적 상황을 파생시키는 구조적 해결책이 아닌 마음의 교류와 같은 양태에 대한 고백적 서사가 공지영 소설에 대한 대중적 읽기를 확산시키고 있다는 점이다. 공지영 소설의 인물들은 최근작에 올수록 감성적으로 개방되어 있고, 사람에 대한 마음가짐 역시 일종의 '착한 사람 신드롬'에 빠져 있는 것으로 보이며, 무엇보다도 세속적인 고통에서 벗어나는 길은 구조적 모순의 척결이 아닌 가장 낮은 곳에서의 대상에 대한 공감에서 비롯된다는 식의 의식을 노출시키고 있다.

그것은 한편에서 연민의 대상이 되고 있는 인물을 정서적으로 대상화함으로써, 한 평범한 인간이 갖기 마련인 무거운 부채의식과 죄의식의 해소로 이어진다는 점에서, 소설이 날카로운 현실에 대한 각성을 가능케 할 불편한 장르라는 세인의 통념을 무력화 한다.

실제로 내가 만날 수 있었던 많은 독자들, 특히 그 가운데는 공지영이 소설 속에서 묘파한 교도소의 재소자들도 다수 있었는데, 그들이 가장 만나고 싶어하는 작가가 공지영이었다는 점은 흥미롭게 느껴졌고, 공지영의 소설이 특히 젊은 학생들과 오피스걸을 포함한 젊은 여성들에게서 열광적인 공감을 얻고 있는 부분은 시사적이라고 생각했다.

지금까지의 논의를 요약하면 공지영의 소설이 뿜어내는 매력은 내면적으로 또는 상황적으로 고립되어 상처에 지속적으로 노출되어 있는 인물들에게, 거의 대책 없다고 표현해야 마땅할 연민과 위안의 시선을 던져주는 선량한 태도에서 온다고 할 수 있다. 우리는 그것을 일컬어 위안의 서사라 할 수 있을 것이다. 이를 통해 공지영은 문학적 대중주의를 실현하고 있다.

이 극대화된 위안의 서사학, 감상주의 또는 문학적 센티멘털리즘을 통해 세상을 바라보는 공지영의 시각에 동의할 수 없는 전문가들은 한국 문단에서도 대다수를 점유하고 있을 것이라고 판단된다. 또 연민이 아닌 인간의 존엄으로 대상인물을 상승시키려는 의지가 부족한 채, 오히려 대상을 타자화함으로써 소설가의 부채의식이 휘발되는 것이 아닌가 하는 비평가들의 우려와 비판도 정당하다고 생각한다.

심원적인 인간 탐구로 견인하는 계기

문제는 공지영의 소설에 열광적인 동의를 표하고 있는 독자들의 태도를 마냥 비판할 수는 없다는 점에 있다. 나는 공지영의 소설에 대한 대중 독자들의 뜨거운 반응이, 역설적으로 오늘의 한국 소설이 보여주는 일상적인 현실에 대한 냉소와 비꼼, 또 인간이라는 종 자체에 대한 환멸에서 비롯된 반인간주의로 나아가는 것에 대한 반동적 독서의 일환이라고 생각하는 편이다.

그런 점에서 공지영의 위안의 수사학, 문학적 대중주의 노선은 한국 본격문학의 대중으로부터의 거의 완벽할 정도의 결여에서 파생된 것이면서도, 동시에 낮은 단계에서의 인간에 대한 긍정으로부터 시작해 좀더 심원한 소설적 인간 탐구로 독자를 견인하는 계기로 기능할 수 있다는 점에서, 한국문학의 중요한 현재형을 보여준다고 생각한다. 공지영 소설은 깊은 대중주의의 출발점인 것이다.

8.5. 문제점과 한계

수용미학과 독자반응 비평은 문학의 외적연구(역사적·실증주의적 방법)와 내적연구(고전적·인문주의적 연구와 형식주의적·심미적 연구)의 대립을 '독자'라는 존재를 제기함으로써 방향 전환을 시도한 비평 방법이다. 종래의 작가 및 작품을 중심에 놓는 비평 방법에서 독자를 중심에 놓는 비평 방법을 택함으로써 '테스트의 중요성'을 새롭게 제기한 것이다.

독자반응 비평에 와서야 문학적 구성 요소에서 독자의 위치가 격상되었고, 독자의 설정 없이는 문학 연구나 문학사 자체가 불가능하다는 인식의 전환이 이뤄졌다. 그만큼 문학예술 세계에 일종의 민주화 현상이 일어났고, 독자의 역할도 능동적으로 변화했다.

그러나 수용미학과 독자반응 비평에도 난점이 없는 것은 아니다. 제기되는 문제점이나 한계점을 살펴보면 다음과 같다.

① 작품이 한 개인의 경험적 독서에 의하여 구체화될 때, 과연 그것이 보편성을 지닐까라는 의문이 제기된다.

② 독자의 의식이 개인적 또는 집단적인지, 또는 독립적인지 사회구조에 의한 것인지 판단 근거가 애매하다.

③ 텍스트를 작가와 독자가 공동으로 창작할 때 작자의 심미적 체험이 경시될

수 있다.

④ 한 작가의 여러 작품을 여러 독자가 수용할 때, 독자의 기대 지평과 작자의 기대 지평은 큰 편차가 나기 쉽다.

⑤ 훌륭한 작품을 수용미학적 입장에서 어떻게 가려낼 수 있겠는가 하는 질문이 제기된다.

⑥ 자칫하면 해석의 홍수 속에 파묻힐 수 있다.

⑦ 독자반응 비평이 형식주의 등을 비판하지만, 방법론으로 볼 때 그 속성을 잇고 있다.

특히 보수적 인문주의자인 에이브럼즈(M. H. Abrams, 1912~2015)의 다음과 같은 지적은 의미가 깊다. 그는 1979년에 발표한 논문 "How to Do Things with Text"에서 오늘날 '비평의 시대'가 '독서의 시대(the Age of Reading)'로 되어 간다면서 독자반응 위주의 접근을 경고했다. 그는 급진적인 독서 이론은 전통적인 독서 방법에 영향을 끼쳐, 독자들을 조직적으로 비인간화하고 있다는 견해를 피력했다. 더욱이 미셸 푸코나 롤랑 바르트 같은 후기 구조주의자들은 '작가의 소멸이나 죽음'을 선언하고 작가의 공민권을 박탈했다고 보았다. 에이브럼즈의 견해에 따르면, 데리다, 피쉬, 블룸과 같은 새로운 독자들(new reader) 때문에 "우리가 인간에 의한 인간을 위한 인간에 관한 의미를 결정지을 수 있는 텍스트로서의 문학의 무한한 가능성을 잃어버리게 될 것"[253]이라고 우려를 표명했다.

253) 정정호·장경렬·박거용 편, 『현대영미비평의 이해』, 문학과비평사, 1989, 198~210쪽.

4부

현대문학 이론의 쟁점들

현대문학 이론의 쟁점은 무엇인가

현대문학 이론의 쟁점들을 살펴보고자 한다. 그 실제 적용 사례들을 제시하려 한다. 순서는 중요 비평 이론인 페미니즘 문학 비평, 포스트식민주의 문학 비평, 신역사주의(신유물론) 문학 비평, 대화비평과 담론이론, 문화연구비평, 복합문화주의 비평, 생태환경 문학 비평이다.

1장 페미니즘 문학 비평

1.1. 페미니즘, 페미니스트 비평, 페미니스트 문학 비평

페미니즘(feminism) 문학 비평은 강력한 자기주장과 실천적 의지를 드러내는 급진주의적 비평운동이다. 페미니즘 비평은 설명보다는 변화를, 개선보다는 변혁을 추구하는 실천적 목표, '성별(性別, gender)'의 정치학을 지향한다. 페미니즘이라는 전체 운동의 한 형태로서 페미니스트 문학 비평(Feminist Literary Criticism)은 실천성을 중시하기에 문학 연구에 있어서도 혁명적 함축성[01]을 지녔다. 페미니즘 문학 비평은 탈근대라는 우리 시대의 뚜렷한 시대정신에 뿌리를 두고 있으며, 이론적 '완성'보다는 태도의 '형성'을 향해 있다. 그래서, '성차'와 여기에 근거한 '여성적 관점'을 통해 세계를 바라보는 근본적 태도의 변화를 추구한다.

---

01) K. K. 루더반, 김경수 역, 『페미니스트 문학 비평』, 문학과비평사, 1989, 19쪽.

일레인 쇼왈터의 「황무지에 있는 페미니스트 비평」이라는 표현처럼, 페미니즘 문학 비평을 이해하기 위한 효과적인 통로가 따로 있는 것은 아니다. 안네트 콜로드니는 문학 연구에 있어서 '페미니스트 비평'이라는 용어를 1) 주제가 무엇이든 여성이 쓴 비평, 2) 남성이 쓴 저서에 대하여 정치적 혹은 페미니스트의 관점에서 쓴 비평, 3) 여성의 작품이나 일반적으로 여성 작가에 대해서 여성이 쓴 비평을 의미한다고 보았다.[02)]

콜로드니가 말하고 있는 페미니즘 비평은 매우 포괄적이고 일반적이어서 페미니즘적인 사고와 표현을 담고 있는 모든 텍스트에 관한 비평으로 포함한다. 여기서 페미니즘과 문학 비평은 구체적인 것으로 나누어지지 않고 있다. 이보다 좀 더 명확한 형태의 페미니즘 문학 비평에 대한 개념이 체리 리지스터에 의해 제기되었다. 그에 의하여 페미니스트 문학 비평은 1) 주로 남성 작가의 작품에 나타난 '여성 이미지분석', 2) 여성 작가에 관해 쓴 기존 비평의 검토, 3) 여성 해방적 관점에서 '훌륭한' 문학 작품의 기준을 세우는 것을 목표로 삼는 '규범(prescriptive)' 비평이다.[03)]

이와 같은 지적은 페미니즘 문학 비평이 추구하는 이론비평과 실천비평의 방향을 보여준다. 여기서 일레인 쇼왈터가 '여성비평'(gyno—critics)이라고 규정한 것에 대해 덧붙일 필요가 있다. 쇼왈터는 페미니즘 비평을 1) 의식적, 무의식적인 가부장제 질서를 비평하는 '페미니즘 비평', 2) 여성문학을 검토하는 '여성비평', 3) 삶, 문학, 비평에 대한 생물학적, 언어적, 심리학적, 사회적, 역사적, 정치적 형성력을 탐구하는 문학 비평으로 보았다.[04)]

---

02) 안네트 콜로드니, 「페미니스트 문학 비평의 몇 가지 방향들」, 김열규 외 공역, 『페미니즘과 문학』, 문예출판사, 1989, 56쪽.

03) 체리 리지스터, 「미국 여성해방문학 비평」, 한국여성연구회 문학분과 편역, 『여성해방문학의 논리』, 창작과비평사, 1990, 71쪽.

04) Elaine Showalter, 『*Toward a Feminist Poetics, Contemporary Literary Criticism*』, Edited and Introduced by R. C. Davis, Longman, 1986, 167~181쪽; 「황무지에 있는 페미니스트 비평」, 앞

1.2. 페미니스트 문학 비평의 세 가지 차원

'나는 여성인가'라는 물음은 오랜 인간의 역사 동안 끊임없이 제기되어 왔다. 여성은 이 억압된 자신의 존재에 대해 서서히 자각해 왔고, 근대에 이르러 이 질문의 첫머리에 버지니아 울프의 「자기만의 방」(1929)과 시몬느 보봐르의 『제2의 성』(1949)이 놓인다. 이는 개별적 여성의 예술적 문제 제기의 형태를 띠었다. 집단화된 자각적 이론으로 페미니즘이 등장한 것은 1960년대 이후부터다. 페미니즘 계몽 담론의 보편화와 마르크시즘의 영향으로 페미니즘이 확산되었다. 특히, 마르크시즘에서 페미니스트들은 급진적인 실천 이론의 무기를 발견했다. 울프와 보봐르라는 페미니즘의 전사(前史)를 잇는 케이트 밀레트의 『성의 정치학(*Sexual Politics*)』(1970)이 그것이다. 『성의 정치학』에서 케이트 밀레트는 양성(兩性)간의 관계는 개인적·사회적인 것으로 국한할 수 없고, 분명히 정치적인 것임을 밝혔다. 밀레트는 성적 차별이 남성들의 가부장적 세계 속에서 정치적 관계로 고착되어 왔으며, 여성을 지배하기 위한 수단으로 공고히 다져져 왔다는 점을 주장했다.[05)]

남성중심주의의 한 예로 프로이트의 이론을 거론할 수 있다. 프로이트는 여성을 불완전한, 거세된 남성으로 설명했다. 여기서 '이론'은 남성적 권위와 권력을 함축한다. 다수의 페미니즘 비평은 이미 그 '고정성과 확고성'을 획득하고 있는 전통적 이론이 남성의 이론이라고 주장하며, 여성들의 대항이론을 구축하려 했다.[06)]

페미니즘 이론가들은 성차별주의 고정관념을 붕괴시키기 위해 '젠더(gender)'를 중시한다. 젠더는 사회·문화적으로 구성된 성을 의미하며, 이

의 책, 김열규 외 공역, 26쪽.

05) Edited and Introduced by Mary Eagleton, 『*Feminist Literary Criticism*』, Longman, 1991, 228쪽.

06) 레이만 셀던, 현대문학이론연구회 역, 『현대문학이론』, 문학과지성사, 1987, 192쪽.

를 생물학적 성(sex)과 구분한다. 사회·문화적 성(gender)을 통해, 이른바 '여성성'이라고 일컫는 것의 의미를 재구성하는 작업이 페미니스트의 과제였다. 따라서 페미니즘이 혁명적 면모를 보이면서 기존의 모든 관습에 도전하려는 도발성을 내재하게 된 것은 당연하다.

크게 보아 페미니즘 문학 비평 이론은 억압되어 왔거나 왜곡되어 온 '여성성' 혹은 '여성됨'의 의미에 대하여 논의하는 것이었다. 여기서 출발해 성차를 이야기하는 방식을 새롭게 했다. 레이만 셀던은 그것을 1) 생물학적인 것, 2) 경험적인 것, 3) 담론적인 것, 4) 무의식적인 것, 5) 사회경제적인 것으로 대별[07]하고 있다. 루더반(K. K. Ruthven)은 페미니즘 문학 비평이 바탕으로 하는 이론 내지는 이념에 근거하여 보다 구체적인 것으로 분류[08]한 바 있는데, 여기서는 세 가지 차원의 페미니즘 문학 비평 형태를 살펴보고자 한다.

페미니즘 문학 비평의 근본적 동력은 '포스트모던 비평'과 '프랑스 페미니즘 비평', '유물론적 페미니즘 비평' 속에 함축되어 있다. 쇼왈터는 이에 대해 다음과 같이 지적한 바 있다.

> 본질적으로 마르크스주의적인 영국 페미니스트 비평은 정치적인 압제(oppression)를 강조하고, 본질적으로 심리분석적인 프랑스 여성론적 비평은 억압(repression)을 강조한다. 미국 페미니스트 비평은 본질적으로 텍스트 중심으로 표현(expression)을 강조한다. 그러나 전부 다 여성 중심적이다.[09]

07) 레이만 셀던, 위의 책, 194~196쪽.

08) K. K. 루더반, 김경수 역, 앞의 책, 32~33쪽. 루더반은 페미니즘 비평의 형태를 사회적, 기호론적, 마르크스주의적, 레즈비언 혹은 페미니스트 등으로 나누어 거론하고 있음.

09) 엘레인 쇼왈터, 「황무지에 있는 페미니스트 비평」, 김열규 외 공역, 앞의 책, 28쪽.

영국 페미니즘 비평이 정치권력이나 제도적 폭력에 의한 성적 차별을 강조한다면, 프랑스의 여성론적 비평은 심리적·정신적 영역에서 이뤄지는 성적 차이에 대해 관심이 높다. 이와 대비해 미국 페미니즘 비평은 텍스트를 중심성이 강해, 여성의 표현성에 대해 집중하는 경향이 있다. 페미니즘 문학비평 사이에서도 이러한 차이가 이론의 맥락과 함께 존재한다.

1) 탈근대와 복수적 여성 정체성—여성으로서 글 읽기

페미니즘은 거대 담론을 생산하는 메타 철학의 지배자인 가부장적인 남성을 비판한다. 근본적인 기의(記意: signifier)이자 권력의 상징으로서의 남근중심주의(phallocentrism)가 사회체제를 만들고 있다는 문제의식 속에서 페미니스트들은 여성성에 기반한 새로운 문학 비평 방법과 장르의 출현을 추구한다. 그것은 무엇보다 전통적인 철학적 토대에 의존하지 않는 사회비평의 새로운 패러다임을 찾아내는 것을 지향한다.

초기의 페미니즘은 지나치게 거대하고 총체적인 이론적 개념을 추구하였다. 이후 좌파 페미니스트들의 지속적인 이론적 모색으로 초기의 한계를 어느 정도 넘어설 수 있었다. 1960년대 신좌파는 성의 문제는 계급이나 인종과 같은 근본적인 억압양식에 포함되는 이차적인 것이라는 태도를 취하면서 페미니즘에 이론적 관심을 보였다. 그러나 화이어스톤은 성의 갈등을 근본적인 것으로 설정함으로써 성차의 문제를 강조하고자 했다. 화이어스톤의 주장은 환원적이고 본질주의적인 관점에서부터 비롯된 것이다.

1970년대에 이르러 낸시 초도로우는 '성 정체성' 개념을 제기했다. 초도로우의 논의는 지배적인 남성 중심적 관점에 대한 여성 중심적인 대안을 발전시켰다는 긍정성에도 불구하고, 남성 중심적 관점이 지니고 있는 보편주의적 주장을 포기하지 못했다는 한계가 지적된다. 특히 이것은 각기 다른 계층의 여성들이 다른 방식으로 종속되어 있는 성차별주의와 여성들 사이의 차이점들을 무시했다는 비판에 직면하기도 했다. 흑인 여권운동(Black Feminism)은 이러한 견해의 사례에 해당한다. 흑인 여권운동은 흑인 여성의 체험이 가지는 특성을 탐구하고, 백인 페미니스트들의 저술 속에서 발견되는 인종차별주의를 비판했다.

페미니스트 이론가들은 여성성이라는 성적 정체성에 고착된 일원론을 탈피하고자 한다. 그들은 복수적인 정체성의 개념을 향한다. 중요한 것은 '통일'이 아니라 '협력'이라는 것이다. 프레이저와 니콜슨은 페미니즘이 '페미니즘들'이라는 복수로 표현되어야 온당하다고 보았다.[10)]

'페미니즘들'로 표현되는 포스트모던 페미니즘의 한 가지 형태로서 해체주의적 페미니스트 문학 비평을 거론할 수 있다. 이 비평은 데리다가 이야기한 세 가지 중심화 형태인 언어학에 있어서의 '음운중심주의(Phonocentrism)', 철학에 있어서의 '언어중심주의(logocentrism)', 정신분석학에 있어서의 '남근중심주의(Phallocentrism)'에 대한 비판을 활용한다. 이와 같은 남성적 유산에 대한 탈중심화는 여성을 개념적 대립체계[11)]가 아니라 '차이'라는 관점에서 탐구하도록 이끈다. 해체주의 혹은 페미니스트 독해는 그러므로 단일한 해석에 의해 통제될 수 없는 텍스트 내의 대립적인 의미화의 힘들에 주목하게 된다.[12)]

---

10) 낸시 프레이저 린다 니콜슨, 「철학 없는 사회비평—페미니즘과 포스트모더니즘과의 만남」, 이소영·정정호 공편, 『페미니즘과 포스트모더니즘』, 한신문화사, 1992, 141~142쪽.

11) 후기 구조주의적 용법에 의하면 이 개념적 대립체계, 정확히 '이항 대립'은 '위계질서'라는 관련성 속에서의 두 개념의 대립을 의미함. 여기서 첫째 개념은 긍정적, 규범적, 근본적인 것이며 두 번째 개념은 부정적, 이탈적, 부수적인 것으로 나타남. 예를 들면, 식수는 근본적 대립을 능동성·수동성, 이성적·비이성적인 것이라고 선언하고 있음(Edited and Introduced by Mary Eagleton, 『*Feminist Literary Criticism, Longman*』, 1991, 226쪽).

12) K. K. 루더반, 김경수 역, 앞의 책, 77쪽. 해체주의적 독서는 구조주의적 지향과 해체주의적 지향으로 다시 이야기될 수 있음. 구조주의가 한 음소와 다른 음소, 또는 한 性과 다른 性 간의 차이를 말하는 데 비해, 해체주의는 '하나의' 性이나 텍스트 내의 차이에 관심을 가짐.

해롤드 블룸, 폴 드 만 등의 해체적 글읽기의 맥락을 풍부히 반영하고 있는 페미니스트 독해는 '의미'라는 것이 텍스트 내에 본래적으로 존재하는 것이 아니라 독서 과정에서 독자들에 의해 만들어지는 어떤 것이라는 관점을 수용했다. 한 텍스트를 둘러싸고 있는 의미란 텍스트가 생겨난 외적 조건(역사성의 재구)에 의해서가 아니라, 어떤 텍스트로 하여금 페미니스트적 '중요성'을 가지도록 하는 일종의 독서 행위를 통해 생성된다는 것이다. 이와 같은 여성적 독해의 유형을 조나단 컬러의 작업에서 살펴볼 수 있다.

> 여성이 한 여성으로서 독해한다는 것은 주어진 동일성이나 경험을 반복하는 것이 아니고 여성으로서 그녀의 정체성과 관련하여 그녀가 추구한 역할을 하는 것이다. 그것은 역시 한 구성체이므로 연속은 계속될 수 있다. 즉 여성으로서 글읽기를 시도하는 여성과 또 다른 여성들 간의 이 불일치는 여성 사이의 혹은 어떤 독서 주체와 그 주체의 '경험' 사이의 간격, 분리를 드러내 주는 것이다.[13)]

조나단 컬러는 「여성으로서의 글읽기」에서, 여성으로서의 경험이 독서의 원천임을 강조하면서 '여성독자'의 개념을 추적하고 있다. 컬러는 페미니즘 비평을 세 단계로 구별하여 1) 초기 단계: 사회적, 가족적 구조에서의 여성의 경험과 독자로서의 자신들의 경험 간에 놓여 있는 연계성 강조, 2) 두 번째 단계: 남성 독해의 제한에서 벗어날 수 있는 여성 독자의 잠재적 경험에 호소, 여성을 여성으로서 독해할 수 있는 관점과 경험의 확립 시도, 3) 세 번째 단계: 현재 통용되고 있는 비평의 질서, 가정, 목표가 가지는 남성 권위의 유지와 관련성 여부를 검토하고 그 대안을 각각 탐구하는 것이라고 말한다.

---

13) Jonathan Culler, 『*Reading as a Woman, On Deconstruction*』, Cornell Univ. Press., 1982,64쪽.

2) 여성이라는 '기호', '쾌락' 그리고 '여성적 글쓰기'

프랑스 페미니즘은 프로이트와 라캉의 정신분석학으로부터 출발한다. 앞에서 살펴본 바 있는 미국의 해체주의비평이 탈중심화를 지향한 것이었다면, 프랑스 페미니즘 비평은 이러한 지형을 또 다른 방식으로 관철하고자 한다. 이것은 프로이트의 무의식과 라캉의 언어학적 정신 분석이론을 원용한다. 라캉은 성적인 역할을 부여하는 데 있어서의 '자의성'을 강조하면서, 프로이트가 강조한 무의식을 언어학적으로 설명하고 있다.

라캉이 정식화한 한 가지 결론은 "'여자'는 생물학적인 여성이 아니라 기호"일 뿐이라는 사실이다. 그는 이 '기호'의 차원을 벗어나서는 아무것도 이야기할 수 없다고 본다. 궁극적으로 여성은 '유동적'이고 '불안정'한 존재이기에, 모든 물음은 해결될 수 없는 성질을 가진다. 중요한 것은 프랑스 페미니스트들이 이 미해결성에 긍정적인 특권을 부여하고 있다는 점이다. 그리고 이러한 지점에서 '남근—논리 중심적'인 담론에서 벗어나기 위한 전략적 시도가 이뤄진다.

줄리아 크리스테바와 루이스 이리가레이, 엘렌 식수는 남근 숭배적이고 상징적인 모델을 거부하고, 그 대안으로서 여성이 가지는 독특한 '육체적 경험'을 제안한다. 이 가운데서 크리스테바는 라캉의 언어학적 정신분석을 토대로 한 새로운 기호학적 관점을 제시했다. 크리스테바는 하나의 기호로서의 여성을 제기하고 있는데, 이 여성은 아버지의 율법이 만들어내는 상징적 질서에 대하여 도전하는데서 의미를 획득한다. 여기서 여성은 어머니로서의 경험이 가지는 긍정적 가치 속에서 검토되고 있다.

엘렌 식수는 보다 급진적이고 반이론적인 입장에서 여성 육체가 가지는 '육체적 충동'에 주목한다. '육체적 충동'은 여성적 언어를 향하며, 궁극적으로는 해방적인 여성적 담론을 창조하는 근거가 된다. 이 해방적인 여성담론은 '여성적 글쓰기(eciture feminine)'라는 술어로써 제기되어 있다. 여성적 글쓰기의 선언문으로 널리 알려진 『메두사의 웃음』에서 다음과 같은 목소리로 시작되고 있다.

> 나는 여성들의 글쓰기에 대하여 이야기하고자 한다 : 여성들의 글쓰기가 무엇을 할 수 있는가 하는 점에 대해서, 여성은 그녀 자신을 써야만 한다 : 자신의 육체로부터 폭력적으로 추방당해왔던 것처럼, 똑같은 이유에서 동일한 운명적 도달점을 가지고 동일한 법률에 의하여 여성들에 관하여 써야만 하고 그 여성들을 추방당한 글쓰기로 데려가야만 한다. 여성은 그녀 자신을 세계 속으로 역사 속으로 밀어 넣는 것과 마찬가지로 그녀 자신의 힘으로 그녀 자신을 텍스트로 삼아야 한다.[14)]

식수와 거의 동일한 출발점을 가지는 또 한 명의 프랑스 페미니스트 비평가가 루이스 이리가레이이다. 그는 여성의 신체와 성적 쾌감을 여성의 자기의식 탐구를 위한 출발점으로 삼고 있다. 여성은 '분산'과 '다양성'으로 특징지을 수 있으며, 이 가운데서 "여성은 자기 자신 속에서 끊임없이 타자로 된다"고 보았다. 이리가레이는 여성언어의 특징과 남근중심적인 억압에 대항하는 여성 자신의 '쾌락'을 중시했다.

크리스테바는 여성 속에 내재된 '주변성' 자체가 해방적인 잠재력, 힘을 가진 것으로 생각하고 있으며 따라서 새로운 여성적 담론의 창안은 중요하지 않다. 그러나 이리가레이와 식수는 새로운 여성적 담론의 필요성을 적극적으로 주장한다. 여기에서는 여성의 성욕, 육체, 여성 리비도 등 남성과

---

14) Helene Cixous, "The Laugh of The Medusa", 『*Critical Theory since 1965*』, edit by H. Adams & L. Searle. Florida State Univ. Press., 1986, 309쪽.

의 '차이'를 강조하고, 그것을 끊임없이 발견하고 언어화하려 한다. 그들에게 있어서 "몸으로 글을 쓴다는 것은 바로 세계를 재창조하는 것"[15)]이라는 의미를 가진다.

3) 성차, 이데올로기, 문화생산

앞서 1960년대 이후 페미니즘의 등장이 마르크스주의의 세례를 강하게 받았다는 점을 지적한 바 있다. 특히 미국의 페미니즘 문학 비평은 마르크스주의의 영향을 강하게 받았다. 미국의 페미니즘 문학 비평이 가지고 있는 급진성은 여기에서 연유한다. 페미니즘 초기에는 마르크스주의는 논의 범주에서 제외하고 있었다. 마르크스주의 남성 이론가들은 여성문제를 계급성이라는 범주 속에 있는 것으로서, 궁극적으로 계급 문제로 환원했다. 여기서 여성 예속 혹은 억압은 다른 원인을 가질 수 없는 것이 되고 만다. 이러한 상황에서 급진적 페미니스트들은 여성 억압은 계급해방과 경제적 혁명만으로 해결할 수 없음을 주장하기 시작했다. '계급'인가 아니면 '성(性)'인가 하는 갈림길에서 그들은 성(性)을 택하고, 성(性)차별주의를 생산해내는 '가부장제'에 대한 비판을 적극적으로 전개시켰다.

이러한 흐름은 '유물론적 여성해방비평'으로 이어졌다. 뉴튼과 로젠펠트는 경제적 모순에 대한 관심과 사상·언어·문화가 여성 억압에 작동하는 방식에 대한 관심 속에서 여성문제에 대한 유물론적 분석을 시도했다.

> 유물론적 여성해방비평에서 문학의 사회적 형성과정을 더욱 지속적으로 강조하는 태도는 문학 범주 자체를 역사적으로 형성되는

---

15) 앤 로잘린드 존즈, 「몸으로 글쓰기—여성적 글쓰기의 이해를 위하여」, 한국여성연구회 문학분과 편역, 앞의 책, 180쪽.

것으로 더욱 일관성 있게 간주하게 할 뿐만 아니라 문학은 광고나 영화와 같은 형태의 담론으로부터 분리해서가 아니라 그것들과의 관계 속에서 보다 고찰되기 쉽도록 한다. 이러한 시각에서 문화생산과 담론을 근본적으로 재검토하는 길이 열리니, 모든 수준의 관념들이 권력체계와의 관련 속에서 고찰되고 문화—오늘날은 문화—연구는 훨씬 더 광범위한 영역에서 정치적 개입행위의 양식이 될 것이다.[16]

유물론적 여성비평은 복합적인 차원의 문제인식을 바탕으로 하고 있으며, 정교한 이데올로기론(사상, 언어, 문화의 의미)을 지향하고 있다. 미셸 바레뜨의 「이데올로기와 문화적 생산」은 포스트모던 비평과 라캉, 푸코의 담론 이론에 근거한 이데올로기 개념을 자신의 논리로서 재구성하고 있다.[17] 영국 페미니즘 비평의 경우 프랑스 페미니즘과 마르크스주의 이론을 결합한 형태가 많다.

마르크스주의적 내지는 사회주의적 페미니스트로 지칭되는 이 계열의 페미니스트들은 계급정치학과 성차 정치학, 나아가서는 인종정치학 간의 동맹을 추구한다. 경제적인 것의 지위, 이데올로기의 문제들, 미적 가치의 문제들은 이러한 접근 방법 내에서 논의된다. 페미니즘을 사회 내의 여성과 남성 사이에 존재하는 권력관계를 변화시킬 것을 지향하는 성(性) 정치학이라고 주장한 웨든(C. Weedon)의 견해[18]도 이와 유사하다.

16) 쥬디스 뉴튼, 데보라 로젠펠트, 「유물론적 여성해방비평을 향하여」, 한국여성연구회 문학분과 편역, 위의 책, 58쪽.

17) 미셸 바레뜨, 「이데올로기와 성의 문화적 생산」, 한국여성연구회 문학분과 편역, 위의 책, 197~223쪽.

18) C. 웨든, 이화영미문학회 역, 『포스트구조주의와 페미니즘 비평』, 한신문화사, 1994, 9쪽.

1.3. 페미니즘 비평의 문제점

페미니즘 문학 비평은 급진적이면서 실천적이다. 성차 혹은 여성성에 대한 탐구는 급진적 정치학 없이는 자기 존재의 유지가 불가능한 것인지도 모른다. 페미니즘 문학 비평이 비평의 관점으로서 지니는 혁명성 또한 여기에 근거하고 있다. 그러나 혁명성 자체가 문학 비평을 위협하는 요소가 되기도 한다. 역사적으로 문학 이론이 너무 정치적·이데올로기적 성격을 지녔음을 비판한 이글턴의 견해처럼 페미니즘 비평은 "작품에서 성의 이미지를 검토함으로써 문학과 정치를 혼동"[19]하고 있다는 한계를 지닌다.

현재, 페미니즘 문학 비평은 자기 한계 혹은 범주를 충분히 확정하지 못한 듯하다. 방법론적인 측면에서 페미니즘 비평이 공유하고 있는 다원성과 복수성, 그리고 反이론적 성격은 이러한 상황을 더욱 악화시킬 수도 있다. 페미니즘 문학 비평에 관련된 여러 가지 문제들은 내부에서도 논쟁적이다. 쇼왈터는 "우리의 가장 근본적인 원칙들을 남성 중심적인 모델에서 찾는 한 우리는 어떤 새로운 것도 배울 수 없다"고 선언한 바 있다. 그녀의 입장은 "페미니스트 비평은 반드시 그 자체의 주제, 그 자체의 체계, 그 자체의 이론, 그 자체의 목소리를 발견해야만 한다"는 배타적인 이론의 성립을 지향하고 있다.

그러나 페미니스트들은 남성 이론가들에 의존하지 않고는 이론을 전개시키기에 버거워 한다. 루더반은 페미니즘 비평가의 배타주의를 거론한 바 있다. 루더반은 비평의 전통이란 페미니스트들이 무찔러야 할 요새라기보다는, 많은 방이 딸린 건물이며 그 중의 어떤 창들은 페미니스트를 향하여 열려져 있다고 보았다. 페미니스트 문학 비평은 문학 비평의 전통에 마냥

19) T. 이글턴, 김명환 외 역, 『문학이론입문』, 창작과비평사, 1995, 244쪽.

적대적일 수만은 없는 것이다. 오히려 문학 비평의 역사와 협력적 관계를 유지하면서도, 역이론화를 통해 남성 중심의 제도 비평을 극복할 수 있는 대안적 가치를 창출할 수 있으리라 기대된다.

2장 포스트식민주의 문학 비평

2.1 포스트식민주의 이론의 등장

우리는 '이론의 시대'에 살고 있다. 어떤 사람들은 '이론산업'이라는 말을 사용하기도 한다. '이론(theory)'이란 사실상 새로운 것은 아니며 어떤 의미에서 우리는 '언제나 이미'(always already) 이론 속에서 살아왔다. "'이론'은 없다"든지 "'이론'은 필요 없다"든지 하는 말도 분명 어떤 역사적 시점에서 생성된 이론인 것이다. 우리 시대의 '이론'의 시발은 아마도 1960년대 프랑스 구조주의일 것이다. 구조주의도 사실은 1920년대 언어학자 페르디낭 드 소쉬르의 언어이론과 러시아의 형식주의 이론에서 배태된 것이다. 특히 소쉬르의 언어이론 중 기호이론, 기표와 기의, 기표와 기의 사이의 자의적 관계, 랑그와 빠롤, 계열적 관계와 통합적 관계 등의 개념들은 1960년대 프랑스에서 새로운 지적 운동으로써의 구조주의 발생과 관련이 있다. 구조주의는 1968년 5월의 프랑스 학생운동의 좌절과 1960년대 미국에서의 반문화운동을 비롯한 월남전 반대운동, 민권운동, 여권운동 등 일종의 서구문명 비판운동이 일어나기 시작하면서 변모를 겪게 된다. 구조주의는 학문 제분야에 개입하여 엄청난 이론적 돌파구를 마련하였는데, 예를 들어 자끄 라캉 같은 정신분석학자는 구조주의를 프로이트와 연결시켜 새로운 구조주의적 정신분석(라캉주의)을 수립했고, 마르크스주의자 루이 알뛰세는 구조주의를 마르크스주의와 결합시켜 알뛰세주의 이론을 정립했다. 이 밖에 츠베탕 토도로프와 롤랑 바르트처럼 구조주의는 문학 비평과도 접맥되었다.

그러나 구조주의는 1968년 5월 학생운동의 실패와 반문화운동에 의해 비판받기 시작하면서 포스트구조주의로 이행되었다. 철학분야에서 자끄 데리다 같은 사람의, 고색창연한 서구의 형이상학 체계를 비판하는 해체철학이 등장하여 향후 서구의 지성계와 학계를 엄청난 영향을 끼쳤다. 이 밖에 푸코, 료따르, 보드리야르 등 많은 포스트주의 이론가들이 대거 등장하였다.

그러나 이러한 유럽과 미국의 새로운 문명사적 일대 전환운동을 우리는 좀 더 큰 맥락에서 바라볼 수 있다. 1 · 2차 세계대전이라는 미증유의 살육과 파괴전쟁을 자행한 서구인들은 자신들이 지은 어리석은 죄로 놀라서 서구문명의 근본부터 다시 살펴보고 회의를 품기 시작했다. 소위 '근대성(modernity)'의 개념이 그것이다. 16, 17세기 유럽의 계몽주의에서 배태된 합리주의와 과학주의는 진보, 발전, 번영을 가져다주는 이성(합리주의)에 토대를 둔 기획이었다. '모더니티의 기획'은 과학기술의 발달, 생산과 분배의 시장경제 논리의 확장을 통한 자본주의의 확산, 절대왕정의 붕괴와 시민사회의 수립을 가져온 민주주의의 발전 등 일단 서구 세계에 상당한 빛과 풍요를 가져다준 것이 사실이다.

그러나 그들의 합리주의에 근거한 개발 논리와 번영 이데올로기는 엄청난 문제를 발생시키기 시작하였다. 백인남성중심의 서구중심주의는 제국주의와 식민주의로 전세계를 정치, 경제, 문화적으로 정복하여 착취하는 등 도덕적으로 부패하기 시작하였다. 특히 서구의 이익을 위해 지역경제는 서구경제체제에 편입하게 되었고, 차이에 토대를 둔 민족적 정체성을 가진 토착문화는 서구중심주의에 강제로 동화되어 나갔다. 전 세계 곳곳에서 생태적 제국주의의 횡포로 서구식 산업화와 개발에 따른 생태계 파괴가 엄청나게 자행되었다.

서구인들의 타자와 자연에 대한 억압과 착취는 결국 20세기에 들어서자 합리주의와 기독교적 윤리주의에도 불구하고, 그렇게 뽐내던 서구인들의 유럽 한가운데에서 자기들끼리 치고받고 죽이는 더러운, 엄청난, 저들이 1,

2차 세계대전이라고 부르는 전쟁으로 이끌었고, 급기야는 600만 유태인을 무참히 살육하는 인종청소까지 자행되었다. 결국 전쟁과 대학살도 모두 서구인들의 빛나는 합리주의적 사고의 논리적 결과였다.

이제 서구인들은 합리주의에 토대를 둔 근대성 기획을 반성하고 서구의 모든 것을 의심(의 해석학)과 부정(의 변증법)의 대상으로 만들었다. 따라서 '이론'의 시대가 도래한 것도 서구인들이 당연시하던 가치 있는 절대적 체계와 토대가 흔들리고 경계가 무너지기 시작한 것과 밀접한 인과관계가 있다고 보아야 한다. 이와 동시에 엄청난 과학기술의 발전으로 이 사회는 후기산업사회로 접어들었고 자본주의는 더욱더 순수해지고 악랄해져서 독점 자본주의에서 소비 자본주의와 다국적 자본주의로 발전되었다. 이제 바야흐로 서양은 일대 문물상황의 전환기와 위기를 거치고 있다. 따라서 이론의 난무(?)는 새로운 시대에 대한 가능한 다양한 해법 제시에 다름 아니다. 이러한 이론의 창궐 속에서 1980년대 후반 동구의 사회주의 진영이 붕괴되고, 끝내는 1990년대 초 소련연방까지 붕괴되어 서구인들의 최후의 유토피아 사상이며 합리주의와 모더니티 기획의 정점이라고 볼 수 있는 공산주의까지 와해되는 지경에 이르게 되었다.

'이론'은 결국 서구인들의 자신들이 저지른 우행에 대한 반성과 대안 제시를 위한 노력의 일환으로 볼 수 있다. 동시에 '이론'은 다양한 유파를 만들어 냈으며 이론의 범람은 결국 이 세계가 이미 서구중심주의에서 벗어나 하나의 상황(거대한 이론이나 거대서사가 해체되는)으로 바뀌고 있다는 것을 보여준다. 해체주의, 여권주의, 소수민족담론, 새로운 정신분석이론, 신역사주의, 대화주의, 동성연애주의, 복합문화주의, 문화연구 등 다양한 이론들이 춘추전국 시대를 이루고 있다. 이론이 다변화되었다고 해서 곧바로 문제의 해결이나 대안이 제시되는 것은 아니다.

두 개의 얼굴을 가진 이러한 이론주의(?)는 서구중심체제로 파행적으로 이루어진 세계문명의 제반문제의 해결을 오히려 더 어렵게 만들고 있을지도 모른다. 왜냐하면 서구의 '이론'이라는 것이 결국 '이론의 제국주의'라는 신식민지이론에 불과하다는 비난까지 받고 있기 때문이다. WTO 체제와 세계화(globalization)라는 새로운 세계질서 구축이라는 구호 밑에 '언제나 이미' 교묘하게 숨겨져 있는 서구의 패권주의가 엄존하는 것이 아닌가? 그렇다면 이미 식민지 경험을 가지고 있는 우리는 이러한 서구중심의 세계화와 이론주의에 저항하는 '대항담론'(counter discourse)을 어떻게 구성할 것인가?

이 지점에서 이 글에서 다루고자 하는 주제가 떠오른다. 사실상 지금까지 의도적으로 누락시킨 커다란 세계사적인 사건이 있다. 그것은 다름 아닌 2차 대전 이후 전세계적으로 그동안 서구의 식민지였던 곳이 서서히 독립을 시작하였다는 사실이다. 소위 식민지 이후 시대인 후기식민지 시대, 탈식민시대가 시작되었다. 식민지 경험이 많은 소위 제3세계(Third World)를 비롯하여 이론의 주도권을 쥐고 있는 제1세계인 서구에서도 식민담론이나 포스트식민이론에 관해 연구하는 '포스트식민주의'(postcolonialism)라는 새로운 이론이 등장하였다. 포스트식민주의 이론은 식민지 잔재에 관한 다각적인 연구, 즉 정치, 경제, 문화적인 측면에서 제국주의 서구의 가치체계가 어떻게 식민지의 주체적 토착성에 영향을 끼치고 변형시켰는가를 밝혀내고, 동시에 그러한 식민지 잔재를 어떻게 극복하고 새로운 주체적 토착이론을 수립할 수 있는가의 문제를 논의하는 것이다. 스티븐 슬레먼의 지적대로 포스트식민주의는 다양한 영역에서 사용되고 있으며 주체의 입장 제시, 전문적 영역, 비평 방법 등에서 놀라운 이질성을 보여주고 있다.

> [포스트식민주의]는 서구 역사주의의 총체화하는 형태에 대한 비판의 한 방식으로, '계급'에 대한 재도구화된 개념을 위한 혼성어로,

포스트모더니즘과 포스트구조주의 모두의 부분집합으로 (그리고 역으로 문화논리와 문화비평 자체의 두 개의 구조들이 부상하고 있는 상황으로써), 독립 이후의 민족적 결속 안에서 토착주의적 열망의 상황을 위한 명칭으로, 제3세계 지식인 간부요원들의 조국 비거주의 문화적 표시로써, 식민주의적 권력의 분열되고 양면적인 담론의 피할 수 없는 토대로써, '읽기 작업'의 절대적 형태로써… 사용되어왔다. (16쪽)

2.2. 용어의 문제: 시작, 제3세계, '포스트'의 의미

'포스트식민주의'란 용어가 특히 제1세계 제국주의를 비판하는 의미로 쓰이는 경우, '포스트식민'은 '제3세계'(Third world)의 뜻으로 쓰이기도 한다. 제3세계의 의미는 다음과 같다.

① 자본주의나 사회주의 국가들의 경제와 비교하여 '저개발' 경제구조를 가진다.
② 식민 통치지배로부터 해방되면서 부상하였다.
③ 상대적으로 천연자원이 적거나 농업생산량이 낮다.
④ 산업화의 수준이 낮다.
⑤ 정치 소요로 불안정하다.
⑥ 제1세계와 제2세계 열강들과의 연대구성을 거부한다.[20)]

따라서 제3세계와 연계된 포스트식민주의는 제2차세계대전 이후 서구

20) Joseph Childers. et al. 『*The Columbia dictionary of modern literary and cultural criticism*』. New Yo가: Columbia up, 1995. 305쪽.

제국주의 쇠퇴와 더불어 독립을 했거나 부상한 아시아, 아프리카, 카리브해 국가들의 식민지 상태 이전의 문화를 회복하고, 식민 통치시대의 문화적, 언어적, 법적 그리고 경제적 영향을 평가하고, 새로운 정부와 민족정체성을 창출하고자 한다. 여기에서 포스트식민주의는 식민지 해방의 가능성과 이점뿐 아니라 갈등과 모순까지도 다루게 된다.

포스트식민주의는 1960년대 이래 서구의 대학에서 하나의 수정주의적 기획으로 제시된 후, 주요한 개입의 전략으로 도입되었다. 그러나 포스트식민주의의 시작은 2차대전 후 세계 각처의 식민지들이 속속 독립국가를 선포했던 1950년대로 보아야 할 것이다. 월남의 디엔비엔푸 전투에서의 프랑스의 패배, 알제리 독립전쟁, 아프리카 케냐의 마우마우 폭동, 이집트의 파룩왕의 퇴위 등이 있었다. 이때 처음으로 '제3세계'란 용어가 사용되기 시작했고 식민주의에 관한 책자들이 출간되었다. 1950년에 에메 세제르의 『식민주의론』이란 소책자가 발간되었고, 1952년에 프란츠 파농의 『검은 피부, 하얀 가면들』이 나왔다. 1960년대에 들어서자 본격적인 포스트식민주의 담론이 만들어지기 시작하였다. 1969년에 파농의 『대지의 저주받는 사람들』이 장—폴 사르트르의 서문이 붙어 출간되어 진정한 의미의 포스트식민주의 담론의 선구자가 되었다. 1970년대에 이르러 팔레스타인 출신의 제3세계 이론가인 에드워드 사이드의 『오리엔탈리즘』(1978)이 출간되어 커다란 반향을 일으켰고, 그 이후 포스트식민주의 논의의 중심적인 저서가 되었다.

오늘날 '포스트(post)가 붙은 모든 용어는 그 개념 구성과 번역에 있어 많은 논쟁을 불러일으키고 있다. 이 문제에 대해 많은 연구를 한 바 있는 헬렌 티핀(Helen Tiffin)은 포스트식민주의의 의미를 다음과 같이 두 가지로 나누고 있다.

① 유럽 식민주의가 지닌, 타자를 종속시키는 힘에 의해 부분적으로 구성되어 온 주체들의 사회에 토대를 둔 글쓰기, 다시 말해 유럽의 이전의 식민지였던 지역이나 국가에서 쓰여진 글을 가리킨다.

② 첫 번째 의미와 같이 광범위하지는 않으나 그것과 밀접하게 관계된다. 여기서 포스트식민주의는 일련의 담론적 실행이며, 식민주의, 식민주의적 이념들과 그들이 우리 시대의 형태들과 종속적인 유산들에 저항하는 것들이 주종을 이룬다.[21]

이렇게 볼 때 'post'란 말이 (1)에서처럼 지속의 의미만을 가진다면 '후기' 식민주의가 될 터이고, (2)에서처럼 저항이나 벗어남을 뜻한다면 '탈'식민주의가 될 것이다. 그러나 포스트식민주의가 (1), (2)의 두 가지 의미를 모두 수용하기 위해서는 단순히 '후기'나 '탈'을 사용하는 것이 어려우나 번역자의 어떤 담론 전략이나 희망 사항을 구축하기 위해서라면 '후기'나 '탈'을 각각 쓸 수도 있을 것이다.

이는 postmodernism이란 말을 번역할 때도 해당되는 논리이다. 포스트모더니즘을 단순히 '후기' 또는 '탈'로 보기는 어렵다. 이것은 'post'의 의미가 단순히 시대를 의미하는 '후기'의 뜻도 아니고 이전 시대와 차별화되는 어떤 개념을 지칭하는 의미도 아니고 이 모두를 가리키기 때문이다. 'post' 시대에서 '흉내 내면서 극복하기', '비판하면서 끌어안기', '함께 부둥켜안고 뒹굴다 다시 일어나기', '울타리에 걸터앉아 양쪽 모두 바라보기'라는 우리 시대의 아이러니와 패러디를 통해 행동하는 우리는 삶의 모순과 갈등을 경험하고 있다. 따라서 포스트모더니즘을 '포스트'가 지닌 두 가지 뜻을 모두 살리기 위해서, '후기' 모더니즘(또는 '후'모더니즘)도 아니고 '탈'모더니즘

21) Helen Tiffin, ,et al eds. 『*De—Scribing Empire: Post—Colonialism and Textuality*』. London: Routledge, 1994. vii쪽.

도 아닌 그저 포스트모더니즘이라고 부르기로 한다. (요즘엔 포스트모더니즘을 좀 더 커다란 문화현상으로 보기 위해서 '탈근대(성)주의'라고 부르는 경우가 많다.) 포스트구조주의의 경우도 이와 마찬가지로 후기구조주의나 탈구조주의가 아닌, 어색하지만 그저 '포스트구조주의'라고 부른다. 이와 같은 이유로 이 글에서 postcolonialism을 어색한 대로 '포스트(후기/탈)식민주의'로 사용하기로 한다.

포스트라는 접두어의 의미는 우리에게 이중적인 문화정치적 의미와 과제를 부여하고 있다. 지속되고 있는 식민지 잔재를 철저하게 분석하고 폭로하여 '좋은' 생산적인 식민지 전통은 받아들이고, 버릴 것은 버림으로써 궁극적으로는 '나쁜' 반동적인 식민지 잔재를 버리고 극복해야 할 것이다. 식민성의 지속과 취사선택, 극복과 벗어버리기의 이중적 과제를 '포월'이라는 용어로 쓸 수도 있겠다. 식민주의 잔재의 해결 없이 어찌 '탈'이 가능하겠는가? 또한 궁극적으로 '탈'을 목적으로 하지 않는 잔재 연구가 무슨 의미가 있겠는가? 그러나 불행히도 잔재는 쉽게 걷어낼 수 있는 것이 아니다. 식민주의와 제국주의는 동서양을 막론하고 인류문명의 시작과 더불어 생겨난 것이 아니겠는가? 이미 식민지 주민들의 (무)의식, 제도, 지식에 스며든 식민주의자들이 지배적인 가치체계를 찾아내기도 힘들거니와 워낙 찰싹 달라붙어 있어서 이제는 누구의 것인지 구별할 수 없는 정도가 되었고 그 결과 편하게 내면화되었기 때문일 것이다.

다시 말해 식민지 후손들의 생활이 식민주의와 연루되어 있으므로 엄청난 계보학적 상상력의 작동이 없으면 그 연루 관계가 쉽게 드러나지 않는다는 점이다. 그러나 잔재의 일부를 알고 있다 하더라도 즉, 식민주의 잔재의 한가운데 있다는 것을 알고(후기식민주의) 있다 하더라도, 우리 삶의 일부가 된 그 잔재의 해체 또는 제거(탈식민주의)가 어렵다는 점은 또 하나의 풀기 힘든 우리의 딜레마임이 분명하다. 그러나 제아무리 잔재 제거작업을 위한 잔재 파악이 어렵다 하더라도 그것이 포기할 수 없는 선행작업임은 분명하다.

이러한 포스트식민주의 이론은, 당연하다고 할 수 있지만 여타 서구에서 구성된 이론들과는 달리 세제르, 파농, 사이드, 스피박, 바바 등 주로 과거 식민지 경험을 한 비서구인들에 의해 이루어지고 있다는 점이 특이하다. 물론 이런 제3세계 비백인 이론가들은 해체주의, 포스트구조주의, 여권주의, 소수민족담론, 복합문화주의 등 서구의 이론을 다양하게 절충적으로 이용하고 있기는 하다. 그러나 이들이 제시하는 포스트식민주의 이론은 서구의 이론패권주의 또는 이론제국주의에 개입하고, 저항하고, 위반하여 대안을 낼 수 있는 전략이며 '대항담론'의 가능성을 보여 준다.

따라서 포스트식민주의 이론이야말로 지금까지 이루어진 서구 중심의 이론체계 모두를 극복, 대체할 수 있는 새로이 부상되는 (현단계에서) 우리에게 가장 중요한 이론이다. 서구 중심의 이론체계를 포괄하여 설명할 수 있는 서구중심주의란, 서구의 사상과 문학의 전통들을 중심에 놓은 억압적인 종족(백인)중심주의를 가리킨다. 서구 사상의 대표자인 아리스토텔레스, 데카르트, 칸트, 셰익스피어, 플로베르, 마크 트웨인, T. S. 엘리엇 등이 비서구적인 사상과 문학전통과 문화양식을 주변부화시키면서 서구중심적 패권주의로 세계를 착취해 왔다.

포스트식민주의 이론은 따라서 '백인의 의무'를 짊어진 서구제국의 식민지에 문명의 선물을 가져다주고 발전의 혜택을 베풀었다는 주장에 대한 문제제기이다. 이 밖에 경제적, 문화적 착취구조에 대한 분석, 주변부와 중심부의 위치를 전도시키는 식민주체 또는 탈식민주체의 문제에 관한 논의, 식민 잔재 청산과 극복, 세계화 시대의 새로운 민족 문화 정체성 수립 문제 등도 포스트식민주의 이론의 중요한 과제이다.

뼈아픈 식민지 경험을 가진 우리들은 포스트모더니즘이론이 세계화를 통한 지구마을을 주장하며 엄청난 전자매체와 통신체계로 전세계를 동질화하여 세계의 각 지역주의를 말살하고 민족 주체성을 무장해제 시켜 새로운 문화제국주의를 교묘하게 합법화하려는 음모를 꾸미는 것은 아닌가 예의 주시해야 한다. 어떠한 서구이론도 양날을 가진 비수가 될 수 있기 때문이다. 이러한 상황에서 우리가 새롭게 기대할 곳은 현재 가장 비서구적 이론이라고 볼 수 있는 포스트식민주의이론이 아닌가 한다.

우리는 1945년에 일본제국주의의 식민지 통치로부터 해방되었으나, 아직도 일종의 식민지 증후군에 시달리고 있다. 식민주의는 역사로부터 우리를 소외시켰고 문화적 주체성은 해체되고 왜곡된 채 우리는 남북분단과 6·25전쟁이라는 엄청난 문화 주체적 혼란을 겪었다. 우리는 과연 물질적, 정신적, 역사적 잔재를 청산하고, 진정으로 해방되고 독립하여 민족적 정체성을 회복하였는가? 다국적 자본주의 시대와 후기산업사회 시대에 주변의 강대국들로부터 또한 일부 민족 내부 집단으로부터 분단 해소를 위한 한반도 통일을 견제당하는 상황에서 또다시 보이지 않는 신식민주의 또는 더욱더 교묘해진 신제국주의의 덫에 걸려 있는 것은 아닌가? (대중)문화, 과학기술, 학문과 이론, 경제, 군사의 영역에서 우리는 일본이나 미국에 과연 얼마나 주체적인가?

이런 상황에서 이 글을 통해 소위 포스트식민주의라는 새로운 비서구 이론을 점검함으로써 세계화 시대에 후기식민주의를 극복하고 진정한 탈식민주의를 획득하며 궁극적으로는 문화 주체적 포스트식민주의 이론의 정립을 향하는 작업을 시도해 보고자 한다.

2.3. 포스트식민주의 이론의 전제: 근대와 식민주의 그리고 포스트모던과 포스트식민성

서구에서 근대성(modernity)의 개념은 필연적으로 식민성(coloniality)의 개념을 수반한다. '계몽주의'(enlightenment: '빛' 가져오기) 정신은 서구 이외의 지역을 주변부로 보고, 가르치고 개발해야 할 지역으로 간주하는 백인 남성 중심의 식민적 계몽주의 사상을 확산시켰다. 이에 따라 필연적으로 비중심의 비서구지역에 대한 침략, 정복, 지배, 착취라는 불행한 제국주의적 식민주의의 역사가 시작되었다. 원자재 조달과 판매 시장을 확보하는 서구 중심의 자본주의적 발상은 근대개화문명을 가져다준다는 허위의식과 결부되어 비서구인들에게 경제에 있어서는 자본주의, 정치에 있어서는 민주주의, 종교에 있어서는 기독교를 강요하게 되었다. 제3세계에 '근대성'을 전해 주는 것이 '백인의 의무'(white man's burden)라는 발상 자체가 종족중심적인 '식민성'을 토대로 한 제국주의적인 생각이다.

젤랄 카디르(Djelal Kadir)는 모더니즘과 식민성은 다음과 같은 속성을 공유한다고 주장한다.

> [모더니즘과 식민성]의 끊임없는 공격은 조직적으로 밖을 향하고 있고 그 둘의 정당화는 풍토병처럼 배타적이고 내밀하다. 모더니즘의 추진력은 언제나 자기를 만들어 내고 자신을 지탱시키는 관계 속에서 작동하기 때문에 내밀하다. 식민성도 이와 마찬가지로 상응하는 토대 (그 자체의 존재 이유와 그 연속성 위에 있는 평가 기준들) 위에서 자기 정당화를 이끌어 낸다. 다른 말로 하면 이 두 현상은 내면적으로 일관성 있고 단일화하고 자기총체화하고 자명하게 그들의 내면적인 패러다임들과 부자연스런 모순들과 상호대응

> 된다. 이 둘 모두가 자기 내면적인 서술을 만들어 낼 수 있지만 궁극적으로 자기 비난에서 자기 유죄판결을 이끌어 내지는 않는다. 그리고 그들에게 선고된 판결들은 결국 자기 옹호를 통해서 또는 재평가라는 위안을 통해서, 고약한 양심을 통해서 완화되는 것으로 끝난다.[22]

이와 같은 맥락에서 우리 시대의 근대성 극복 논리의 하나인 포스트모더니즘, 또는 탈근대(postmodernity)이론은 포스트(후기/탈)식민주의(postcolonialism)나 탈식민성(postcoloniality)과 연계를 가진다고 할 수 있다. 따라서 우리가 진정으로 탈식민주의를 획득하기 위해서는 식민성과 연루되어 있는 서구의 근대성을 비판 극복해야 하고 탈근대이론과의 협업작업이 필요해진다. 포스트모던이론이 근대성 이데올로기를 통한 식민주의 실천해 온 서구인들에게 기소유예라는 또 다른 안전판 이론이 될지는 모른다. 그러나 비서구인의 입장에서, 특히 식민지 경험이 있는 우리들로서는 탈근대이론에서 반동이 아닌 '저항의 문화정치학'이라는 단서를 찾아내야 한다고 본다. 궁극적으로 탈근대 이론이나 탈식민 이론은 모든 서구백인중심의 문화제국주의를 극복하는 전략의 일부가 될 수 있는 것이다.

식민주의의 첨병들은 발견자, 탐험가, 개척자, 쇄신자, 길 찾는 사람 등의 영웅적 행동과 거대 서사(grand narrative)를 필요로 했다. 일사불란한 조직과 간극 없는 논리를 통한 총체성과 균형과 통일성이 강조되었다. 비서구인들에게는 억압적인 거대 담론을 통해 해방적이고, 진보적이고, 개선주의적이고, 구제론적이 된다는 모순된 논리를 편다. 근대성은 식민주의와 같이 불가능성에 대한 도전을 최고의 목표로 삼고, 인간에게 무엇인가 합리적

22) Djelal Kadir. "What Are We After?" 『*World Literature Today*』. Vol. 69. NO. 1 (Winter 1995).17쪽.

으로 최상의 것을 가져다준다고 했다. 숭고미를 가진 현실은 재현할 수 없는 것이다. 따라서 '근대성'과 '식민주의'는 영원히 측정할 수 없고 극복할 수 없는 끊임없는 '욕망의 기획'인 셈이다. 이러한 환상적인 기획을 겸손하게 비판하고 바로잡는 것이 바로 탈근대성과 탈식민성의 논리이다. 그렇다면 포스트모더니즘과 포스트식민주의와의 관계를 좀 더 구체적으로 살펴보자. 우선 이들은 어떤 긴밀한 관계를 가지는가?

식민주의는 억압적이고 총체화하는 일관성을 가지며 포스트식민성은 해방적이며 역동적인 이질성을 가진다. 어떤 의미에서 포스트모더니즘과 포스트식민주의는 모두 저항 담론의 전복적인 통제 불가능성을 의미한다. 그러나 이들 간의 차이는 무엇인가? 포스트모더니즘은 서구 중심의 저항과 해체이론이며 포스트식민주의는 비서구(특히 제3세계) 중심의 해체와 대항 이론이라고 볼 수 있다. 이것은 포스트모더니즘이 니체, 하이데거, 데리다, 푸코, 료따르 등 서구인들이 중심이 되었고 포스트식민주의 이론은 파농, 사이드, 스피박, 바바 등 비서구인에 의해 시작된 것만 보아도 알 수 있다.

포스트식민주의 이론은 서구에서 포스트모더니즘 이론이 일어나기 이전부터 독자적으로 생성되었다고 볼 수 있다. 다시 말해 1960년대 이후의 포스트구조주의나 해체주의가 구체적으로 논의되기 이전에 식민화된 주체의 정치적 의미를 점검하면서부터 벌써 다른 양상으로 제국주의 담론의 중심부/주변부의 이분법 해체와 유럽문화의 논리 중심적인 지배담론의 해체 등이 있었다. 의미화의 불확정성, 언어와 담론 속 주체의 위치, 권력과 지식의 역동적인 작동구조 등에서도 포스트식민주의는 이미 포스트모더니즘이나 포스트구조주의와 유사점을 가지고 있었다. 따라서 어떤 의미에서 서구 근대성 극복을 기도하는 포스트모더니즘이나 서구백인중심의 형이상학에 대한 해체주의 이론의 씨앗은 이미 포스트식민주의 속에 있었다고 볼 수 있다. 그 후 포스트식민주의와 포스트모더니즘은 상호영향을 주었고 이념적으로나 전략적으로나 서로 공유되는 부분이 많다. 담론의 탈중심화, 경험의 구성에 있어서 언어와 글쓰기의 중요성 강조, 위반, 흉내 내기, 희화, 아이러니의 전복적인 전략 등은 이들이 공유하는 부분이다.

그러나 포스트모더니즘과 포스트식민주의는 목적과 전략에 있어서 엄연한 차이가 있다. 포스트모더니즘은 서구 내의 근본적인 변혁 운동이라기보다 철학적·지적 반성운동으로서, 문화정치학인 것은 분명하지만 전세계적인 맥락에서 볼 때 그 한계가 있다. 더욱이 포스트모더니즘 문화 상황을 경험하는 것은 서구를 중심으로 한 선진공업국들의 일부이다. 대부분의 비서구 제국들은 그들 자체의 토착적인 전통과 문화구조 속에서 제아무리 서구화에 성공했더라도 그들의 일상사에서 서구식의 포스트모더니즘 문화 상황에 들어가기 어려운 것이다. 우리나라의 경우도 분단체제의 극심한 모순과 이직도 실험 중인 서구정치 이론 주의의 하나인 민주주의를 위한 엄청난 소요 속에서 전근대(premodern), 모던(modern), 포스트모던(post-modern)의 모두를 동시에 경험하는 (비동시성의 동시성) 중층적 사회, 문화, 정치, 경제구조를 가지고 있다고 볼 수 있다.

또 어떤 사람들은 성급하게 포스트모더니즘을 서구의 후기자본주의의 문화논리 또는 새로운 세계무역체제(WTO) 속에서 서구의 기득권과 지배권을 계속 유지하기 위한 일종의 장식윤리로써의 '안전판'이나 또 다른 봉쇄이론의 역할을 하는 순수서구이론으로 간주하기도 한다. 그러나 포스트식민주의는 처음부터 구체적인 전복과 변혁을 위한 정치적 기획을 지닌 새로운 범세계적 문화정치 운동이었다. 억압적이고 착취적인 서구 중심의 제국주의와 식민주의에 대한 올바른 관계 정립(서구와 비서구, 남성과 여성, 선진공업국과 저개발국가 등)을 위한 저항운동이다. 포스트식민주의는 아직도 서구의 신식민주의와 문화 제국주의에 대한 지속적인 통국가적

(transnational) 대응 전략이다. 포스트식민주의야말로 교묘하고 엄청나게 작동되고 있는 서구 중심의 포스트모더니즘을 위반하고 반정(反正)하는 거의 유일한 대항담론이다.

그러나 포스트식민주의는 모든 것을 보편화하려는 국제적인 포스트모더니즘의 헤게모니에 대항하는 전략이다. 포스트모더니즘은 차이와 불연속, 단편화와 다성성, 혼성모방, 희화 등을 주장하기도 하지만 보편적 모형이나 세계적인, 전지구적인 경향을 추구하는 경향이 있기 때문이다. 따라서 포스트식민주의 읽기는 지방적 특수성이나, 역사적 상황을 고려하기 때문에 지역성과 역사성을 강조하여 개입과 위반의 정치의식을 첨예화시킴으로써 반동의 포스트모더니즘이 가질 수 있는 보편화, 일반화, 추상화하는 경향을 치유할 수 있다.

궁극적으로 포스트모더니즘과 포스트식민주의는 이율배반적인 관계(협력과 배반)이다. 그러나 현단계에서 우리는 포스트모더니즘에 재갈을 물릴 수 있는 포스트식민주의에 더 비중을 두어야 함은 물론이다. 포스트모더니즘은 포스트(후기/탈)식민지역에서 새로운 식민화의 역할을 수행하고 있다고도 볼 수 있다. 따라서 모든 소위 '포스트'이론들은 서구 중심의 좀더 교활해진 신제국주의와 신식민주의의 이론적 둔전병(屯田兵) 노릇을 하고 있다. 둔전병이란 변경지역에 주둔하며 토착시켜 평시에는 농사를 짓게 하던 군사들이다. 포스트 이론은 다른 말로 하면 서양 이론의 전위부대요, 외국 주둔군과도 같은 것이다. 서구 중심적 포스트이론들은 해방과 차이를 약속하지만 본질적으로 비서구인들에게는 봉쇄이론이 아닐까? 포스트식민주의는 서구의 '근대성'과 '식민성'이 지닌 권력지향적 구조와 목적론적 입장을 지속적으로 폭로하여 상당 기간 동안 무장해체시킬 수 있는 대안적 이론이며 실천의 장이다. 그러니 포스트식민주의가 포스트 이론들의 이념과 전략을 빌어오는 것은 숙명적이 아닐까? 적들의 논리와 이론으로 적들을 우리 담론의 마당으로 끌어들여 설득하고 굴복시키는 것이 효과적이지 않은가? 포스트식민주의는 적과의 동침을 통해 적을 궁극적으로 해체시키는 방법이 아니겠는가? 따라서 세계화 속에서 민족 정체성과 주체성이 흔들리고 있는 이 시점에서 포스트식민주의 이론의 전략을 무시하기에는 너무나 위험하다.

2.4. 포스트식민주의 주요 이론가: 에드워드 사이드 / 호미 바바 / 가야트리 스피박

1) 에드워드 사이드

포스트식민주의 이론의 본격적인 '시작'은 팔레스타인 출신으로 현재 미국에서 교편을 잡고 있는 에드워드 사이드(Edward W. Said, 1935—2003)의 『오리엔탈리즘』(1978)이다. 이 책은 서구 중심의 보편주의가 서구는 우수하고 비서구는 열등하다는 논리를 이데올로기화하여 동양을 열등한 '타자'로 바라보는 방식이 바로 서구인들이 자신의 논리를 고착화시키기 위한 오리엔탈리즘이라고 말한다. 동양인은 서양인의 일종의 무의식이 투사된 분신 또는 또 하나의 자신이다. 서구인들이 자신들에게서 인정하기를 거부하는 '잔인성', '육감적', '퇴폐적', '게으름', '더러움', '감정적', '논리 부족' 등의 속성들을 동양인에게 뒤집어씌우고 나아가 동양인들을 '이국적'이고 '신비스럽고', '유혹적'이라고 간주한다. 동양인들을 하나의 개인으로 보기보다 하나의 동질적인, 익명적인 집단으로 보고, 동양인들의 행동이 의식적인 선택이나 결정에 의하기보다 본능적인 감정(욕정, 폭력, 분노 등)에 의해 결정된다고 본다. 아랍인, 아프리카인, 중국인, 한국인 등을 마치 어떤 동물들의 집단적 특성에 따라 분류하듯이 어떤 일원화된 동질적인 집단으로 본다는 것이다.

오리엔탈리즘에 대한 기본 가설을 에드워드 사이드의 말로 직접 들어보자.

> 나의 주요한 작동가설들은 가장 기이한 예술가의 작품들에서처럼 학문의 영역들도 사회와 문화전통들과 세속적 상황들과 학교, 도서관, 정부와 같은 안정시키는 기능을 가진 기관들에 의해 제약되고 영향을 받고 있다는 것이었다. 그리고 그 가설들을 앞으로도 계속될 것이다. 더욱이 학문적인 글뿐 아니라 상상적인 글도 결코 자유롭지 못하고 그들의 상상계, 가정들 그리고 의도들 안에서 제약을 받고 있다는 것도 나의 중요한 가설이다. 학문적인 형식 속에서 오리엔탈리즘과 같은 '학문'에 의해 이루어진 사항들은 우리가 흔히 생각하는 것보다 객관적으로 훨씬, 사실과 다르다. 결론적으로 지금까지의 나의 연구는 하나의 사상과 개념과 이미지로써 오리엔트라는 어휘는 서구에 엄청나게 흥미 있는 문화적 공명을 가지고 있으며 오리엔탈리즘을 일관성 있는 주체의 문제로 만드는 경제를 설명하려고 노력해 왔다.[23)]

여기에서 사이드는 포스트구조주의 역사학자인 미셸 푸코의 해체철학의 원조인 니체적 해석의 영향을 받아 서구 중심적 담론체계의 하나인 '오리엔탈리즘'에 대해 도전하고 있다. 어떤 담론도 모든 시대에 고정된 것은 아니다. 담론은 따라서 사회적, 정치적 투쟁과 연결될 수 있다. 담론은 원인

---

23) Edward W. Said. 『*Orientalism*』. New York: vintage books, 1978. 201–202쪽

인 동시에 결과이며, 담론은 권력을 보호해 줄 뿐 아니라 동시에 권력에 대항하기도 한다는 것을 사이드는 보여주고 있다.

문학과 관련지어 사이드는 서구 중심 문학의 정통성과 권위에의 도전 문제를 논하면서 다음과 같이 비서구문학의 가능성을 지적하고 있다.

> 2차대전 이래 그리고 특별히 유럽지역 밖의 민족주의적 투쟁의 결과로 생겨난 새로운 학문영역들의 일부를 살펴보면 이전과는 다른 지형학과 일련의 다른 규범들이 있음이 드러난다. 한편에서는 오늘날 비유럽 문학을 배우거나 가르치는 대부분의 사람들은 처음부터 그들이 공부하는 것의 정치학을 고려해야 한다. 우리는 현재 인도, 아프리카, 라틴 아메리카 및 북미, 아라비아, 카리브해와 영연방 문학을 진지하게 탐구하는 데 있어서 노예제도, 식민주의, 인종차별주의에 관한 논의를 연기할 수 없기 때문이다. … (중략)
>
> 문학과 그리고 실제로 모든 문화는 잡종적이고… 방해받거나 여태껏 외부적 요소들이라고 간주되어 사용된 것과 엉켜 있고 중복된 것이라는 생각, 이것은 나로 하여금 오늘날 혁명적인 현실 즉 세속적인 세계의 경쟁들이 우리가 읽고 동시에 쓰는 텍스트를 도전적으로 가르치는 현실을 위한 그 본질적인 사상으로 생각된다. 우리는 더 이상 중심성을 대서양 주변세계에 할당하고, 선천적이며 심지어 죄를 범하는 주변성을 비서구 지역에 부여하는, 지리적이러나 영토적인 가설들을 더 이상 받아들일 수 없듯이, 직선적인 반전이나 헤겔적인 초월을 강조하는 역사의 개념 또한 더 이상 유지시킬 수 없다. 만일 '영어로 쓰여진 문학' 또는 '세계문학'과 같은 형태들이 어떤 의미를 지니게 된다면 그것은 그 형태들이 존재와 실제에 의해 오늘날 경쟁과 계속되는 투쟁…… (중략)을 증명하기 때문이며, 또

한 그 형태들이 힘차게 글쓰기와 문학 연구의 민족적인 토대에 도전하고 그 고상한 독립성과 무관심… 에 도전하게 때문이다.[24)]

2) 호미 바바

인도 출신으로 현재 영국에서 활동하고 있는 호미 바바(Homi K. Bhabha. 1949~)는 식민담론의 탐구를 위해 포스트구조주의를 전용한다. 그의 주요 편서의 하나인『국가와 서술』(1990)에서 바바는 민족, 종족성, 성별(젠더)과 계급의 복잡한 담론적 관계망을 추적하면서 오래되고 새로운 대도시들(라틴 아메리카, 아시아, 아프리카뿐 아니라 영국, 프랑스, 미국, 호주)에서 온 친숙한 비평적 정전들 속에서 위대한 소설들과 소설가들로부터 민족적 정체성을 다시 만들고, 해체하는 과정을 논의한다. 바바의 '문화잡종성 이론'과 '흉내내기' 모델은 자아와 타자, 동양과 서양의 양극성을 초월할 수 있는 가능성을 제시해 준다. 바바는 "우리가 역사와 언어의 경계선상에서 그리고 종족과 성별의 한계 위에서 살아가는 것에 의해서 우리는 그들 사이의 차이들을 하나의 연대결속 관계로 이끌어낼 수 있는 위치에 서게 된다"(『산종(散種) / 국가의 확산』, 320쪽)라고 지적한 바 있다.

우리가 흔히 사용하는 '국가'나 '민족'이란 개념의 양가성(애매 모호성)은 바바의『국가와 서술』의 서문에 나오는 다음 인용에 잘 나타나 있다.

> 민족문화의 '지방성'은 그 자체의 관계 속에서 통합되지도 않고 단일하지도 않다. 그리고 그 지방성은 그것의 바깥 또는 넘어서서 있는 것과의 관계 속에서 단순히 '타자'로 보아서도 안 된다. 그 경

---

24) 에드워드 사이드.『문화와 제국주의』, 김성곤·정정호 역. 서울: 도서출판 창, 1995. 536—37쪽.

계는 야누스처럼 두 개의 얼굴을 가졌고 바깥/안의 문제는 언제나 그 자체가 잡종성(혼성)의 과정이 되어야 하며 따라서 새로운 '국민들'을 정체성과 연계시키고, 의미의 다른 영역을 생성하고 그리고 필연적으로 정치적 과정 속에서 정치적 적대주의와 아무것도 없는 지역과 정치적 재현을 위한 예언할 수 없는 힘들을 만들어 낸다… 그러한 '불완전한 의미화'의 결과로 부상되는 것은 경제들과 한계들을 문화적 · 정치적 권위가 타협되는 중간적인 공간들로 전환하는 것이다. …(중략) 이 책의 대표적인 표상은 문화적 차이의 교차대구법(交叉對句法)적 비유이다. 이를 통해 반민족주의적, 양가적인 국가공간은 새로운 통국가적(transnational)인 문화를 위한 교차로가 되는 것이다. '타자'는 결코 우리들 밖에 있거나 넘어서 있지 있다. 왜냐하면 타자는 우리가 '우리들 사이에서' 가장 친밀하게 그리고 토착적으로 말한다고 생각할 때, 문화담론 내에서 강력하게 부상되기 때문이다.[25)]

바바는 새로운 포스트구조주의 정치학인 '흉내내는 인간'에 관하여 논하면서 식민주의 담론의 애매성에 대해 다음과 같이 말하고 있다.

흉내내기(mimicry)는 반어적인 타협을 나타낸다 … 식민적 흉내내기는 거의 같으나 상당히 같지는 않은 차이의 주체로서 개혁되고, 인식할 수 있는 타자에 대한 욕망이다. 다시 말해 흉내내기의 담론은 애매성을 중심으로 구성된다. 흉내내기가 효과를 얻기 위해서는 지속적으로 그 미끄러짐과 그 과잉과 그 차이를 만들어 내야만 한

---

25) Homi K.Bhabha. 『*Nation and Narration*』. Londern. Routledge, 1990. 4쪽.

다. 그러한 양태의 식민담론의 권위는 따라서, 내가 지금까지 흉내내기라 불러왔는데 불확정성에 의해 결론에 이르게 된다. 이렇게 흉내내기는 이중적 언명의 기호이며 그것에 힘을 상상하면서 타자를 '전환하는' 개혁, 규정과 훈련의 복합적인 전략이다. 또한 그러나 흉내내기는 부적절성과 차이나 완고함의 (식민지 권력과 지배적인 전략기능과 밀착시키고 감시를 강화하고 '정상화된' 지식들과 훈련시키는 권력 모두에게 내재적인 위험이 된다) 기호이다. …

흉내내기 안에서 정체성과 의미의 재현은 환유의 축을 따라 재언명된다. 라캉이 우리에게 상기시켜 주듯이 흉내내기는 하나의 위장과 같이 차이가 주는 억압을 조화시키는 것이 아니라 존재를 부분적으로 환유적으로 보여 줌으로써 그 존재와는 다르거나 옹호해 주는 유사성의 한 형태이다. 흉내내기의 위협은 그것이 본질을 즉 '자체'를 숨기지 않기 때문에 붙잡기 어려운 힘의 행사 속에서 갈등적, 환상적, 차별적인 '정체성의 효과'를 놀라운 전략적인 생산물로 여긴다… 식민지 권위의 애매성은 반복적인 흉내내기를 (거의 아무것도 아니라 반드시 그렇지만은 않는 차이) 위협으로 (거의 총체적이나 반드시 그렇지만은 않는 차이) 바꾸고 있다.[26)]

3) 가야트리 스피박

인도 출신 여성으로 현재 미국에서 활동하고 있는 가야트리 스피박(Gayatri C. Spivak, 1942~)의 방법은 무엇보다도 해체적이다. 데리다에 의하면 "해체는 그것이 비판하는 것의 언어로 말할 수 있다."는 것이다. 다시 말

---

26) Homi K.Bhabha. 『*The Location of Culture*』, Londern. Routledge, 1994. 86, 90, 91쪽

해 '해체'란 자신이 거부하고 반대하는 것과 공범 관계에 있는 이중적/모순적 관계를 바라볼 수 있게 만드는 것이다. 우리는 우리가 비판하는 것의 일부이다. 스피박은 서구나 인도 전통의 텍스트뿐 아니라 그녀 자신의 경우에서처럼 ("그녀 자신의 '주체'인 정체성을 구성하는 종족성, 계급과 성별의 동시적이지 않고 모순적인 요소들"을 지닌) 신식민지화된 세계에서 '포스트식민적 지식인의 곤경' 상태를 추적한다. 스피박은 서구적 자유주의에 의해 부과된 '폭력의 구조와 타협하는 전략'(내부에서 체제에 개입하고, 의심하고, 변화시키는 전략)이 필요하다고 주장한다. 다시 말해 스피박은 (신)식민주의 안에 있으면서 또 비판하는 공범 관계의 혼재 상황을 역사화하는 것의 가치를 옹호한다.

1987년에 진행된 한 대담에서 스피박은 '포스트식민 비평가'로서 자신의 억압하는 주제들과 타협할 수밖에 없다고 주장한 데 대한 보충 설명을 요청받고 다음과 같이 대답하였다.

> 내가 이해하고 있는 바로는, 개입하기 위해서 우리는 협상해야 합니다. 만일 내가 지난 23년 동안 배운 것이 있다면 그것은 우리의 입장이 공격받기 쉬우면 쉬울수록 우리는 더욱더 타협적이어야만 한다는 것입니다 우리는 담론적 협상이나 동류간의 협상이나 심지어 집단계약을 이야기하고 있는 것은 아닙니다. 내가 보기에는 만일 여러분들이 서구의 자유주의 입장 속에 있다면 여러분들은 해체되고 있는 서구자유주의(아주 광범위한 용어)의 제약으로부터 어떤 적극적인 역할을 해낼 수 있도록 협상해야만 합니다. 나는 여러분이 잘못하고 있는 공식적인 협상이 어떤 것을 의미하는지 확신할 수는 없습니다. 만일 당신들이 일부분이 되고 있는 구조 속에서 어떤 개입을 해야 한다면 내가 보기에는 여러분들이 그러한 구조 속에

살고 있을 때에도 개입해야만 하기 때문에 바로 그것이 가장 협상해야 할 입장일 것입니다… 내가 여기에서 의미하는 협상이란 우리가 외부에서 작업하고 있는 것이 아니기 때문에 우리가 함께 살아갈 수밖에 없는 어떤 것을 변화시키려고 노력한다는 것입니다. 우리 작업의 효율성을 유지시키기 위해 우리는 또한 그러한 구조들을 완전히 전복시키지 않고 유지시켜야 합니다. 그리고 그것이 내가 이해하는 한 협상입니다. 여러분들은 자신들을 서구자유주의자들이라고 여기에서 정의 내리고는 폭력과 위법의 구조 속에 살고 있는 것입니다.[27] (*Postcolonial Critic*, 72쪽)

스피박은 「하위주체 연구: 역사기술학의 해체」(1985)란 글에서 데리다식의 해체(구성)주의를 설명하며 비판의 주체가 비판을 하면서도 결코 그 비판의 대상에서 벗어날 수 없다는 이율배반성이 바로 해체의 장점이 될 수 있다고 다음과 같이 말한다.

이것은 해체의 가장 큰 능력이다: 자신을 마비시키지 않으면서 조사하는 주체의 권위를 문제삼으며 불가능성의 상황을 끈질기게 가능성의 상황으로 바꾸는 것이다… 해체적 접근은 그들 자신들이 담론의 장을 대치시키려는 기도를 하고 있으며, 그들 자신들은 그들이 연구하는 이질적인 인자들을 위해 제시하는 이유들만큼 '역사적인' 이유들로 '실패'(일반적인 의미에서)하고 있다는 사실에 초점을 맞춘다. 그리고 이것을 고려에 넣은 실천을 조직해 내려고 시도할 것이다… 이 글에서 나는 반복해서 조사하는 주체와 대상 사

27) Gayatri C. Spivak. 『*The post—colonial critic*』. Londern. Routledge, 1990. 72쪽.

이의 공범 관계를 강조해 왔다. 조사하는 주체로서의 나의 역할은 전적으로 기생적이다. 왜냐하면 나의 유일한 대상은 『하위주체 연구』 자체들이었기 때문이다. 그러나 나는 또한 그들 대상의 일부이다. 문화제국주의라는 현재의 학문적인 장안에 위치하고 있으면서 프랑스 고급이론의 작업장에 어떤 초대장을 가지고 나는 그 궁전 내에서 전력선의 소식을 가져온다. 어떤 것도 우리의 참여 없이는 기능을 발휘할 수 없다. 그러나 그 참여의 부분은 적어도 역사적으로 아이러닉한 상황에 놓여 있다.

모든 작업은 기생적이며… 비평가(역사가)와 텍스트(하위주체)는 언제나 '그 자체에서 벗어나' 있다는 포스트구조주의적 암시인가? 공범의 고리는 하나의 글이 끝맺는 곳에서도 멈추지 않는다.[28)]

에드워드 사이드의 작업도 위와 같은 특징 속에 포함될 수 있을 것이다. 그러나 이들의 작업에 대한 비판이 만만치 않은 것도 사실이다. 포스트모더니즘의 문화정치학을 논하는 자리에게 영국의 포스트마르크스주의자인 스티븐 코너는 이들의 복잡한 모형이 '식민주의자와 피식민지 주민 사이의 협상과 상호의존'으로 '더 큰 이론적 풍요나 융통성'을 가져온 것은 인정하면서도, "(그들 이론의 모형이) 충분히 형성된 피해의식과 피해언어에 대한 관념을 허용하지 않으므로 윤리적인 명령을 포기해 버린 것처럼 보인다"(278쪽)고 지적하고 있다. 이러한 문제점 지적은 이들이 이론적 대화 마련의 돌파구를 만들고 있음에도 불구하고 귀담아들을 만하다 하겠다.

---

28) Gayatri C. Spivak. 『*In Other Worlds : Essays in Cultural Politics*』. Londern. Routledge, 1988. 221쪽.

2.5. 세계화 / 개방화 시대의 포스트식민주의의 과제

포스트식민주의 이론은 지금까지 주로 서구이론가들보다는 소위 제3세계 출신 이론가들이 주류를 이루었으나 근래에는 많은 주요 서구이론가들이 식민지 담론 문제에 많은 관심을 가지게 되었다.

그 중 프랑스 식민지였던 알제리 출신의 해체주의의 대부 자끄 데리다와 불가리아 출신의 구조주의 학자인 츠베탕 토도로프가 대표적인 인물이다. 데리다는 남아프리카에 관해「종족중심주의의 최후의 말」이란 글을 쓴 바 있고 토도로프는 라틴아메리카에 관한『아메리카의 정복』을 썼다. 이 밖에 어떤 의미에서 토착민들에게는 식민주의자들이면서 동시에 미국에 대해서는 일종의 문화 식민주의와 경제, 군사 제국주의의 피해를 입고 있는 캐나다 이론가들로는 데니 리와 린다 허천 등이 있다. 또한 한때는 영국의 식민주의자들이며 또한 영국의 식민주의 지배를 받은 호주, 뉴질랜드에서도 많은 포스트식민주의 이론가들이 나오고 있다. 이러한 현상은 바람직한 상황인데, 그것은 포스트식민주의 이론으로 서구의 한복판에서 활동하고 있는 영향력 있는 백인 이론가들을 설득하여 그들을 하나의 대항문화와 위반이론의 게릴라로 배치할 수 있기 때문이다.

포스트식민주의 이론은 지나치게 서구언어권 중심의 식민주의와 제국주의에 집중되어 있다. (이것 또한 서구 중심주의가 아닌가?) 비서구 지역의 식민주의와 제국주의에 관한 이론화 작업도 전지구적으로 이루어져야 한다. 특히 우리나라의 경우 수천년 동안 중국의 문화식민지의 측면에서 다시 역사를 보아야 하고, 20세기 초반의 한반도에 대한, 36년 간의 일본의 제국주의와 식민주의에 대한 본격적인 자료수집, 분석, 비판 등의 이론화 작업이 이루어져야 한다. 나아가 해방과 더불어 미국 등 서구제국과의 관계에서 일방적인 문물 수입에 따른 정치, 경제, 문화, 학문, 과학기술, 군사 등 모든 영역에서 식민화 주체만 바뀐 또 다른 신식민주의 또는 신제국주의적 측면에 대한 연구도 이루어져야 한다.

이러한 연구를 토대로 우리 자신을 위한, 우리 자신에 의한, 우리 자신의 포스트식민주의 이론수집이 가능해질 것이다. 왜냐하면 식민잔재를 벗어난 새로운 민족주의('민족주의'가 아닌) 정립에 있어 초기 단계에서는 서구나 제3세계의 이론들이 타산지석이 될 수 없을 것이나, 궁극적으로 무엇보다도 우리의 역사와 현실에 적합한 이론과 실천의 틀을 만들어내는 것이 한국 지식인들이 성취해야 할 과제이며 나아가 요즘 많이 논의되고 있는 〈동아시아 담론〉이나 〈동북아 담론〉의 생산작업도 중요하기 때문이다.

그러나 포스트식민주의의 담론 전략을 단순하고도 일직선적인 저항만을 목적으로 이용해서는 안 된다. 식민잔재 해체작업은 장구한 시간이 걸리는 과업이다. 식민지적 성층화는 복잡하고 중층적으로 구조화되어 있기 때문에 식민지 잔재를 몇 마디 구호로 일거에 일소할 수 없을 것이다. 그것은, 겉으로는 없어진 것처럼 보여도 자꾸만 되살아나 자라 나오는 메두사의 머리와 같은 것이다.

그렇다고 여기서 우리는 숙명주의나 패배주의를 말하는 것은 아니다. 우리는 오히려 좀 더 교활해져서 식민지 잔재들과 같이 사는 모순을 부둥켜안으면서 그 잔재를 서서히 확실하게 해체하는 방식을 고려해야 할 것이다. 또는 혼성 / 교배 / 잡종번식(hybridization), 즉 식민지 잔재와 토착적 주체적 전통을 교배하여 새로운 탈식민지적인 어떤 것을 창출해 내야 하는 것이다. 이러한 방식은 절충적이고 기회주의적으로 보이기는 하지만 지나치게 성급한 식민지 콤플렉스에 빠지지 않고 장기적으로 식민지 잔재를 해체시켜 재구성하여 토착 전통과 역사 속에 재흡수 통합하는 것이다.

모든 문화는 결국 이주와 운동을 하면서 만나고 충돌하고 대화하고 다투면서 발전, 확산되는 것이 그 속성이며, 또 그래야만 하나의 문화는 탄력성, 역동성, 다양성, 가소성을 지니게 되는 것이 아닌가? 모든 생명체는 끊임없이 자기 아닌 타자와의 관계 속에서 자아 속의 타자, 타자 속의 자아를 대화적 관계를 구축하면서 자극과 도전을 부여받고 끊임없는 생명력을 유지하는 것이다. 흐르지 않는 물은 썩고, 구르지 않는 돌엔 이끼가 끼듯이 정체되어 있는 모든 것은 생명이 결여된 죽음 속의 삶, 삶 속의 죽음에 불과한 것이다.

따라서 포스트식민주의는 궁극적으로 비교문화적, 탈문화적(cross—cultural), 통문화적(transcultural) 접근이 불가피하다. 강력한 하나의 중심적인 문화를 가정하고 문화의 개념을 추구하고 문화전략을 이루어 내는 것이 이제 어렵게 되었다.

식민주의의 극심한 착취와 억압에 시달리다 독립한 많은 제3세계 국가들이 진정한 민족적 정체성마저 상실하지 않을까 하는 위기감을 느끼는 것은 당연한 일일 것이다. 이렇게 되면 문화민족주의인 토착주의(nativism)(국수주의, 또는 식민지 콤플렉스 등 다양한 증후군을 포함해서)가 나타난다. 그러나 여기에는 논쟁이 있다. 앞서 논의한 사이드, 바바, 스피박과 같은 포스트식민주의 이론가들은 토착주의가 완전한 해방의 첫 단계에 불과하다고 주장한다. 이들의 주장에 따르면 문화적 민족주의로서의 토착주의는 식민주의의 모든 것을 반대로 진행시키기 때문에 진정한 식민지 잔재 청산보다는 또 다른 억압적으로 폐쇄적인 반동적 식민주의로 이끌어갈 뿐이라는 것이다.

이들 포스트식민주의자들은 오히려 작업의 모순적인 이중성을 주목하면서, 진정한 식민지 잔재 청산과 해방을 위해서는 식민주의자들과 제국주의자들을 포용하면서 궁극적으로 극복해 나가는 것이 바람직하다고 보고 있다. 현단계 우리나라 문화 상황에서 포스트식민주의 이론가들이 대화적, 협상적, 잡종적, 대위법적 태도를 취할 필요가 있다. 그러나 '황색 피부색을 가지고 하얀 가면'을 쓴 우리의 '흉내내기'가 어떻게 하면 포스트식민주의 이론을 타작하여, 진정으로 저항의 문화정치학의 변혁적 힘을 끌어낼 수 있는가를 우리는 역설적인 '비극적 환희'를 가지고 끈질기게 생각해 내야 할 것이다.

3장 신역사주의(문화유물론) 문학 비평

3.1. 신역사주의

1) 포스트구조주의와 해체론 타고 넘어가기

1970년대 후반부터 1980년대 중반까지 세계를 풍미했던 포스트구조주의와 해체론(deconstruction)의 이론의 힘이 1980년대 후반에 들어오면서 약화되고 그 전망이 교착 상태에 빠지게 되자 문학 비평가들은 다시 역사 또는 역사주의를 돌아보기 시작하였다. 그 후 현재에 이르기까지 비평과 이론 방면에서 가장 활발하게 논의되고 있는 이론은 〈신역사주의〉이다. 그러나 신역사주의는 이론적 탐색이나 실천적 작업에서 너무나 다양하고 복잡한 면모를 갖추기 시작하고 있기 때문에 어떤 사람은 신역사주의 비평을 구조주의처럼 하나의 체계적인 방법론이 아니라 인문사회과학의 하나의 사조 또는 경향이라고 생각하기까지 한다.

그러나 분명한 것은 신역사주의는 신비평과 해체론에 이르는 여러 비평 조류를 이용해, 오래되고 녹슨 〈역사〉의 개념을 다시 꺼내 갈고 닦아 조합해 보려는 작업이다. 따라서 신역사주의자들은 마르크스주의, 문화유물론, 심지어 안토니오 그람시, 그리고 미하일 바흐친, 클리포드 기어츠까지를 포함하면서, 다시 말해 포스트구조주의, 해체론, 역사주의, 문화인류학 등을 탈방법적으로 서로 섞어 그 영역을 확산시키고 있다. 이 연유로 돈 웨인(Don E. Wayne)은 신역사주의를 궁극적으로 해체론과 마르크스주의를 혼합하여 그들 모두를 극복 · 대체하는 하나의 새로운 비평 이론으로 보고 있다. 마이클 워너(Michael Warner)는 해석의 정치학에 대한 관심과 관련지어 신역사주의에 대한 다음의 설명에서 포스트구조주의와의 관계, 신비평과 구역사주의와의 관계 속에서 신역사주의적 가설을 잘 설명하고 있다.

> 신역사주의는 역사가들이 — 역사주의에 의해 다른 것을 이해하고 있기 때문에 — 아주 좋아하지는 않는 명칭이다. 그러나 아무도 역사가들에게는 질문하지 않는다. 신역사주의자들이 거부하는 사람들은 신비평가들이고, 역사주의는 그 목적을 위해 중요한 용어처럼 보인다. 왜냐하면 역사주의는 구체적, 역사적 상황 속에서 수립되며, 그 의미가 마치 누가 읽고 또는 언제 어디서 왜 읽는가를 문제삼지 않는 것처럼 추상화되어서는 안 되기 때문이었다.
>
> 그래서 만일 신역사주의에서 〈역사주의〉 자체가 신비평가들의 텍스트를 당신의 문화적 상황이 무엇인가와는 상관없이 의미하는 바를 의미한다는 생각과 구별짓는다면, 신비평에서 '새로운' 것은 문헌학자들이 해 왔던 어느 정도 치밀하고 백과사전적이고 역사적인 작업과 구별되는 것이다. 그리고 이 후자의 구별은 전자와 구별하지 않는 것보다 더 중요하다. 왜냐하면 한편으로 비평가들이 언어와 상징계가 결코 본질적이거나 초시간적인 것이 아니라 언제나 문화정치학에 의존한다는 것을 인식하고 있을 뿐 아니라 다른 한편으로 비평가들의 문화정치학이 언제나 상징적이라는 사실도 인식하고 있기 때문이다. 신역사주의는 하나의 모토를 가지고 있다. "텍스트는 역사적이다. 그리고 역사는 텍스트적이다." 텍스트가 역사적이라는 말은 의미가 맥락을 초월하지 않고 그 안에서 생성되고 역사가 텍스트적이라는 말은 인간의 행위와 제도와 관계들 — 엄연한 사실들이기도 하지만 — 이 언어와 구별되는 엄연한 사실이 아니라는 것을 의미한다. 엄연한 사실들 자체는 상징적인 재현들이다. 비

록 이것 — 많은 구역사주의자들이 결론 내리듯이 — 이 엄연한 사실들이 실제가 아니라는 말을 아니지만 말이다.[29)]

따라서 신역사주의는 〈교착 배열법〉(chiasmus)적인 "텍스트의 역사성과 역사의 텍스트성"의 탐구를 목표로 삼고 있다고 하겠다.

신역사주의는 발생적인 면에서, 일반적으로 미국에서 생겨난 것으로 본다. 이 용어를 처음 사용한 사람은 캘리포니아 대학의 르네상스 영문학자인 스티븐 J. 그린블랫(Stephen J. Greenblatt)이다. 그는 이 용어를 『장르』지에서 처음 사용하였다. 그 후 그는 그들의 기관지라 할 수 있는 『재현』(*Representation*)을 창간하였다. 여기에서 이 운동의 선두주자인 그린블랫 교수의 기본 전략은 역사와 문화의 〈텍스트성〉 — "힘의 장이며, 불일치의 장이고 전이 — 에 주의를 집중시키며 해체론의 텍스트주의와 마르크스주의의 〈역사성〉을 조합하는 것이었다. 영국에서도 레이몬드 윌리엄스의 문화 비평 전통에 따라 이와 유사한 경향이 있으나 신역사주의라고 부르지 않고 〈문화유물론〉(Cultural Materialism)이라고 부르고 있다. 이렇게 볼 때 영국에서는 영국 특유의 문화역사전통의 맥락에서 신역사주의를 보고 있음이 틀림없다. 따라서 (미국적인) 〈신역사주의〉와 (영국적인) 〈문화유물론〉을 한 자리에 논의하고자 한다.

2) 〈역사주의〉란 무엇이었던가? — 〈역사〉의 새로운 의미

〈신역사주의〉를 논하기에 앞서 〈역사주의〉란 무엇이었던가를 논의하는 것이 논의의 순서일 것이다. 일찍이 1972년에 『신역사주의를 향하여』(*To-*

---

29) Michael Warner. 『"*Literary Studies and the history of the Book*"』, (1985). 5쪽.

wards a New Historicism)을 써 내 오늘날의 신역사주의 출현을 이미 예견한 바 있는 웨스리 모리스(Wesley Morris)는 전통적인 역사주의와 신역사주의와의 대비를 염두에 두면서 다음과 같이 네 가지로 분류하고 있다.

첫째, 〈형이상학적〉 역사주의는 문학 작품을, 절대적인 것의 자기 실현으로서 역사를 펼쳐 내는 서술 내의 한순간을 표현한다고 본다.

둘째, 〈자연주의적〉 또는 〈실용주의적〉 역사주의는 문학 작품을 주어진 역사적 시기가 과학적 관찰자의 역할을 자임하는 학자에 의해 보여지는 매체로 간주한다.

셋째, 〈민족주의적〉 역사주의는 형이상학적 역사주의의 변종으로 문학 작품을 주어진 문화나 민족의 토착적인 정신을 표현하는 것으로 여긴다.

넷째, 〈문화적〉 역사주의는 문학 작품을 현존하는 문화 영역의 반영이나 표현으로 보지 않고 문화적인 의미와 가치들을 만드는 방식으로 파악한다.[30)]

모리스의 분류의 기저에는 자신도 인정하듯이 새로운 포스트구조주의적 담론의 역사학자인 헤이든 화이트의 영향이 역력하다. 화이트는 기본적으로 역사를 합리적으로 또는 통합적으로 설명하기 어려운 〈간극〉이며 〈틈새〉의 연속으로 본다. 결국 화이트는 역사 자체보다는 언어의 문제로 귀착되는 〈담론〉(discourse)으로서의 역사의 텍스트성에 주목한다.

다시 말해 화이트는 역사 자체를 하나의 서사(narrative), 즉 설명할 수 없는 간극이나 단절에 의해 특징지워지는 서술된 연속체로 보아 역사 자체의 연속성을 "인식소"(episteme), 즉 한 시대를 특징짓는 사고 양식이 이 나라 어떤 특정한 순간에 생각될 수 있는 것에 대한 담론적 제한에 속하는 관계들을 정교화하는 것이라 생각했다. 따라서 하나의 학문으로서의 역사는

---

30) Wesley Morris. 『*Toward a New Historicism*』. Princeton: Princeton up, 9—12쪽.

필연적으로 지속성보다는 불연속성, 인식소의 사이에 사상의 빈 공간들을 추적해야 한다는 것이다. 미셸 푸코가 『사물의 질서』에서 언급한 역사의 '새로운 〈텍스트성〉'은 문학 비평가들로 하여금 역사를 언어의 한 종으로 보고 형식주의적인 미학을 극복하고 권력 관계의 맥락이나 문화의 좀 더 넓고 깊은 문맥에서 문학을 읽을 수 있도록 격려하였다.

따라서 이제 역사란 문학과 같이 언어의 산물이며 간극의 연속체 내에서 형성되었고 〈서사적 담론〉으로 나타난다. 본질적으로 위반된 서술 내의 역사는 구성상 거의 문학과 차이가 없다. 이러한 새로운 인식은 허구적인 서술과 같이 역사란 〈이질적〉이고 〈다른〉 어떤 것과 대화 속에서 존재하기 때문에 역사가에 의해 봉쇄되거나 통제될 수 없다는 점이다. 역사는 단순히 모사된 세계의 질서가 아니라 〈세계 속의 존재〉(being—in—the—world)에서 세계를 만들고 동시에 참여하는 개념과의 만남의 질서가 되었다.

전통적인 역사학 분야의 내부에서 어떤 변화가 있는가 살펴보자. 『새 역사, 1980년대와 그 이후』(*The New History, 1980s and Beyond*)라는 책에서 프린스턴 대학교 역사학 교수이며 『학제적 역사 연구』(*The Journal of Interdisciplinary History*)지의 편집인인 씨오도어 랩(Theodore K. Rabb)에 의하면 이차 대전 이후 미국에서는 역사 연구의 수많은 새로운 방향들과 엄청난 양의 다양한 연구 결과들에 따라 역사학이 종래에 지녔던 일관성 있는 통합의 방법이 무너지기 시작했다는 것이다. 지금까지 역사학에서 거의 사용하지 않았거나 다루지 않은 방법이나 주제인 컴퓨터 분석, 정신분석, 인류학, 계량화, 인구 통계학, 수목 나이 측정학, 마술, 광기, 축제 등등은 역사학의 전통적인 경계를 회복 불능의 당혹스런 상태로 궤멸시켰다는 것이다.[31)]

이런 상황하에서는 가령 〈국민정신〉이니, 〈바로크 기질〉이니 하는 보편

---

31) Theodore K. Rabb et al eds. 『*The New History, The 1980s and Beyond: Studies in Interdisciplinary History*』. Princeton: Princeton up, 1989. 316—17쪽.

적인 의미 탐색 작업이 어려워졌다. 왜냐하면 언어 분석, 상징의 해명, 심리학적 통찰, 복합적인 설명 등에 의한 의미의 발견은 소수 집단에만 가능케 되었기 때문이다. 역사에서 의미 탐색 작업은 현재 방법론의 다원주의를 더욱 확장시킬 뿐이다. 그러므로 이러한 파편화 현상에 따라 통합에서 나오는 총체적인 비전은 더욱 어렵게 되었다. 결국 역사학에서의 계량화 증가, 학제적인 경향의 증가 등은 전통적인 역사학을 붕괴시키고 통합 방법론이 아닌 탈방법화로 만들고 있다.

3) 신역사주의의 가설

그렇다면 이러한 새로운 상황 속에서 배태되는 〈신역사주의〉의 기본 가정들은 무엇인가? 아람 비서(H. Aram Vesser) 교수는 기본 가정들을 다음과 같이 지적하고 있다.

① 모든 표현적 행위는 유물론적 실천이 그물망에 내재되어 있다.
② 가면 벗기기, 비판, 반대의 모든 행위는 그 자체가 비난하고 있는 도구들을 사용하고 그것이 드러내는 실행 자체의 희생자로 전락하는 위험을 노정하고 있다.
③ 문학과 비문학적인 〈텍스트들〉이 분리될 수 없다.
④ 어떤 담론도 — 상상력적이든 공문서적이든 — 변하지 않는 진리들에 접근할 수 없고 변경할 수 없는 인간 본성을 표현하지 않는다.
⑤ 자본주의하에서 문화를 설명하는 데 적정한 비평적 방법이나 언어는 그것들이 설명하는 이법(理法)에 참여한다.[32)]

32) Harold A. Veeser. ed. 『*The New Historicism*』. Londern. Routledge, 1989. xi쪽.

신역사주의는 위와 같은 시각에서 〈인간〉에 대한 기본적인 개념부터 수정하고자 하고 있다. 신역사주의는 〈인간〉이라는 보편적이고 추상적인 개념의 사용을 피하고 특수하고 우연한 상황 속에 놓여 있는 구체적인 인간 — 다시 말해 하나의 주어진 문화의 생성 법칙과 갈등에 따라 형성되고 행동하는 자아를 가진 — 에 흥미를 가진다. 이 자아들은 그들의 계급, 종교, 종족, 그리고 국가에 기대에 의해 조건 지어져 있기 때문에 역사적 과정에서 끊임없이 변화를 만들어낸다.

신역사주의자들은 통합보다는 해결되지 않는 갈등과 모순에 더 흥미를 가지고 중심부뿐 아니라 주변부에도 관심을 가지며 완성된 미학을 추구하기보다 이러한 질서의 생산을 위한 이념적이고 본질적인 토대를 탐구한다. 고급문화를 특정한 경제적 또는 정치적 결정 인자들을 초월하는 미적 노동에 토대를 둔 화해라는 조화로운 영역에서 보는 종래의 견해는 심리적, 사회적, 본질적 저항, 동화될 수 없는 타자성, 거리와 차이에 대한 감각을 표시한다. 따라서 이들의 관심사는 정사(正史)나 정전(正典)보다는 꿈, 축제, 마녀 재판, 성性지침서, 일기와 자서전, 복식사, 역병기, 출생 및 사망 기록, 이론 지침서, 집회, 지도 제작, 방송매체, 대중 음악, 광기의 역사 등 작고 사소하고 주변적인 서술에 관심을 가지게 된다. 신역사주의는 이러한 거리와 차이를 활성화시키는 것이기 때문에 그 특징적 관심사가 어떤 사람들에게는 기이하고 탈중심적인 것으로 될 수도 있다.

신역사주의 비평가인 돈 웨인(Don Wayne)이 요약하는 신역사주의의 특징은 다음과 같다.

첫째, 문화사에서 분석과 해석의 기본적인 단위는 사상 문제에서 권력관계로 전이됨에 따라 후원제도, 가부장적 제도와 그 합법화, 현재 국가 형성의 문화 역할, 현대 문화 내에서의 문화적 생산과 저작권을 위한 특별한 역할의 창출, 공적이며 사적인 공간의 분리된 영역의 서술 등에 대한 문제들에 관심의 초점이 모아지게 된다.

둘째, 서로 다른 텍스트들 사이에서 위계질서와 이분법(정전 / 비정전, 고급문화 / 대중문화, 기록 / 허구 등)이 거부된다.

셋째, 어떤 하나의 주어진 순간에 담론의 다른 양태들(법, 신학, 도덕철학, 문학, 예술, 건축, 무대 디자인, 여러 종류의 과학 등)은 거의 자율적이 아니다. 어떤 주어진 문화의 장을 구성하는 침투될 수 있는 담론들을 연구함으로써 그 문화 내에서 모든 담론을 질서화하는 폭넓은 이념적 부호들을 이해할 수 있다.

넷째, 수사적 장치와 전략에 주의를 기울임으로써 좀 더 낡은 문화의 장에 대한 징후적 독서와 그에 따른 수사(rhetoric)의 역사에 대한 관심이 다시 일어나고 있다.

다섯째, 담론과 재현이 의식을 단순히 반영하거나 표현하는 대신 그것들 형성한다. 따라서 문화란 역사에서 능동적인 힘이라는 중심적인 가설이 등장된다.[33)]

이제는 〈신역사주의〉에서 무엇이 진정으로 새로운 것인가가 어느 정도 드러났으리라 여겨진다.

신역사주의는 신비평과 해체론의 뒤를 이어 1980년대 중반까지 미국 비평의 주류를 이루었고 이는 잠시나마 제도권화되었던 해체론에 대항하여 — 특히 푸코식의 새로운 역사주의를 끌어들이고 알뛰세식의 구조주의 마르크스주의를 절합시켜 — 그 대안으로서 어느 정도 성공하고 있는 듯이 보인다. 그러나 신역사주의가 해체론에 대항하였다고는 하나, 돈 웨인의 지적대로 형식주의의 또 다른 형태라고 볼 수 있는 해체론에 힘입은 바 크다는 것도 부인할 수 없는 사실이다. 엘리자베스 폭스—제노비즈(Elizabeth

---

33) Wayne, don E. “New Historicism,” 『*The Encyclopedia of Literature and Criticism*』, London: Routledge, 1990. 793쪽.

Fox—Genovese)도 "신역사주의자들은 그들의 계획을 해체론의 점증하는 형식주의적인 계획을 활성화시키고 있다. 이렇게 그들은 표면적으로는 역사주의란 텍스트들이 증거하고 형성되는 사회 생활에 관한[34] 어떤 것을 암시하는 것을 받아들인다"고 지적한 바 있다. 결국 그녀의 말은 신역사주의란 진정한 역사주의보다는 해체론에 가깝다는 것이다.

어쨌든 신역사주의가 해체론과 같이 지금까지의 비평 담론 양식의 기초를 흔들어 놓은 것은 분명하다. 구역사주의는 이제 잃어버린 낙원이 되었다. 따라서 신역사주의는 지식의 합법화에 대한 포스트모던 형태들에 대한 포스트구조주의 사회이론가인 장 프랑스와 료따르의 설명 방식인 〈배리〉背理(paralogy)라 이름 지어진 포스트모던 비평 작업에 적합해지고 있다. 료따르는 『포스트모던 조건』(1979)에서 후기산업 자본주의하에서의 지식의 형태에 대한 새로운 이론을 제시했다. 그는 계몽주의적 평등주의와 프랑스 혁명으로 대표되는 해방의 내러티브와 칸트와 헤겔에서부터 내려오는 독일의 관념주의와 같은 〈거대한 메타 담론〉(총체성)을 거부하고 파편화되고 다원화된 〈작은 이야기〉(Petit histoire)들을 환영한다.

료따르는 이를 이루기 위해 〈배리〉 전략을 세웠고 이 배리란 이름의 포스트모던 담론은 보편적이며 의견 합치에서 나온 진리를 거부하고 〈수행성〉(performativity)에서 나온 비트겐쉬타인적인 질적인 〈언어게임〉이라는 개념을 받아들인다. 이런 맥락에서 볼 때 해체론와 신역사주의는 알란 리우(Alan Liu)가 지적한 바 있듯이 모든 영미 형식주의의 맥락에서 파생된 포스트모던 비평 담론의 양식이라 볼 수도 있다. 그러나 해체론과 신역사주의 사이의 경쟁 관계가 시작된 이래 해체론 독법의 문제점이 곧바로 지적되어 비판받게 되었다. 따라서 현 단계에서 푸코의 (탈)역사주의와 (포스트)

34) Elizabeth Fox—Genovese. "Literary Criticism and the Politics of the New Historicism," 『*The New Historicism*』, ed. H. Aram Veeser. London: Routledge, 1989. 215쪽.

마르크스주의, 심지어 미하일 바흐친의 다성성, 카니발의 개념에까지 줄을 대고 역사에 추파를 던지는 신역사주의가 새로운 강자로 군림하고 있다.

4. 신역사주의의 비평적 가능성 — 스티븐 그린블랫의 경우

그렇다면 신역사주의의 가능성은 무엇일까? 신역사주의 비평의 선두주자인 스티븐 그린블랫(Stephen, J. Greenblatt, 1943~)은 「셰익스피어와 엑소시스트」란 유명한 논문에서 신역사주의의 비평적 가능성을 다음과 같이 논하고 있다.

> 문학 비평 실천작업과 나 자신의 실천작업이 끼친 우리 시대의 가장 중요한 영향은, 미적인 재현이 궁극적으로 자율적이며 그 문화적 맥락과 분리할 수 있어서 예술이란 것이 사회적, 이념적, 물질적 모체로부터 유리되어 생산되고 소비되는 것으로 생각하는 경향을 전복시킨다는 것이다. 이러한 전복은 문학적 자율성에 명백히 반대하는 마르크스주의 이론뿐 아니라 신비롭고 추상적인 해체 이론과도 접합된다. 해체주의가 문학의 의미부여 속에서 반복해서 발견하는 미결정성은 또한 문학적인 것과 비문학적인 것 사이의 경계에 의문을 제기하기 때문이다. 문학 작품을 생산하는 의도가 자율적인 텍스트를 보장해 주지는 않는다. 왜냐하면 기표는 언제나 의도를 초월하여 그것을 약화시키기 때문이다. 이러한 지속적인 초월(의미의 끊임없는 연기의 역설적인 표현인)은 모든 안정된 대립의 와해를 강요하거나 오히려 해석이란 하나의 입장이 언제나 그것의 급진적인 반명제의 흔적에 의해 오염되고 있다는 것을 알아채도록 강요하

고 있다.

> 문학적인 것과 비문학적인 것과의 절대적인 분리가 20세기 중반부의 영미 비평이 주류의 근본적인 가설인 한, 해체론은 문학 텍스트를 모든 다른 텍스트들의 상태로 건전하게 회귀시키고, 비문학적인 것의 실증주의적 확실성과 역사적 사실의 특권 영역을 동시에 공격하는 해방적인 도전으로 나타났다. 역사는 텍스트성과 유리될 수 없으며 모든 텍스트는 문학 텍스트에서 찬양하는 결정불가능성의 위기에 직면하도록 강요될 수 있다. 따라서 역사는 인식론적인 순진성을 상실하게 되었고 반면에 문학은 특권이라기보다 하나의 감옥처럼 보이게 된 격리된 독립성을 상실하게 되었다.[35)]

이렇게 볼 때 신역사주의란 그것을 실천하는 사람들 사이에서 일목요연한 이론적 토대를 구축하거나 어떤 방법론적인 일관성을 추구하는 것은 아니다. 물론 일부 르네상스 문학 연구 등에서 중요한 연구 결과들이 나오고 있지만 말이다. 더욱이 〈신역사주의〉는 18세기 계몽주의 문학이나 19세기 낭만주의 문학 연구에서도 새로운 가능성을 보여준다. 에드워드 페흐터(Edward Pechter)는 자유주의적 인본주의의 입장에서 "나와 같은 권력에의 의지를 인간 본성으로 정의내리는 것을 받아들이기를 꺼리는 어떤 사람도 신역사주의자들은 비판 과정과 그들의 해석적인 결론들은 아마도 쉽게 받아들이기 어려울 것이다"라고 말한다. 월터 코헨은 마르크스주의의 입장에서 신역사주의를 "저항의 명백한 장소까지도 궁극적으로 권력의 이전에 도움을 주게 만드는 자유주의적인 환상"이라고 비난하고 "이러한 급진적인

35) Stephen Greenblatt. "Shakespeare and the Exorcists," 『*Contemporary Literary Criticism*』, eds. Robert Con Davis et al. London:Routledge, 1989. 429쪽.

비판이 가지는 기묘한 침묵주의적 느낌"[36]을 꼬집고 있다.

폭스—제노비즈는 "신역사주의가 진정한 역사주의로 다시 살아나지 못하고 교정, 극복하려 했던 포스트구조주의와 해체론에 다시 빠져 들어갔다고 비난한다. 텍스트와 컨텍스트 사이의 경계를 탐구하지 않으면서 컨텍스트만을 회복시키고자 하였기 때문에 그것은 포스트구조주의적 텍스트 분석의 전제들을 심각하게 문제 제기하지 않고 약간의 변형만을 추구하고 있다"[37]는 것이다.

신역사주의에 대한 철없는 탐닉도 경계되어야 하지만 무조건의 거부도 비판되어야 한다. 신역사주의가 지닌 기존의 공허한 해체론과 경직된 마르크스주의를 거부하는 동시에 새롭게 해석하고 통합하는 변증법적 문학 이론으로서의 새로운 가능성은 이론과 실제 양면에서 계속 논의되어야 한다. 텍스트의 의미를 찾아내기 위해 신역사주의자들은 주로 (1) 작가의 생애, (2) 텍스트 내에서 발견되는 사회적 규칙과 명령들 (3) 텍스트에 나타나는 작품의 역사적 상황의 반영 문제를 다루게 된다. 신역사주의는 단순한 일시적 유행으로 사라지기보다 앞으로 상당 기간 우리 곁에 머무르며 우리의 주의를 끌 것이다 국내에서도 보혁 대결, 신구 대립, 참여 — 순수 논쟁의 소모성과 비생산성을 극복하는 이론적 틀거리 모색의 한 단계로 신역사주의에 대한 논의가 활성화되어야 한다. 다음에서 신역사주의의 영국판인 문화유물론을 살펴보자.

---

36) Walter Cohen, . "Political Criticism of Shakespeare," 『*Shakespeare Reproduced: The Text in History and Ideology*』, eds. Jean E. Howard and Marion F. O'Connor. London: Methuen, 1987. 37쪽.

37) Fox—Genovese 앞 글, 222쪽.

3.2. 문화유물론

1) 문화유물론—신역사주의와 비교

〈문화유물론〉(cultural materialism)이란 용어는 2차 대전 이후 영국의 좌파 전통의 진보적 정치 비평의 대부였던 레이몬드 윌리엄스가 그의 주저인 『마르크스주의와 문학』(1977)에서 처음 사용하였다. 그는 문화유물론을 "역사적 유물론의 범위 내에서 유물론적 문화와 문화생산의 특수한 상황에 대한 이론이다… 내 견해로는 그 이론은 마르크스주의 이론이며… 그 요소들 중에 어떤 것이 상대적으로 생소함에도 불구하고 또한 그것 때문에 그 이론의 일부가 마르크스주의 중심적 사상이라고 말하고자 한다"(5~6쪽)고 말하고 〈문화유물론〉의 커다란 이론적 중심점을 마르크스주의에서 찾고 있다. 특히 윌리엄즈는 "〈문화〉(culture)의 개념을 중요하게 보아 〈문화〉의 개념은 역사적 발전의 광범위한 맥락에서 볼 때 다른 모든 개념들의 제한적인 용법에 강하게 저항하고 있다. 그것이 그 용어의 이점이며 동시에 그 용어의 정의와 이해의 어려움의 원인이기도 하다"라고 지적하고 있다.

〈문화〉의 개념이 정치, 사회, 경제 등과 복잡하게 연계되어 정의내리기가 어렵지만 윌리엄즈의 저작 전체를 통해 아주 유용한 개념으로 받아들이고 있다. 이렇게 윌리엄즈는 정치적인 정통성을 위한 경제적으로 결정론적이며 경직화된 요구인 문화에 대한 속류 마르크스주의적인 단순한 개념에서 벗어나 모든 작가들의 글쓰기를 어떤 특수한, 구체적인 관계 속에 놓여 있는 복합적인 것으로 이해하고 또 실제 상황에 대한 반응으로 예민하게 이해하고 있다. 이런 의미에서 윌리엄즈는 심층적인 문화사회학의 초석을 마련해 놓았다고 할 수 있다.

문화유물론에 대한 논의를 앞서 이미 논의한 신역사주의와 비교하면서 시작해 보자. 〈신역사주의〉가 주창자인 스티븐 그린블랫과 더불어 미국적 전통에 따르고 있다고 할 때 〈문화유물론〉이란 용어는 영국적인 맥락이 더 강한 용어이다. 그러나 근본적으로 이 두 용어는 같은 것이다. 그러므로 여기서 가능하면 〈문화유물론〉의 변별성을 드러내고자 하나 유효한 결과를 가져올지는 의문이다.

또한 레이먼 셀든(Raman Selden)은 미국의 신역사주의자들과 영국의 문화유물론자들 사이의 차이점에 대해서 "미국의 신역사주의자들은 권력 구조가 동일화와 반동일화를 허용하는 것으로 보는 경향이 있다. 영국의 문화유물론자들은 정치적으로 좀 더 급진적인 전통에 속하며 주어진 주체의 위상을 거부할뿐더러 실제는 새로운 위상을 생산해 냄으로써 주체의 가능성에 대한 좀 더 많은 관심을 가지고 있다"고 지적한 바 있다. 또한 루이스 몬트로스도 비슷한 맥락에서 비교하고 있다. 미국에서는 "르네상스 텍스트가 원래 생산된 사회 문화의 장을 다시 그려내는 것만 강조하고 ― 비록 과거를 (다시) 만드는 현재의 역할에 대한 의식이 없는 것은 아니지만 ― 영국에서는[38], 현재가 과거를 해석하는 그 유용성을 상대적으로 더 강조한다"는 것이다.

설준규 교수와 서강목 교수는 신역사주의와 문화유물론의 차이를 다음과 같이 설명하고 있다: "신역사주의가 권력과 문화의 연관을 드러내기 위해 주로 문학적 텍스트의 상대적으로 주밀한 읽기에, 말하자면 전통적인 의미의 꼼꼼한 읽기에 비교적 비중을 두는 반면, 문화적 유물론은 기존의 고전 해석이 지닌 정치적 효과를 상쇄하거나 전복시킬 대항적 해석의 생산과, 문학과 관련된 태도의 이데올로기적 기능에 대한 분석에 치중한다. 마

38) Louis Montrose. "Renaissance Literary Studies and the Subject of History," 『*English Literary Renaissance*』. 16 (1986). 7쪽

르크스주의에 대한 입장에서도 신역사주의가 생산력과 생산관계 간의 모순이라든가 역사 발전의 핵심적 계기로서의 계급 투쟁 등의 명제들에 대해 거의 전면적인 거부 쪽으로 나가는 데 비해, 문화적 유물론은 그런 핵심적인 명제들을 유지하되 문화에 대한 올바른 시각을 포괄하는 방향으로 재구성할 것을 내세우는 편이다. 또한 문화적 유물론에 견주어 신역사주의가 해체주의를 포함한 탈구조주의적 경향과의 접촉면이 비교적 넓어보이기도 한다."[39]

2) 문화유물론의 가설

이제부터 〈문화유물론〉을 좀 더 자세히 살펴보자. 조나단 돌리모어와 알란 신필드는 지금까지의 전통적인 방법들과는 다르게 〈문화유물론〉을 다음과 같이 정의 내리고 있다.

> [문화유물론]은… 역사의 맥락, 이론적인 방법, 정치적인 참여와 텍스트 분석을 결합함으로써 가장 강력한 도전을 보여 주고 있으며 이미 상당한 업적을 냈다고 우리는 믿는다. 역사적 맥락은 문학 텍스트에 전통적으로 허용된 초월적인 의미를 약화시키고 우리로 하여금 그 역사를 회복하도록 해준다. 이론적 방법은 텍스트가 그 자체의 용어 속에서 재생산하는 것만을 추구하는 보편적 비평으로부터 분리해 낸다. 사회주의적이며 페미니스트적인 참여는 대부분의 비평이 여지껏 수행해 왔던 보수적인 범주들을 적대시하고 있다. 텍스트 분석… 전통적인 접근법들에 비판을 가하고 있다. 우리는 이

39) 설준규, 서강목, 「영미문학 연구의 현황과 과제 — 그리고 『햄릿』의 경우」, 『창작과 비평』, 19권 4호 (1991년 겨울호). 128쪽.

것을 〈문화유물론〉이라 부른다.[40)]

위와 같이 네 겹의 상호 보완적인 정의에서 그들은 〈문화〉의 분석적 의미에 주의를 기울이고 어린 학생들이나 대머리들(skinheads)과 같은 종속적이며 주변부적인 무리들의 문화에 관심을 가지고 TV, 대중음악 그리고 대중 소설과 같은 형식에 귀를 기울인다. 그 결과는 그것이 문화의 가치 판단적 관념 내에서 전통적으로 중요시되던 작품이나 실화들에 적용될 때 특히 놀랍다. 다시 말해 〈고급문화〉도 다른 것들과 마찬가지로 하나의 의미화하는 실행으로 받아들여지기 때문이다.

여기에서 〈유물론〉이란 관념론에 반대되는 개념이다. 유물론은 문화가 생산의 물질적인 힘과의 관계를 초월하지 못한다고 주장한다. 문화는 경제와 정치제도의 단순한 반영은 아니나 그것과 유리되어 독립적인 것이 될 수는 없다. 따라서 〈문화유물론〉은 역사 속의 문학과 텍스트의 의미를 연구하는 것이다. 이러한 〈문화유물론〉은 그 영역이 다른 시대나 영역으로 확장되고 있기는 해도 여지껏 주로 르네상스 시대의 문학에 적용되어 온 것이 사실이다. 셰익스피어의 극 생산의 맥락은 엘리자베스와 자코뱅 시대의 영국의 경제와 정치제도와 문화생산의 특별한 기구들(궁정, 후원자 제도, 극장, 교육, 교회)과 관련된다. 이렇게 함으로써 셰익스피어의 극이 무엇을 의미하고 어떻게 의미를 전달하는가는 그 극들이 처해 있는 문화의 장에 의존한다는 것을 밝혀낼 수 있다.

이에 대한 구체적인 작업을 돌리모어와 신필드가 보여주고 있다.

첫째, 그들은 셰익스피어의 희곡이 당대에 어떻게 받아들여졌고 또 당대의 권력에 의해 어떻게 동원되었는가를 수정주의적 역사관에 비추어 파헤

---

40) Jonathan Dillimore. and Alan Sinfield, eds. 『*Political Shakespeare: New Essays in Cultural Materialism*』, Manchester: Manchester UP, 1985. vii쪽.

쳐 셰익스피어 작품의 새로운 해석을 시도하였다. 또한 그들은 문학의 진리성에 근본적인 회의와 부정에 기초해서 셰익스피어의 희곡이 그 당대에 수행한 기능과 그것의 재해석을 시도하며 궁극적으로 〈급진적〉 독서의 방향으로 나아간다.

둘째로, 그들은 셰익스피어의 작품이 현대 영국 사회에서 어떤 이데올로기적인 기능을 수행하고 있는가를 급진적인 관점에서 분석하여 셰익스피어 비평의 유산과 교육 제도를 살피고, 여러 매체를 통한 셰익스피어 공연의 실상들에 관한 비판적 점검을 하였다. 그들은 계속해서 영국의 교육 제도 내에서의 셰익스피어가 차지하는 중심적 역할을 검토하고, 그 역할이 궁극적으로 기존의 계급 구조를 재생산함으로써 지배 세력의 통치 기반을 공고히 하는 데에 기여하게끔 조정되어 왔음을 밝혔다.[41)]

따라서 〈문화유물론〉은 정치적 중립의 태도를 취하지 않으며 어떤 문화적 실천들도 결코 정치적인 의미가 배제되지 않는다는 것을 알고 있다. 〈문화유물론〉은 추정된 텍스트에 대한 비평을 자연스럽고 명백하거나 올바른 해석이라고 신비화하지도 않는다. 오히려 〈문화유물론〉은 종족(race), 성별(gender), 계급(class)을 토대로 사람들을 억압, 착취, 이용하는 사회 질서와 구조의 변혁을 위해 노력한다.

조나단 돌리모어는 유물론 비평에서 〈문화적 유물론〉의 핵심적 개념이 되는 역사와 문화적 과정의 세 가지 양상을 논한다. 지배적인 질서가 자체를 영속화시키려는 이데올로기적인 수단인 〈권위〉(authority)의 〈강화〉(consolidation), 이러한 지배 질서에 대한 〈체제 전복〉(subversion), 끝으로 전복적인 압력 자체가 지닌 〈봉쇄〉(containment) 이론이 그것이다. 〈유물론적 비평〉내에서도 문학 또는 셰익스피어의 극에서 〈강화〉와 〈전복〉에 대

41) Dollimore and Sinfield, 앞 책, 134—57쪽 참조.

해서 어느 것을 더 강조하느냐에 따라 의견이 갈라지고 있다.

그러나 이러한 두 경향은 대개의 경우 중복되며 상호 보완의 관계라는 것이다. 따라서 돌리모어는 "같은 역사적 시기에서 권위의 재현을 고려하는 데 있어서 — 그것을 표면적으로 전복시키는 재현과우리는 (그들 사이에) 단도직입적 대립이 아닌 훨씬 복잡한 과정을 발견하게 된다. 전복성은 예를 들어 보편적으로 보일 수 있으나 지배 질서는 전복을 봉쇄할 뿐 아니라 모순적이게 보이기는 해도 실제로는 그 자체의 목적을 위해 전복을 생산해 내기도 하는 것"이라고 지적하고 있다. 여기에서 〈전복〉과 〈권위〉와의 모순적인 또는 상호 보완의 관계를 설명하기 위해서 〈전유〉(轉有, appropriation)의 개념이 등장하게 된다. 즉 〈전유〉의 개념은 만들어 내거나 변형하는 과정으로 대부분의 경우 〈권위〉가 〈전복〉을 이용하나 그 반대로 전복 세력이 지배적 담론을 이용하기 때문이다.

〈문화유물론〉에서 〈전복〉—〈봉쇄〉 논쟁은 중요하다.〈신역사주의〉라는 용어보다 〈문화시학〉(poetics of culture)이라는 말을 사용하기 시작한 스티븐 그린블랫도 "셰익스피어의 헨리 왕 극 연작은 〈신민에서 시민으로의 변화〉와 〈초월적인 가치의 자본 가치에의 귀속〉을 기록하기 위한 문화의 마키아벨리적인 가설을 확인해 주고 있다"고 주장한다. 그러나 그러한 마키아벨리적인 순간(계기)은 하나의 경제적, 정치적인 체계에서 다른 체계로 넘어가는 과도기(전환기)였기 때문에 문학은 새로운 지배 문화가 시험되는 화자들의 목소리들은 순간적으로 말하도록 허락되어지나 결국은 그 두 가지 — 전복적인 의심하기와 타자들의 목소리 — 는 침묵을 강요당하게 된다. 그 결과 모든 의심과 저항은 뒤에 군주 권력의 승리에 대한 축하가 되어 버린다.

따라서 신역사주의 주창자인 그린블랫에게 〈봉쇄 이론〉은 셰익스피어 시극이 극작가 자신도 모르게 명시적으로 반역적이며 사기성 있는 전략으로 제한적인 저항의 표현을 허락함으로써 엘리자베스 시대와 자코뱅 시대의 이념적인 국가기구(Ideological State Apparatuses)에 봉사하고 있었다는 것이다. 이 견해에 따르면 셰익스피어는 군주 체제 지지로 왕의 보호를 받는 대가를 받는 — 질문 없는 — 군주주의자가 된 것도 아니고 더 나쁜 체계로부터 벗어나려는 계획의 공범자로서 조작적인 극작가가 된 것도 아니라 단지 안전판 구실을 해주어 자신을 기계적이며 알지 못하는 존재로 만들었다는 것이다.

예를 들면 언제나 해결하기 어려운 문제로 남아 있는 왕세자 헐(Hall)이 폴스타프(Falstaff)를 버리는 것의 의미는 〈전복〉의 생산과 〈봉쇄〉를 조작하는 전략적인 것이다. 따라서 그린블랫은 『르네상스 자기 생성』(1980)의 결론 부분에서 〈신역사주의〉에 대해 "나의 모든 텍스트와 기록 속에서 내가 발견할 수 있는 한 순수하고, 족쇄가 채워지지 않은 주체성의 어떤 순간도 없다. 진실로 인간 주체 자체는 특정 사회 안에서 권력관계들의 놀라우리만치 부자유스러운 이데올로기적인 산물처럼 보이기 때문이다"라고 비판적으로 결론을 내린 바 있다.

3.3. 〈저항〉과 〈위반〉의 〈문화정치학〉을 향해

〈권력〉과 〈봉쇄〉 전략에 나타나는 공범 관계와 담론적인 힘에 대한 미국식 〈신역사주의〉 또는 〈문화시학〉의 다소 비관적이며 패배주의적인 그린블랫의 태도는 영국식 〈문화유물론〉에서는 허락되지 않는다. 미국식 신역사주의와 영국식 문화유물론의 가장 큰 차이는 전복/봉쇄 논쟁에 있다. 즉 문화가 사회적 결정소 위에 군림하는가 또는 문화와 매개가 서로 상호적인가 하는 문제에 전자의 문화 우위론자를 지지하는 측은 르네상스 극들을 봉쇄, 즉 권위적인 폐쇄로 읽고 상호관계로 보는 측은 르네상스 극들을 전복, 즉 열린 논쟁의 장으로 본다. 그리고 봉쇄 이론은 푸코식의 전력에 대한 물신화에 의존하며 전복 이론은 저항에 대한 마르크스주의적 개념에 토대를 두고 있다. 다시 말해 영국식 〈문화유물론〉은 〈봉쇄〉 전략이 내포하고 있는 운명주의를 극복하고, 역사의 비극적 상황에 절망하여 매몰되지 않고 정면으로 대결하며 현 상태를 개혁하고자 하는 좀 더 적극적인 낙관주의와 정치적인 급진주의를 보여 주고 있다. 영국의 문화유물론자들은 엘리자베스의 자코뱅 시대의 문학 작품에 나타나는 〈위반〉(transgression), 〈저항〉과 〈전복〉의 힘을 극대화시키고자 노력하고 있다.

리처드 세넷(Richard Sennett)은 "〈위반〉이란 아마도 불복종적이며 의존하는 것 중에서 가장 강력한 요소"라고 말한 바 있다. 위반은 의존에 토대를 둔 도전이며 권위에 대항하는 것이 아닌 그 권위 내에서의 반역이라고도 볼 수 있다. 〈위반〉에 관한 한 우리는 미셸 푸코를 거론할 수밖에 없으리라. 푸코는 그의 논문 「위반 서론」("A Preface to Transgression")에서 〈위반〉을 다음과 같이 설명하고 있다.

> 위반이란 제약과 관련된 행위이다… 위반은 그것이 건너는 선 위에서만 공간을 가진다… 위반은 지극히 짧은 기간의 파도선 뒤에서 폐쇄하는 선을 끊임없이 건너고 또다시 건넌다. 그렇게 하여 위반은 건널 수 없는 수평선으로 다시 한번 곧바로 되 돌아오도록 만들어 준다. 그러나 이러한 관계는 엄청나게 복잡하다. 왜냐하면 이러한 요소들이 불확실한 맥락 속에 — 즉각 전복되어 생각이 확실성을 잡고자 시도하자마자 무력한 것이 되어 버리는 확실성 속에 — 놓여 있기 때문이다…
>
> 위반은 어떤 것을 다른 것에 대적시키는 것이 아니고 또한 위반

은 곧 조종을 통하거나 토대의 견고성을 전복시킴으로써 그 목적을 성취하는 것이 아니고 거울의 다른 면을 보이지 않게 하거나 건널 수 없는 선을 넘어 번쩍이는 거울의 넓은 면에서 변형시키지 않는다. 위반은 (윤리적인 세계에서) 분리적인 세계에서의 폭력도 아니고 변증법적이거나 혁명적인 세계에서 제약에 대한 승리도 아니다… 위반은 부정적인 것을 포괄하지 않고 제한된 존재를 긍정한다… 아마도 긍정은 단순히 분리를 긍정하는 것이다. 그러나 분리가, 자르는 행동이거나 분리를 수립하거나 또는 거리를 특권화하는 것을 의미하는 것으로 이해되지 않는 한 말이다[42].

〈문화유물론〉의 선도적인 주창자의 한 사람인 돌리모어에 따르면 이러한 요소들을 활성화함으로써, 탄압되거나 배제되고 착취당하는 주변부화된 피지배계급의 목소리들을 확대하고 전략적으로 정립시키기 위해 문화를 다시 읽어야 한다는 프랭크 렌트리키아의 〈대적적 비평〉(the oppositional critic)의 임무와 기능을 다 할 수 있다. 그러나 〈문화유물론〉이 개혁을 위한 그러한 결속된 정치적인 힘을 발휘할지는 더 두고 보아야 할 일이다. 알란 신필드의 예를 끝으로 들어보자. 신필드는 비평가들이 셰익스피어의 비극, 『맥베스』(*Macbeth*)에서 정치적이며 사회적인 과정에 대한 부적절한 분석에 기초하여 보수적인 방법을 사용하는 작태를 비꼬고 있다. 그들은 현 체계의 핵심에는 무엇인가 잘못된 것이 있다는 것을 알고 있으나 이러한 태도들에 대한 급진적인 대안을 제시하지도 않을 것이고 그 태도를 비호하기 위해 셰익스피어 극에서 〈비극〉을 찾아내고 〈인간 상황〉을 중심 노선에서 벗어난 사람의 피할 수 없는 패배로 설명하고 있다.

42) Michel Foucault, 『*Language, Countermemory, Practice*』, ed. Donald F. Bouchard. Ithaca: Cornell UP, 1977. 34—36쪽

신필드는 따라서 문학 지식인들의 비평의 저항적인 기능에 대한 『맥베스』에 관한 논문 결론 부분에서 다음과 같이 말하고 있다.

> 적대적인 비평은 다음과 같은 것이어야 한다. 그 임무는 관습적인 가설들을 가로질러 작업을 하고 필요하다면 텍스트가 관습적으로 인식되는 텍스트를 가로질러 작업을 하는 것이다. 물론 문학 지식인들은 국가의 폭력에 커다란 영향력을 발휘할 수 없고 그 치유력은 지극히 제한적이다. 그럼에도 불구하고 글쓰기, 가르치기, 그리고 의사 소통의 다른 양식들 모두는 지속적이고 장기적인 의견 형성과 정통성의 수립에 기여한다… 『맥베스』와 같은 텍스트에 대한 대적적인 분석은 텍스트들로 하여금 국가 이데올로기를 장려하기보다는 드러내도록 읽는 것이다.[43]

지금까지 지극히 개괄적으로 논한 〈신역사주의〉와 〈문화유물론〉에서 우리는 〈텍스트〉에 〈역사〉를 다시 접목시키려는 이론적 시도를 보았다. 이는 금세기 초에 서구에서 시작된 〈러시아 형식주의〉와 〈신비평〉(영미 형식주의)에서 해체론에 이르는 범형식주의의 조류를 벗어나기 위해 〈역사〉를 부둥켜안는 새로운 조류의 시작을 향한 대화주의이다. 문학 연구의 고유 영역을 커다란 〈역사〉와 〈문화〉 속에 위치시키려는 새로운 문화정치학으로의 출발이다.

앞으로 우리에게 남은 과제는 〈신역사주의〉와 〈문화유물론〉의 계보학에 대한 좀 더 포괄적인 연구는 물론, 상동적인 관계에 있는 두 접근법의 구체적인 방법론적 가능성과 한계점을 규명하는 것이다. 이들이 과연 의미의

---

43) Sinfield의 앞 글, 75쪽.

해체와 불확정성을 넘어서 문학과 문화연구에서 텍스트와 역사를 대화적으로 통합하는 새로운 문화정치학으로 나아갈 수 있을 것인가를 우리는 점검해야만 한다.

신역사주의는 미국 비평가 스티븐 그린블랫이 처음 사용하였다. 문학 텍스트에 접근하면서 문화적 및 역사적 접근을 새롭게 허용하였다. 이전의 구조주의나 포스트구조주의는 지나치게 텍스트 내의 언어적 기능과 역할에만 집중한 것에 대한 저항으로 좀 큰 역사적 맥락을 개입시키는 방식이다. 다시 말해 이 비평 방법은 "텍스트의 역사성과 역사의 텍스트성"을 모두 관련시키고 있다.

그렇게 함으로써 신역사주의 비평은 그동안 잊혀졌던 역사적 상황들을 텍스트에 개입시키는 전략이다. 이것은 지나친 언어중심적인 텍스트성을 구체적이고 텍스트 외적인 역사의 역할을 감당시키는 것이라서 바람직한 방식이다. 미셸 푸코와 레이몬드 윌리엄스의 이론들이 신역사주의 이론을 수집하는 데 큰 역할을 담당했다. 오랫동안 역사와 현실을 외면하고 텍스트 안에 머물렀던 비평이 이제는 텍스트 밖으로 나온 것이다.

그러나 신역사주의나 문화유물론이 지나치게 역사와 유물론적 문화에 경도된다면 구역사주의와 유물론이 범한 실수인 문학 텍스트를 역사와 물적 조건에 종속시키는 과오를 범하게 될 것이다. 텍스트는 그 자체의 존재론적인 언어의 체계임을 잊어서는 안 될 것이다. 문학은 역사나 유물론의 보조 수단이 되어서는 안 된다. 오히려 언어적 텍스트성과 구체적 역사와 물적 토대를 균형있게 종합시켜야 할 것이다. 이러한 역동적인 결합만이 문학 비평에서 문학과 역사와 유물론이 함께 공존하며 의미있는 비평 담론을 생산해낼 수 있을 것이다.

4장 대화비평과 담론이론

4.1. 개관 및 특성

대화비평(對話批評)은 소비에트의 비평가인 미하일 바흐친(Mikhail. M. Bakhtin, 1895~1975)의 이론에 기반해 형성된 비평이다. 바흐친[44]의 주요 저서들은 1920년대와 1930년대에 출판되었지만, 거의 잊혀졌다가 1950년대 말과 1960년대 초에 이르러 모스크바의 젊은 연구자들에 의해 조명되었다. 그 후 1960년대 중반부터 서구세계에 그의 이론과 저작이 번역되었고, 한국 사회에서도 1980년 중반에 소개되어 민족문학론과 리얼리즘론 등에 원용되었다. 1925년부터 만년까지 발표한 수많은 문예 미학적 논문과 저작들은 그의 사후에 더 각광을 받았다.

바흐친은 새로운 단계의 형식주의자나 구조주의자로, 때로는 대화적 소통이론의 한 부류로 이해되었으며, 20세기 후반에는 탈구조주의가 한 세대 이른 선구자로 지칭되고 했다.[45] 바흐친은 1927년에 『프로이트주의—비판적 개설』을 필두로 1928년 『문예학에서의 포르말리즘 방법 — 사회학적 시학을 위한 비판적 서설』, 그리고 1929년 『도쓰또옙스끼 창작의 제문제』와 『마르크스주의와 언어철학 — 언어과학의 기본문제』를 출간했고, 1963년에는 『도스또옙스끼 시학의 제문제』를 거쳐 1965년 『프랑수아 라블레와 중세 및 르네상스의 민중문화』 등 수많은 저작과 논문들을 생산했으며, 이

44) 바흐친의 생애에 대한 자세한 기록은 김욱동 외 엮음, 『바흐친과 대화주의』(나남출판, 1990, 15~18쪽)를 참조. 본디 그는 러시아의 부르주아 집안 출신으로써 페체르스부르크 대학을 졸업하였음.

45) 미하일 바흐친, 전승희 외 역, 『장편소설과 민중언어』, 창작과비평사, 1988, 5쪽.

속에는 그의 문예이론이 충실히 표현되어 있다.

바흐친 문예이론의 의의는 혁명기의 러시아 문학 이론들을 변증법적으로 발전시켰다는 것으로 요약할 수 있다. 이것은 주로 형식주의와 마르크스 문예이론의 문제의식을 발전적으로 결합해냄으로써 형식주의로부터 구조주의와 탈구조주의로 이어지는 길고도 방대한 문예이론의 계보학에 중요한 영향을 미쳤다는 사실을 포함한다.

러시아 형식주의나 구조주의는 초월적 심미적 가치에서 문학성의 원천을 탐색했던 형이상학적 방법론을 거부했다. 그리고, 문학언어 자체를 주요 대상으로 하여 엄밀한 자연과학적 방법론을 통한 과학적 문예이론을 추출하려 했다. 러시아 형식주의와 구조주의는 언어와 현실의 관계에 대한 인식의 일천함—언어와 사회와의 외적 연관성을 무시하고 언어의 내적 연관성과 그 보편적 체계가 언어의 모든 것을 규정한다는 식의 논리—으로 인해 문학언어의 진정한 특성을 파악하고자 했던 대의로부터 멀어지고 마는 국면에 이른다.

형식과 내용을 분류하고자 했던 소쉬르류의 언어학적 경향을 도입했던 형식주의자들의 논의를 바흐친은 질적으로 비약시켰다. '시적 언어'와 '일상적 언어'가 서로 병존한다고 생각한 형식주의자들의 논리에 대해 바흐친은 '시적언어'와 '일상적 언어' 사이의 대립은 존재하지 않음을 '기능'과 '맥락(context)'의 개념으로 반박했다. 그리고, 그는 언어의 사회적 성격에 초점을 두면서 기호의 사회적이면서 이데올로기적 본질을 강조했다.

바흐친에게 있어서 문학 작품은 다양한 후기 구조주의 이론에서와 마찬가지로 의미들이 비개인적인 언어학이나 경제적, 문화적 힘에 의해서 생산되는 텍스트로 인식되지 않는다. 그런데 그와는 반대로 그 의미들은 다수의 목소리, 담론의 양식들이 대화적 상호 작용을 벌이는 장소로 인식된다. 이들은 단지 음성적이라기보다는 사회적 현상인 계급, 사회적 집단, 언어

공동체 등의 다양한 요소들에 의해 생산된다. 실제 생활이건 문학에서 재현된 것이건 간에 각각의 언설(言說, utterance)은 부수적인 요인들에 그 영향력과 의미들을 빚지고 있다. 부수적인 요인들이란 화자(話者)와 실제적, 또는 예상되는 청자(聽者)와의 관계, 그리고 하나의 언설이 특정한 언설에 대한 반응으로서 작용한 바 있는 이전의 언설과 맺는 관계를 의미하게 된다.

바흐친의 대화비평(Dialogic Criticism)에서 최우선적인 관심 장르는 소설이었다. 특히, 그는 소설을 형성하는 목소리들이 저자의 단성적(單聲的)인 권위를 어떻게 해체시키는가에 관심을 집중했다. 『도스토예프스키 시학의 제문제(*Problems of Dostoevsky's Poetics*)』(1929)[46]에서 그는 톨스토이(Leo Tolstoy)의 독백주의적(monologic) 소설과 도스토예프스키(Fyodor Dostoevsky)의 대화 형식(dialogic form) 소설을 대조했다. 바흐친의 지적에 의하면, 톨스토이의 소설은 작중 인물들의 목소리들을 권위적인 담론과 작가의 지배적인 의도에 종속시키고 있는데 반하여 도스토예프스키의 소설에서 등장인물들은 하나로 통합되지 않는 다성성(多聲性, polyphony)을 지닌 목소리를 통해 복수성(plurality)을 말할 자유를 얻고 있다. 바흐친의 견해에 의하면, 독자들은 저자의 말투와 억양을 작품 속에서 분별할 수 있으므로 등장인물들에 대한 내레이터의 보고는 결코 독백적일 수 없게 된다. 따라서, 저자의 담론이 작품 속에서 재강화되기도 하고, 교체되는가 하면, 의문을 제기한다는 측면에서 대화적이다.

『라블레와 그의 세계(*Rabelais and His World*)』[47]라는 저서에서 바흐친은 현재 여러 분야에서 광범위하게 인용되고 있는 '카니발 양식'(carni-

46) 이 책은 칼 에머슨(Caryl Emerson)에 의해 1984년에 미네소타 대학 출판부에서 번역 출판되었고, 국내에서는 『도스토예프스키 詩學』이라는 제명의 김근식 번역으로 정음사에서 1988년에 출판된 바 있음.

47) M. Bakhtin의 『*Rabelais and His world*』라는 책은 헬렌 이즈볼스키(Hélène Iswolsky)에 의하여 1968년(MIT 출판부)과 1984년(인디아나 출판부)에 각각 영역되었음.

valesque)이라는 개념을 제시했다. 이 문학 양식은 자유롭게 권위를 비웃고 해체시키는 하위계층의 전복(顚覆)적 행위에서 나온다. 카니발 속에서는 다양한 목소리들의 혼합이 이뤄지고, 일반적으로는 지극히 신성불가침한 것으로 간주되던 것이 한시적으로 모욕 당하며, 사회규범이 상스러운 표현으로 조롱당하는가하면, 권위에 대한 야유도 허용된다. 축제 기간 동안에 허용된 위계질서의 전도(顚倒) 행위는 일시적이나마 혁명적 에너지를 분출한다. 바흐친은 고대, 중세, 르네상스 작가들에게서 카니발 양식의 발생을 추적해 나간다. 이를 통해 도스토예프스키의 소설들이 문학 양식적 측면에서 하위계층의 불손하고, 희화적(戱畵的)이며, 전복적(顚覆的)인 목소리들을 활용하고 있다고 주장했다.

바흐친은 「소설에서의 담론(*Discourse in the Novel*)」이라는 논문에서 소설은 각각의 등장인물과 내레이터의 목소리가 대화적 상호 관계를 맺으면서 공인된 사회적 목소리들을 일탈시키고, 갈등을 겪게 한다고 보았다. 소설 자체가 다성적 목소리의 대화적 구성을 특징으로 하는 문학 양식이라는 것이 바흐친의 견해이다. 바흐친은 아리스토텔레스가 『시학』을 통해 '서사 양식에서 가장 중요한 구성 요소는 플롯이다'라고 주장했던 것에 반대하는 이론을 정립했다. 그는 아리스토텔레스에게는 어법(diction)의 하위 요소에 해당했던 '담론(discourse)'이 서사 작품에서 가장 중요한 구성 요소라고 보았다. '담론'은 일정한 관계를 반영하여 어떤 의미나 관념을 언술로 바꾸어 놓는 행위를 말한다. 바흐친은 '담론'이 목소리들의 잡다한 혼합체, 사회적 태도들, 그리고 적대적일 뿐만 아니라 대립하는 가치들이라고 보았다. 이러한 것들의 결과로서 문학 작품은 미해결되고 '열려진 종결(open—ended)형태를 유지하게 된다.

4.2. 대화비평의 주요 개념

1) 다성성(多聲性)

바흐친은 도스토예프스키의 소설에서 개방적, 비종결적인 특징인 '다성적' 요소를 가장 잘 찾아볼 수 있다고 주장한다. 1920년대에 걸쳐 그는 '다성성'과 그 반대 개념인 '독백주의'의 두 극단 사이에 장르의 위치를 설정했다. 다성성은 단순히 반대되는 목소리와 관념들이 병치되어 있거나 연속적으로 표현되는 현상 이상의 것을 의미한다. 음악적 메타포를 활용한 이 용어는 동일한 말을 서로 다르게 표현하는 다양한 목소리들이 동시에 들리는 것을 뜻한다. 따라서 동일한 말은 동시에 서로 상이한 가치와 '음의 고저' 그리고 '리듬'을 보여준다. 바흐친의 이러한 개념설정은 작중인물들이 모든 것을 결정하는 작가의 계획으로부터 어느 정도 자유롭게 해방되어 있다는 의미를 포함한다. 다시 말해서 작중인물은 작가가 일찍이 추측하지 못했던 것을 말하고 행한다. 이를 통해 작품이 본질적으로 비종결성을 보여주며 열려 있음을 드러내려 한다.[48] 바흐친은 도스토예프스키의 소설을 평하는 자리에서 다성적 특징을 다음과 같이 설명했다.

> 독립적이며 융합하지 않는 다수의 목소리들과 의식들, 그리고 각기 완전한 가치를 띤 목소리들의 진정한 다성악(polyphony)은 실제로 도스토예프스키 소설의 핵심적인 특성이 되고 있다. 그의 작품에서 전개되고 있는 것은 한 작가의 의식에 비친 단일한 객관

48) Caryl Emerson & Gary Saul Morson, 「바흐친의 문학이론」, 金旭東 편역, 『바흐친과 대화주의』, 나남출판, 1990, 73~74쪽.

적 세계에서의 여러 성격들과 운명들이 아니라, 동등한 권리와 각자 자신의 세계를 가진 다수의 의식들이 각자 비융합성을 간직한 채로 어떤 사건의 통일체 속으로 결합하고 있는 과정이다. 주요한 주인공들은 실제로 예술가의 창조적 구상 속에서 작가가 하는 말의 객체가 될뿐더러 독자적이고 직접적으로 의미하는 말의 주체가 되기도 한다.[49)]

문학의 다성성은 일견 작품의 작중 인물, 즉 성격 형성에서만 일어나는 것같이 보일 수 있다. 하지만, 작품의 어느 한 요소에만 국한되지 않고 거의 모든 요소에 다 같이 적용된다. 즉 그것은 작중 인물과 밀접한 관련을 맺고 있는가 하면, 작품의 플롯과 구성 그리고 주제나 이데올로기와도 밀접한 관련을 맺고 있다. 그런가 하면 다성성은 작품의 언어와 스타일의 문제에 있어서도 매우 중요한 의미를 지닌다.[50)]

2) 대화주의

바흐친의 대화주의(Dialogism)를 이해하기 위해서는 우선 그의 '타자(他者)' 혹은 '이타성(異他性)'의 개념을 파악할 필요가 있다. 이 두 개념은 그의 사고를 지배하는 개념으로 그의 연구를 이해하는 열쇠를 제공한다. 타자의 존재는 창조적 행위의 주체로서 인간적 개념의 성립에 결정적인 역할을 하는데, 그 이유는 하나의 존재에 대한 이해는 그를 타자와 잇는 관계의 망 속에서 이해할 수 있기 때문이다. 타자는 이처럼 개인적인 의식의 형성에 필연적인 요소가 된다. 타자와의 관계를 떠나서는, 거울 앞에서도 혹은

49) M. M. Bakhtin, 김근식 역, 『도스토예프스키 詩學』, 정음사, 1988, 11쪽.

50) 金旭東, 『대화적 상상력』, 문학과지성사, 1988, 166쪽.

자화상을 그리면서도 주체는 자기 자신에 대한 총체적인 영상을 만들어낼 수 없다. 하나의 개인을 타자와의 연관 속에서 파악하는 이러한 태도는 이후 바흐친 문학 이론의 대명사처럼 거론되는 '대화주의'의 원천이 된다.

바흐친의 대화성 연구는 도스토예프스키의 연구 속에서 구체적으로 이론화된다. '대화적 단어', '대화적 담론'이라는 바흐친의 개념은 역사적, 사회적 주체가 현현하는 다성성의 인식이다. 하나의 담론은 상이한 절차들 속에서 동시적으로 존재하는 '복수적', '복합적인' '나'를 드러내며, 이들 복수적인 말하는 주체, 분할된 주체가 담론 속에서 대립한다. 하나의 담론 속에는 내가 있고 수많은 타인이 있다. 그러므로 대화이론은 담론 속애서 늘 타자의 담론을 발견하게 된다. 여러가지 목소리가 동시에 울리는 이 같은 담론은 당연히 고정된 의미를 가지지 않으며, 고정된 의미의 형성은 늘 타자들의 목소리에 의해 방해받는다. 또한, 고정된 의미를 받쳐줄 고정된 주체도 없으며, 고정된 목소리를 들을 일원화된 수신자도 없다. 이러한 점 때문에 바흐친의 개념들은 후기구조주의와 해체주의에 영향을 미쳐, 중요한 이론적 토대로 활용될 수 있었던 것이다.

바흐친의 대화이론은 토도로프(Tzvetan Todorov), 크리스테바(Julia Kristeva)에 이르러서는 '상호텍스트성(intertextuality)'[51]으로 발전한다. 텍스트들 사이에 모든 가능한 상호 연관관계를 지칭하는 상호텍스트성은 이미 인용, 표절, 복사, 모방 등과 관련한 논의를 통해 현대인에게 익숙한 형태로 알려져 있다.[52] 바흐친의 대화이론 또한 '타자화(他者化)'는 탈식민주

51) 바흐친을 프랑스에 소개하는 데 크게 공헌한 토도로프는 '다성성'이나 '대화성'이라는 용어 대신에 '상호텍스트성'이라는 용어를 사용하였음. 원래 이 용어는 줄리아 크리스테바에 의해 처음 사용된 술어로서 어느 한 문학 텍스트가 다른 문학 텍스트와 맺고 있는 상호관련성을 가리키는 말임. 토도로프의 주장대로 '대화성'이나 '다성성'이라는 용어는 그 의미가 너무 포괄적인 것은 사실이지만, '상호텍스트성'이란 용어는 바흐친의 대화 이론을 너무 지나치게 문학 텍스트의 문제에만 국한시키는 것 같은 인상을 주기도 함.

52) 최현무, 「미하일 바흐친과 후기 구조주의」, 김욱동 편, 『바흐친과 대화주의』, 문학과지성사,

의 전략에도 폭넓게 원용될 가능성을 지니고 있다. 유럽과 같은 제국주의에 의해 '타자화된 식민지 주체들'에 관한 연구나, '타자화된 주체들'이 새로운 타자를 형성하는 이중 식민지에 관한 논의[53]에서 바흐친 이론의 활용 가능성은 열려 있다.

3) 카니발 이론

카니발(Carnival)은 창조적 파괴 정신과 생명력을 소생시키는 패러디의 활력에 대해 바흐친이 명명한 용어이다. 그의 정의에 의하면 카니발 문학은 "갖가지 형태의 카니발적 민간설화(고대 및 중세의)의 영향을 직·간접적으로 혹은 얼마간의 매개물을 통해 받았던 문학"[54]을 의미한다. 『라블레와 그의 세계』를 비롯한 저서에서 그는 소설이 카니발 정신을 가장 잘 표현하는 고급 문학 장르라고 기술하였다.

> 카니발은 진정한 시간의 축제이며 생성과 변화와 재생의 축제였다. 그것은 불멸의 영원성을 부여받고 완전하게 된 모든 것에 대해 적대적인 입장을 취한다.[55]

카니발은 개방적인 것, 불완전한 것, 비종결적인 것을 높이 평가한다. 이런 의미에서 그의 카니발 이론은 '다성성' 개념과 매우 밀접한 관계를 맺고

1995, 252쪽.

53) Graham Pechey, 「대화주의와 탈식민화」, 윤효녕 역, 『바흐친 문화이론』, 여홍상 편, 문학과지성사, 1995, 106쪽.

54) M. M. Bakhtin, 김근식 역, 앞의 책, 160쪽.

55) M. Bakhtin, 『*Rabelais and His World*』, trans Hélène Iswolsky, Bloomington: Indiana University Press., 1984, 10쪽.

있다. 실제 현실에 특정한 카니발들(축제들)이 비록 이런 정신을 구현하지 못한다고 하더라도, 카니발의 참가자들은 평범하고 단조로운 일상생활 속에 침투하여 그것을 조롱한다. 카니발은 자유와 평등이 지배하는 세계이다. 바흐친은 "카니발이 벌어질 때면 일상적 생활의 질서와 체계를 규정짓는 구속, 금기, 법칙들이 제거된다. 무엇보다 먼저 위계질서와 거기에 관련된 공포, 경건, 예절 등의 형식이 제거된다. 즉 사회적·계급적 불평등이나 연령의 차이를 포함하여 그 밖의 불평등과 연관된 모든 것이 제거됨을 말한다. 또 사람들 사이에 놓여 있는 거리도 모두 제거되고 카니발 특유의 카테고리인 자유롭고 스스럼없는 사람들 간의 접촉이 효력을 발생하게 된다."[56]라고 했다.

이러한 바흐친의 카니발 개념은 그의 그로테스크 리얼리즘 미학과 밀접한 관계를 유지하고 있다. 그로테스크 리얼리즘은 바흐친에 의해 라블레를 분석하는 가운데 제기되었다. 그로테스크 리얼리즘의 특징은 물질적이며 육체적인 원칙, 비하의 원칙, 재생의 원칙으로 나타나고 있다. 그 특징들은 포스트모더니즘의 개방적이고 불완전하고 비종결적인 성격으로 이어지고 있다.

그로테스크 리얼리즘의 첫 번째 특징인 물질적인 육체원칙은 인간의 신체, 그리고 신체 기능에 관한 원칙을 말한다.

> 이렇게 볼록하게 튀어나온 부분과 구멍이 난 부분은 한 가지 특징을 지니고 있다. 바로 이런 영역 안에서 자기 신체와 다른 사람의 신체 그리고 신체와 세계 사이의 장벽이 허물어져 버린다. 즉 여기에서는 상호 교환과 상호 작용이 존재하는 것이다.[57]

---

56) M. M. Bakhtin, 김근식 역, 앞의 책, 181쪽.

57) M. M. Bakhtin, 『*Rabelais and His world*』, 1965, 317쪽.

인간의 신체 중에서도 특히 코, 입, 젖가슴, 성기, 항문, 창자, 배와 같이 주로 신체에 돌출되어 있거나 구멍이 나 있는 부위가 중요하게 다뤄진다.

그로테스크 리얼리즘의 두 번째 특징인 비하의 원칙은 권위적이고 도덕적인 것, 혹은 잘난 척하고 엄숙한 체하는 것을 우스꽝스럽게 만들고 비천하게 격하시켜 조롱하는 것을 말한다. 이는 민중연극, 재담, 속요, 중세와 르네상스를 거쳐 축적되어온 풍자문학의 전통과 연결되어 있다.

그로테스크 리얼리즘의 세 번째 특징인 재생의 원칙은 이러한 육체의 원칙과 비하의 원칙을 거친 웃음을 통해 민중들이 현실을 이길 수 있는 힘을 얻는 것을 말한다. 그로테스크 리얼리즘을 통해 빈약한 정신을 야유당하고, 생명을 낳을 수 있는 몸과 그 생식력이 중요하게 떠오른다.[58)]

카니발 세계관의 특징도 크게 세 가지로 정리해 볼 수 있다. 첫째, 카니발적 세계관은 자유와 평등이 지배하는 세계를 지향한다. 둘째, 집단적이며 민중적이다. 셋째, 변화와 다양성을 추구한다.[59)] 바흐친은 카니발 특유의 논리를 가리켜 '유쾌한 상대성'[60)]이라고 부르고 있다. 이런 유쾌한 상대성의 논리에서는 모든 것이 서로 뒤바뀌고 역전되기 마련이다. 왕이 노예가 되고 현자가 바보가 되며 부자가 거지가 된다. 또한 현실과 공상, 천국과 지옥의 구별이 해체되며 성스럽고 경건한 모든 것들이 조롱당하고 더럽혀진다.

'차이'로써 모든 것을 분석한 정적(靜的)인 구조주의, 그리고 여기서 한 걸음 나아가 차이의 끝없는 자리바꿈을 보여 주고 의미의 부재를 논한 후기 구조주의는 "어떻게 말하고 쓰느냐는 어떻게 생각하느냐의 흔적"이라

---

58) 미하일 바흐찐, 이덕형·최건영 옮김, 『프랑수아 라블레의 작품과 중세 및 르네상스의 민중문화』, 아카넷, 2001, 738~739쪽 참고.

59) 김욱동, 앞의 책, 240~241쪽.

60) M. M. Bakhtin, 김근식 역, 앞의 책, 160쪽.

고 생각했을는지 모른다. 그러나 바흐친은 여기에서 또 한 걸음 나아가 그것은 "흔적일 뿐 아니라 어떻게 상호 접촉하느냐"라고 덧붙인다. 인식 주체란 결코 고립할 수 없는 상호의존적인 응답 가능성이요, 대화적 상상력이기 때문이다. 따라서 그의 이론은 문학의 사회성에 바탕을 두고 있으며, 그것은 분열과 모순을 축복하는 카니발적 약호(略號)라 할 수 있다.[61] 바흐친의 이론은 문학 텍스트의 개방성을 보장한다. 뿐만 아니라, 문학을 단순히 심미적 대상에 국한시키지 않고, 인간의 역동적 삶과의 관련 속에서 파악할 수 있게 해 준다.

4.3. 담론이론(談論理論)

1) 담론의 개념과 성격

인문과학뿐 아니라 사회과학 분야에서도 자주 등장하는 개념인 '담론(談論, discourse)'은 그 적용 대상의 다양함만큼이나 용례도 천차만별이다. 이 담론은 바흐친의 중요 개념이기도 하지만, 그 밖의 여러 문학 분야에 필요한 비평 이론이므로 자세한 검토가 필요하다. 'discourse'의 역어인 '담론'은 담화(談話), 언술(言述), 담술(談述) 등으로 번역되기도 하는데, 후자의 용어들(담화·언술·담술)은 주로 발화된 문장의 의미론을 추구하는 언어학과 관련된 사항에 속한다.

담론 비평은 그 성격상 학제적(學際的)이며 간학문(間學問)적인 특징이 있다. 따라서 이 방법은 기본적으로 소쉬르의 기호학에서 논의의 기초를

61) 권택영, 「카니발의 의미」, 『바흐친과 대화주의』, 1990, 277쪽.

풀어나가고 있고 '담론구성체(discursive formation)'와 같은 개념 설정에서는 구조주의와 밀접하게 관계를 맺고 있으며, '주체(subject)'와 '이데올로기(ideology)' 생산 문제에 와서는 프로이트와 라캉 등의 정신분석학에 기대기도 한다.

이러한 이유로 '담론'이라는 용어를 구조주의 비평이나 정신분석학적 비평에서도 어렵지 않게 찾아볼 수 있다. 그렇지만 기호학이나 구조주의, 그리고 정신분석학은 담론비평에서는 지극히 제한적으로 원용될 뿐이다. 왜냐하면 담론비평에서 언어는 정태적이고 공시적인 대상이 아니라, 갈등과 투쟁으로 얼룩져 있는 물질적 대상이다. 담론비평은 자본주의적 계급 사회 속에서 이데올로기를 생산하는 거시적 담론구성체의 역동성을 주관하는 물질적 대상을 주로 취급한다.

'담론'이란 용어는 원래 불어의 'discours'를 영어로 번역한 'discourse'를 우리말로 번역한 것이다. 이 말은 라틴어의 'discurrere'를 어원으로 하며, 그 의미는 '전후' 혹은 '이리저리 달리는' 운동이었다고 한다. 정정호에 의하면,[62] 이 운동이란 말은 변증법적이며 반논리적인 성격을 갖는다고 한다. 담론은 사전적으로는 '담화(談話)하고 의논(議論)하는 것'을 가리켰으나, 이제는 포괄적이면서 정치, 문화, 사회적으로 특별한 의미를 갖는 용어로 자리잡게 되었다.

이런 '담론'에 대한 본격적 관심은 1968년 봄의 프랑스에서 시작되었다. 서구의 사회변화에 대한 기존의 지적 대응 방식을 반성하고 새로운 돌파구를 마련하는 과정에서 일어난 것이다. 마침 1960년대의 프랑스에서는 구조주의에 의한 언어나 기호학에 관한 관심이 고조되었고 이런 풍조가 인문·사회과학 전 분야에 확산되었다. 그 후에 담론은 기호학, 정신분석학, 마르

62) 정정호, 「담론」, 『현대비평과 이론』, 1993년 가을·겨울호, 291~294쪽.

크스주의, 페미니즘, 해체비평, 신역사주의 등에 상호연관되어 활발히 논의되어왔다. 그중에 바흐친보다는 뒤늦은 논의이기는 하지만, 미셸 푸코가 1970년대에 교수 취임 논문으로 강연한 「담론의 질서」가 주목할 만하다. 푸코는 이 논문에서 지식의 생산과 형성, 권력의 체계 및 행사에서 담론과 권력은 구분하기 어려운 대상이라는 견해를 피력했다.

프랑스를 중심으로 거세게 일고 있는 기호학적 비평은 문학 작품을 세계와 단절되어 있는 내적 완성체인 기호의 체계로 간주함으로써 문학의 대사회적(對社會的) 실천 양상을 도외시한다. 반면에 담론비평은 텍스트를 담론 과정 그 자체로 본다. 즉, 역사적·사회적으로 규정된 이데올로기의 생산 과정에서 텍스트는 주체와 지배적(dominant) 이데올로기 간의 치열한 투쟁의 장(場, field)이 되며, 이에 개입하는 것이 담론비평의 영역인 것이다.

2) 담론이론과 바흐친

담론비평의 이론적 원류는 소쉬르의 구조언어학에 반기를 든 바흐친에게서 찾을 수 있다. 바흐친이 프랑스 학계에 소개된 것은 '텔켈(Tel Quel) 그룹의 일원인 크리스테바(Julia Kristeva)의 첫 저서 『세미오티케: 기호분석을 위한 연구』(1966)에 수록된 「단어, 대화 그리고 소설」이라는 논문을 통해서이다. 이후로 바흐친의 주요 저서 및 논문들이 번역되고, 특히 토도로프에 의해 그의 전기적 자료들이 체계적으로 정리되면서 유럽의 인문, 사회과학에 폭넓게 수용되기 시작한다.[63] 바흐친의 저서들 중에서 담론비평에 직접적인 영향을 준 것으로는 우선 『마르크스주의와 언어철학』을 들 수 있다. 프랑스와 한국에서는 바흐친이 수용되면서 포스트모더니즘의 선구자

63) 최현무, 「미하일 바흐친과 후기 구조주의」, 김욱동 편, 『바흐친과 대화주의』, 나남, 1990, 244~245쪽.

나 기호론의 전범(典範)으로 해석되는 경향이 있다. 이는 많은 문제점을 내포하는 수용이라고 볼 수 있다. 왜냐하면 바흐친의 이론은 적어도 1960년대의 구조주의와 모더니즘 전통, 더 나아가서 포스트모더니즘 계열과는 무관하기 때문이다.[64)]

한편 바흐친을 소박한 인민주의자로 규정하여 이론의 한계를 강조하는 경향도 본질을 잘못 인식한 데서 오는 오류에 속한다. 바흐친은 레닌과 스탈린 등의 단순한 반영론적 언어관에 반기를 들었으며, 현대비평 이론의 전개에 적지 않은 공헌을 했기 때문이다. 바흐친은 1) 마르크스주의가 해결하지 못하고 넘어간 언어 문제를 본격적으로 거론했고, 2) 언어를 이데올로기, 물질성, 계급투쟁과 분리시키려는 일체의 언어론에 맞섰으며, 3) 담론은 이데올로기 투쟁과 아무런 관계가 없다고 하는 부르주아 이데올로기에 대항하여 언어가 왜 이데올로기 투쟁에 영향을 끼칠 수밖에 없는가를 보여 주었다.[65)] 이러한 면에서 바흐친은 언어의 계급투쟁을 부정하는 푸코와, 언어의 물질성을 부정하는 힌디스(Barry Hindess)와 허스트(Paul Hirst)[66)]와도 매우 먼 거리에 놓여 있음을 알 수 있다.

'담론(discourse)'이라는 용어는 현재 다양한 학문 분야와 사상 조류에서 각기 다른 목적과 개념으로 광범위하게 사용되고 있기 때문에 획일적으로 정의하기가 매우 곤란하다. 이 이론은 언어학에서 사용하는 개념과 후기 구조주의 및 기호학에서 채택하는 의미로 크게 양분해 볼 수 있다. 우선 언어학에서 '담론'이라는 용어는 '문장보다 덩어리가 큰 언어적 진술'을 가리킨

---

64) 이득재, 「바흐친의 유물론적 언어이론」, 『문화과학』, 1992년 겨울호, 86쪽.

65) 위의 글, 87쪽.

66) 강내희, 「언어와 변혁—변혁의 언어모델 비판과 주체의 '역동일시'」, 『문화과학』, 1992년 겨울호, 20쪽. 이들 힌디스와 허스트 같은 어어 모델론자들의 담론이론에 의하면 담론적 실천 이외의 실천에 대해서는 관심을 보이고 있지 않으며 특히 담론 외적인 세계가 담론을 규정할 가능성에 대해서는 관심조차 기울이지 않음.

다.[67] 그러나 후기 구조주의와 기호학에서 사용하는 '담론'의 의미는 '언어'라는 명사가 흔히 하나의 사물을 의미하는 것으로 보이는 데 반해 하나의 행위개념으로 인식된다. 이에 따라 '담론'은 사고와 커뮤니케이션의 상호작용이라는 의미를 넘어 '의미들을 만들고 재생산하는 사회적 과정'이라는 개념을 획득한다. 담론들은 사회적, 역사적, 제도적 구성체의 산물이고 의미는 이러한 제도화된 담론에 의해 산출된다. 그와 함께 어떠한 언어체계이든 그것이 산출해 낼 수 있는 잠재적으로 무한한 의미들은 늘 주어진 시·공간에서 주도적인 사회적 관계의 구조에 의해 한정되고 고정화된다.

3) 담론의 갈래와 담론비평

보통 불어권에서 논의되고 있는 담론이론은 크게 네개의 학파로 구분할 수 있다.[68]

① 라캉(Jacques Lacan)과 크리스테바(Julia Kristeva)를 중심으로 이루어지는 심리분석학적인 이론으로서 프로이트의 심리학과 소쉬르의 구조주의 언어학에 근거하여 인간 심리와 언어 구조의 동일성에서 출발하는 이론이다.

② 데리다(Jacques Derrida), 후기의 바르트(Roland Barthes)와 해체주의자 드만(Paul de Mann)을 중심으로 구성된 학파를 들 수 있다. 이 학파는 통일성, 정체성을 주장하는 철학에 대한 비판에서 출발하여 차이점을 구성하는 이론을 연구, 적용 가능성을 모색하고 있으며 마찬가지로 언어학적 인식

67) 박명진 편, 『비판커뮤니케이션과 문화이론』, 나남출판, 1994(2쇄), 78쪽.

68) 이지은, 「'담화이론'의 조류와 문예이론과의 관계」, 『지식과 권력』, 한울, 1991, 5~6쪽. 이 글에서 저자는 라캉, 데리다, 푸코 등의 세 가지 조류로 정리하고 있음. 그러나 여기에 알튀세르의 이론을 발전시킨 빼셰의 담론이론을 하나 더 첨가시켜야 정확한 분류가 될 것임.

에 바탕을 두고 있다.

③ 푸코(Michel Foucault)에 의해 주창되는 담론이론인데, 이 이론은 지식과 담론의 계보학적 분석과 공시적 담론의 비판을 방법으로 제시한다.

④ 알튀세르의 이데올로기 이론에 심리학과 언어학을 적용함으로써 발전된 담론이론을 펼친 뻬세(M. P·cheux)의 경우를 들 수 있다.

이들은 서로 상당한 견해 차이에도 불구하고 이론상의 공통점을 지니고 있다. '근원이 목적이다'라고 집약할 수 있는 의미 재구성(해석작업)을 근본적 출발점 및 종착지로 인정하려는 '해석학적' 입장에 대한 전면적 거부가 그것이다.

담론이란 여러 문장들이 연속된 질서를 형성하는 방식, 즉 이질적이면서 동질적인 하나의 전체에 참여하게 되는 방식을 구체적으로 밝혀주는 용어이다. 또한 여러 문장들이 담론의 형태로 결합되어 하나의 개별 텍스트를 이루듯이, 텍스트 자체는 다른 텍스트들과 결합되어 점차 더 큰 담론을 이룬다. 재래식 담론 분석은 오스틴의 저술에, 특히 『사물과 낱말의 관계』에 철학적 토대를 두고 있다. 이 전통에서 담론 분석이란 상이한 담론 양식들을 조심스럽게 설명하는 것으로 이루어지는데, 이 일은 담론 생산이 규칙에 제어받는 행위로 이어진다. 이런 규칙의 제어는 통사 규칙이나 장기의 행마법처럼 구체적인 사례를 유발시킨다는 일반적인 가정에서 이루어진다. 주목할 점은 재래적인 문학 비평에서 시인(詩人)을 이해하는 것과 같은 방식으로 재래적 담론이론이 '개인'을 이해하고 있다는 점이다.

그런데 담론비평에서 중요한 것은, 언어란 본래부터 투명한 것이 아니며 단순한 중립적 의사소통 수단도 아니라는 태도를 취하고 있다는 점이다. 그리고 재래식 비평에서는 텍스트를 어떻게 읽어야 할 것인가를 규정하기 위해 저자라는 개념을 의문의 여지가 없는 선험적인 조건으로 받아들이고 있는 데 반해, 담론이론에서는 저자를 텍스트의 소산이거나 결과로 설명할 수 있다고 본다.

5장 문화연구 비평

5.1. 개관 및 전개 과정

문화연구(Cultural Studies)는 1950년대 영국에서부터 시작했다. 안토니오 이스트호프는 "1958년에 출간된 레이몬드 윌리엄스의 『문화와 사회』와 1950년대 초에 쓰여 1957년 출간된 롤랑 바르트의 『신화학』"에서 문화연구를 촉발시켰다고 주장했다.[69] 이중 레이몬드 윌리엄스가 사회구성체와 연관된 문화분석에 관심을 가졌다는 점은 시사하는 바가 크다. 즉 롤랑 바르트가 언어라는 상징계를 통해 일상적인 대중문화의 기능을 분석함으로써 탈역사화의 가능성을 내장하고 있었다면, 레이몬드 윌리엄스는 일상문화와 민중문화의 관계 연구를 통해 문화연구의 당대성(contemporary) 확보를 고민했다.[70]

영국 문화연구 형성에 기여한 윌리엄스, 호가트, 홀 등은 모두 젊은 시절 성인 교육 프로그램 교사로 일한 경험을 갖고 있다. 이들은 이러한 현장경험을 통해 하위문화에 속한 사람들에 대해 특별한 관심을 갖게 되었고, 더불어 대중문화에 대한 인식이 심화되었다.

윌리엄스와 호가트 등의 저작들은 전통적이고 권위적인 영문학 연구에 문학, 정치학, 역사, 사회를 접목시키려는 새로운 접근법으로서 '문화연구'의 토대를 형성했다. 이에 따라 대중적인 문화 형태들과 문학적인 구성에

---

69) 안토니 이스트호프, 임상훈 역, 『문학에서 문화연구로』, 현대미학사, 1984, 173쪽.

70) 레이몬드 윌리엄스의 『문화와 사회(*Culture and Society*)』는 한국에 번역되지 않았으며, 롤랑 바르트의 『신화학(*Mythologies*)』은 『신화론』(정현 역, 현대미학사, 1995)이라는 이름으로 국내에 출간됨.

대한 반성이 생겨났고, 문화연구에서 점차 성별과 계급 문제 등에 대한 관심이 고조되었다. 이처럼 문화연구는 전통적이고 엘리트주의적인 문학 연구 중심의 학문연구 풍토에서 벗어나, 텍스트의 외연을 확장해 대중문화를 비평의 영역으로 끌어들였다.

특히, 레이몬드 윌리엄스의 문제설정은 1964년 영국 버밍엄대 현대문화연구소(CCCS, Center for Contemporary Cultural Studies) 설립으로 새롭게 전화하면서 계승되었다. 현대문화연구소는 창립 이후 전통적(부르주아)학문 특히 분과학문에 비판(저항)을 수행했다. 이는 지식의 파편화 현상에 대한 저항이고 노동과정의 분업화와 관련된 통찰이었다고 할 수 있다. 더불어 현대문화연구소가 정통 마르크스주의에 대한 비판을 수행했다는 측면도 주목할 만하다. 이는 문화연구의 주요한 문제 설정이 '구체적 삶과 변혁의 정치적 과정을 절합'하는 것이면서, 동시에 사회현실에 대한 '문화의 정치적 실천'에 닿아 있음을 의미한다. 프랑크푸르트 학파의 자본주의 문화비판이 현대 문화연구에 미친 영향도 간과할 수 없다. 호르크하이머, 테오도르 아도르노, 발터 벤야민, 허버트 마르쿠제 등은 비판이론을 통해 '문화의 상대적 자율성'을 주장했다. 이들은 파시즘 체제에 저항하면서 대중문화의 부정성과 문화의 조작 가능성을 과장하기는 했지만, 현대 자본주의 사회에서 문화가 차지하는 위치를 탐구한 대표적인 경우라고 할 수 있다.

소위 '좌파적 기획으로서 문화연구'는 전통적인 문학 연구에서 벗어나 문학뿐만 아니라, 폭넓게 대중문화와 사회적 사건에 대한 비평에도 관심을 기울였다. 이들은 문학에서 출발해 드라마, 미디어, 대중음악, 하위문화 등 문화적 텍스트에 대한 연구로 나아갔다. 이런 과정을 거쳐 '사회구성체'에 영향을 미치는 동시에 영향을 받는 삶의 양식과 상징체계에 관심을 집중하는 '문화연구'에 이르게 된 것이다. 현대사회에서 정체성의 형성과 변화, 그리고 체계의 변화에 따른 주체의 대응 등 역동적인 문화현상에 대한 탐구로 나아간다.

5.2. 한국 문화연구와 문학 비평

1990년대 이전에 한국 사회에서 문화의 개념은 '지적·예술적 활동의 결과 및 산물'이나 '그 활동의 발전 과정'으로 규정돼 왔다. 문화라는 개념은 20세기 후반 구조주의의 영향 하에서 '삶의 양식'에서 점차 '상징체계'를 일컫는 것으로 변화했다. 문화연구의 대상은 '삶의 양식과 상징체계로서의 문화'이다. 기호학과 언어학의 영향 아래 형성된 상징체계로서의 문화는 개인·집단·사회구성체·국가 등을 아우르며 중층적으로 작용하는 인문학적 탐구의 대상이 되었다. 즉, 문화는 개인과 사회의 관계 속에서 개인의 의식·무의식과 사회집단의 의식·무의식에 작용하는 힘이라고 할 수 있다. 하지만, 문화인류학 등의 분과학문에서 문화는 여전히 인류의 역사적 과정과 현존성을 대상으로 삼아 어떤 합법칙성과 패턴 변화의 규칙성을 탐구하는 대상으로 보고 있다. 따라서 문화인류학에서 문화는 '합법칙성·패턴 연구'를 목적으로 하기에 '개인·사회의 고유성 도출'을 지향한다.

또 다른 분과학문인 문화사회학은 '문화에 대한 사회학적 접근'을 특징으로 한다. 사회에서 문화가 행하는 실제적 기능 연구를 통해 '행위유형의 체계화'를 목적으로 하는 것이 문화사회학이다. 이에 반해 특정한 삶의 방식과 상징체계를 대상으로 하는 문화연구는 '인문학적 성격'을 지니고 있다. 그래서 '텍스트·기호·담론' 연구를 통해 의미의 생성과 조직화를 지향하는 것이 문화연구의 특징이다.

'문화연구'(Cultural Studies)는 1990년대 즈음부터 한국 사회에서 활발하게 논의되어 왔다.[71] 이후 한국 문화연구도 초기에는 영문학과 같은 문학 영역에서 논의되다가 점차 뉴미디어·공간·육체·사이버·젠더 등 다양한 영역으로 그물망을 펼쳐 나갔다.

문화연구는 개인과 사회가 관계 맺는 방식을 문제 삼고 있다는 측면에서 이데올로기 비판적 성격을 지닌다. 한국 문화연구의 간(間)학문적이고, 이데올로기 비판적인 특성은 문화연구를 주변부적이고 변방적인 영역에 머물게 했다. 하지만 한국 문화연구의 소수자적 특성은 여전히 넘치는 활력을 생산하고 있는 듯하다. 문학 비평의 영역에서도 풍속과 관련한 문학 비평이나 페미니즘 문학 비평에서 이뤄지는 젠더적 비평, 공간과 육체에 관한 문학 비평 등에서 '문화연구 비평'은 원용되고 있다.

1990년대 문화연구가 한국적으로 수용된 이후에도 문화연구와 문학 비평의 만남은 원활하지 않았다. 오히려 다수의 문학 비평가들이 문화평론가로 옮겨 감으로써 기존의 제도학문으로부터 자유로운 비평 작업을 수행했다. 그 대표적인 경우로 이재현·이성욱·이동연 등을 꼽을 수 있다.

문화연구 비평의 특징은 다음 몇 가지로 정의할 수 있다.

첫째, 문학 텍스트를 문화연구적 태도로 접근하려는 경향이 강하다. 문학 작품을 독립적으로 해석해내기보다는 삶의 양식과 상징체계로 분석하려 한다. 그렇기에 문학 연구나 문학사적 전통 속에서 이뤄지기보다는, 문화연구적 방법론에 입각한 이데올로기 비판적 성격을 띠는 경우가 많다.

둘째, 대중문학을 포함한 대중 예술의 문화적 의미를 해석함으로써 대중의 욕망을 파악하려 한다. 문화연구 비평은 문학 텍스트 중 특히 대중문학 텍스트 비평에 집중하는 경향이 있다. 수용미학과 독자반응 비평에 나타나

71) 1960년대 산업화 이후 이어령 등에 의해 '대중문화'와 관련된 글이 쓰여졌음. 1970년대와 1980년대에도 대중소비사회와 문화운동에 대한 논의는 지속적으로 이뤄졌음. 1990년대 '한국 문화연구'에 주목하는 이유는 이데올로기 비판과 사회적·정치적 실천의 기획으로서 '문화'를 바라보기 시작한 시기가 1990년대 이후로 보이기 때문임.

는 태도와 유사한 것으로, 독자의 텍스트 수용 분석을 통해 대중의 욕망과 이데올로기를 도출해 내려 한다.

셋째, 문학 텍스트에 대한 내재적 접근보다는 외재적 접근에 가까운 문화·사회적 분석을 시도한다. 일상 문화와 대중문화 현상에 대한 분석을 위해 문학 텍스트에 접근하기 위해, 문화연구 비평은 텍스트 외부가 전제되어 있다. 이는 반영론에 가까운 것으로 문학 텍스트가 세계를 상징화·기호화해 표현한다고 본다.

넷째, 하위문화·소수 문화 등 문화적 다원화를 위해 문학 텍스트를 비평하는 글쓰기 태도를 지향한다.[72] 문화연구 비평은 기존의 정통적 문학 비평에 비해 훨씬 정치적이고 전복적인 성격을 지닌다. 따라서 지배질서에 대항하는 저항적 태도로 문학 텍스트와 대결한다. 이러한 대립적 성격 때문에 지배체제 속에서 배제되어 있던 하위문화와 소수문화에 대한 친화적 경향을 띠는 경우가 많다.

5.3. 문화연구 비평의 특성

문화연구 비평은 자본주의 사회에서 문학을 포함한 대중문화 텍스트를 분석해 '이데올로기와 욕망, 그리고 저항'을 새롭게 정의해 체제비판적 기능을 수행하는 새로운 연구 방법이다. 이 비평은 대중문학 텍스트, 대중문화 텍스트, 관습과 제도, 사회화 과정 등에 대한 분석을 통해 주체가 어떻게 재현되고, 이 재현의 정치 속에서 어떻게 지배 이데올로기가 관철되는가 하면, 저항적 위반의 가능성이 모색될 수 있는가를 살핀다. 그래서, 문화연구 비

72) 오창은, 「일상의 변화를 위한 즐거운 텍스트 비평」, 『문예연감 2004』, 한국문화예술위원회, 2004.

평은 정치적 성격을 강하게 띤다.

문화연구 비평의 기본 가설과 개념의 기저에는 마르크스주의적 전통이 깔려 있다. 문화연구와 마르크스주의의 영향 관계는 세 가지 관점에서 설명할 수 있다. ① 문화연구에 있어서 문화적 과정들은 사회관계 특히 계급관계와 계급구성, 성별분리와 사회관계의 인종적 구조화, 종속의 형태로서 연령 차이에서 오는 억압과 밀접한 관계를 맺고 있다. ② 문화는 권력과 관련이 있는데 개인과 사회집단은 그들이 필요한 것을 정의하고 인식하기 위해서 능력의 불균형을 만들어 낸다는 것이다. ③ 문화는 가족적이거나 외부적으로 결정된 장(場)이 아니며 사회적 차이와 투쟁의 장이라는 사실이다.

문화연구는 지금까지 문학 비평이 해왔던 바와는 달리 문학을 특권화하는 것을 거부한다. 문학예술이 사회적 실천과 이데올로기 비판적 기능을 수행해 왔다 하더라도, 문화적 맥락 일반에서 벗어난 차별화된 지위를 획득하고 있다고 볼 수 없기 때문이다. 예술을 이렇듯 사회적 과정으로 보게 되면, 이른바 보편적 진리라든가 인간의 본질적 본성 등에 문학을 통해 접근할 수 있다는 전통적 문학 비평의 문제설정을 넘어서게 된다.

더 나아가 이제까지 엘리트주의 문화가 고급문화를 특정한 경제적 또는 정치적 결정인자들을 초월하는 미적 노동에 토대를 둔 화해라는 조화로운 영역으로 규정한 것에도 반발한다. 영국의 좌파적 문화연구는 문학 텍스트에 대한 의미해석에서 사회적 실천으로 관심사를 변경했다. 따라서, 문화연구자들은 대중문학과 대중문화의 이데올로기 재생산 기능을 문제 삼으며, 문화적 장 내에서 정체성(identity)이 어떤 방식으로 형성되는가에 주목한다.

리차드 존슨(Richard Johnson)은 문화연구의 구체적인 분석 방법으로 다음의 3가지를 거론한다.[73] ① 그 첫 번째 분석 방법으로는 문화생산의 관점에서 문학, 예술 또는 대중문화형식들의 생산과 그 사회적 구성에 관심을 가진다. 이 방법은 자본주의적 상황에서 대중과 문화상품의 관계를 분석하고, 이를 통해 미학과 정치학의 경계를 넘나들며 텍스트를 해석해낸다. ② 두 번째 방법은 생산적인 관점에서 벗어나 텍스트로서의 문화생산 쪽을 바라보는 관점이다. 이 텍스트 중심 문화분석에는 문화생산물을 '텍스트'로 파악하며, '읽기'에 주력하게 된다. 문화텍스트의 형식주의적 읽기는 가능하면 개방적이거나 다양한 층위의 구성을 가진 것으로 만들어야 한다.

따라서 이 방법은 주로 인문과학적 방법인 언어학 연구 그리고 문학 연구에 의존하는 문화분석법이다. 구체적으로는 서술형식의 문학적 분석, 다른 장르의 확인, 구문형식의 분석, 언어학의 가능성과 변형들, 언술행위와 교환의 형태적 분석, 문화이론의 기본형태 분석 등이다. 문화분석의 ③ 마지막 방법은 체험된 문화에 대한 분석이다. 이것은 문화 순환의 좀 더 구체적이며 개인적인 계기들을 포착하는 것이다. 다시 말해 개인적인 경험이나 사적(私的)인 기억에 의존하는, 일상적 활동과 삶에 대한 구체적이며 체계적인 문화분석의 방식이다. 이 분석은 피지배사회 집단의 삶의 양식을 드러내 주며 숨겨진 교훈을 통해 지배적이고 공공적인 형식을 비판하는 재현의 정치학을 보여 줄 수도 있다.

문화연구 비평은 문학의 미학적 지위를 인정하지 않는다는 비판을 받고 있다. 하지만, 일상적 삶을 새롭게 구성하고, 더 나은 삶의 가능성을 비판적으로 탐색하고자 하는 문화연구 비평의 문제의식은 유효한 측면이 많다. 그런 의미에서 다음과 같은 문화연구에 대한 지적은 많은 시사점을 안겨준다고 할 수 있다.

---

73) Richard Johnson, What is Cultural Studies Anyway, 『*Social Text: Theory·Culture·Ideology*』, No. 16, Winter 1986, 53~71쪽.

전환기에 흔히 나타나는 사상의 무서운 공백기도 문제이지만 전환기 문화의 현상과 논리를 분석하고 파악하는 잣대가 없는 것은 더 염려해야 할 일이다. 이는 분석을 비웃는 엄청나게 복잡하고 무질서한 우리의 문화 상황 속에 우리가 함몰되거나 포로가 되어 방향 없이 이끌려 가지 않고 오히려 그것을 인식하고 분석하고 앞으로의 미래까지도 보여줄 수 있는 주체적 문화분석과 전망을 위해 어떻게 해서든지 문화정치학을 수립해야 한다. 단일하고 경직된 낡은 방법론으로는 새롭고 중첩적인 문화판의 꼬여 있는 실가닥을 풀어낼 수 없다. 우리는 순수해서만은 안 된다. 순진해서만도 안 된다. 방법론적으로 이론적으로 교활하고 난잡해야 한다.[74)]

5.4. 문화연구 비평의 문제점

문화연구 비평은 문학 비평의 영역 속에서 들어올 수 있느냐, 없느냐부터 논란의 대상이 되고 있다. 문화연구 비평은 문학 텍스트에 대한 비평을 수행하면서도, 끊임없이 문학사적 맥락에서 일탈한다. 따라서 문화연구 비평은 문학 텍스트를 '문화연구의 수단'으로 간주한다는 비난까지 받고 있다. 문화연구 비평을 둘러싼 논란으로는 다음과 같은 것들이 있다.

① 문화연구 비평은 문학 작품에서 현실을 읽어내려 한다. 그 현실은 대중의 욕망이며, 이데올로기 지형이다. 따라서, 문화연구 비평은 '문학'보다는 '대중'에 더 관심을 쏟는다.

74) 정정호, 「영국의 '문화학'」, 『문화예술』, 통권 158호, 1992년 9월, 한국 문화예술진흥원, 88쪽.

②문화연구 비평이 대상으로 하는 텍스트는 문학·드라마·영화·대중음악·미디어·문화적 사건 등 다양하다. 그러므로 문학도 다양한 문화적 텍스트의 일부분을 간주될 뿐이다. 즉, 문학의 독자적 지위나 특권적 지위가 문화연구 비평에서는 소멸된다.

③ 문화연구 비평은 강한 좌파적 정치성을 드러낸다. 그래서 기존의 해석을 거부하고, 대안적이면서 저항적인 해석을 지향한다. 이러한 정치성이 예술의 객관성을 주장하는 이들에게는 강한 거부감을 자아내기 쉽다.

④ 문화연구 비평은 사회체제가 어떻게 스스로의 권력을 생산, 재생산하는가를 분석하는 데는 성공했다. 하지만, 경제적 토대와 같은 물질적 힘을 문화가 생산할 수 있는가에 대해서는 여전히 의문으로 남는다. 그런 측면에서 문화연구의 변혁이론은 회의주의적 세계관에 직면할 수밖에 없다는 비판을 받고 있다.

문화연구 비평은 그 정치적 성격으로 인해 자본주의적 세계체제와 갈등할 수밖에 없다. 자본주의적 상품미학과 이미지의 정치에 대항해 새로운 '미적 감수성'이 문화연구 비평을 통해 생성될 수 있을 지는 여전히 불확정적이다. 하지만, 기성의 질서를 해체적으로 재구성함으로써 새로운 감수성의 혁명을 기획하는 지적 노력은 지속할 수 있을 것으로 기대된다.

6장 복합문화주의 비평

6.1. 〈문화전쟁〉 시대를 살아가며

지금은 '문화전쟁' 또는 '문화충돌'의 시대이다. 현재 세계는 현실 사회주의의 붕괴와 그에 따른 냉전체제 해체와 더불어 무한 경쟁의 WTO 체제와 같은 지구촌 · 세계화 체제가 강화되고 있다. 이와 함께 세계 여러 곳에서 격렬한 민족 분쟁과 같은 재부족화라는 다소 모순적이고 배타적인 현상이 거의 동시에 일어나고 있다. 후기 자본/다국적/소비 자본주의 시대에 세계화와 재부족화의 병존 과정 속에서 복합문화적인 다양성과 이질성에 영향을 받지 않는 국가와 사회는 오늘날 거의 없을 것이다. 우리나라도 88올림픽, 93엑스포, 95광주비엔날레, 2002 서울 월드컵 경기 등과 해외여행의 확산, 초중등생의 해외연수와 유학의 완전 자유화, 본격적인 세계화 시대의 인간과 문물의 엄청난 운동과 이동에 따라 급격히 복합문화적인 상황 속에 이미 진입되어 있다.

복합문화주의는 한마디로 1980년대 중반부터 미국에서 정치와 교육 · 문화학. 사회과학, 민족학, 여성학, 소수민족학, 종족. 민족성, 계급, 성별, 법률, 정치, 경제, 국가, 공공 행정뿐 아니라 문학 비평 등에서 논의되기 시작하였다. 지금도 이 말은 '(문화적) 다양성', '문화 다원주의' 등의 이름과 더불어 복합문화적 상황에 따라 확산되어 사용되고 있다. 이 글은 '복합문화주의'란 용어에 대한 개념 규정을 주된 목표로 하고 있으나 이 용어가 몇 갈래로 나뉘어 쓰이는 경우와 이에 대한 논쟁, 그리고 그 개념이 앞으로 우리에게 가져다줄 수 있는 문화정치학의 여러 가지 가능성을 점검해보자.

6.2. 복합문화주의의 유형들 [75)]

1) 보수적인(또는 약한) 복합문화주의 (Conservative Multiculturalism)

보수적인 복합문화주의는 초기부터 미국의 흑인들을 노예, 하인 등으로 생각하는 유럽 중심적, 제국주의적 태도에서 시작된 것이다. 이러한 견해는 아프리카를 야만적인 대륙으로 보고 서구 문명과 기독교가 초기 문명 단계에 있는 이들은 개화시켜야 한다고 주장한다. 따라서 보수주의적 복합문화주의자들은 겉으로는 인종차별적인 이데올로기를 공식적으로 부인하고 있지만 모든 종족은 인식론적으로 평등하나 소수민족들은 열악한 상황 때문에 백인들보다 열등하게 되었다는 사실을 받아들인다. 궁극적으로 백인 우월주의에 빠진 이들은 외국어와 지역 또는 소수민족 언어를 인정하지 않으며 비표준 영어와 이중언어 교육을 반대하고 (백인 중심의) 공동문화를 구축하고자 한다.

보수적 복합문화주의자들은 백인성을 주류가 아닌 또 다른 하나의 종족성으로 인정하지 않으면서, 동화(同化)의 이데올로기를 숨기고 있는 '다양성'이란 용어를 사용한다. 따라서 이들은 소수민족 문화들을 백인중심 문화에 얹힌 부수적인 첨가물로 본다. 그리고 이들은 영어만을 인정하여 다중(이중)언어 체계를 거부하고 단일 언어 체계를 주장한다. 이들의 목표는 백인 중산계층의 가치관을 옹호하는 것이다. 그러나 이들이 주장하는 복합문화주의는 백인 중심 문화 위에서 타문화를 동화시키고 융해시키는 일종

75) 이 부분을 작성하는데 David The Goldberg가 편집한 Multiculturalism: A Critical Reader. Oxford: Basil Blackwell, 1994. 에 힘입은 바 크다. 이론에서 복합문화주의를 6가지로 분류한 것은 피터 맥라렌(Peter Mclern)의 분류 이외에 필자가 이 선집을 읽는 과정에서 추출해 낸 것이다. 인용 표시된 쪽수는 모두 이 책의 것이다.

의 '끓는 가마솥(Melting Pot)' 이론으로, 복합문화의 가면을 쓴 단일문화로 만들 위험성이 크다. 이러한 '약한' 복합문화주의는 관용적인 태도를 보이지만 동질화하고 순응(동화)하려는 충동에 사로잡혀 있다고 볼 수 있다. 보수주의자들은 복합문화주의를 미국 사회에 해체적이고 불안한 위험세력으로 간주한다. 그들은 복합문화주의의 용어를 정체성 정치와 다양한 형태의 국가주의를 본질화하는 표어로 사용하고 있다. 이런 의미에서 보수주의적인 복합문화주의는 백인중심의 미국 사회를 위한 하나의 안전판 이론이 되는 것인지도 모른다.

2) 자유주의적 복합문화주의(Liberal Multiculturalism)

자유주의적 복합문화주의는 앞서 설명한 보수적 복합문화주의보다 훨씬 진보적으로 미국 내의 백인을 포함한 모든 소수민족의 생득적인 평등을 인정한다. 이들은 모든 사람이 자본주의 사회에서 경쟁할 수 있는 능력이 있다고 인정하나 미국 사회에 그러한 평등은 없다고 생각한다. 그것은 소수민족의 능력이나 문화적인 결점이라기보다는 모든 구성원이 동등하게 경쟁할 수 있도록 해주는 사회적 · 교육적 기회가 결여되어 있기 때문이라는 것이다. 따라서 그들은 소수민족들에게 불리한 현존하는 사회, 경제, 문화적 제약들을 개선시켜야 한다고 말한다.

그러나 자본주의적 복합문화주의가 가진 문화에 대한 입장은, 정의(正義)란 기본적으로는 이미 존재하므로 균등하게 재분배하기만 하면 된다는 것이다. 이들의 섣부른 복합문화주의는 엄존하는 사회 문화적인 억압적이고 착취적인 불평등한 현실구조에 대한 근본적인 비판과 개혁을 외면하는 결과를 가져오게 된다. 따라서 이들이 제약을 제거하는 것은 말뿐이지 결국은 보편주의적 휴머니즘이라는 허울 좋은 가치 아래 WASP 중심의 문화

정치적인 사회를 유지시키고자 하는 것이 아닌가 하는 의심이 들게 한다. 이들은 이질성과 차이에 관용을 가져야 한다고 입으로 말하지만, 마음속으로는 결국 서구 중심의 '동질성'(homogeneity)의 우위를 강조하고 있다. 따라서 자유주의적 복합문화주의는 소수민족에게 은혜라도 베푸는 듯한(또한 다소 깔보는 듯한) 관용적인 다원주의에 불과할 수도 있다.

인간, 사회, 문화, 문명은 본질적으로 이질적이고 유동적, 운동적, 유목민적, 이주적, 대화적이다. 따라서 동질성을 '자연스러운' 것으로 또는 '역사적인' 것으로 규정짓고 강조하는 것은, 어떤 의미에선 유동하는 전복적인 힘들을 통제하고 현체제를 유지시키기 위한 목적으로 정치적으로 만들어지거나 조작된 것이라고 볼 수 있다. 자유주의자들은 복합문화주의를 역사적 맥락이나 권력관계의 특수성이 결여된 다원주의로 파악하는 경향이 있다. 기껏해야 종족, 계급, 성별에서 파생되는 여러 가지 문화적 모순이나 갈등이 현존하는 권력관계의 구조 속에서 해결될 수 있고 조화를 이룰 수 있다고 믿는다. 이들은 따라서 기존 권력층과 권력을 나누어 가지려고 노력하는 결과를 가져온다.

3) 좌파 — 자유주의적 복합문화주의(Left—liberal Multiculturalism)

자유주의적 복합문화주의 중에서 좌파적 성격이 강한 좌파—자유주의적 복합문화주의는 종족간의 문화적 차이들을 인정하면서, 종족간의 평등은 오히려 종족간의 중요한 문화적인 차이들(태도, 가치, 사회 관습, 인지 약식 등)을 제거할 가능성이 있다고 주장하며 '차이'를 강조한다. 어설프게 다양한 문화들간의 평등을 주장하는 복합문화주의는 오히려 종족, 계급, 성별들과 관련된 특징과 차이를 무시하는 결과를 야기시킬 수 있기 때문이다.

좌파—자유주의적 복합문화주의자들은 자유주의적 복합문화주의자들과는 달리 '차이'의 정치학을 주장하여 궁극적으로 역사, 문화, 권력, 재현 속에 나타나는 차이를 '본질'로 파악하고자 한다. 따라서 이것은 '차이'를 강조하지만 '차이'가 정치학을 의미화 구조로 만들어 버리고 역사를 텍스트성으로 바꾸어 버리는 수사학의 한 형태로 전락시켜 버린다. 다시 말해 그들은 '저항'을 단지 재현의 지배적인 체계를 와해시키는 것으로만 봄으로써 '차이'가 가질 수 있는 좀 더 광범위하고 강력한 정치적 변혁의 기능을 약화시키고 있다고 해도 과언이 아니다.

이들에 따르면 한 개인의 정치적 정체성을 구성하는 데 종족, 계급, 성별, 역사도 중요하지만 정체성 형성에서 더 중요한 것은 개인의 '경험'이라는 것이다. 이 개인적 '경험'만이 '차이'로 이끄는 이데올로기 생산의 장소라는 것이다. 결국, 개인의 경험과 차이만을 강조하다 보면 대화와 복합구조로 이끄는 '이질성'의 문화 정치학적 중요성을 외면한 채 또 다른 파편화의 '본질주의'에 빠질 가능성이 많다.

4) 비판적 그리고 저항 복합문화주의(Critical and Resistance Multiculturalism)

비판적 그리고 저항적인 복합문화주의자들은 단일문화주의와 문화적 헤게모니에 반대하여 좀 더 큰 사회적 경제적 평등을 추구할 뿐 아니라 문화학과 사회과학을 연계시키고 억압적이며 통제적인 권력을 무력화하여 비판적이며 쟁투적인 복합문화 상황을 새롭게 창출해 내고자 한다. 그 이론가의 한 사람인 헨리지루는 비판적 복합문화주의에 대해 "자유주의 복합문화주의자들과는 반대로 비판적 복합문화주의는 단순히 차이들을 인정하고 고정관념들을 분석하는 것 이상의 의미를 가진다. 좀 더 근본적으로 비판적 복합문화주의는 종족차별과, 다른 형태의 차별을 만들어 내는 다양한 역사, 문화적 내러티브들, 재현들, 제도권들을 이해하고 참여시키고 변형시키는 것을 의미한다"(328쪽)고 지적한다.

어떤 의미에서 앞서 말한 (좌파) 자유주의적 복합문화주의는 '개혁'이라는 말속에 쉽게 함몰되어 사회 변혁적 기획 의지가 강력하지 못하다. 따라서 복합문화주의가 저항적 시각에서 의미와 정체성의 구성에 있어 언어와 재현이 행사하는 역사를 강조한다는 점에서, 우리는 특히 포스트구조주의나 포스트모던의 시각을 원용할 수 있다. 기표와 기의의 관계는 불안정하고 불확정적이다. 기호들은 어떤 문화적 현실을 정당화해 주는 특정한 재현의 양식을 창출하는 이념투쟁의 영역이다. 저항은 텍스트 안의 부호 속에서만 일어나는 것이 아니라 텍스트 밖의 사회, 문화, 제도적인 관계 속에서도 일어난다. 저항의 복합문화주의는 앞서 보수주의적 복합문화주의와 (좌파) 자유주의적 복합문화주의 모두가 결국은 본질주의적인 논리를 견지하면서 정체성을 자율적이고 자기 지시적인 독립체로 보는 것을 잘못한 것으로 본다. 저항의 복합문화주의는 '문화' 또한 조화롭게, 정체적이고 화석화된 것으로 보지 않고 다양한 역사와 문화와 사회적인 '차이'에 의해 생겨난 '복합성'을 가진 '역동적'인 것으로 파악한다.

좌파적—자유주의 복합문화주의가 저항을 재현의 지배적인 체계를 와해시키는 것으로 본다면, 비판적 복합문화주의는 한 걸음 더 나아가 모든 재현이 기표들과 그들의 기의들에 대한 사회적 투쟁의 결과라고 주장한다. 다시 말해 비판적 복합문화주의에서의 저항은 사회적 투쟁에 좀 더 위반적으로 개입하고 종족, 계급, 성별의 특권에 따른 지배권력을 변화시키는 데까지 이르고자 한다. 가부장제, 자본주의와 백인지배의 구조적인 억압들에 저항하기 위해 권력관계에 비판적으로 개입하는 것이다.

5) 모반적인 복합문화주의(Insurgent Multiculturalism)

하나의 중요한 정치적 담론으로서의 복합문화주의의 새로운 페다고지의 가능성을 탐구하고자 하는 시도를 하는 모반적인 복합문화주의가 있다. 모반적인 복합문화주의자들은 지배하고 동질화하려는 권력을 변형시키고 두 가지를 해방적인 목적으로 전화시키고자 한다. 보수적인 복합문화주의와 자유주의적 복합문화주의는 정치적이며 페다고지적인 관심사에 관한 좀 더 폭넓은 백인 우월주의를 견지하며 사회적인 권력에 대해서는 논의를 금하는 출입 금지 구역으로 만들었다.

그러나 모반적인 복합문화주의는, 페다고지의 개념을 확대하여 적용시키고 있다. 헨리 지루는 모반적인 복합문화주의에 대해 "하나의 민주주의적 또는 모반적인 복합문화주의는 학생들과 다른 사람들을 학문의 경계 사이를 넘나들고 문화적 차이가 있는 지역들 안에서 여행하게 하기 위해 새로운 언어를 제공하는 복합문화주의이다. 이것은 제외와 차별의 장소로서 문화적이며 인종적인 차이들의 경계에 도전하는 동시에, 복합문화적이며 다인종적인 민주주의의 명령들을 확장시키고 좀 더 폭넓은 시도의 일부분으로 문화적 차이들의 대본을 다시 쓰는 언어이다"(329쪽)라고 말하고 있다. 지루는 모반적 복합문화주의가 교육의 장에서 학생들과 교사들이 새로운 경계를 넘는 사람들이 될 수 있는 공간을 만들기 위해 다른 문화와 대화하고 다원적인 문화에 관한 새로운 이론을 창출할 수 있는, 비판적이며 윤리적인 작업에 참여해야 한다고 했다. 우리는 이러한 복합문화 교육과정을 통해 다민족 복합문화적인 진정한 민주주의 사회를 만들어내는 일꾼들을 길러 낼 수 있다는 것이다.

6) 다중심적 복합문화주의(Polycentric Multiculturalism)

복합문화주의 논쟁에서 신보수주의자들은 복합문화주의자들이 미국을 발칸화하고 국민들을 포용하지 않고 분열시킨다고 비난한다. 이 신보수주의자들은 폭력과 분열이 힘의 불균형 배분에서 온다는 사실과 복합문화주의는 좀 더 균형적인 사회관계를 지향하려 한다는 사실을 간과하고 있다. 여기에서 문화적 집단 사이의 권력관계를 근본적으로 재구성하고 재개념화를 요구하는 좀 더 상호관계적이고 급진적이며 과격한 복합문화주의자들이 있다. 이들이 바로 다중심적 복합문화주의를 주장하는 사람들이다. 서로 다른 '소수민족들'이 지역 사회 사이의 활발한 연대 관계를 구축하여 '다수'가 되고, 정치적으로 재부족화한다. 로버트 스탬과 엘라 쇼햇은 '다중심주의'를 다음과 같이 설명하고 있다.

> 우리의 견해로는 다중심주의의 개념은 복합문화주의를 세계화시킨다. 이 개념은 다양한 지역 사회들이 내면적이며 부분적으로 중복되는 명령들에 따라, 국민 국가 안에서 그리고 지역사회 상호 간에 관계들을 재구성하는 것이다. 다중심의 비전 안에서 세계는 많은 역동적인 문화적 지역들과 많은 가능한 유리한 위치들을 가지고 있다. 우리가 '다중심주의'를 강조하고 잇는 기원의 공간적 지점이 아니라 권력, 에너지, 투쟁의 장들이다. 우리에게 〈다〉(多)는 권력의 중심의 한정된 명단을 가리키는 것이 아니라 차이 만들기, 관계성, 연계의 체계적인 원리를 도입하는 것이다. 이 세계의 어느 한 지역 사회, 한 부분도 경제적인 힘이건, 정치적인 힘이건 간에 인식론적으로 특권을 누리지 않는다. (300쪽)

다중심적 복합문화주의자들은 권력을 확산하기 위해, 지금까지 억압받고 주변부화된 자들에게 힘을 부여해 주기 위해, 제도와 담론을 변혁시키고자 한다. 이들은 또한, 정체성이란 것을 통합하고 고정되고 본질주의적이라는 생각을 거부하고 복합적이고 불안정하고 역사적이고 차이가 생기는 다형태를 가진 것으로 간주한다. 이들은 무엇보다도 상호적이고 대화적이어서 모든 것을 상호 침투적이며 변화할 수 있는 것으로 파악하여 모든 것을 시공간적으로 관련시키는 연계의 망을 구축하는 것이다. 예를 들면 방법론적으로 매체 연구, 문학 이론, 민족학, 제3세계 페미니즘, 포스트식민주의 이론 등을 서로 연결시킨다. 텍스트 구성도 언제나 텍스트 상호적이다. 시, 소설, 역사들을 상업 TV, 대중음악, 저널리즘, 광고들과 연결시켜 좀 더 광범위한 담론적 관계망을 구축할 수 있다.

6.3. 찬반 논쟁들: 문학, 문화, 교육을 위한 논의들

1) 해롤드 블룸, 『서구의 정전』

원래 정전(正典)은 우리의 교육 기관에서 책의 선택을 의미하였고 복합문학주의와 관련한 논의에서도 정전은 진정한 문제로 남는다. 아직도 읽기를 원하는 사람은 역사에서 이렇게 늦게 무엇을 읽기를 시도할 것인가?…

정전 없이는 여러분의 생각은 멈춘다…

이데올로기는 만일 여러분이 미학적 입장 자체가 하나의 이데올로기라고 고집한다면, 문학의 정전 형성에 엄청난 역할을 한다. 그러한 고집은 불평의 무리들(School of Resentment)의 여섯 가지 비평 유파인 페미니스트, 마르크스주의자, 라캉주의자, 신역사주의자, 해체주의자, 기호학자 모두에게 공통적인 것이다…

만일 문학의 정전들이 단지 계급, 종족, 성별과 국가적 이해의 산물들이라면 아마도 똑같은 일이 음악이나 시각예술을 포함하는 다른 미학전통에도 적용되어야 할 것이다. 그렇게 되면 마티스와 스트라빈스키는 조이스나 프루스트와 더불어 4명의 죽은 유럽의 백인 남성으로 사라질 수도 있다. 불평의 무리들이 문학 연구자에게서처럼 예술사가와 예술비평가들을 지배하게 될 때 우리가 모두 게릴라 소녀들이 마구 그린 그림으로 몰려간다면 마티스는 아무런 주목을 받지 못할 것인지? 이러한 질문들이 잘못이라는 것은 불평의 무리들이 마티스의 탁월성을 접할 때 지고, 스트라빈스키가 세계의 발레단들을 위한 정치적으로 올바른 음악으로 대치될 위험이 없다는 것도 분명하다. 그렇다면 왜 문학은 우리 시대의 사회적 이상주의자의 도래에 그렇게 약한 것일까? 그 대답으로는 다른 예술보다 상상문학을 생산하고 이해하는 데 더 적은 지식과 더 적은 기술적 숙련이 필요하다는 사람들의 일반적인 환상 때문일 것이다.[76)]

2) 헨리 루이스 게이츠 2세, 『풀린 정전들: 문화전쟁에 관한 노우트』

복합문화주의란 무엇인가? —(중략)— 우리는 복합문화주의가 미국문화를 파편화하여 각각 분리되고 신성한 종족적인 고립된 장소들의 집합체로 만들려 한다는 말을 들어 왔다. 복합문화주의가 서구전통 속의 문학과 예술을 위협하고 있다는 말을 들어 왔다. 복합문화주의의 목적은 학교의 교과과정을 정치화하여 정직한 역사적인 학문을 소수민족들의 자존심을

76) Harold Bloom. 『*The Western Canon: The Books and School of the Ages*』. New York: Harcourt Brace & Co., 1994. 15, 29, 41, 527쪽

키우기 위해서만 계획된 "느낌이 좋은" 강의 계획서로 대치하는 것이라는 말도 들었다… 많은 학자들과 교육자들은 — 보수주의자들뿐 아니라 자유주의자들까지도 — 복합문화주의에 대해 반응해 왔다. 결국 많은 복합문화주의가 단지 민족적 맹목적 애국심을 위한 예쁜 이름에 불과하다면 누가 그것을 필요로 하겠는가? —(중략)—

복합문화주의가 우리의 사회적 비리를 해결하는 마술적인 만병통치약은 아니다… 우리가 만들어 온 사회는 관용의 가치들 없이는 단순히 살아남지 못할 것이다. 그리고 문화적 관용은 문화적 이해 없이는 무의미한 것이다. 결론적으로 다음 세기에 미국이 당면하는 도전은 결국 인종 색깔에 대해 오랫동안 침묵을 하고 있는 문화들에 반응하는, 진정으로 공통적인 공공문화의 형성이 될 것이다. 만일 우리가 다원주의 국가로서의 미국을 방기한다면 우리는 미국이 재현하고 있는 바로 그 실험을 포기하게 될 것이다.[77]

3) 에드워드 사이드, 『문화와 제국주의』

나를 오해하지는 말라. 대단한 문화적 다양성에도 불구하고 미국은 통일성있는 나라이고 또 앞으로도 그럴 것이다. … 나는 그것들이 국가의 분열의 조짐이라고는 생각하지 않는다. 전체적으로 보아 역사를 억압하거나 부정하는 것보다는 탐색하는 것이 더 낫다. 미국이 우리의 주의를 요구하는 그렇게 많은 역사를 갖고 있다는 사실에 대해 갑자기 두려워할 필요는 없다. 왜냐하면 그것들은 대부분은 이미 오래 전부터 있어 왔으며, 바로 그것들로부터 '하나의' 미국사회와 정치가 (심지어는 역사기술의 한 스타일

---

77) Henry Louis Gates, Jr. 『*Loose Canons: Notes on the Culture Wars*』. New York: Oxford UP, 1995. 174–176쪽.

까지) 생성되었기 때문이다.

말을 바꾸면, 복합문화주의에 대한 현재의 논의 결과는 미국의 '레바논화' 같은 것은 아닐 것이고, 그렇다면 그러한 논의가 정치적 변화와 여성들과 소수 인종들과 이민자들이 스스로를 바라볼 수 있도록 해 주는 변화를 의미한다면, 그러한 변화는 결코 두려워하거나 방어적으로 바라볼 필요가 없다는 것이다. 기억해야만 되는 것은, 이 가장 강력한 형태의 해방과 계몽의 내러티브가 분리가 아니라 '통합'의 내러티브 — 즉 주요 그룹으로부터 제외되어 온 사람들이 그 속에서 자신들이 위치를 찾으려는 통합의 내러티브 — 라는 사실이다. 만일 주요 그룹의 낡고 관습적인 관념이 이 새로운 그룹을 허용할 만큼 유연하고 관대하지 못하다면, 그런 관념들은 변해야만 된다. 그러한 변화는, 새로 등장하는 그룹들을 단순히 거부하는 것보다 훨씬 더 나은 행동이 되기 때문이다.[78)]

4) 제랄드 그라프, 『문화전쟁을 넘어서: 갈등을 가르치기로 미국교육에 다시 생기를 불어넣게 하는 방법』

복합문화주의의 도전에 방어적으로 반응하고 '미국을 분열시키는' 슬픈 징후로만 취급하는 대신에 우리는 교육과정 안에서 다양한 복합문화주의의 주장들에 존경심을 가지고 참여함으로써 상처를 치유할 수 있다. 분열성을 끊임없이 공격하는 대신에 우리는 학생들이 논쟁에 참여하고 그 논쟁에서 배우고 그들 자신의 정보에 근거를 두어 선택을 할 수 있는 영역에서 모반자들의 주장에 참여하게 할 수 있다. 우리 모두가 인정하는 저서들, 사상가들, 사상들의 목록에… 미리 정의 내려진 공통문화에 교과과정을 접목

78) 에드워드 사이드. 『문화와 제국주의』 (김성곤, 정정호 옮김) 서울; 도서출판 창, 1995. 42쪽.

시키려고 노력하는 대신에 우리는 공동 토론에 그것을 접맥시켜 얼마나 많은 이견 합일이 일어날 수 있는가를 볼 수 있을 것이다. 그렇게 되면 교과과정은 서로를 지나쳐 버리는 카페테리아 식당 대신, 서로 일단 이야기하는 심포지엄으로 보이기 시작할 것이다.[79)]

6.4. 문화다원주의와 지구마을 시대

복합문화주의에 대한 열띤 논쟁은 1980년대 후반부터 미국의 국가적 정체성, 역사, 교육의 목적, 민주주의의 의미에 대한 문제들과 연계되어 일어났다. 미국인들의 관심이 다분히 백인중심의 '다원주의'(끓는 가마솥 또는 용광로)에서 탈백인의 '복합문화주의'(무지개 또는 샐러드 보울)로 바뀐 뒤의 일이다. 그러나 1990년대에 클린턴 미행정부가 들어섰으나 공화당이 의회를 장악하게 되면서부터 미국사회의 분위기는 돌연 신보수주의에로의 회귀로 바뀌어 갔다. 프란시스 후쿠야마의『역사의 종언』에서 보는 바와 같이 냉전체제에서 구소련과 동구의 사회주의가 와해되자 '외부의 적'에 대한 공동전선을 구축할 필요성이 약화되어서 그런지 — 아니면 여지껏의 동지를 '내부의 적'으로 치부하는 것인가 — 소수민족들을 위한 많은 교육과 공공복지정책의 복합문화적인 기조가 흔들리고 있다. 예를 들어 그동안 주로 소수민족을 위해 시행되었던 이중언어 교육의 폐지와 복지제도 축소, 4학기제의 폐지 동향과 이민법에 대한 강화 등이 그것이다.

각 분야에서의 보수주의 물결은 복합문화주의에 대한 논쟁과 공격도 격화시키고 있다. 많은 신보수주의자들이 '동질성' 회복을 위한 서구 백인 남

---

79) Ggerald Graff.『*Beyond The Culture Wars*』. Chicago: U of Illinois P. 1993. 62쪽.

성 중심적인 사회, 정치, 문화적인 필요성을 끊임없이 집요하게 강조하고 나섰다. 문학과 교육 분야에서 몇몇 예를 들면 아서 슐레진저 2세의 『미국의 분열』(1992), 윌리엄 베넷 2세의 『미덕의 책』(1993), E. D. 허쉬 2세의 『문화 읽은 능력을 위한 사전』(1993), 해럴드 블룸의 『서구의 정전』(1994) 등이 있다. 이러한 신보수주의자의 등장으로 인해 복합문화주의는 잠시 주춤거리고 있으나, 이미 사조적으로 커다란 파장과 흔적을 남겼다. 유행으로 있다가 일회적으로 사라지는 것이 아니라, 이미 각 분야에서 부호변환(transcoding)의 역할을 수행하고 있다고 볼 수 있다. 복합문화주의는 여러 분야로 확산되고 결합되고 있으며, 생태학, 페미니즘, 문화학, 포스트모더니즘, 페다고지, 문학 비평, 포스트식민주의 등과 접맥되어 이론과 실천 면에서 새로운 돌파구를 마련하려 노력하고 있다.

순수한 단일민족 국가인 한국도 이제 고도 전자매체, 통신설비와 엄청난 다국적 기업의 상품이 몰려들어 오고 이제는 세계화 시대에 동참하지 않을 수 없는 상황을 맞게 되었다. 전통적으로 복합문화적인 성격을 띤 국가들보다 어떤 면에서 우리가 다양한 문화 유입에 대한 대응 전략이 미숙할 수도 있다는 점에서, 복합문화주의에 관한 논의는 세계화라는 미명 하에 외래문화(특히 서구문화)에 함몰되어 가고 있는 복합문화 시대에 우리 자신의 정체성 정립 문제와도 관련지어 "우리 자신의 문화적 정체성을 잃지 않고 가능하면 얼마나 주체적으로 타자(문화)에 가까이 다가갈 수 있는가?"라는 문제를 진지하게 생각해 볼 때가 되었다. 진정한 통문화적(transcultural) 또는 상호문화적(intercultural) 대화는 타문화에 대한 적대감은 물론 어떤 지배를 시도하지 않는 관용(tolerance)에서 나온다. 나아가 우리 자신의 문화의 담장에 걸터앉아 여러 문물의 교류와 이동을 통해 자신의 변모와 자신의 영역을 확장시켜 나가는 세계화 시대의 복합문화주의를 통해 이룩할 수 있는 우리 모두의 적극적인 삶의 방식이 되어야 할 것이다.

결국 세계화는 다음 네 가지를 모두 이루어 내야 한다. 국가적으로는 경제 · 정치 · 사회적으로 지구촌의 일원으로 참여해야 하고 제도적으로는 한국사회의 각종 제도의 정비, 국가기관, 기업체, 대학, 언론 등의 정비가 이루어져야 할 것이고 문화적으로도 지방성을 유지하며 보편성을 향한 국제상호의존을 받아들이고 개인적으로든 세계화의 구축에 참여의식을 가지고 실천해야 할 것이다.

이분법적 양극체제에 토대를 둔 거대 담론의 하나였던 냉전체제가 붕괴되고 난 후의 우리에게 가장 중요하게 부각되는 문제는 아마도 다극화 또는 다중심화되어 가는 전 지구적인 상황 속에서의 소수민족 담론(minority discourse)의 확산이 될 것이다. 이러한 문화적 다양성과 문화다원주의가 지배하는 21세기의 세계에서는 맹목적 민족(국가)주의, 종족차별주의, 엘리트주의, 성차별주의, 문화패권주의 등은 점점 커다란 도전을 받게 될 것이다. 중심문화와 주변문화, 거대 도시문화와 소수 지방문화, 서구문화와 비서구문화 등이 서로 억압하지 않고 유기적이고 창조적으로 연계되어 진정한 복합문화주의를 통한 공동문화를 이룰 수 있다면, 그것은 신문명의 시대가 도래하는 것일 것이고(이것이 우리가 도저히 해낼 수 없는 철없는 낙관주의만이 아니라면), 그것은 분명 우리가 지구와 인류의 생존을 위해 반드시 도달해야 하는 생태학적 (문화) 시대가 될 것이다.

문화적 순수주의는 일종의 강박적 단일 또는 유일 문화주의이다. 자신의 문화 속에서만 자신의 문화 정체성을 수립하고자 하는 것은 자폐증적 식민지 콤플렉스이다. 정체성은 타자를 통해서 이루어진다. 각기의 문화는 집중적이고 다양하고 복합적인 양상 속에서 자체의 자리매김을 다져야 할 것이다. 우리의 문화 주체성은 이제 〈글로컬리제이션〉(glocalization) 또는 세방화(世方化)의 모순과 갈등 속에 있다고 해도 과언이 아니다. 따라서 우리는 문화적으로 잡종적이고 교활해야 한다. 이런 속에서 문화는 탄력성과 경쟁력을 가질 수 있다. 다시 말해 특수성을 가진 우리 문화의 보편화를 서둘러야 한다. 따라서 이질문화, 타자문화, 외래문화를 가차없이 받아들이고 적절히 소화해야 한다. 다시 말해 우리는 복합문화주의의 전화를 통해 〈세계화〉 시대에 새로운 문화윤리학을 수립해야 할 것이다.

7장 생태환경 문학 비평

7.1. 인간이 지구의 주인이 된 인류세시대

21세기 인류 최대의 주제는 지구의 환경생태 문제이다. 인간이란 동물을 포함한 3천만 종이나 되는 생명의 종(種)은 모두 지구의 주민들이다. 지구의 45억 년 긴 역사에서 얼마 전까지만 해도 지구의 자연재해나 우주 운행의 격변을 제외하고는 그럭저럭 잘 지내왔다. 그러다 산업혁명이 시작된 200~300년 전부터 지구의 환경 생태 상황이 급격하게 나빠지기 시작했다. 그 후 전 지구적으로 탐욕스러운 인간들의 엄청난 벌목과 난개발, 화석연료의 급격한 사용 증가로 인한 이산화탄소 격증, 그에 따른 기후변화, 오존층 파괴, 지구온난화, 남북극 빙하의 급속한 해빙과 해수면 상승 등으로 인하여 각종 폭염과 가뭄, 나아가 대홍수 등의 현상은 심상치 않다. 지구의 종말이 점점 앞당겨지는 재앙이 우리 눈앞에 시시각각으로 다가오고 있다.

우리 문학 비평가들은 이런 엄청난 재난 앞에서 무엇을 해야 할 것인가? 우리는 더 이상 팔짱 끼고 마냥 앉아 있을 수 없게 되었다. 과도한 인구 증가로 인한 식량난과 특정 가축의 집중적 증가, 핵실험으로 인한 낙진, 해양 수산물 남획 등으로 지구는 고통 속에서 신음하는 재앙의 단계에 이르렀다.

장구한 지구 역사와 20만 년 전 첫 인류가 지구에 출현한 이래 이렇게 짧은 시간에 지구가 급속히 망가진 것은 놀라운 일이다. 제아무리 지구 자체의 자정 능력이 있다고 하지만 지구 환경파괴와 생태체계 교란은 인간이란 동물이 자신과 이웃 생명체들의 하나밖에 없는 거처인 지구에 대한 엄청난 범죄일 뿐 아니라 자살 행위에 다름없다.

아직도 개발우선주의자들은 자신들의 맹목적 개발 이익에 눈멀어 있고 환경 규제와 지속 가능한 개발을 주장하는 환경보호주의자들은 생각과 행동의 불일치를 보이며, 환경공학을 비롯한 과학기술 만능론자들은 자연과 생명에 대한 근본적 사유를 경시하고, 지금까지의 인류 삶의 방식을 근본적으로 바꿀 것을 주장하는 심층생태론자들에게 비현실적이라며 격렬한 비판을 한다. 이런 와중에 근래에 일부 지질학자들을 중심으로 지구라는 행성의 역사적 주기를 새롭게 바꾸어야 한다는 주장이 나왔다. 20세기 중엽부터 인간이란 종이 이제 지구 전체의 운명과 미래를 확실하게 결정짓는 중차대한 시기에 돌입했다는 것이다. 그것이 바로 "인류세"(Anthropocene)이다. 이제 인간은 명실공히 지구의 주인이 되었다는 뜻이다.

그러나 인류세라는 새로운 명명법에는 두 가지 문제점이 노정된다. 첫째는 우리 시대의 인간이 과연 인류세라는 명칭에 걸맞은 엄청난 영향력을 지구에 가하고 있는가? 많은 지질학자와 기후학자, 그리고 환경생태학자는 완전한 합의에 이른 것은 아니지만 긍정적으로 보고 있다. 둘째는 만일 우리 시대가 인류세라면 우리는 어떤 일을 해야 할 것인가이다. 그저 이제 지구는 인간이란 동물이 좌지우지하는 명실공히 인간만의 것이 되었다고 축하라도 해야 하나? 물론 이것은 아닐 것이다. 오히려 그 반대로 인류는 오늘날과 같은 병들고 있는 지구에 대한 막중한 책임감을 느끼는 것이 마땅하리라. 과연 지구상에 나타난 종 중에서 가장 합리적이고 명민하고 지적인 인간이 앞으로 지구 환경생태문제를 결자해지의 심정으로 최선 최대의 노력을 기울여 다른 종들과 함께 동등하고 조화롭게 살아가는 상황으로 만들어야 한다는 지구생명공동체 관리자로서의 무거운 사명을 우리가 다해야 하지 않을까? 여기에 문인들이 문학으로 앞장서야 한다.

7.2. 생태문학, 생태비평(ecocriticism), 그리고 문학생태학(literary ecology)의 수립

우리가 흔히 생명이라고 말하는 개체 생명은 이미 언제나 보생명과의 상호협력과 상호침투하는 '관계' 속에 놓여있다. 개체 생명은 보생명을 무시하고 혼자 번성할 수 없다. 주위의 세포보다 이상적으로 발전하는 세포가 암세포이다. 따라서 개체 생명의 하나인 '인간'은 보생명이라는 생태계, 생명권 안에서 하나의 단위에 불과한 것이다. 인간이라는 동물을 이러한 관계론적 사유 속에 편입시킬 때 인간은 비로소 온생명 안에서 적절한 위치를 찾게 될 것이다. 인간 현상을 독립적으로 그리고 독점적으로만 사유하는 것이 불가능해진다면 관계론적으로 상호 비교하는 것은 중요한 사유 방식이다. 비교하는 것은 개체 간의 '차이'를 인정하고 '다양성'을 확보하고 상호 관계를 수립하는 것이기 때문이다. 문학을 통해 우리는 위와 같은 삼라만상의 생명체들의 상호 관계를 이해하는 생태학적 상상력과 감수성을 훈련받을 수 있다. 이것만이 예술이 고집스럽고 완고한 인간으로 하여금 이미 언제나 자연에 대한 외경심, 숭고미, 겸애, 돌봄에 대한 인식을 갖게 하고, 늘 환경친화적으로 깨어있게 하는 길이다. 생태문학은 자연, 인간, 문화 속에서 상호연계성과 상호 침투성을 몸으로 직접 느끼고 각성하고 배우게 만드는 참여의 미학과 조화의 정치학을 실천하는 기능을 가진다. 우리의 환경생태적 미래는 문학에 달려 있다고 해도 과언이 아니다. 결국 우리는 도구적 지성에 토대를 든 인식의 주제를 녹색화하는 문학생태학을 통해 '느낌의 주체'로서 다시 태어나야 한다.

그렇다면 '생태문학'을 어떻게 정의 내릴 것인가? 자연, 환경, 생태문제를 다룬 많은 문학 작품에 대한 명칭은 녹색문학, 환경문학, 자연문학, 생명문학, 생태문학 등 다양하다. 이 자리에서 "생태문학"을 정의 내리기란 결코 쉬운 일도 아니어서 여러 가지 논쟁이 있다. 그러나 단순한 자연 파괴나 구체적인 환경오염 문제를 다룬 문학 작품을 포함하여 비교적 추상적인 생태 유토피아를 꿈꾸는 거대 담론까지 모두 생태문학의 범주로 넣을 수 있다. 이런 점에서 생태문학자인 독문학자 김용민도 유사한 정의를 다음과 같이 제시하고 있다.

> 생태문학은 생태학적 인식을 바탕으로 생태문제를 성찰하고 비판하며, 나아가 새로운 생태 사회를 꿈꾸는 문학을 의미한다. 그런데 여기서 말하는 생태문학의 가장 중요한 조건인 생태학적 인식을 너무 엄격한 기준으로 보지 말고 폭넓은 개념으로 이해하는 것이 주요하다. 생태학적 인식의 유무에 집착하지 말고, 비록 생태학적 인식이 옅은 수준이거나 그다지 드러나지 않더라도 그것이 생태계 문제를 다루거나 생태학적 인식을 일깨우는 작품이라면 생태문학으로 보아야 한다. 왜냐하면 앞에서 살펴보았듯 생태문학을 너무 엄격하게 정의할 경우 생태 문학의 범위가 매우 좁아져 많은 작품들이 제외되기 때문이다. … 이처럼 생태문학을 단순한 환경 파괴의 묘사를 담은 작품에서부터 생태계의 현 상황에 대한 원인을 성찰하거나 새로운 생태 사회에 대한 대안을 제시하는 작품까지 포함하는 넓은 개념으로 정의하면 오늘날의 다양한 생태 문제를 여러 각도와 관점에서 다루고 있다는 장점이 있다. (『생태문학』, 97—99쪽)

7.3. 문학은 이미 언제나 생태적이다

문학의 기능과 역할은 아리스토텔레스에 의하면 기본적으로 '자연의 모방'이다. 자연을 모방하는 예술은 자연에서 벗어나서 살아가는 인간에게 일정한 보상을 준다. 자연으로부터 너무 멀리 떨어져 있는 인간들에게 심리적 정화도 해주고 즐거움과 가르침을 주는 것이다. 인간 최고의 추동력은 자연으로 돌아가거나 자연을 회상함으로써 생겨난다. 인간과 자연의 관계는 자궁 회귀 본능으로 풀 수 있다. 자연에서 스스로 자신들을 추방한 고단한 인간들에게 자연은 언제나 포근하고 안락한 어머니 품속이다. 문화를 만들기 시작한 원시시대부터 자연과 소외되기 시작한 인간은 이미 생태문학을 만들어내기 시작했다. 그러므로 문학은 만물의 영장이 아닌 동물 인간의 자연 회귀 본능 또는 삼라만상의 큰 고리 속으로 다시 복귀하려는 잔인한 포식자 인간들이 가장하는 겸손의 집단무의식이 아닐까?

문학은 자연에서 벗어나려는 인간 문명의 원심적 작용을 제어하면서 언제나 인간을 자연 속으로 되돌려놓으려는 구심적 작용을 동시에 하는, 이른바 나선형의 반복 구조를 실천한다. 우리는 문학의 이러한 기능을 좀 더 자연 친화적으로 확산시켜야 할 것이다. 자연의 원대한 섭리, 즉 16세기 화란의 놀라운 생태철학자 스피노자가 말한 범신론적인 '신(자연)에의 이성적 사랑'(amor intellectualis dei)을 되찾아야 한다. 스피노자의 시대보다 400년이나 지난 오늘날 근대적인 도구적 이성을 따르는 진보 신화와 개발 논리에 의해 '자연에의 반이성적 사랑'으로 자연은 급속도로 황폐해졌다.

나이가 45억 년이나 되는 지구가 눈 깜짝할 사이에 불과한 지난 2~300

년 사이의 서구 근대문명으로 심각한 생명 멸절의 위기를 맞고 있다. 다양한 종으로 이루어진 자연 속의 삼라만상은 인간이란 동물에 의해 매일 수백 종씩 멸절의 길을 걷고 있다. 이제 문학은 독특한 느낌, 감성, 비전, 통찰력으로 인간이 생태학적 계몽주의 시대로 돌아가도록 이끌어주어야 한다. 그렇다면 문인들은 자연과 환경문제를 어떻게 대중들에게 환기시켜야 할까? 이제 하나뿐인 지구의 환경 생태 문제를 생태학자, 환경공학자, 환경운동가들, 정치가, 정부관리에게만 맡겨서는 안 되고 인간 문명의 현 단계에서 예술 문학가들이 이 환경 생태 위기 문제에 적극적으로 개입할 시기에 이르렀다.

그렇다면 문학은 얼마나 자연 친화적인가? 중국 고전문학에서 우리는 천인합일론과 정경교융론을 만날 수 있다. 고대 중국에서 자연과 인간의 관계는 천인합일론(天人合一論)으로 설명될 수 있다. 인간은 자연의 일부이고 상호 침투적이다. 인간과 자연은 서로 안과 밖이며, 이항 대립의 관계 또는 주체와 객체의 대립 관계가 아닌 상호 보완의 관계이다. 이러한 생각을 드러낸 가장 오랜 기록은 기원전 약 5세기경 노자의 『도덕경』 25장이다. 노자에 의하면 궁극적 4가지 실재는 사람(人), 땅(地), 하늘(天), 자연(自然)이고, 이들은 도(道)라는 우주론적 무위(無爲)의 원리에 따라 상동성을 가지게 된다. 인간은 우주 삼라만상의 스스로 운행되는 원리인 도를 따라 자연스럽게 운행되는 땅, 하늘, 자연과 상응하며 스스로 존재하는 것이다. 이러한 생각은 『장자』에 이르러 좀 더 확실해진다.

> 하늘과 땅이 나와 함께 살고 만물도 나와 함께 하나가 된다. (제물론)
>
> 인간과 자연, 인간과 삼라만상은 상호 연대성을 가진다. 스스로

> 존재하는 우주의 운행 원리인 도(道)가 자연을 법칙으로 삼으니, 인간도 당연히 자연을 따를 수밖에 없다.

이러한 문제들을 『태평경』(太平經)에서 살펴보자. 『태평경』은 기원전 2세기 전반부인 후한 후기에 만들어진 텍스트로 한대의 민간신앙이었다. 원시 도교의 가장 오래된 경전인 이 텍스트에는 물론 '문학'에 대한 전문적인 논의는 없지만 단편적인 언급을 통해서 그나마 동아시아 고대 중국인들의 문학에 대한 인식을 엿볼 수 있다. 이들은 문학의 기원에 대한 설명을 우주론적으로 시작한다. 『태평경』에서 제시되고 있는 문학 개념의 근원은 삼광(三光)인 해, 달, 별과 같은 천문(天文)의 자연과 용이나 호랑이의 무늬에서 나온다. 문학이란 우주와 자연 속의 여러 가지 무늬들의 표현, 즉 다양한 자연현상들의 운행 원리인 도(道)를 밝히는 장치가 된다.

문학은 신에게서 나오고 도의 성취이며 고금의 모든 노래, 즉 문학은 하늘이 내린 것이다. 이 부분은 서양의 고대 문학론의 핵심인 '영감설'(靈感說)과 일맥상통하는 점이 있다. 결국 문학이란 우주의 운행 원리인 도(道)를 사람의 입을 빌려 여러 가지 무늬(모양)로 보여주는 신(神)의 노래 또는 신탁과 같은 것이 아니었을까?

"문학은 도(道)에서 기원하였다"는 소위 '원도(原道)론'은 앞서 말한 바 있는 중국의 문학 이론가 유협(465?~520?)에게서 나왔다. 그는 문학과 도의 상관성을 『문심조룡』에서 다음과 같이 설명한다.

> 문(文)의 덕스러움은 크도다. 천지와 함께 생겨났으니 어찌 그러한가? 검푸른 빛과 누런빛이 색을 섞었다가 하나는 모지고 하나는 둥그렇게 몸을 갈랐다. 해와 달은 구슬을 포개놓은 듯 하늘에 매달

려 형상을 드리웠고 산과 강은 비단에 수를 놓은 듯 질서정연한 땅 위의 모습을 펼쳐내었다. 이러한 모든 것이 아마도 도의 무늬(文)이리라. 위를 우러르면 해와 달이 빛을 발하고, 아래를 굽어보면 산과 강이 아름답게 펼쳐져 있으니, 이는 높고 낮은 것의 위치가 정해진 것이므로 하늘과 땅은 벌써 생겨난 것이로구나. 오직 사람만이 참여할 수 있으며 영혼이 담겼기에 통틀어 삼재(三才)라고 부른다. 사람은 오행의 꽃이요, 천지의 마음이요, 마음이 생겨나면서 언어가 확립되고 언어가 확립되면서 문이 환하게 드러났으니, 이것이 자연의 도인 것이다.

(『문심조롱』, 「원도」, 김종미 옮김, 162~3쪽에서 재인용)

유협은 문학의 문(文)을 우주와 자연의 무늬로 설명한다. 이런 의미에서 '글월' 문(文)은 '무늬' 문(紋)이 된다. 갑골문자에서 문은 큰대자로 가슴을 벌리고 서 있는 사람의 몸에 문신을 한 모습을 상형화한 것이다. 인간의 몸에 새겨진 문신은 우주와 자연의 무늬들이고, 문학은 우주 만물의 무늬가 되며, 그리하여 우주 만물이라는 무늬를 그리는 원리인 도(道)와 자연의 무늬를 그리는 문(학)은 같은 것이 된다. 우주 만물의 무늬 만들기 원리인 도로부터 인간의 무늬 만들기의 문학은 다시 한번 관계 맺기가 가능하게 되며, 천지와 인간은 문학을 통해 조화와 참여의 상호관계가 이루어진다. 유협은 문학이 우주(자연)의 질서와 관계 맺는 행위로, 참여자인 문학가들이 천지자연과 교감한 결과 나온 것으로 간주하고 있으며, "언어(言)의 문(文)이야말로 천지의 마음이다"라고 규정한다.

사람과 자연은 문학을 통해 서로 교통하고 융합된다. 삼라만상이 상호침투적이고 상호 소통하는 관계의 망을 형성하는 것이 바로 자연의 생태학적 존재 방식이다. 인간과 자연은 분리될 수 없고 이미 언제나 하나이다. 이러한 천인상감(天人相感)에 따라 인간은 언어, 시, 문학을 통해 자연과 소통하고 조화를 이루고 하나가 될 수 있는 것이 아닐까? 이런 의미에서 문학은 다시 이미 언제나 생태적이 아닌가? 문학은 이제 자연에 이르는 길이요, 자연은 문학을 통해서 그 모습이 나타난다. 문학은 곧 자연이고 녹색의 상상력에 다름 아니다. 이제 환경 생태학의 세기가 되어야 할 21세기에 고대 문학 이론을 다시 읽는 이유가 분명해졌을 것이다. 그것은 자연=인간=문학의 상호 관계를 근본적으로 재정립하기 위해서이다.

7.4. 『시경(詩經)』을 타고 가로질러 가기

동북아시아에서 현재 남아있는 가장 오래된 시가집인 『시경』은 지금부터 2500—3000여 년 전 주나라 시대 중국 전역에서 불리어졌던 민요들을 기원전 5세기와 6세기를 살았던 공자에 의해 305수로 정선되어 편집된 것이다. 현실적 도덕주의자였던 공자가 이렇게 공을 들여 당대의 시가들을 수집한 사실은 중요하다. 공자는 군자가 되기 위한 인품을 도야하는데 노래와 시를 중요시했다. 이것은 주나라 때부터 내려온 전통으로 예교(禮敎), 낙교(樂敎), 그리고 시교(詩敎) 사상이다. 공자는 논어 「위정편」에서 『시경』을 "생각에 사악함이 없는 것"(思無邪)이라고 한마디로 요약하였다.

주제와 기법이 다양한 『시경』을 읽는 방법도 여러 가지가 있을 수 있다. 오늘 필자는 『시경』의 일부를 환경생태학의 시각에서 읽고자 한다. 지금부터 3000여 년 전 중국인들이 노래했던 시편들에서 환경이 어떻게 다루어졌을까 하는 호기심이 발동하기 때문이다. 『시경』 전체를 환경 문학의 텍스트로 읽고자 하는 것이 아니다. 이 시편들은 연애시가 주류이지만 군신관계, 가족관계, 인간관계, 제사법 등 그 당시 사회 정치 문화 등에 관한 다양한 주제들도 다루고 있다. 또한 당시에는 오늘날보다는 환경이 별로 문제시되지 않았지만 자연과 인간의 관계에 대한 노래도 적지 않음을 알 수 있다. 그 중 몇 편을 골라 읽어보자.

칡덩굴

칡덩굴은 길게 산골짜기에
잎새 무성한데, 누룩제비떼 날아와
떨기나무 위에 모여 앉아 짹짹 지저귄다.
칡덩굴은 길게 산골짜기에 뻗어 잎새 더부룩한데, 잘라닥 쪄내어
고운 칡에 굵은 칡베 짜 베옷 지어 입으리 좋으시고
부모님께 아뢰고 근친을 가려할 제, 평복도 빨고 예복도 빨아
모두 깨끗이 빨아 입나니, 돌아가 부모님께 문안들이기 위함이다.

— 김학주 역, 이하 동일

이 시는 자연과 인간이 서로 조화를 이루면서 평화롭게 사는 모습을 노래하고 있다. 무성한 칡덩굴 위에 누룩제비떼가 노래하고 인간은 칡덩굴을 잘라서 칡베를 짜서 베옷을 해 입고 살아가는 모습이 나타난다. 인간—자연은 "칡덩굴"처럼 얽혀 있고 상호 의존적 관계망 속에서 존재한다. 사람들이 자연물을 가져다가 가공해서 옷을 만들어 입는 등 문화를 이루고 있음에도 인간과 자연이 균형을 잃지 않는다. 오늘날처럼 인간의 지나친 탐욕이 자연을 쉽게 황폐화하지 않으며, 삼라만상이 아름답게 상호 의존을 이루고 살고 있다.

은거

산골짜기 시냇가에 움막을 이룩하니 어진 은자의 마음은 넓네.

혼자 자다 깨어나 말하노니 이 생활을 못 잊겠다 언제나 다짐하네.

울퉁불퉁한 언덕에 움막을 이룩하니 어진 은자의 마음은 크네.

혼자 자다 깨어나 노래하노니 딴 생각 안하겠다 언제나 다짐하네.

높고 평평한 땅에 움막을 이룩하니 어진 은자의 마음은 한가롭네.

혼자 자다 깨어도 그대로 누워 이 즐거움 남에게 얘기 않겠다 언제나 다짐하네.

이 시는 어진 사람이 자연 속에 은거하여 조용히 사는 모습을 즐겁게 노래한다. 자연과의 합일 속에서 유유자적하는 생활로부터 우리는 지금 얼마나 멀리 떨어져 있는가! 자연 그대로의 "울퉁불퉁한 언덕"에 움막을 짓고 사는 은자의 생활은 얼마나 단순 소박한가! 자연을 훼손하거나 개발하지 않는 그는 인간이기보다 자연 그 자체이다. 즐겁게 노래하며 사는 은자의 마음은 크고 한가로우며 그가 사는 곳이 바로 무릉도원인 것이다. 근대적 인간은 자연을 정복하면서 엄청난 물질과학 기술 문명을 이룩했지만 그는 과연 행복한가? 오히려 현대 세계는 더 위험하고 불안하며, 오염으로 가득하고, 분주하기만 한 세상이 아니던가!

시 한 편을 더 읽어보자.

묘문

묘문 밖의 대추나무를 도끼로 자르고 있네.

저이의 착하지 못함은 백성들이 다 알고 있네.
아는데도 그치지 않고 예대로 그 모양이네.
묘문 밖의 매화나무엔 올빼미가 모여들었네.
저이가 착하지 못하니 노래로서 알려 주었네.
알려 줘도 거들떠보지 않으니 신세 망치는 날 나를 생각하라.

이 시는 자연을 마구 훼손하며 나쁜 짓을 일삼는 당시 관리들이나 개발주의자들을 원망하는 노래다. 그것이 나쁘다는 것을 백성들이 다 알고 올빼미도 자연을 대표해서 노래로 알려주건만 그는 자신이 하는 것이 옳지 못함을 알려 하지 않는다. 그는 언젠가 자연의 준엄한 심판을 받고 멸망하리라. 이 노래는 자연훼손을 일삼아 홍수, 폭설 등 기상이 변을 일으키는 현대인들에게 죽음을 상징하는 "묘문"처럼 섬뜩한 아니 절체절명의 메시지가 아닐 수 없다. 대지를 여성에 비유하는 에코 페미니즘이 남성주의적인 자연개발과 착취를 거부하고 자연과의 화해를 강조하며 인간들 사이의 평화 정치를 주장하고 있음은 남성 중심의 개발주의에 깊은 지혜와 예리한 통찰력을 제공한다 하겠다.

탐욕과 오만으로 가득 찬 인간은 자연의 이치나 섭리, 즉 생태체계를 위반하고 무시하게 되면 언젠가 벌을 받는다는 교훈을 얻을 수 있다. '자연을 정복하지 마라. 자연의 지붕 밑에 살려면 자연을 마구 개발하고 훼손하려는 마음을 바꾸고 자연에 대한 외경심을 가지고 살아야 한다.' 그렇게 되면 19세기 영국의 낭만시인 윌리엄 워즈워스의 경우처럼 자연은 우리에게 삭막한 도시적 삶의 고단함을 달래주고 축복을 가져다준다. 자연은 인간을 결코 배반하지 않는다. 인간만이 끊임없이 자연을 배반할 뿐이다.

궁극적으로 문제는 다시 "인간"이다. 환경 생태 문제의 중심에는 이미 언제나 인간이 있다. 21세기에는 인간이 문학을 통해 이제 근본적으로 바뀌어야 한다. 근대적 "경제인간"(homo economicus)에서 탈근대적 "생태인간"(homo ecologicus)으로 변해야 한다. 그래야만 하나밖에 없는 지구상의 모든 기후 재앙의 문제들이 해결의 실마리를 찾을 수 있다.

7.5. 게리 스나이더의 산문집 『야성의 삶』 읽기

1930년 샌프란시스코에서 태어난 게리 스나이더는 1950년대 미국에서 앨런 긴즈버그, 잭 케루악 등과 더불어 비트파 운동(Beat Generation)을 중심으로 "샌프란시스코 시인들"을 구성하였고, 1960년대에는 소위 "반문화 운동"(Counter Cultural Movement)의 토대를 마련했다. 대학에서 문학과 인류학을 공부한 스나이더는 1956년 일본으로 건너가 10여 년간 아시아 각지를 여행하면서 선불교와 인도 사상에 심취했다. 그는 1960년대 후반에 다시 시에라 네바다로 돌아와서 근본적인 생태운동의 하나인 "야성적 삶"을 실천하며 창작에 몰두했다. 1974년, 퓰리처상을 받은 시집 『거북이 섬 (*Turtle Island*)』에 실린 에세이에서 스나이더는 작가로서의 자신의 역할을 다음과 같이 선언하였다. "나는 지식인들의 서재나 정부 관료들의 사무실에서는 보통 논의되지 않을 영역의 대변인이 되고 싶다." 비인간 세계를 대변하는 환경운동가로서 스나이더는 인간도 동물의 하나이며 지구(자연)를 다른 생물들과 공유하고 있다고 주장한다. 이것은 일종의 생명평등주의이며 삼라만상주의이다.

2000년 가을 서울 국제문학 심포지엄에도 참가한 바 있는 스나이더는 "심층생태학"(Deep Ecology)의 주창자이다. 이것은 환경개량주의와 인간중심주의에 불과한 "표층생태학" (Shallow Ecology)을 반대하는 생태철학이며 생태윤리학이다. 심층생태학이란 용어는 노르웨이의 철학자 아르네 네스(Arne Naess)에 의해 만들어졌다. 다음의 8개의 심층생태학 기본 강령을 보면 스나이더의 사상과 문학을 좀 더 이해할 수 있을 것이다.

10. 지구에서 인간 또는 인간 이외의 생명체 모두의 복지와 번성은 그 자체로서 가치를 가진다. 이러한 가치는 인간적 목적을 위한 세계의 유용성과는 별개의 문제이다.
11. 생명체의 풍요로움과 다양성은 이러한 가치를 실현하는 데 기여하고 또한 그 자체로도 가치가 된다.
12. 인간은 기본적인 필요 충족의 경우를 제외하고는 이러한 풍요로움과 다양성을 축소시킬 권리를 가지지 않는다.
13. 인간의 삶과 문화에 대한 반성은 인구의 상당한 감소와 양립될 수 있다. 인간 이외의 생명의 번성은 그러한 감소를 필요로 한다.
14. 인간의 지나친 간섭으로 인간 이외의 세계의 상황은 급속도로 악화되고 있다.
15. 따라서 현재 수행되는 정책들은 바뀌어야 한다. 새롭게 개정된 정책들은 기본적인 경제적, 과학 기술적, 이념적 구조에 영향을 미쳐 그 결과 나타나는 상황은 지금과는 아주 다른 것이 될 것이다.
16. 이념적 변화는 주로 삶의 수준을 높이는 데 집착하기보다는 생명 평등을 중시하는 방향으로 이루어질 것이다. 큰 것과 위대한 것의 차이에 대한 깊은 인식이 생겨날 것이다.
17. 이와 같은 원리를 인정하는 사람들은 필요한 변화를 만들어 내는 데 직접적 또는 간접적 의무를 가진다.

스나이더는 오늘날의 환경문제에 대한 논의를 “인간 중심적 자원 관리라는 정신구조"를 가진 운동과 "자연 전체의 완전성에 대한 인식을 반영하는 가치"를 가진 운동으로 구분한다. 여기에서 스나이더는 후자의 "정치적으로 더 활발하고 더 용기 있으며 좀 더 축제성을 띠고, 더 모험적이고, 더 과학적인 "근본 생태론"(316쪽)의 입장을 수용한다.

> 나는 자연의 어두운 곳으로 가는 "심층 생태"를 상상하기를 좋아합니다… 그 세계는 불합리하고 곰팡내 나고 잔인하고 기생적인 세계라고도 볼 수 있습니다. (197쪽)

> "근본 생태론" 사상가들은 자연계는 그 자체의 가치를 가지며 자연계의 건강은 우리가 제일 먼저 관심을 가져야 할 부분이며, 이렇게 해야 마찬가지로 그것이 인간의 이익에도 최상의 이바지를 한다고 주장합니다. 세계의 곳곳에 있는 원시 민족은 이런 가치를 일깨워주는 우리의 스승이라는 것을 그들은 잘 알고 있습니다. (315쪽)

스나이더는 현 단계의 환경 운동이 환경보호 차원뿐 아니라 "인간 조건의 고통을 생태계의 전체적인 복잡성 안에서 파악"(316쪽)하는 야생의 근본 생태학의 문제로 전환되어야 함을 역설하고 있다.

자연시인으로 스나이더의 "언어"에 대한 관심은 야성적이다. 모든 종류의 이분법을 거부하는 그의 언어관은 아주 독특하여 우선 언어를 육신과 "야성"(the wild)과 결부시킨다. 이 책에서 제시된 육신과 정신의 야성성은 다음과 같다. "우리의 육신은 야성적입니다… 육신은 말하자면 정신 속에 있습니다. 육신과 정신은 다 같이 야성적입니다"(45~46쪽). 스나이더는 지금까지의 통념과는 달리 정신마저도 야성의 영역에 넣고 있다.

이런 맥락에서 언어의 문제는 어떻게 논의되는가? 한 마디로 스나이더는 언어도 야성적이라고 주장한다. 통념적으로 언어는 혼잡스럽고 무질서한 세계를 합리적이고 이성적으로 만드는 기능을 가졌기 때문에, 다른 동물들은 결코 가질 수 없고 인간만의 독특한 문화적 산물이라고 여겨진다. 그러나 스나이더의 생각은 이와 다르다.

> 언어는 정신과 육체에서 나오는 하나의 체계로서 우리의 생리적 요구와 우리의 신경조직과 함께 공동 진화합니다. 상상력이나 육체처럼 언어는 명령받지 않고 발생합니다. 거기에는 우리의 합리적인 지적 능력을 벗어나는 어떤 복잡성이 있습니다… 의식적으로 머리를 짜내지 않고도 우리는 야성적인 무의식의 심연에 광대하게 저장되어 있는 말에 도달합니다…학교에서 언어를 가르치는 목적은 우리를 얼마 안 되는 언어 행동 영역의 울 안에 가두고 몇 가지 선호하는 특징들만을 양성하자는 것입니다… 그러나 언어의 힘, 그 〈가치〉는 야성의 편에 남아 있습니다. (46~47쪽)

이는 언어의 가능성을 그 야성성에서 찾을 수 있다는 말이다. 이것은 20세기 서구의 가장 이성적인 인류학자로 알려진 클로드 레비 스트로스가 "야만의 마음"에서 배운 것과 같이, 자연과 인간은 조화를 이루고 식물이나 동물들에 대한 미적 반응은 지혜의 시작이라는 것이다. 레비 스트로스는 예술을 "국립공원처럼, 문명화된 마음 가운데에 살아남아 있는 상상의 야생지대"로 규정한다. 이런 의미에서 "시"란 가축이 아니라 야생동물이다. 전 지구가 개발 논리에 따라 황폐화되고 있는 시점에서 시는 사막의 오아시스이며 국립공원인 것이다. 언어란 "생물학적"이며, 야성의 복잡성을 말로 표현하면서 진정으로 "문화적"이 되어 인간이 지구상에서 자연을 공경하며 겸손한 태도를 가지고 삼라만상주의를 수용할 때 모든 이분법은 해소되는 것이다. 스나이더는 『공간 속의 한 장소: 윤리학, 미학, 분수령』(1995)라는 책에서 언어 문제에 한층 더 천착한다. 그는 우리의 통념적 언어관과 새로운 언어관을 대비시키고 있다.

① 언어는 인간에게 유일무이한 것이고 대체로 문화적이다.
② 지능은 언어에 의해 형성되고 발전된다.
③ 세계는 무질서하나 언어가 세계를 조직하고 문명화시킨다.
④ 언어가 더 계발될수록 –좀 더 교육받고 명료해질수록— 언어는 자연과 감정의 무질서한 세계를 길들일 수 있다.
⑤ 좋은 글쓰기는 "문명화된" 언어이다.

다음은 스나이더가 생물학적 토대로 보는 "언어"에 대한 새로운 사유이다.

① 언어란 기본적으로 생물학적인 것이다. 그것은 학습되고 연습된다는 점에서 문화적이다.
② 지능은 언어적 뿐만 아니라 비언어적 인간의 의사소통을 포함하는 세계와의 모든 종류의 상호작용에 의해 형성되고 발전된다. 따라서 언어는 사유를 세련화시키는데 강력한 — 그러나 유일한 것은 아닌 — 역할을 한다.
③ 세계(의 마음)는 그 자체로 질서가 있다. 그리고 언어적 질서는 그 질서를 반영하고 축약한다.
④ 세계가 더 완벽하게 발전되고 우리를 가르치도록 허용된다면 (자아나 전해의 방해 없이) 우리는 자연이라는 상호 연계적인 세계에서 우리의 자리를 더 잘 찾을 수 있다.

⑤ 좋은 글은 "야성적인" 언어이다.

시 언어는 기본적으로 생물학적이다. 좋은 시는 야성적이어야 한다. 스나이더는 시를 쓸 때 언어(말)를 먼저 생각하지 않는다. 말보다 어떤 이미지, 음악성, 형태, 느낌을 먼저 떠올린다. 시인의 마음속에서 이들의 춤이 한판 끝나면 스나이더는 언어를 찾는다. 이런 '의미에서 스나이더는 모든 시가 언어로부터 출발한다는 말을 믿는 "언어파 시인"(language poet)은 아니다. 스나이더에게 있어서 언어는 언제나 상상력 뒤에 온다. 그의 상상력은 언어 이전의 것이다. 따라서 그의 생태학적 상상력은 언어적 사유 이전의 야성적 사유에 다름 아니다.

인간은 삶 속에서 야성을 실천할 수밖에 없다. 이런 의미에서 시는 가장 야성적인 예술형식이 된다. 시는 야생동물이 된다. 좋은 시란 조련사에 의해 훈련받은 야성성을 잃은 서커스의 동물이 아니라 야생지에서 포효하는 자연 그대로의 야생동물이 되어야 한다. 스나이더에게 야생 동물의 야수성은 무질서하고 잔인하고 본능적인 것은 아니다. 야생은 자기 통제적이고 자기 조절적이므로 균형적이고 대화적이고 역동적이다. 백수의 왕인 사자라도 최소한의 생존을 위한 먹이사냥 이외에는 살상을 하지 않으며, 인간들처럼 고기를 냉장고에 가득 저장해 놓고 배부르게 먹지 않는다. 사자는 어떤 면에서 인간이란 동물보다 정신적으로 건강하고 도덕적으로 합리적이 아닐까?

스나이더는 자신의 시에서 동식물과의 공감과 교류를 통해서 자연과 인간의 일체성을 노래한다. 그는 우리에게 단순히 "글을 읽고 쓰는 능력"(literacy)과 "문화를 읽고 쓰는 능력"(cultural literacy)만 이 아닌 "자연을 읽고 쓰는 능력"(nature literacy)이 필요하다고 주장한다. 이 새로운 능력은 현대 교양인이 지녀야 할 지능지수, 문화 지수가 아닌 일종의 감정지수(EQ)이다. "자연을 읽고 쓰는 능력"에 의해 교육받은 사람이라면 최소한의 지역 의식을 가지고 기본적으로 우리 주위의 새, 꽃들에 대해서도 알아야 하고 계절의 주기에도 관심을 가져야 한다. 일상적 삶 자체를 야생지에서 자연 친화적으로 살고 있는 스나이더의 문학은 섬세한 생태학적 양심과 의식에서 이루어진 하나의 실천이며 행동 자체라고 할 수 있다. 그의 시 창작 자체가 인간중심주의를 벗어난 지구 생명평등주의나 만물공동체론에 입각한 일종의 이론의 실천이라고 볼 수 있다.

7.6. 문학을 통한 "생태학적 상상력"으로 탈인간중심적 "포스트 휴먼" 되기

전 지구적 차원에서 인류세라는 새로운 시대 구분은 지구 주민인 우리에게 지구의 현재와 미래에 대한 엄청난 인식의 혁신과 행동의 변화를 요구한다. 지구의 역사에서 오늘날 지구에 지질학적으로 가장 결정적인 영향을 끼치는 요인은 강력한 힘을 가진 인간이란 동물이다. 따라서 인간은 지구 환경 생태 관리인으로서 윤리적 의무감을 가지고 구체적 방안을 마련해야 한다. 지구 문제에 있어 우리는 전 지구적 시민으로서 뱀처럼 지혜롭고 비둘기처럼 순수해야 한다. 인류세 시대를 전적으로 책임지는 인간의 이성적인 힘을 낙관적으로 본다. 그러나 그것은 철없는 낙관주의이고 지구라는 생명공동체의 일원으로서 인간의 책임 포기이다.

우리는 "인간 본성"(human nature)에 대한 논의를 지나치게 성선설(性善說)에 의거하고 있다. 일찍이 18세기 계몽주의 시대 영국의 문인 조나단 스위프트가 갈파한 대로 인간은 "이성적 동물"이기보다 "이성이 가능할 뿐인 동물"이다. 인간의 이성이 쉽사리 "광기"와 "야만"으로 바뀌는 것을 우리는 인간 문명과 역사에서 얼마나 자주 보았는가?

다음으로 우리는 대개 "과학기술만능주의자"들이다. 영국 소설가 올더스 헉슬리가 "멋진 신세계"(*Brave New World*)를 풍자했던 것처럼 인간의 과학기술에 지나치게 낙관적인 것은 아닌가? 과학기술의 양면을 균형 있게 보는 것이 필요하다. 우리는 발전 신화와 진보 이데올로기에 빠져 현실 적응과 현실 순응을 빠르게 추종한다. 인류세의 종합적인 제반 상황들에 대한 깊은 사유와 비판의식의 부족이 느껴진다.

끝으로 오늘날은 전 지구(세계)시민 시대임을 감안해 생태론자의 입장에서 비판적으로 그 보완책을 논해보고자 한다. 첫째, 성악설을 포함하여 인간 본성에 대한 심도 있는 이해를 토대로 한 인성(人性)에 관한 깊은 성찰과 교육과 계도의 필요:마음의 깊은 생태학. 둘째, 개발주의, 환경 관리, 지속 가능한 개발을 지지하는 과학기술만능주의의 장밋빛 미래에 대한 근본적인 성찰과 반성. 셋째, 미국 또는 서구 중심의 인류세: 지구의 환경 생태 상황인식에 대한 전 지구적 또는 포스트식민주의적인 사유의 개입 필요 등이다.

비판적 안목으로 애도하는 것도 아닌 "소극(≠부정)의 정치학"을 택하는 것도 고려의 대상이다. 여기서 소극은 부정이 아니라 일단 확신과 열광과 믿음에 거리를 두고 의심하고 차이를 긍정하고 나아가 다른 가능성과 대안도 사유해 보는 비이원론적인 신중함이다. 이것을 인류세 시대의 새로운 문화윤리학의 토대 위에 서서 "포스트 휴먼"을 지향하는 "지혜의 정치학"이라 부르고 싶다. 광활한 원초적 자연 속 어린아이처럼 아니 동물처럼 마음껏 뛰어놀며 우주 속 지구의 자유와 행복감을 느끼는 꿈을 꾼다. (이것은 원생인류시대부터 우리의 DNA에 깊이 내장되어 수십만 년 동안 이어져 내려온 변하지 않는 우주를 향한 조에(ZOE)적 생명 본능/본성이 아닐까?) 이것을 가능케 하는 것은 문학이다.

여기에서 다시 광범위한 "생태학적 상상력"을 제시한다. 여기서 "생태학"은 단순히 지구 환경과 자연의 문제에 대한 논의를 넘어 인식론적, 윤리적, 철학적 차원으로 확산시키는 것이고 문학을 통해 육성되는 "상상력"은 인간이 가지고 있는 언제나 무엇인가 새로운 것을 생각해 내고 만들어 내는 창조력이다. 이 "생태학적 상상력"이야말로 인류문명과 역사의 현 단계에서 가장 필요한 문화 윤리적 강령이다. 인류세 시대의 지배종 인간은 더욱더 겸손해져야 한다. 인간세를 가져온 인간이란 동물의 원죄는 "이미 언제나" 넓게는 오만방자한 인간 중심주의이며 좁게는 탐욕스러운 자본(주의)이다. 인간은 이미 지난 수 세기 동안 성취한 업적에 도취해 "인간신격화"(anthropolatry)되어 인간신(homo deus)이 되었다. 인간은 삼라만상의 깊은 상호 의존성을 깨닫고 "탈인간중심적 포스트휴먼"(post human)이 되어야 한다.

인류세 시대의 인간종은 종차별주의를 과감히 버리고 지구상의 모든 생명 평등주의라는 의식 혁명을 받아들여야 한다. 따라서 인간세 시대의 필수적인 문화 윤리인 "생태학적 상상력"은 탈인간중심적 "포스트 휴먼"에 다름 아니다. 이 지점에서 문학의 개입 지점이 등장한다. 앞에서 이미 밝혔듯이 문학은 이미 언제나 환경 생태학적이다. 우리 시대의 문인들은 지금 당장 문학 창작을 통해 독자들의 생태학적 감수성을 키워야 한다. 혹은 피켓을 들고 거리에 나서서 우리의 인성 자체를 녹색의 상상력으로 바꾸기 위해 환경 운동가로 나설 수도 있을 것이다.

그러나 지구 종말로 치닫고 있는 우리 시대 문인들의 더 근본적인 책무는 각자 창작하는 작품 속에서 치열한 생태학적 상상력으로 인류세시대에 지구의 궁극적 지배자로 등장한 인간이란 동물을 각성시키고 교육해 생태학적 감수성 지수를 끌어올리는 일이다. 지금과 같은 절체절명의 환경위기 속에서 문인들의 이러한 노력이 얼마나 효과를 낼 것인가에 대한 자괴감이 들기도 한다. 더 이상의 지구개발과 지구 학대 행위에 저항해서 문학의 기능을 극대화하는 것은 어차피 오래 걸리는 혁명이 아니겠는가? 그러나 그것을 포기하는 것은 우리 자신과 미래의 세대에게 너무나 위험한 행동이 될 수밖에 없을 것이다.

오늘날 우리는 탄소 과다 배출로 인한 기후변화와 지구온난화로 인류문명 최대 위기에 처해있다. 이러한 위기 상황 속에서 문학의 책무는 너무나 자명하다. 자본과 결탁한 환경파괴의 다양한 현장을 재현하여 고발하고 알리는 것이다. 그리하여 독자들이 생태학적 감수성을 갖추게 해야 한다. 문학이 반생태적인 현실을 완전히 바꿀 수는 없다는 점이 문학담론의 가능성이자 동시에 한계일 것이다. 일상적 삶의 현장에서 문학 독자들이 생태적 의식과 상상력을 갖춘다면 무한 개발주의자들이 무너뜨리는 현실을 받쳐주는 마지막 보루가 될 수 있을 것이다. 브레이크가 고장 난 자동차처럼, 고삐 풀린 말처럼 무섭게 달려가는 환경 생태 파괴는 결국 우리 자신을 파멸로 이끌 것이다.

그러나 여기에서 문학 담론이 극단적인 근본 생태주의로 빠져서는 안 될 것이다. 지나친 이상주의적 환경생태주의보다는 자연을 착취하는 자본가들과 눈먼 개발론자들을 계몽시키고 교육시켜서라도 합리적인 대안을 찾으려는 노력이 필요하다. 지구 인구가 80억 명이나 된 오늘날, 우리가 이제 원시시대로 다시 돌아갈 수는 없다. 악화되는 생태 환경 속에 극단적 개발주의를 "지속 가능한" 개발로 서서히 바꾸는 오래 걸리는 혁명(Long Revolution)이 필요할 것이다. 여기에 우리 문학인의 딜레마가 있다. 무조건 극단적으로 개발을 반대한다고 해도 현재의 위기는 하루아침에 해결될 수 없을 것이다. 환경위기 사태의 진정한 해결을 위해 자본가와 개발론자들을 인내를 가지고 지혜롭게 대처하는 것이 결국 훌륭한 전략이 될 수 있을 것이다.

5부

문학 비평문 쓰기의 실제

1장 문학 비평 쓰기의 방법

2장 소설 비평의 실제

3장 시 비평의 실제

4장 비교문학 비평의 실제

1장 문학 비평 쓰기의 방법

지금까지는 문학 비평의 개념과 기능 등에 대해 원론적으로 접근해 보았다. 그렇다면 실제로 비평을 창작하려면 어떻게 해야 할까? 여기서는 비평문 작성에 대해 살펴보기로 하자. 기초적인 이론을 기반으로 이를 실천적으로 적용하기 위해 실제적인 글쓰기에 관해 논의할 것이다. '문학 비평 쓰기의 방법'은 학술적으로 정립되지 않은 분야이지만, 현장 비평의 목소리를 담아 평론 글쓰기 방법과 실제를 제시해 보고자 한다.

1.1. 비평문 쓰기의 필요성

우리는 일상생활에서 영화나 드라마, 문학 작품에 관해 이야기하는 경우가 많다. 대화를 통해 작품의 좋고 나쁨을 이야기하거나 느낀 점을 서로 공유하기도 한다. 이러한 대화에 분석적이고 지적인 논의가 포함되면, 이미 비평의 영역에 접근한 것이나 마찬가지다. 분석이나 지적 접근을 위해서는 이론이나 근거를 제시해서 설득력을 높여야 한다. 비평문은 의도적으로 작품에 분석적이고 지적인 노력을 투여해 적극적 논평을 가한 노력의 소산이다. 그렇다면 비평문을 통해 무엇을 할 것인가?

첫째, 비평문은 글이라는 형식으로 텍스트와 의사소통하는 것이다. 큰 틀에서는 문학이라는 장(場) 안에서 이뤄지는 소통이고, 작은 틀에서는 구체적인 텍스트를 통해 '삶과 예술'에 관해 대화를 나누는 것이다. 또한, 이 대화는 작품과 비평가의 대화이면서, 비평가와 비평문을 읽는 독자와의 대화이기도 하다. 비평적 대화를 통해 작품에 대한 감상과 해석, 평가가 공유되고, 넓게는 그 사회의 미적 감수성이 만들어진다. 이는 인간 사회에서 예술이 하는 기능을, 비평이라는 형식을 통해 넓게 확산하는 것이기도 하다.

둘째, 비평문은 시·소설 등과 같은 문학적 표현이기도 하다. 예를 들면, 합평회는 문학을 즐기는 사람들이 동아리 모임이나 문학 소모임에서 '작품의 내용을 비롯하여 구성, 형상화의 수법 등 창작에 필요한 여러 문제를 논의'하는 것을 말한다. 합평회는 대상 작품이 참가자들이 창작한 작품이든, 기성작가의 작품이든 간에 서로 토론함으로써 문학 담론의 경연을 벌이는 것으로 볼 수 있다. 이를 통해 작품에 대한 비평적 안목은 높아지기 마련이다. 비평문은 이러한 대화의 단계를 글을 통해 보다 공식화하는 것이다. 글은 기록 보존의 측면을 지니며, 논리적·이성적이고, 주제중심적이다. 비평글은 이러한 기록과 표현과 욕망을 반영한 글이다. 여러 작품에 대한 비평글을 통해 자신의 미적 감수성을 표현하고, 작품에 대한 꼼꼼한 읽기로 상상력을 넓히고, 넓게는 문학과 삶의 변화에 기여할 수 있다. 문학이 수행하는 기능을 일부를 비평문을 통해 구현할 수 있는 것이다.

셋째, 비평문은 문학 제도 내에서 문학을 위해 기여하면서도, 궁극적으로는 문학 제도를 변화시킬 수 있다. 비평문은 개별 문학 작품에 대한 감상·해석·평가 기능을 수행하며, 문학의 건강한 향유에 기여한다. 문학제도 내에서 비평은 독자이면서, 해석의 매개자이면서, 더불어 평가자이다. 이를 통해 개별 작품에 의미를 부여해 주고, 좋은 작품과 나쁜 작품을 선별한다. 그렇다고, 문학평론가가 제도 속에서 부여된 감상자, 해석자와 평가자의 역할만 수행하는 것은 아니다. 개별 작품에서 나타난 예술적 감각들을 시대감각 혹은 공통감각으로 의미를 부여하고, 문학이 나아갈 방향을 제시하기도 한다. 이를 통해 궁극적으로는 문학제도 자체를 변화시키기도 한다. 그렇기에 비평가는 제도 속에서 제도와 싸우는 문학인이라고 할 수 있다.

여기서 첨가할 것은 비평문은 '비평의 윤리'를 따른다는 사실이다. 비평문은 작품에서 출발하여, 새롭게 창작된 글이라는 측면에서 공식적인 책임성이 따르기 마련이다. 비평가는 윤리의식과 책임감을 갖고 작품을 비평하고, 때로는 공평무사한 태도로 작가들을 다룰 필요가 있다. 비평의 윤리는 텍스트에 대한 공정한 평가를 요구하며, 더불어 비평가가 자의식을 갖고 사회적·문화적 책임에 대해 최선을 다할 것을 요구한다.

이렇듯 비평은 1) 문학 내에서 이뤄지는 의사소통이며, 2) 비록 메타비평 형식이기는 하지만 문학적 자기표현이기도 하고, 3) 제도 속에서 기능하면서 제도를 바꾸는 개혁자이기도 하다. 이는 문학일반이 수행하는 기능과 유사하다. 더불어 비평문은 '비평의 윤리'를 유념해야만 글의 신뢰도를 높일 수 있다.

1.2. 비평문 집필 절차

실제 비평문을 작성하기 위해서는 문학 비평에 관한 일반적 이론을 전제한 후, 구체적인 작품과 대화적 관계를 형성해야 한다. 대화는 작품과 비평가의 대화이기도 하고, 비평문을 읽을 독자와의 대화이기도 하다. 그런 의미에서 비평가는 작품에 집중하면서도, 독자를 고려해야 한다. 이 대화 속에서 어떤 정보를 제공하고, 어떤 의미를 생산하며, 어떤 방식으로 독자를 설득할 것인가를 비평가는 고민해야 한다. 그렇다면 비평문을 어떤 과정 속에서 창작할 것인가?

비평적인 글쓰기를 위해서는 대체로 다음과 같은 몇 가지 절차를 밟게 된다.

첫째, 글을 써야 하는 요인에 대해 분석적으로 이해할 필요가 있다. 비평문을 작성하고자 하는 이의 자발적 의지, 표현하고자 하는 욕망, 원고 청탁에 의한 외부적 요인 등이 그 예이다. 글을 쓰게 된 동기에 대한 정확한 이해 속에서 글의 기본적 성격이 규정된다. 자발적인 의지의 산물일 경우, 어떤 것을 글로 담을 것인가에 대한 내적 필요가 분명해진다. 무언가를 표현하고자 하는 욕망에 기반해 비평문이 작성된다면, 그 표현 내용을 구현하기 위해 다양한 전략이 선택될 수 있다. 청탁에 의한 경우, 청탁자의 의도를 반영한 글쓰기를 해야 한다. 청탁 의도를 고려해 자신이 표현하고자 하는 바를 잘 버무려내 의미 있는 글을 구성하는 것이 집필자의 역량이다. 글쓰기의 요인을 정확히 이해하고, 글의 전략을 수립하는 것을 '문제 설정' 단계라고 할 수 있다.

둘째, 글 쓸 대상인 텍스트를 선정하고 기본적인 자료 수집을 한다. 대상 작가에 대한 기본적인 정보, 작품 창작을 둘러싼 이야기들, 창작의 배경 등을 조사해야 한다. 작가에 대해 보다 구체적으로 이해하기 위해서는 작가의 이전 작품을 두루 섭렵할 필요가 있다. 이를 통해 작가의 창작관, 창작 방법, 주제 의식을 미리 파악할 수 있다. 또한 이미 발표되어 있는 비평문이나 작가론 등을 통해 정보를 확보하는 작업도 필요하다.

셋째, 비평문 작성에 있어 무엇보다 중요한 것은 텍스트 읽기 작업이다. 비평문은 작품(원 텍스트)에서 출발해 거기서 창조된 새로운 텍스트(2차 텍스트)이다. 따라서 원 텍스트에 대한 충분한 이해 속에서, 새로운 창작물로 나아가야 한다. 대상 텍스트는 정밀한 독해가 필수적이다. 비평가는 최소한 대상 텍스트를 2번 이상 정독해야 한다. 독자의 입장에서 한번을 읽고, 분석·평가자의 입장에서 두 번 이상 재독(再讀)할 필요가 있다. 작품을 다시 읽을 때는 작품의 배경, 플롯(plot), 등장인물, 구조, 문체, 분위기, 주제 등을 독해해 내야 한다. 이러한 독해의 내용을 책이나 별도의 노트, 혹은 메모지에 기록함으로써 기본적인 정보 수집해야 한다. 무엇보다 독해 과정에서 비평가는 비평문 작성을 위한 글감을 잡아내야 한다. 이를 통해 비평문의 주제 의식을 구현할 필요가 있다.

넷째, 주제 의식을 분명히 한 후 글의 구성을 위한 기본 설계를 한다. 초고 작성에 들어가기 전에 전체 글의 윤곽을 잡는 것이 필요하다. 글의 흐름은 어떤 방식을 선택할 것인가(객관적 어조의 글, '나'를 드러내는 글, 대화적 형식의 글, 서간체와 같은 고백적 형식의 글 등), 주제를 어떤 방식으로 구체화할 것인가(작품에 대한 정밀한 설명, 다른 작품과의 비교, 문학사적 접근을 통한 풍부한 사례 제시, 권위 있는 이론을 통한 분석 등), 주장을 어떻게 설득력 있게 제시할 것인가(명확한 근거 제시, 공평한 해석, 명제의 증명 등)에 대한 충분한 고려가 있어야 한다.

다섯째, 구체적인 집필 과정이다. 집필은 노동이기에 시간을 투여한 만큼 좋은 비평문이 나온다. 더불어 완벽한 구상 이후에 집필하기보다는 집필 이후에 글을 끊임없이 수정 보완하는 것이 좋다. 좋은 글을 만들기 위해서는 초고(草稿)를 효율적으로 작성한 후 시일을 두고 끊임없이 수정, 보완하여 발표하는 것이 필요하다. 원고 집필 과정에서 필요에 따라 새롭게 자료 조사를 하거나, 주제 의식을 심화시킬 수도 있다. 그러므로 원고 집필을 독립된 과정보다는 모든 글쓰기 과정이 응축되어 있는 집약적 과정이라고 할 수 있다.

여섯째, 글의 완성도를 높이기 위해서는 퇴고(推敲)가 중요하다. 퇴고는 글쓴이가 글을 쓴 이후 구성을 고치거나 문장을 다듬고, 내용을 첨가하거나 삭제하는 글쓰기의 마지막 과정을 지칭한다. 퇴고는 글쓰기의 최종 단계이므로 글이 구현하고자 하는 목적에 맞춰 과감하게 삭제하거나, 첨가하고, 구성 등을 바꿀 필요가 있다. 이러한 과정에서 원래의 제목을 바꾸거나, 글의 주제 의식을 분명히 하고, 오자나 탈자를 최소화할 수 있다. 퇴고는 통상 원고 작성 이후 바로 하는 것보다는 하루나 이틀 정도의 시간 간격을 두고 하는 것이 좋다. 그래야, 자신의 글에 대한 객관적 거리두기가 가능하고, 독자의 입장에서 글을 냉정히 바라볼 수 있기 때문이다.

정리하면 비평문은 문제 설정, 텍스트 선정 및 기본 정보 수집, 텍스트의 독해, 구상 및 집필, 그리고 퇴고의 과정을 거쳐서 완성된다.

1.3. 글쓰기의 몇 가지 요령

문학적 글쓰기는 창작자의 개성과 고도의 사유, 그리고 스타일 있는 문체 등 다양한 기법을 필요로 한다. 문학적 글쓰기의 정석으로 간주될 수 있는 방법이나 패턴화된 요령은 있을 수 없다. 하지만, 음악에도 기본적인 발성법이 필요하고, 프로농구나 프로야구에도 기본적인 드리블이나 슛 요령, 공을 치는 타법(打法)과 규칙의 습득이 필요하듯이 비평문 작성에도 글쓰기에 요구되는 공통의 기본기가 있을 수 있다. 여기서는 바로 이와 같은 비평적 글쓰기의 고되면서도 힘든 작업을 보다 효율적으로 해내기 위해 참고할 만한 사항들을 다루어 보았다.

1) 능동적이고 실험적인 자세

비평문은 문학 작품에 대한 해석과 평가를 전제로 하므로 부담을 느끼기 쉽다. 하지만 비평문을 잘 쓰기 위해서는 무엇보다 먼저 대상 작품을 즐기는 자세로 접근하는 자세가 필요하다. 평론이란 우선 글을 쓴 작가를 이해함과 동시에 독자와 즐겁게 대화하는 행위이다. 작품을 통해 심미안을 기르고, 이를 타인들과 소통하는 행위인 만큼 능동적이고도 즐거운 자세로 집필에 임하는 것이 좋다.

신문이나 문예지 등에 적극적인 평론적 글쓰기를 함으로써, 평론가는 자신을 문학적으로 표현하고 작가와 작품에 대해 격려와 충고도 할 수 있다. 따라서 비평문을 쓸 계기가 생기거나 원고 청탁을 받는다면, 자신에게 맞는 글인가를 고려한 상태에서 적극적으로 임할 필요가 있다.

그리고 비평적인 글도 실험적인 자세로 새로운 스타일을 만들어내겠다는 창조적 자세를 갖는 것이 바람직하다. 이전의 관점이나 학설과는 다른 새로운 관점이나 견해, 그리고 스타일을 창조함으로써 성취감을 높일 수 있다. 그래야 스스로 비평의 창조적 참맛을 보면서, 동시에 독자에게 신선하게 다가설 수 있고, 글쓰기에 탄력이 붙을 수 있다. 문장 표현에서도 안이한 어휘 구사보다는 과감하게 실험적이고 문학적인 표현을 적극 활용해, 자기표현에 적극적인 비평 스타일을 만들어 나가야 한다.

2) 쟁점이 될 만한 텍스트 선정과 접근

비평이란 앞에서 살핀 대로 '작품(원 텍스트)에서 출발해 거기서 창조된 새로운 텍스트(2차 텍스트)'이다. 메타 언어적인 성격을 띤 것이 비평 장르이므로 대상 텍스트를 찾을 때 특히 신경을 써야 한다. 따라서 쟁점이 될 만한 작품이나 작가, 또는 적극적으로 의미를 부여하거나 논쟁을 불러일으킬 텍스트를 선정했을 때 좋은 성과를 거둘 수 있다. 문학사적인 가치를 지닌 작품이나 새로운 자료의 발굴이나 의미화를 통해 기존 상식을 뒤엎는 데 기여할 정도의 대상 텍스트를 선정하는 것이 바람직하다.

하지만 비평의 초보자는 당사자의 힘에 부칠 정도로 거창하고 야심만만한 주제에 도전하다가는 실패하기 십상이다. 가령 이미 많은 비평문과 연구 성과가 축적되어 있는 이광수나 한용운을 대상으로 글을 쓰다 보면 새롭게 의미부여하거나, 남이 다루지 않은 주제를 찾기에는 한계가 있기 마련이다. 비평 초심자는 선명한 문제를 지닌 작품 등에 접근하되, 쟁점이 될 부분을 중심으로 좁고 깊게 그리고 날카롭게 다루는 게 좋다. 그렇다고 너무 상식적이거나 안이한 문제를 택한다면 오히려 단조롭고 소득이 없을 수 있으니 유의해야 한다. 그러므로 비평 초보자는 구체적 텍스트 읽기에 충실한 글쓰기를 통해 비평의 역량을 축적해나가야 한다.

3) 텍스트의 정독과 메모의 활용

비평 대상으로 선정한 텍스트는 최소한 두 번 이상 꼼꼼히 읽고 그 작품을 써낸 문인의 대표작들도 두루 살펴야 한다. 이렇게 정독(精讀)하는 과정에서 정밀한 분석을 위해 텍스트에 밑줄을 그으면서 문제점이나 쟁점이 될 만한 부분에는 밑줄을 긋거나 ※ ☆ ? × 등의 부호와 더불어 메모 등을 곁들이는 습관을 가져야 한다. 때로는 형광펜이나 색연필 등으로 본문의 중요 부분을 바로 확인할 수 있도록 표시하고, 포스트잇(post—it) 등을 활용해 직접 인용할 부분을 표시하면 효율적이다. 그래야 읽는 과정에서 생긴 아이디어를 망각하지 않고 포착할 수 있으며, 원고 집필 과정에서 필요한 부분을 효율적으로 인용하거나 글을 흐름에 관한 새로운 아이디어를 만들어낼 수 있다.

텍스트를 읽으면서 작품의 기본적인 내용인 배경, 플롯(plot), 등장인물, 작품의 구조, 작가의 문체나 스타일, 분위기, 구현하려고 하는 주제 등을 정리해야 한다. 큰 틀에서 전체적인 윤곽을 파악한 후 특히 글감이 될 만한 쟁점에 초점을 맞추어 치밀하게 접근한다. 이렇게 전체로부터 시작해 핵심 부분으로 접근한 후 다시 거시적인 시각에서 작품의 문학사적인 위상이나 다른 작가의 작품과 대비되는 특성 등을 정리한다. 작품 자체를 잘 이해한 후에 작가나 작품 이해에 참고할 만한 시대적 상황이나 사회적인 조건 등을 활용할 수 있고, 때로는 시대적 맥락 속에서 이와의 관계되는 부분의 작품 해석에 집중할 수도 있다.

자기 견해를 펼칠 때는 적절하고 분명한 보기를 들면서 조리 있고 자신감 있게 설득해 나가야 한다. 이럴 경우, 일반적인 원칙을 세워서 연역적으로 설명하기보다는 구체적인 사례를 조목별로 제시하며 귀납적으로 실증하는 글쓰기가 타당하다.

4) 참신한 제목과 균형적인 짜임새

평론의 얼굴인 제목은 전체 내용을 아우르면서도 강렬한 인상으로 다가서게 하는 것이 좋다. 제목은 비평의 문제의식과 품격에도 영향을 미친다. 다음과 같은 평론집 제목은 글의 문제의식을 드러내면서도 깊은 인상을 주는 것들이다.

① 김우창, 『궁핍한 시대의 시인』, 민음사, 1977.

② 황종연, 『비루한 것의 카니발』, 문학동네, 2001

③ 이명원, 『마음이 소금밭인데 오랜만에 도서관에 갔다』, 새움, 2004.

④ 김수이, 『서정은 진화한다』, 창비, 2006.

⑤ 박수연, 『말할 수 없는 것과 말해야만 하는 것』, 랜덤하우스코리아, 2006.

⑥ 이광호, 『이토록 사소한 정치성』, 문학과지성사, 2006.

⑦ 서영인, 『타인을 읽는 슬픔』, 실천문학사, 2008.

⑧ 신형철, 『느낌의 공동체』, 문학동네, 2011.

⑨ 김영찬, 『문학이 하는 일』, 창비, 2018.

⑩ 복도훈, 『SF는 공상하지 않는다』, 은행나무, 2019.

⑪ 강수환, 『다르게 보는 용기』, 창비, 2023.

⑫ 송수연, 『우리에게 우주가 필요한 이유』, 문학동네, 2022.

이들 책 이름은 대부분 평론집에 포함되어 있는 글을 제목을 큰 제목으로 끌어온 것들이다. 평론가의 정체성을 드러내면서도, 전체 책을 대표할 수 있는 제목을 끌어왔다. 예전의 평론집 제목들이 딱딱한 형태를 취했다면, 이 책 제목은 감각적인 언어를 사용한 것이 특징적이다. 그렇다면, 구체적인 평론문의 제목들은 어떨까?

① 이성욱 문학평론 「'심약한' 지식인에 어울리는 파멸 — 이인화의 『내가 누구인지 말할 수 있는 자는 누구인가』 표절 시비에 대해」
② 이명재 문학평론 「체념과 저항의 시학(詩學)—김소월재론」
③ 김화영 문학평론 「개와 늑대 사이의 시간—오정희론」
④ 성현아 문학평론 「이차원의 사랑법 — 박상영론」
⑤ 권혁웅 문학평론 「미래파 — 2005년, 젊은 시인들」
⑥ 양경언 문학평론 「작은 것들의 정치성」
⑦ 강경석 문학평론 「진실의 습격 - 민주주의와 문학 그리고 자본주의」
⑧ 인아영 문학평론 「답을 주는 소설과 질문하는 소설」
⑨ 김건형 문학평론 「'퀴어 신파'는 왜 안 돼? — 퀴어 서사 미학을 위하여」

이성욱의 평론 제목은 강한 언어를 사용해 이목을 끈다. 게다가 논쟁을 불러일으키는 방식으로 작은 제목을 뽑았다. 실제로 이 글은 1990년대 패러디/패스티시 논쟁이 몰고 온 평론이었다. 이명재와 김화영의 문학평론의 경우, 큰 제목과 부제목의 위치를 통해 학술논문과 문학평론의 제목이 어떻게 다른가를 바로 확인할 수 있다. 여기에서 ②③④는 「김소월 연구」나 「오정희론」, 「박상영론」과 같은 학술 논문의 제목과 달리, 친근하고 경쾌한 문학평론 제목을 적출했다. 그만큼 평론문의 제목은 개념적이기보다는 구체적이고 감각적일 필요가 있다. 권혁웅의 문학평론은 2000년대 중반 이른바

'미래파' 논쟁을 불러온 글이다. '미래파'라는 새로운 용어를 젊은 시인들에게 대입해 논쟁적 개념을 창출한 예로 거론할 만하다. ⑥⑦⑧⑨는 정치, 민주주의, 퀴어 등과 연결해 특정 주제를 다루었다. 제목도 주제를 부각시키는 방향으로 구성했다.

제목과 더불어 균형 있는 짜임새가 중요하다. 균형적인 짜임새란 예리하고 조리 있는 비평을 펴 가기 위해 기(起)·승(承)·전(轉)·결(結)과 같은 구성이 긴밀해야 한다. 뿐만 아니라, 문제 제기와 그에 대한 해결, 원인과 결말, 시간과 공간 등이 날줄과 씨줄로 연결되는 듯이 짜임새를 갖추어야 한다. 작품론이나 작가론을 펴는 과정에서는 긍정적인 면의 상찬과 부정적인 면에 대한 비판이 작품에 따라 적절히 균형을 이루는 공명한 태도를 취할 필요도 있다. M. 아널드가 지적했듯이 비평에서 공평무사(公平無私)한 엄정성을 잃는다면 비평의 불신을 야기할 수 있다. 이는 비평의 윤리이기도 하다.

5) 개성적 스타일과 문체

문학평론은 시나 소설처럼 서정적 문체를 구사하기보다는 군더더기 없이 명확하고 지적인 문체를 사용하는 것이 일반적이다. 비평문은 비록 이성적인 특성을 지닌 전문적이고 논증적인 글이지만, 지나치게 건조한 학술 논문의 문체를 따르기보다는 일반 독자들을 고려해 즐겁게 읽고 공감할 수 있는 개성적인 스타일과 문체를 실험할 필요도 있다.

비평문은 지식과 정보 전달에만 치중하는 건조체나 만연체의 문장을 피하는 것이 좋다. 부득이한 경우가 아니면 되도록 학술 논문에서처럼 각주 쓰기를 삼가는 것이 상례이다. 요즘 평론에는 각주가 자주 활용되기도 하지만, 이들 대부분의 각주는 본문에서 표기가 가능한 것들이다. 그리고 전문적인 술어나 개념어, 관념어보다는 싱그러운 우리말로 풀어서 쓰는 것도 좋다. 일반 독자들은 문학평론이 외국 이론에 너무 의존함으로써, 실제 작품 읽기를 방해한다는 불만을 제기하기도 한다. 비평문 작성에 녹아들도록 이론을 원용하는 것은 좋으나, 이론적 틀에 지나치게 얽매여 작품을 끼워맞추려 하면 작품도 죽고 비평문도 빛을 보기 힘들어진다. 서구 이론에 얽매이기보다는 작품 자체에 충실하려는 태도를 갖는 것이 중요하다.

요컨대, 바람직한 비평적 글쓰기는 독자와 소통하면서도 독자들의 독서지평을 넓혀주는 것이라야 한다. 좋은 평론문을 쓰려면 당송 팔대가의 한 사람인 구양수(歐陽脩)의 삼다(三多) 정신을 되살려 실천함이 좋다. 그것은 흔히 알고 있는 바처럼, 남의 글을 많이 읽고(多讀), 많이 써 보며(多作), 많이 헤아려서(多商量) 행하라는 것이다. 하지만 이와 같은 비평적 글쓰기의 요령도 결국은 각론에서 다룰 여러 비평 방법을 원용하면서 작품의 구체적 실상에 입각해 적용해야 함은 물론이다.

1.4. 비평문 쓰기 연습

한 비평문을 예로 들어 비평문 작성의 실제를 검토해 보자. 이 글은 「자기애에 갇힌 테러리스트 — 김사과의 장편소설 『미나』」[01)]라는 제목으로 발표된 것이다. 글의 각 부분들이 어떤 고민과 글쓰기 방법을 통해 이루어졌는지를 살핌으로써, 비평문 작성의 실제를 경험해 보려 한다. 인용문은 완성된 전문을 나누어 제시한 것이다. 글의 전개 순서에 따라 인용하며 해설하는 방식으로 비평문 작성의 실제를 설명하고자 한다.

01) 오창은, 「자기애에 갇힌 테러리스트 — 김사과의 장편소설 『미나』」, 〈창작과비평〉 2008년 여름호, 창비, 404~407쪽.

> '한국문학의 과도한 휴머니즘이 싫다.'
>
> 2005년, 문단에 앳된 얼굴을 내밀었던 김사과의 외침이었다. 한국문학에 대한 자신의 생각을 과잉 해석해 표현한 것이겠지만, 기성문단에 대한 도전적인 출사표였다. 실제로 그의 등단작 「영이」는 기묘한 '광기'가 행간에 넘실거린다. 자아가 분리되면서 서로 충돌하는 독특한 서사 속에서 독자는 인간 무의식에 잠재하는 어두운 내면을 감지했으리라. 그의 첫 작품에는 세상을 향한 날선 '대결의식'이 곧추서 있었다.

글의 도입 부분을 김사과 작가의 말을 인용함으로써 시작하고 있다. 글의 서두는 문제의식을 분명히 하거나, 독자의 주의를 환기시킬 만한 내용으로 구성하는 것이 좋다. 더불어 작가에 대한 기본적인 정보를 제공하고 있다. 그의 등단작 「영이」를 제시하면서 김사과가 어떤 개성을 지닌 작가인가를 알려준다. 이는 그의 장편소설에 대한 기대감을 고조시키기 위한 비평가의 의도적 배치이기도 하다.

> 김사과는 한국문학에 매운 바람을 불러일으키는 1980년대생 작가군(김애란 김유진 정한아 최진영 한유주 등) 중에서도 가장 어리다. 또한 정한아와 더불어 단편집보다 장편소설을 먼저 선보인 야심만만한 작가이기도 하다. 1980년대생 작가들은 대부분 자신의 방식대로 새로운 소설 문법을 만들려고 고투하는데, 그중 김사과의 소설은 '독기를 머금은 내면세계'를 개성적으로 버무려냈다.

신진 작가로서 김사과의 위치를 또래의 다른 작가들을 제시함으로써 분명히 드러낸다. 김사과가 2000년대 중반 이후 두각을 나타내고 있는 1980년대생 작가 중에 가장 어린 작가라는 점, 게다가 '광기' '독기'라는 내면세계를 통해 개성을 획득한 작가라는 점이 부각되었다. 더불어 김애란, 김유진, 정한아, 최진영, 한유주 등 젊은 작가들을 제시함으로써 독자들에게 두각을 나타내고 있는 작가들을 알려주는 정보제공을 하고 있다. 김사과의 작품을 검토해 1980년대에 출생한 젊은 작가들의 개성적 면모를 일부나마 확인할 수 있다는 사실을 알려준다. 즉, 개별 작가의 장편소설을 분석하는 정당성을 제시함으로써, 비평적 당위를 확보하려 하고 있는 것이다.

> 장편 『미나』(창비, 2008)는 김사과가 '한국문학의 휴머니즘을 배반'하기 위해 들고 나온 작품이다. 이 소설의 주인공이 김미나가 아니라 이수정이라는 사실에 비춰볼 때, '미나'라는 제목은 독자를 혼란에 빠뜨린다. 이러한 전도된 설정은 자아(이수정)와 또다른 자아(김미나)를 뒤섞어 '대립'을 강조하기 위한 작가의 포석이다. 미나는 수정이 닮고 싶어하는 거울이자, 다른 면모를 지닌 수정의 또다른 자아이다. 수정은 미나가 대안학교로 떠나버린 후, 새로운 거울을 만들거나 거울 없는 독립적 자아가 되어야 했다. 이때 소설이 새로운 거울을 만드는 것으로 귀착되면, 그것은 '청소년 드라마'가 되고 만다. 만약 독립적 자아 형성을 위해 고투하는 과정을 그리게 되면, 그것은 전통적 의미의 '성장소설(교양소설)'로 나아간다. 하지만 『미나』는 이 두가지 길 모두를 가로지르며 질주한다. 이 소설에 대한 찬성과 반대는 바로 이 부분에서 갈린다. 『미나』의 질주를 스타일로 읽어낸 이들은 '혁명'이라고 칭송하고, 극단적인 일탈로 독해한 이들은 '테러'라고 거부한다.

이제 본격적으로 작품에 대한 논의로 접어든다. 작품에 대한 감상과 해설이라고 할 수 있는 부분인데, 비평가는 작품의 내용을 요령껏 제시하고 있다. 비평문은 작품의 모든 내용을 요약 정리해서 제시할 수는 없다. 그렇다고 작품 내용이 어떻게 전개되는지에 관한 정보를 독자에게 제공하지 않은 채 비평을 전개할 수도 없다. 그래서 비평문 논의 전개에 필요한 부분을 요약적이면서도 핵심적으로 제시해야 한다. 위의 글은 장편소설 『미나』가 수정과 미나라는 청소년들을 주인공으로 한 성장과 갈등의 내용을 담고 있음을 언급하고 있다. 이를 통해 독자들은 소설의 내용에 대해 소략하게나마 유추할 수 있다. 이러한 유추가 전제되었을 때, 차분히 비평문의 흐름을 따라올 수 있는 것이다. 더불어 장편소설 『미나』가 비평가들 사이에서 상이한 평가를 받고 있음을 '혁명'과 '테러'라는 용어를 제시해 알려주고 있다.

> 작가의 창조적 의지가 적극적으로 발현되는 가상의 세계에서는 그 어떤 상상도 가능하다. 검열 없이 표현할 수 있는 것도 패기 어린 젊은 작가의 특권이다. 문제는 그 세계가 어떤 감수성을 표현했으며, 궁극적으로 독자에게 무엇을 전달했는가이다.
>
> 먼저 이 소설의 중요한 스타일로 고평되고 있는 언어의 문제를 살펴보자. 『미나』는 '청소년들의 대화법'을 그대로 활용해 '언어적 개성'을 획득하려 했다. 실제로 소설 속에서 수정·미나·민호 등의 대화는 반짝이는 활력과 적절한 비약으로 약동한다. 반면 대화문이 아닌 서술체의 문장은 현재형의 딱딱한 지문처럼 읽히거나, 작가의 지루한 방백처럼 느껴진다. 그래서 대화문의 속도감있는 전개에 비해, 서술문에서 급제동 현상이 빈번하게 발생하고 있는 것이다. 이러한 문제점은 장편의 호흡에까지 영향을 미쳤다.
>
> 이 소설의 구성은 장편서사를 견디기에는 골격이 허술하다. 좋은 장편소설은 성격화된 각각의 인물들이 다른 세계관을 드러내며

충돌한다.『미나』의 도입부는 수정·미나·민호가 등장해, 인물간의 안정적인 삼각구도를 예고했다. 하지만 초반에 주요인물로 제시되었던 미나는 수정의 또다른 자아처럼 기술되고, 민호는 부수적 인물로 밀려나고 말았다. 오직 수정만이 내면성을 갖춘 인물로 설정되어 인물의 성격화가 단조롭다. 결국『미나』는 다양한 인물의 성격화에 실패하고, 수정의 혼란과 과잉된 자의식만 남게 된 것이다.

김사과는 이 소설의 씨앗이 '서울에 사는 한 여고생이 친구를 살해'라는 한줄의 흥밋거리 기사에서 뿌려졌다고 밝혔다. 씨앗은 입시지옥으로 일컬어지는 현재의 교육씨스템 비판을 거름삼아 이수정이라는 인물을 무럭무럭 키워냈다. 이수정은 "학급문집을 위한 설문조사에서 커서 가장 성공할 거 같은 친구에 삼년 연속 일등"(298면)을 할 정도로 우등생이었다. 하지만 일상적 삶은 '뒤틀린 반항'일 뿐이다. 그는 수시로 남자친구를 갈아치우고, 담배를 피우고, 충동적으로 쇼핑을 한다. 이러한 수정의 모습은 허구적 '실재'이기보다는 과장된 '로망'에 가깝다. 로망은 현실의 벽에 부딪힐 때, 허망하게 붕괴되고 만다. 독자들이 수정의 모습에 비판적 거리두기도, 동정적 동일시도 하지 못하는 이유는 수정의 내면적 고통이 '잘난 여고생'의 고뇌로 그려져 있기 때문이다.

작품에 대한 상이한 평가가 존재한다면, 비평가는 그 평가의 중간에 어정쩡하게 서 있을 수는 없다. 판단을 내리고, 그 판단의 근거를 제시해야 한다. 비평의 기능 중 '평가'는 명확해야 한다. 모호한 태도로 평가를 유보하면, 그것은 비평의 기능에 충실한 글이라고 할 수 없다. 그런 의미에서 위의 인용문은『미나』에 대한 비판적 입장을 분명히 하고 있다. 대화문의 속도감에 비해 서술문이 만연체로 전개되어 부조화를 이루고 있다는 점, 장편소설에서 중요한 등장인물의 성격화가 명확하지 않다는 점, 주인공이 낭만적으로 이상화되어 있다는 점을 비판의 근거로 제시했다. 평가와 판단을 위해서는 근거가 중요하다. 근거가 빈약하다면, 그 비평문은 설득력을 갖기 힘들다. 그런 의미에서 비평가는 주장의 근거, 추론에 대한 증명에 충실할 필요가 있다.

> 장장 50여 페이지에 이르는 소설의 결말 부분은 '의도된 충격'으로 전체의 서사를 뒤흔든다. 수정이 미나를 살해하는 파국적 결말을 위해 작가는 일종의 서스펜스 기법을 활용했다. 작품 중간에 나오는 고양이 살해 장면이나, 수정과 민호의 불길한 대화는 예측 가능한 파국의 전조였다. 작가는 작품 전체에 흐르는 의외성과 악마성 때문에 소설의 도입부에서 "이것은 장난이다. 이것은 장난이다. 이것은 장난이다"(10면)라고 세번에 걸쳐서 픽션임을 강조하기도 했다. 납득되지 않는 부분은 '살해된 미나'가 어떤 의미있는 결말을 환기시켰는가이다. 작가는 바로 이 부분에서 '반휴머니즘 소설'을 의도했던 듯하다. 문제는 휴머니즘과 대결하는 것이 아니라, 낡은 휴머니즘을 무력화시키는 것이다. 그런 의미에서 『미나』는 충격을 주었지만, 새로운 의미를 생산하지는 못했다.

작가가 작품의 전편에 개성적으로 배치해 놓은 의외성과 악마성에 대해 논의하면서, 그것이 어떤 의미를 생성했는가에 대해 문제 제기를 하고 있다. 이는 비평문의 첫 부분에서 '한국문학의 과도한 휴머니즘이 싫다'라고 제시한 부분과 대응하는 논의이다. 비평가는 첫 문장에서 제시한 논의에 비추어 "문제는 휴머니즘과 대결하는 것이 아니라, 낡은 휴머니즘을 무력화시키는 것이다"라는 주장을 제기한다. 그러면서 『미나』가 낡은 휴머니즘을 무력화시키는 만큼의 성취를 이뤄냈는가에 대해 부정적인 평가를 내리고 있다. 그 근거로 '반휴머니즘'에 머물러 '새로운 의미'를 생산해 내지 못했다는 것이다. 이 부분은 작품 전체에 대한 평가이며, 비평가의 주장을 명확히 드러내는 역할을 한다. 그렇다면, 결론은 어떻게 전개될 것인가.

> 누군가는 이 소설이 '극단적으로 정직'하다고 평했다. 나는 '극단적으로 무모'하다고 평하겠다. 또, 문학평론가 강유정(姜由楨)은 해설에서 이 소설 속 인물인 수정을 '이어폰을 낀 혁명가'라고 했다. 나는 수정을 '자기애에 갇힌 테러리스트'라고 부르겠다. 나는 이 소설에 반대한다. 하지만 이 작가의 결기와 재능에는 찬성한다. 젊은 작가는 첫 장편을 통해 자신이 감지하지 못했던 결핍을 드러내며, 오히려 자신의 성장을 도울 수 있는 기회를 제공받는다. 『미나』의 결핍은 김사과의 가능성을 보여주는 증거이기도 하다. 젊은 김사과에게 필요한 것은 '반휴먼의 윤리'이다.(*)

기존의 논의에 대해 비판함으로써, 논의의 테제를 완성하고 있다. 글의 제목이 된 '자기애에 갇힌 테러리스트'도 결론 부분에서 따온 것이다. 비평가는 "나는 이 소설에 반대한다. 하지만 이 작가의 결기와 재능에는 찬성한다"라고 말한다. 이는 『미나』가 기대에 못 미치는 작품이라는 것을 분명히 하면서도, 젊은 작가가 갖고 있는 패기는 긍정하고 있다. 젊은 작가에 대한 기대감을 서론에서 제시한 몇 가지 이유에 근거한다. 김사과가 누구보다도 젊은 한국 문단의 신예작가라는 점, 작가적 결기로 개성 창조를 위한 노력을 계속하고 있다는 점, 그리고 실패를 만회할 기회가 얼마든지 있다는 점이 그것이다. 결국, 비평문의 마무리는 작가에 대한 애정 어린 조언을 통해 작품에 대한 신랄한 비판을 상쇄하는 방식으로 이뤄지고 있다.

이상에서 살펴보았듯이 하나의 비평문은 전반적인 자료조사와 작품에 대한 감상과 해설, 그리고 평가와 근거로 이뤄져 있다. 글의 흐름은 글쓴이의 계산에 따라 서로 연결되는 구조를 이루고 있으며, 독자를 고려하는 흐름을 갖추는 것이 중요하다.

2장 소설 비평의 실제

생명 부활과 새로운 창작 미학

— 한강의 중편 『흰』에 대한 담론의 경우들

문제 제기

이미 많은 창작 실적으로 한국인으로는 물론 아시아 최초의 여성 작가로서 2024년 노벨문학상을 수상한 한강의 중편소설 『흰(*THE WHITE BOOK*)』은 문학적 기법이나 작품의 가치로서 빛나고 있다. 연작 중편소설들인 『채식주의자』— 『몽고반점』—『나무불꽃』을 연결한 장편소설 『채식주의자』로 유럽 일대에 출세한 것 못지않게 주목되는 작품이다. 작가는 2016년에 장편소설 『채식주의자』로 맨부커 문학상의 인터내셔널 부문 상을 최연소의 기록으로 수상하였고, 2018년에는 『흰』이 맨부커 문학상 최종 후보에 올라 이전의 수상작 못지않게 높은 평가를 받고 있다. 그것은 참신한 발상과 새로운 여러 소설 기법으로 접근한 성과 때문이다.

이미 뛰어난 문제작으로 평가된 『흰』은 영국 같은 외국에서 많은 관심을 가지고 올바로 평가하고 있음을 인터넷 뉴스 등에서 접할 수 있다. 더욱이 가디언의 2017년 11월 자 서평란에서는 이 책을 "신비로운 텍스트이자 세속적 기도문"이라면서 "다른 방식의 문장으로서는 쓰일 수 없었을 것"이라는 견해와 함께 "작가의 의도와 형식, 목적에 찬사를 보낸다."고 전하고 있다.

그런데 논자의 견해로는 이 작품을 떠올려서 특별한 소설로 메모하듯 틈틈이 쓰게 된 동기는 작가 자신이 갓난아기 전에 열악한 시골 환경 속에서 생명 유지에 위기를 모면한 자전적인 데서였다고 추리한다. 작가의 모친이 작가를 잉태해 있을 당시에 어머니가 장티푸스를 앓으면서 태아였던 아이나 임신부 자신의 목숨 부지를 위해서 자칫 낙태시킬 처지를 모면해서 작가로 활동하고 있다는 생명의 경외감을 느끼는 발상이란 견해이다.

그만큼 이 작품은 실제의 소설 미학적인 기법들을 비롯해서 그 이미지나 제재며 짙은 테마 의식 등에서 보기 드문 문제작이다. 그러므로 이 글에서는 한강 소설 『흰』에 나타난 특성들을 구체적으로 살펴보며 논의한다. 산뜻한 발상에 의한 탈장르적 하이브리드 성향, 자전적인 메타 소설, 옴니버스 형식의 모자이크식 접근, 제목인 '흰'의 함축미 등.

제목부터 특이한 작품 『흰』은 흰빛 이미지나 거기에 연상된 추억담을 정성껏 연필로 눌러써서 메모하듯 적어서 모은 소설이다. 이전의 정석적인 소설 문법과는 상이하게 구성의 틀이 신축성 있고 서사의 방법 또한 다양하고 자유롭다. 그럼에도 화자의 시점은 물론이고 인물, 시점, 사건, 배경적인 면이 자연스럽게 용해된 채 갖추어져 있어서 오히려 효과적이다. 흰 이미지에 관한 작가 자신의 상상과 추억의 조각들을 한데 모아서 빛나는 보석으로 빚어낸 결과물이다. 흩어진 채 흐르는 원초적 기억의 편린들을 모자이크식의 퍼즐 맞추기로 재생해 낸 예술품이다. 그만큼 작가 나름대로 과감하게 이전의 틀을 벗어나서 세심한 배려로 창작적 밀도감을 살린 실험적 혁신의 성과이다.

이야기 줄거리는 작가의 어머니에게서 팔삭둥이 첫딸로 태어난 뒤 2시간 만에 숨진 달떡 같던 언니에 대한 간절한 그리움과 아쉬움으로 그녀를 소설로 환생시켜서 대화하는 내용이다. 더구나 언니가 죽은 이듬해에 조산해서 곧 죽은 오빠까지 건강하게 자랐더라면 작가 자신은 후에 태어나지도 않았을 것이라는 인간 생명과 죽음의 상관성이 공감을 자아낸다.

첫 딸아이를 잃은 이듬해 어머니는 두 번째로 사내 아기를 조산했다. 첫

아기보다도 달수를 못 채우고 나온 그는 눈 한번 떠보지 못한 채 곧 죽었다고 했다. 그 생명들이 무사히 고비를 넘어 삶 속으로 들어왔다면, 그 후 삼 년이 흘러 내가, 다시 사 년이 흘러 남동생이 태어나는 일은 생기지 않았을 것이다. 어머니가 임종 직전까지 그 부스러진 기억들을 꺼내 어루만지는 일도 없었을 것이다.

그러니 만일 당신이 아직 살아있다면, 지금 나는 이 삶을 살고 있지 않아야 한다.

지금 내가 살아 있다면 당신이 존재하지 않아야 한다.

어둠과 빛 사이에서만 그 파르스름한 틈에서만 우리는 가까스로 얼굴을 마주본다.

—「모든 흰」의 서두 전문.

작품 속에서 작가('나')는 마음으로 애타게 그리워하는 언니를 영혼처럼 불러서 상상으로 만나 본다. 1944년에 나치에 저항하다 공습으로 파괴된 폐허가 말끔히 복구된 그곳 도시처럼 인간을 환생시키는 환상의 경지이다. 그렇게 동생의 수학 문제 풀이를 도와주고 투정을 받아주며 소독한 바늘로 동생의 발바닥에 박힌 가시까지 빼주는 언니를 그린다. 하지만 모처럼 생명의 소중함과 혈육의 정분을 나누던 자매는 마무리 부분에서 차마 아쉬운 이별을 고하고 있다.

죽지 마, 죽지 마라 제발.

말을 모르던 당신이 검은 눈을 뜨고 들은 말을 내가 입술을 열어 중얼거린다. 백지에 힘껏 눌러쓴다. 그것만이 최선의 작별의 말이라고 믿는다. 죽지 말아요. *살아가*요.

—「작별」 전문.

작가는 달떡처럼 희고 예쁘게 태어나서 눈만을 떠보고 먼저 간 언니나 누구에게 학대당한 듯 짖지도 못하고 늘 주눅 들어 지내다 추위 속에 숨을 거둔 진돗개 백구처럼 여린 목숨을 통해서 생명의 존귀함을 일깨운다. 심지어는 초겨울의 눈바람 속에 하얀 날개를 접고 죽은 낯선 나라의 갈대숲 옆의 나비에도 관심을 표한다. 중편 연작인 『채식주의자』에서의 아버지나 남편의 가부장적인 폭행이며 동물에 대한 학대에 향한 항거의 거친 몸짓과는 사뭇 대조되는 『노자 도덕경』에서와 같이 유약한 존재의 소중함을 정감으로 되새긴다.

언니로 태어나서 두 시간 만에 죽은 갓난이에 대한 구절이다.

> 이제 처음 허파로 숨쉬기 시작한 사람, 자신이 누군지, 여기가 어딘지, 방금 무엇이 시작됐는지 모르는 사람, 갓 태어난 새와 강아지보다 무력한, 어린 짐승들 중에서 가장 어린 짐승.

—「강보」 부분.

새롭게 실험한 지향점들

한강 소설 『흰』이 이룩한 값진 성과는 모름지기 소중한 생명을 기린 주제 의식뿐만이 아니다. 작품을 통해서 간절한 기도의 언어로써 마음에 깃든 저승의 언니를 이승으로 환생시킨다. 글로써 자신의 삶 일부를 주어서라도 자매가 만나서 위무한 인간 대화의 공간을 창조한 것이다. 한강 작가는 『흰』에서 한 걸음 더 나아가서 시공간의 영역을 한껏 넓히고 있다. 70여 년

전의 폴란드에서 독일군에 총살당한 수많은 바르샤바의 유령들을 추모함은 물론이고 그 도시에서 6세에 죽은 친형의 영혼과 평생을 산다는 남성의 실화를 듣고 있다. 더구나 29세에 히말라야에 등반 갔다가 조난당한 채 만년설에 묻힌 사람의 아들이 유별난 결벽증 때문에 직장 동료들로부터 따돌림을 당한다는 그곳 영화 등.

특히 이 작품에 두드러지게 나타난 한강의 실험적인 새 소설 쓰기 특성들은 여러 면에서 중요하게 다가든다. 이런 점들은 지난 세기에 대두되었던 기존의 신소설— 앙티로망—누보로망 등, 동서양의 소설 문법을 벗어나서 21세기적 창작 기법을 제시했다 할 정도로 괄목할 만하다.

탈장르적인 하이브리드 소설

작품 『흰』은 여느 작가들의 소설과 다르게 시와 수필 성격도 함께한 채 장르적 경계를 벗어난 성격을 지니고 있다. 일찍이 등단 절차를 마친 시인 겸 작가인 한강 스스로 실험적으로 선택한 성과도 크다. 프랑스 등 유럽에서는 이미 문예지 편집에서 특정한 부문에 한정하지 않을 정도로 장르 뛰어넘기(beyond genre)가 일반화된 것이다. 소설 『흰』의 경우, 전체 65개의 항목에서 굳이 구분하자면 책 서두와 「배내옷」 「달떡」 등은 수필적이고 그녀의 후반부나 책 중반부의 「모래」 「백발」 등은 시편에, 후반부의 「수의」 정도는 콩트에 가깝다.

또한 대상 작품인 『흰』 텍스트에는 앞의 「모든 흰」 「작별」 경우에서처럼 항목의 글 대다수가 시 소설 수필 등의 장르로 다양하게 뒤섞인 데다 하얀 영상 사진들도 12점을 첨가하여 시각적 효과를 거둔다. 이런 요소는 일찍이 1993년과 그 이듬해에 시인, 작가로 등단한 한강의 특장점이기도 하다. 물론 질량 상으로 지금까지 시집 한 권뿐인 시 분야보다 몇 곱절 월등한 성과를 이룬 소설 선택이 작가의 체질상 신의 한 수로 확증된다. 이렇게 『흰』은 텍스트부터 여러 가지 장르를 자유롭게 아우르고, 작품의 길이도 일정하지 않아 가장 알맞은 접근으로 드러난다. 그 동원 대상인 「강보」「배내옷」「소금」「눈」… 등을 한 데다 자유롭고 참신한 혼합(hybrid) 형식으로 뒤섞어서 130쪽 안팎 분량의 주옥편을 이루고 있다.

글쓰기 과정과 자신의 삶을 담은 메타소설

작품 『흰』의 창작 실태를 보면 허구 중심의 스토리 중심이던 재래의 여느 소설과 달리 현실에 바탕을 둔 글쓰기이다. 상상적으로 꾸민 이전의 픽션보다는 더 진솔한 자전적 삶을 드러냄과 동시에 자신의 감성을 속속들이 담은 팩션이 진한 리얼리티의 맛을 전해준다. 그러기에 작가는 이 작품에서 스스로 글쓰기 과정과 자신의 체험을 실은 메타소설(metafiction) 기법을 활용하여 자전적인 현장감으로 설득력을 더하고 있다.

작가는 제목 없는 항목으로 시작된 실제 작품의 서두에서 소설 『흰』의 구상과 집필 시점과 장소부터 밝히고 있다.

> 흰 것에 대해 쓰겠다고 결심한 봄에 내가 처음 한 일은 목록을 만든 것이었다.
>
> 강보 배내옷 소금 눈 얼 달 쌀 파도 백목련 흰새 하얗게 웃다 백지 흰개 백발 수의
>
> ……
>
> 하지만 며칠이 지나 다시 목록을 읽으며 생각했다.
>
> 어떤 의미가 있을까, 이 단어들을 들여다보는 일엔? ……

질문에 답하기 어려워 시작을 미루었다. 팔월부터는 이 낯선 나라의 수도로 잠시 옮겨와 세를 얻어 살기 시작했다. …(—이름 없는 첫 항목 서두에서.)

내용 가운데 밑줄 친 부분에 대해서는 작품설명회나 『흰』의 개정판 등에서 한강 작가가 스스로 밝힌 바 있다. 이 작품은 2013년 겨울에 기획해서 2014년에 폴란드 바르샤바에서 안식년을 보내던 던 중 고독과 고요 속에서 메모하듯 1, 2장을 쓰고 3장은 귀국해서 마저 쓴 다음 초고를 일 년 동안 천천히 다듬어 2016년에 발표했다는 것이다. 그래서 광주 민주화운동을 다룬 장편 『소년이 온다』(2014)와 단편 「눈 한 송이가 녹는 동안」(2015)에 이은 『흰』 (2016)을 '혼 3부작'이라고 스스로 이름 지었다고 말한다.

옴니버스 형식의 모자이크

소설 『흰』의 구성 역시 실험적으로 새롭게 접근하는 참신성을 지니고 있다. 흰 이미지로 선연하게 떠오르는 여린 생명들의 소중함과 원초적인 순수의 주제로 이어진 낱낱의 심상들을 옴니버스(omnibus) 형식으로 조합한 작품이다. 동일한 주제에 초점을 맞춘 짧은 시나 일기, 감상문 같은 수필로 메모하고 콩트처럼 쓴 65개 항목의 글을 주워 맞춰서 바람직한 퍼즐의 미학으로 빚어낸 중단편이다.

얼핏 보아 손쉽게 써낸 글모음으로 여겨질 수 있지만 작가 나름대로 세심한 구상을 해서 발표한 작품이다. 세 개의 묶음으로 배열한 '1. 나'에는 12개 항목, '2. 그녀'에는 42개 항목, '3. 모든 흰'에는 11개 항목이 들어 있다. 그 가운데 첫 묶음과 둘째 묶음의 시점이나 화자는 거의가 일인칭인 작가 자신이고 먼저 숨진 언니와 오빠는 '그녀=당신' 아니면 '그' 정도로 다뤄져 흐트러진 면이 없지 않다. 게다가 여러 항목 경우, 글들의 분량과 장르가 다양한 데다 중요한 내용을 담은 맨 처음의 '1부 나'와 '3부 모든 흰' 갈래의 첫 항목은 제목도 달지 않고 있다. 그럼에도 모두가 흰 이미지와 함께 안타깝게 숨진 죽음이나 소중한 생명 의식에 초점이 맞춰져 있어서 독자들의 흉금을 울리는 것이다.

이미지가 선명한 소설

이 작품은 특이하게 『흰』이라는 제목부터 선명한 색채이미지와 함께 원초적인 순수와 영혼 같은 기미를 드러낸다. 그리고 '희다'의 관형형 수식어인 '흰' 다음에 올 다양한 명사 등, 피수식어의 폭 넓은 활용성이 따르게 마련이다. 어쩌면 함축미 면에서 백의민족의 문화와 정신에도 뿌리가 닿는 심상이 되고 남는다. 작가는 스스로 "죽은 언니에게 삶의 어떤 부분을 주고 싶은데 그것이 아마 '흰 것'"들이 될 거라 생각했고 "'흰'은 더럽히려야 더럽힐 수 없는 투명한 생명, 빛, 밝음, 눈부심"으로 여겼기에 그 의미가 짙다.

이렇게 투명한 흰빛 색채이미지는 더욱이 작가가 살아온 삶에서 만나거나 생각한 사물들과 연결된 경우라 의미가 깊다. 65항목에 이르는 절절하고 구체적인 사회의 실제를 다채롭게 반영한 작업은 새로운 가치를 이루기에 충분하다. 단, 그 가운데 「침묵」 항목 하나만은 입을 닫고 있는 조용한 마음이 비워진 상태라 흰 심상인지 궁금하지만. 그것은 아무래도 『채식주의자』에서 세속적인 탐욕이 자행된 핏빛 이미지와는 반대된 심상임은 물론이다.

간절한 걸 호흡대로 쓴 문체

소설 『흰』에서 활용된 한강의 문체는 무엇보다 성실한 자세로 간절한 것을 호흡대로 다채롭게 쓴다는 점이다. 이런 견해는 "전 탐미는 별로 하고 싶지 않아요. 어떤 간절한 마음, 진심을 향해 가려는 마음이 있어요."라고 작가 스스로 밝힌 말과도 일치한다. 그러기에 영문으로 번역된 책을 통해서 읽고 밝힌 가디언 신문으로부터도 "감성적 문체에 숨이 막힐 지경"이라는 호평을 받는 모양이다. 이 작품은 65항목이나 되는 사물과 심상에 따른 글쓰기이므로 다양한 성향의 문장이 효율적으로 쓰이어졌다는 조건이 참고 된다. 한강은 자전적인 체험 중심으로 메모해서 일기나 편지 쓰듯, 때로는 추억과 상상 아니면 죽음에 대한 명상이나 기도의 시로 읊어내듯 원활한 글을 써낸 것이다.

우선 한강은 시집 『서랍에 저녁을 넣어 두었다』를 펴낸 시인이기도 하므로 시적인 글이 잘 읽힌다. 단아한 한 편은 서정성 짙은 사색적이고 다른 한 편은 선연한 단막 영화의 한 장면 같다.

> 그리고 그녀는 자주 잊었다.
> 자신의 몸이(우리 모두의 몸이) 모래의 집이란 걸.
> 부스러져왔으며 부스러지고 있다는 걸.
> 끈질기게 손가락 사이로 흘러내리고 있다는 걸.
>
> —「모래」 전문.

또한 「초」의 경우, 앞의 세 단락은 산문, 뒷부분의 다섯 간격을 둔 다섯 행은 시로 섞여 있다. 그러나 그의 시집에는 『흰』에 상관된 글이 발견되지 않아 내용상의 시와 소설의 연관성은 별무했다. 저녁에 우는 새와 교감한

「거울 저편의 겨울 12」와 삶과 죽음의 세계를 다룬 「파란 돌」 정도가 참고 될 뿐이다.

특수한 성격을 띤 한강 소설 『흰』에는 이렇게 여러 장르를 섞어 쓰는 게 가장 적절한 방식의 문장이라고 지적한 영국 일간 가디언의 서평이 공감을 함께 한다. 그리고 무엇보다 글을 멋으로 꾸미기보다는 진실한 마음을 박진감 있게 전하기에 작가의 호흡과 따스한 체온이 독자들 가슴에 와닿는다. 다음과 같은 상상의 경우에서도 갓난이로 죽은 언니를 환생시키기 위한 간절함을 만나는 것이다.

> 그 아기가 살아남아 그 젖을 먹었다고 생각한다.
>
> 악착같이 숨을 쉬며, 입술을 움직거려 젖을 빨았다고 생각한다.
>
> 젖을 떼고 쌀죽과 밥을 먹으며 성장하는 동안, 그리고 한 여자가 된 뒤에도, 여러 번의 위기를 겪었으나 그때마다 되살아났다고 생각한다.
>
> 죽음이 매번 그녀를 비껴갔다고, 또는 그녀가 매번 죽음을 등지고 앞으로 나아갔다고 생각한다.
>
> *죽지 마. 죽지마라 제발.*
>
> 그 말이 그녀의 몸속에 부적으로 새겨져 있으므로.
>
> 그리하여 그녀가 나 대신 이곳으로 왔다고 생각한다.
>
> 이상하리만큼 친숙한, 자신의 삶과 죽음을 닮은 도시로.
>
> —「그녀」 전문

한강 작가는 글의 여러 군데서 아래와 같이 친근한 수필로 독자들과 대화하듯 소통하는 힘을 활용하고 있음은 물론이다. 이런 글은 그의 시적이고 소설적이며 때로는 의식의 흐름을 탄 자아의 표현 구절들과 좋은 조화를 이루고 있다.

> 지난봄 누군가 나에게 물었다. 당신이 어릴 때, 슬픔과 가까워지는 어떤 경험을 했느냐고. 라디오 방송을 녹음하던 중이었다.
>
> 그 순간 불현듯 떠오른 것이 이 죽음이었다. 이 이야기 속에서 나는 자랐다. 어린 짐승들 중에서도 가장 무력한 짐승. 달떡처럼 희고 어여뻤던 아기. 그이가 죽은 자리에 내가 태어나 자랐다는 이야기
>
> —「달떡」 항목 중에서.

이후의 기대 지평

위에서 우리는 근래 국제적으로 권위 있는 문학상에 이어 2024년 노벨문학상 수상에 이르기까지 한강 자신의 존재를 세계에 알린 『채식주의자』와 『흰』의 실체를 감상, 논의해 보았다. 이미 소설집과 장편 등 20여 권의 소설을 비롯해서 시집 및 산문집을 펴낸 수상 작가의 문학적 요체를 살펴본 편이다. 작품 발표상으로 10년의 편차를 지닌 두 작품을 통해서 우리는 한강 소설의 원형질과 적지 않은 변모양상을 파악할 수 있을 것 같다.

『채식주의자』와 『흰』은 여러모로 대조적인 면을 보인다. 그것은 두 작품이 시리즈로 발표한 중편을 묶은 장편임과 수많은 조각의 글들을 모아서 엮은 중편이라는 차이 때문만은 아니다. 요컨대, 표제부터 산문적 명사인 『채식주의자』는 가부장적이고 관습적인 가정의 폭력에 피폐해진 여성(김영혜)의 항거적인 몸짓을 사회적인 접근으로 이루어낸 역작이다. 이에 비해서 제목부터 시적인 『흰』은 인력으로는 어쩔 수 없는 탓에 일찍 숨진 갓 난 1년 위 언니의 생명을 영혼처럼 살려내려는 소프트웨어적인 접근의 글쓰기 노

력으로 이룬 문제작이다. 그리고 위의 두 작품과 함께 노벨문학상 수상작에서 비중 있게 다룬 두 장편과도 대비적인 터라 가치가 높다. 1980년의 5·18 광주 민주화 운동의 참상을 중학생 동호와 정대 자매를 통해서 내밀하게 서사화한 장편 『소년이 온다』와 1948년 제주의 4·3항쟁으로 인한 역사적 비극을 강정심과 인선 가족으로 되살린 장편 『작별하지 않는다』는 거대한 각기 국가 권력에 의한 서사라서 앞의 두 작품과도 판별된다. 나중의 두 장편은 거대한 공권력의 폭압에 희생된 시민들의 기록이기 때문이다.

그런 점에서 "한강은 자신의 작품에서 역사적 트라우마에 맞서고 인간 삶의 연약함을 폭로하는 강렬한 시적 산문을 남긴 작가"라는 스웨덴 한림원의 노벨문학상 선정 이유는 타당하다. (이명재)

3장 시 비평의 실제

혁명을 꿈꾼 시인들
— 김수영과 김남주

혁명은 유토피아 이미지로 싹튼다

혁명은 도식적인 이론에 기대서 일어나지 않는다. 혁명은 마음의 이미지가 불을 지피고, 부정적 현실에 몰린 삶의 의지들이 폭발하여 일어난다. 실현되지 않은 혁명은 상상적 이미지이다. 그렇기에 '혁명'은 '상상'으로 만들어낸 유토피아 이미지에 기댄다. 문학은 이미지의 창조와 깊은 연관이 있는 혁명을 노래한 경우가 많다. 독일의 하이네와 브레히트, 프랑스의 아라공, 러시아의 마야코프스키, 칠레의 네루다는 세계 문학사에서도 기억하는 열정적 언어를 만들어낸 시인들이다. 일제 강점기 한국 문학사에서는 한용운, 임화, 이육사가 민족의 참담한 현실 속에서도 민족해방의 미래를 시로 이미지화했다. 이렇듯, 시야말로 혁명의 이미지를 내장하고 있는 예술이다. 시는 함축적이고, 은유적이며, 예언적이다. 좋은 시에는 그 언어가 속한 공동체의 열망이 기입된다. 그런 의미에서 시 자체가 혁명적인 것이 아니라, 공동체의 열망이 시를 혁명적이게 한다.

우리 시대의 시는 혁명을 버렸다. 집요한 언어적 유희가 시를 지배하고 있다. 사소한 것들의 정치성이라는 측면에서는 시적 의미가 있지만, 구조적 문제에 대한 무능이라는 측면에서는 시의 책임 방기이다. 시인들은 스스로를 규명하지 못하면, 연대가 불가능하다는 사실을 강조한다. 내부로 침잠하는 시는 자기 혁명으로서 의미가 있지만, 외부로 열려 있지 않은 시는 자폐적이다. 이렇다 보니, 혁명을 노래하는 시는 진부한 것인 양 이야기되고 있다. 현실의 부정성이 심화될수록, 혁명의 가능성은 높아진다. 불가능한 것을 꿈꾸는 것이 바로 혁명이고, 시는 항상 불가능의 한가운데 있었다.

한국 현대 시사에서 혁명의 펄떡거림을 언어로 이미지화한 시인들은 누구였을까? 해방 이후 한국 문학사에서 혁명을 노래한 대표 시인으로 김수영, 신동엽, 김지하, 김남주, 박노해를 거론할 수 있다. 그 첫손가락에 김수영을 꼽는다. 김수영은 시민민주주의를 열망하며 '혁명과 자유'를 꿈꾼 시인이었다. 신동엽은 동학혁명을 역사적으로 환기한 혁명적 민족시인이었고, 김지하는 억압적 체제 아래 민주주의 혁명을 노래한 시인이었다. 박노해는 노동자의 계급해방 최전선에서 시를 썼다. 그리고, 김남주가 있다. 그는 민족해방과 민중해방을 위해 시를 무기로 휘두를 돋보이는 혁명 시인이었다. 모두가 한국 문학사에 두드러진 기념비적 존재들이다.

이들 중 김수영과 김남주를 주목하게 된다. 김수영은 1960년대 4·19혁명의 시인이었다. 김남주는 1980년대 5·18 광주 민중항쟁의 시인이었다. 김수영이 도시의 언어로 지식인의 위치에서 세상에 개입했다면, 김남주는 민중의 언어로 농민과 노동자의 위치에서 시를 썼다. 이 두 시인을 통해 혁명의 이미지가 시로 그려지는 방식을 더듬어보려 한다. 그 온기가 한국 현대문학사를 통해 부끄러움의 감각을 일깨우길 희망해 본다.

"혁명을 하자, 그러나 빠찡꼬 하듯이 하자"

서울내기 김수영은 해방 이전까지 조선, 일본, 만주를 넘나드는 이주민의 삶을 살았다. 그의 이주의 이력에는 한국 근현대사의 풍경이 새겨져 있다. 1921년 식민지 조선에서 태어난 김수영에게 일본은 제국이었고, 조선은 식민지였다. 그는 선린상고를 졸업할 때까지는 서울에서 살았다. 1942년에 일본 동경으로 건너가 '미즈시나 하루키 연극연구소'에서 연출을 공부하며 연극인으로서의 삶을 꿈꿨다. 하지만, 민중의 삶에 위기에 빠뜨리는 제국주의 전쟁으로부터의 안전지대는 없었다. 태평양전쟁 발발로 조선인들이 강제징집을 당하자 이를 피해 서울로 돌아왔다. 김수영은 1944년에는 가족들이 먼저 가 있던 만주 길림성으로 떠나 혹독한 시기를 피했다. 해방 이후 가족과 함께 서울로 돌아와서는 연희전문 영문과에 편입했다가 그만두고 〈신시론〉 동인에 참여하는 등 문학 활동을 했다.

혁명적 내면은 시대와의 격렬한 충돌 속에서 형성된다. 김수영도 해방기와 한국전쟁기의 결렬한 체험의 그의 운명의 좌표를 바꿔놓았다. 해방기에 월북한 임화와 김병욱 등과 함께 하며 식민지 현실의 참담함을 경험했다. 그는 '자유에 대한 열망'을 안고 있으면서도 남북 분단을 예민하게 인식하는 시를 썼다. 일상적 삶의 피로를 넘어, 그는 시에서 자유를 열망했다. 체제가 억압하는 시적 표현의 자유로 나아가야 한다는, 그러면서도 체제의 억압에 포박되어 있는 현실적 조건을 무시할 수 없다는 상황의 딜레마가 그의 시의 에너지였다. 현실적 조건의 억압 상황은 한국전쟁의 경험과 남북 분단의 현실에서 구체성을 띤 형태로 나타난다. 1950년 한국전쟁 당시 김수영은 문화공작대로 북한 의용군에 강제동원 되었다. 그 후 거제도 포로수용소에 수감되어 미군 야전병원의 통역관 역할을 했다. 1951년에는 미 군의관들을 따라 부산 거제리 수용소에서 1953년 석방될 때까지 갇혀 지냈다. 거제도 포로수용소 시절과 부산 포로수용소 시절은 그의 삶에서 공포와 직면했던 위기의 순간이었다. 그 시절의 풍경을 그는 「어느 날 고궁을 나오면서」에 그려 놓았다.

「어느 날 고궁을 나오면서」는 많은 독자들이 공감하는 시이기도 하다. 이 시는 김수영 개인의 경험이 촘촘하게 기입되어 있지만, 그 구체성 때문에 오히려 보편적 공통감각을 불러일으킨다. 시의 디테일이 갖는 의미를 다시 환기하게 한다는 측면에서 좋은 시편으로 꼽히기도 한다. 김수영은 이 시에서 "부산에 포로수용소의 제14야전병원에 있을 때 / 정보원이 너스들과 스펀지를 만들고 거즈를 / 개키고 있는 나를 보고 포로 경찰이 되지 않는다고 / 남자가 뭐 이런 일을 하고 있느냐고 놀린 일이 있었다 / 너스들 옆에서"라고 했다. '거즈를 개키고 있는' 구체적 장면과 함께 남성으로서의 자존심이 무너지는 상황을 대비시켜, 전쟁 앞에 선 인간의 무력감을 절절한 공포와 함께 환기시켰다. 이 시는 "왜 나는 조그마한 일에만 분개하는가"라는 자기 질책과 자기 연민의 목소리를 강하게 담아내고 있다. 그러면서 실제 행동의 왜소함을 성찰하며, 시적 행동의 적극성을 표출한다. 자기비판의 극점을 보여줌으로써 오히려 "언론 자유"와 "월남파병 반대", 그리고 "자유를 이행"할 것을 강하게 촉구한다. 김수영은 현실과 시의 간극을 통해 억압적 현실을 구체적으로 드러냈다. 시의 디테일은 미시적인데도, 오히려 더 많은 상상력을 확장적으로 자극한다. 이 시는 행동하지 못하는 부끄러움을 이야기하고 있다. 구조적 문제를 다루지 못하고 미시적인 문제로 대체하여 분노를 해소하면, 혁명은 불가능하다. 행동의 에너지를 사소한 것에 소모하지 말아야 한다는 자기 질타가 이 시에 담겨 있다.

1959년에 발표한 「사령(死靈)」도 주목할 만한 시다. 이 시는 4·19혁명 직전에 쓰인 시로서, 4·19혁명 이후 김수영의 변화를 가늠하게 한다. 김수영은 이 시를 통해 '마음에 들지 않는' 욕된 삶을 감내하면서도, '영혼이 살아있음'을 확인하려는 의지를 표현했다.

……활자(活字)는 반짝거리면서 하늘 아래에서
간간이
자유를 말하는데
나의 영(靈)은 죽어 있는 것이 아니냐

벗이여
그대의 말을 고개 숙이고 듣는 것이
그대는 마음에 들지 않겠지
마음에 들지 않아라

모두 다 마음에 들지 않아라
이 황혼도 저 돌벽 아래 잡초도
담장의 푸른 페인트빛도
저 고요함도 이 고요함도

그대의 정의도 우리들의 섬세도

이 욕된 교외에서는
어제도 오늘도 내일도 마음에 들지 않아라

그대는 반짝거리면서 하늘 아래에서
간간이
자유를 말하는데

우스워라 나의 영(靈)은 죽어 있는 것이 아니냐 (1959)

— 김수영의 「사령(死靈)」 전문 (김수영, 『김수영 전집 1 – 시』, 민음사, 2007, 158~159쪽)

김수영은 '나는 온전히 살아 있는 것인가'하고 자책한다. 육신은 살아서 '그대의 말을 고개 숙이고 듣'고, '마음에 들지 않는 감정'을 느낀다. 항상 당당히 '자유를 말하'지 못하고, '간간이 자유를 말'하는 자유의 속박 상태가 우스울 뿐이다. 이 시는 '벗인 그대'와 대화하는 형식을 취하고 있다. 하지만, 다른 해석도 가능하다. '간간이 자유'를 말하는 주체가 첫 연에서는 '활자(活字)'이고, 마지막 연에서는 '그대'이다. 이 시는 '나의 영'과 '벗'과 '그대'와 '시적 화자'가 동일하다. 처음에는 '그대는 마음에 들지 않겠지'라고 했는데, 나중에는 시적 화자가 '모두 다 마음에 들지 않아라'라고 말한다. 이 변화에 주목하면, '활자'가 '벗'으로 전이되고, '벗'과 동격인 '그대'가 '마음에 들지 않'으면서 동시에 시적 화자가 '어제도 오늘도 내일도 마음에 들지 않'아하는 것과 같다. 「사령(死靈)」은 자아를 분열시킴으로써 '간간이 자유를 말하는데'에 대해, 아니 1950년대적 상황에 대해 강하게 성찰하고 있는 시이다. 이 분열증적 기법은 '죽은 영(靈)'의 역설을 잘 보여주기에 각별하다.

「사령(死靈)」의 주저하는 태도는 4·19혁명을 겪으면서 급격하게 변한다. 김수영은 북에 있는 동료 시인 김병욱에게 보내는 공개 편지에 "4·19 때에 나는 하늘과 땅 사이에서 〈통일〉을 느꼈소"라고 썼다. 그는 "이 〈느꼈다〉는 것은 정말 느껴본 일이 없는 사람이면 그 위대성을 모를 것이오"라고도 했다. 혁명의 감격은 "쿠바에는 〈카스트로〉가 한 사람 있지만 이남에는 2,000명에 가까운 더 젊은 강력한 〈카스트로〉가 있"다는 자부심으로 이어졌다.(「저 하늘 열릴 때」) 이 환희는 그의 시 「우선 그놈의 사진을 떼어서 밑씻개로 하자」에서도 격정적이고 선동적인 언어로 표출되어 있다. 혁명이 절정에 도달했던 1960년 4월 26일 이른 아침에 쓴 이 시는 "아침저녁으로 우러러보던 그 사진은 / 사실은 억압과 폭정의 방패였느니 / 썩은 놈의 사진이었느니 / 아아 살인자의 사진이었느니/ (중략) / 아아 그놈의 사진을 떼어 없애야 한다"고 혁명의 시대가 도래했음을 이야기했다.

한국문학에서 혁명에 대한 절창은 「푸른 하늘을」이다.

푸른 하늘을 제압하는
노고지리가 자유로웠다고
부러워하던
어느 시인의 말은 수정되어야 한다

자유를 위해서
비상하여 본 일이 있는
사람이면 알지
노고지리가 무엇을 보고
노래하였는가를
어째서 자유에는
피의 냄새가 섞여 있는가를
혁명은
왜 고독한 것인가를

혁명은
왜 고독해야 하는 것인가를 〈1960.6.15.〉

— 김수영의 「푸른 하늘을」 전문 (190쪽)

「푸른 하늘을」에는 비상을 꿈꾸다가, 직접 자유의 날개를 갖게 된 자의 당당함이 스며 있다. 이 시는 혁명을 경험해 본 자를 '비상하는 노고리지'와 빗댐으로써 활력이 넘친다. 해방 이후 한국 현대사에서 권력에 저항하여 승리를 거둬본 경험은 드물다. 그 맨 앞자리에서 4·19혁명이 있고, 1987년 6월 항쟁이 있을 뿐이다. 피를 흘리지 않고 획득한 '자유'는 귀하지 않다. 고독을 감내하지 않는 혁명도 절실하지 않다. 귀하고 절실한 혁명은 자부심을 불러일으킨다. 김수영은 4·19혁명 이후에 더 큰 자유를 향해 나아간다. 2008년에 발굴된 「김일성만세」는 1960년 10월 6일에 창작되었다. 하지만 그 어떤 매체에도 실릴 수 없었다. 「김일성만세」는 "'김일성만세' / 한국의 언론 자유의 출발은 이것을 / 인정하는 데 있는데 // 이것만 인정하면 되는데 // 이것을 인정하지 않는 것이 한국 / 정치의 자유라고 장면이란 / 관리가 우겨대니 // 나는 잠이 깰 수밖에"라고 했다. 김수영은 '김일성만세'라는 금기를 건드림으로써 '언론의 자유'가 제한되어 있는 현실을 분명한 모습으로 드러냈다. 김수영에게 자유는 '검열'과의 싸움이었고, 금기와 불온을 넘어서는 것이었다. 「들어라 양키들아」라는 산문에서 김수영은 "혁명을 하자. 그러나 빠찡꼬를 하듯이 하자. 혹은 슈사인 보이가 구두닦이 일을 하듯이 하자"라고 외쳤다. 이 산문 또한 '반미적 내용' 때문에 발표하지 못하고 사장되었다. 김수영은 4·19혁명을 일상의 혁명으로까지 밀고 가려고 했다. 그야말로 4·19혁명을 온몸으로 껴안은 시인인 셈이다. 5·16 군사쿠데타 이후 그의 시는 '자유'가 아니라, '자유가 닫힌 현실'로 인해 긴장한다. 그 긴장이 또 다른 성취작인 「거대한 뿌리」「어느 날 고궁을 나오면서」「사랑의 변주곡」「풀」을 잉태하는 토양이 되었다.

김수영의 마지막 작품인 「풀」은 반복적이고 단순한 시적 흐름이 특징적이다. 이 시는 '풀이 눕는다'와 '바람보다 먼저 일어난다'가 대비되어 풍부한 해석을 가능하게 한다. '바람과 풀'에 대입되는 은유적 지시물을 무엇으로 설정하는가에 따라 시의 운용 폭이 넓어지기 때문이다. 〈녹색평론〉 김종철 발행인은 김수영의 「풀」이 중국 북조민가(北朝民歌)인 「칙륵가(勅勒歌)」로부터 영향을 받았다고 보았다. 「칙륵가」의 마지막 구절은 "바람에 풀이 누우면 소와 양이 보이네(風吹草低見牛羊)"이다. 이 시작품은 중국 초등학교 어문교과서에도 수록될 만큼 널리 알려진 작품이기에, 김수영도 접했을 가능성이 높다. 북방의 민가(民歌)가 환기시키는 초원의 이미지가 김수영의 「풀」에 기입되어 있을 수 있다. '풀'의 이미지가 환기하는 강한 생명의 의지가 대초원의 자유와 연결되는 듯도 하다. 자유는 항상 한계 너머를 향해 휘몰아친다.

김수영은 "모든 전위문학은 불온하다"고 했다. 그의 시는 혁명을 경험해 본 자의 불온성을 담고 있고, 혁명 이후의 민주주의를 치열하게 열망한 자의 급진성을 품고 있다. 김수영은 혁명적 무질서를 옹호하며, '질서는 위대한 예술이다'라는 구호야말로 "정치권력의 시정구호(施政口號)일 뿐이라고 질타했다. (「실험적인 문학과 정치적 자유」) 김수영의 시는 1960년대 검열에 대한 치열한 투쟁이었으며, 더불어 혁명적 무질서 속에서 시적 자유를 획득하기 위한 미학적 실천의 결실이었다. 그는 4·19혁명을 통해 "시를 안다는 것은 전부를 아는 것"이라고 외칠 수 있게 되었다. 김수영은 문학을 통해 혁명하면서도, 결국 혁명적 자유를 열망한 시인으로 기록될 것이다.

"해방된 민중이고, 통일된 조국의 별이고 싶다"

한반도의 땅끝 해남에서 김남주는 태어났다. 김남주는 농민의 자식, 머슴의 아들이었다. 해방둥이인 김남주의 문학에는 '농민의 언어, 흙의 감각'이 흐른다. 그의 아버지는 "이름 석 자도 쓸 줄 모르는 무식쟁이"였고, "밭 한 뙈기 없는 남의 집 머슴"이었다. 김남주의 아버지는 "지푸라기 하나 헛반데 쓰지 못하게 했"으며, "어쩌다 내가 그릇에 밥태기 한 톨 남기면 죽일 듯 눈알을 부라렸다"고 한다.(「아버지」) 그러면서도 호남의 명문 광주제일고에 입학한 아들이 '금판사(검·판사)'가 되기를 원했다.

김남주는 제도교육에 적응 못 하는 반골이었고, 제도교육을 거부한 아웃사이더였다. 광주제일고등학교를 자퇴하고 대입 검정고시를 거쳐 24세의 늦깎이로 전남대 영문과에 입학했다. 그리고는 1학년 때부터 독서와 데

모에 몰두했다. 1973년에는 박석무·이강 등과 함께 유신 반대 투쟁을 하다, 국가보안법·반공법 위반 혐의로 구속되었다. 이른바 〈함성〉 사건으로 인해 그는 징역 2년에 집행유예 3년을 선고받고 8개월 동안 수감생활을 하기도 했다. 그리고 전남대에서 제적당했다. 그가 한국 문단에 얼굴을 내민 시기는 1974년이었다. 복역 후 고향 해남에 내려가 창작한 「진혼가」와 「잿더미」 등을 1974년 〈창작과비평〉 여름호에 게재했다.

「잿더미」는 김남주 시 언어의 기원을 확인할 수 있도록 해주는 작품이다. 이 시는 '꽃'과 '피'를 대비시키며 강렬한 '불꽃' 이미지를 환기한다. 영혼의 꽃과 육신의 피가 어우러져 "꽃이여 피여 / 피여 꽃이여 / 꽃 속에 피가 흐른다 / 핏속에 꽃이 보인다 / 꽃 속에 육신이 보인다 / 핏속에 영혼이 흐른다 / 꽃이다 피다 / 피다 꽃이다 / 그것이다!"라고 마무리했다. 피와 꽃의 이미지는 「망월동에 와서」에서는 육체, 생명, 피로 변주되고, 「불꽃」에서는'반미의 불꽃' '해방의 불꽃' '봉기의 불꽃'이 되기도 한다. 「꽃이여 이름이여 자유여」에서는 "내란의 무기 위에 새겨진 / 피의 이름", "시간 전의 바리케이드에서 피어나는 꽃의 이름"으로 등장한다. 그 절정은 「나의 칼 나의 피」이다. 이 시에서는 "토지" 위에 심은 "평등의 나무"를 지키기 위해 시인이 놓아둔 "나의 칼 나의 피"가 나온다. 이 지점에 이르면서 시인의 '피와 꽃'은 무기가 되어 있다. '피와 꽃'은 강렬한 생명의 언어처럼 보이지만, 그 심연에는 죽음 의식이 자리 잡고 있다. 그 죽음과 대면한 몸부림이 김남주의 시의 뿌리이다. 김남주는 "죽기 전에 걸어야 할 길"(「전향을 생각하며」)을 가늠하며, "싸움을 낳는 죽음보다 아름다운 죽음은 없"(「싸움」)다고 외친다. 그의 시에는 죽음이라는 단절을 피의 흐름으로 연결하고자 하는 의지가 스며 있다.

김남주가 「나의 칼 나의 피」에서 이야기한 '시인의 무기'는 '감옥'에서 단련되었다. 그는 감옥생활을 두 번 했다. 첫 번째는 앞에서 언급한 1973년 〈함성〉 사건으로 8개월간 수감생활을 한 것을 말한다. 그때의 경험이 녹아 있는 시가 「진혼가」이다. 이 시에서 김남주는 감옥에서 죽고, 감옥에서 다시 살아난 자신의 비참한 형상을 그렸다. 김남주는 도입부에서 "총구가 내 머리숲을 헤치는 순간 / 나의 신념은 혀가 되었다 / 허공에서 허공에서 헐떡거렸다 / 똥개가 되라면 기꺼이 똥개가 되어 / 당신의 똥구멍이라도 싹싹 핥아주겠노라 / 혓바닥을 내밀었다"라는 충격적 장면을 제시했다. 그는 감옥에서 비참의 나락에 빠졌고, 그리고는 "싸움이 철의 무기로 달구어질 때까지" 스스로를 단련했다. 두 번째 감옥 생활은 9년 3개월에 이르는 장구한 세월 동안 지속되었다. 그는 1978년 '남조선민족해방전선 준비위원회'에 가입하여 활동하다 1979년 10월 9일 체포되었다. '남민전' 사건은 유신체제 말기에 발생한 최대의 공안사건으로, 유신반대 투쟁을 하던 84명이 검거되어 대부분 중형을 선고받았다. 김남주도 15년형을 선고받고 1988년 말까지 9년 3개월 동안 감옥생활을 했다. 김남주는 5백여 편의 시 중 대부분을 '감옥에서 창작'했다. 그는 해방 이후 한국 문학사에서 가장 오랫동안 감옥에서 지낸 문인 중 한 사람이다. 그가 시를 창작해 발표하는 방식도 비밀작전을 연상시킬 정도였다. 김남주는 감옥 안에서 쓴 시를 암송했다가 가족 면회 때 구술로 알려주었다. 출감하는 학생들에게 구술로 전해주기도 했다. 때로는 담뱃갑 은박지에 못으로 쓴 시가 밖으로 흘러나오기도 했다. 그렇게 해서 김남주는 수감 중인 상태에서 『나의 칼 나의 피』(1987)와 『조국은 하나다』(1988)가 출간할 수 있었다.

감옥은 그의 창작공간이자, 투쟁의 현장이었고, 세상과 소통하는 귀중한 숨구멍이었다. 그 스스로도 「정치범들」이라는 시에서 "그들에게 있어서 감옥은 감옥이 아니다"라며, 오히려 "세상에서 가장 완벽한 독서실이고 정신의 연병장"이라고 했다. 김남주는 감옥에서 남한의 현실을 전면적으로 부정하며, 오직 혁명을 통해서만 세상을 바꿀 수 있다고 보았다. 그는 「개털들」이라는 시에서 '경복고 서울대 동창생들'의 면회 이후 출옥한 오 선생,

'케네디상인가 인권상인가'를 받고 자유의 몸이 된 김근태, 일본에서 떠들썩하게 내놓으라고 해서 나간 '재일교포'의 모습을 보여주었다. 그리고는 "남은 것은 개털들뿐이다/나라 안에 이렇다 할 빽도 없고 / 나라 밖에 저렇다 할 배경도 없는 / 개털들만 남았다 감옥에"라고 했다. 감옥에서 "겨울에는 새벽같이 일어나 얼음을 깨고" 냉수마찰을 하며 몸을 단련하기도 했다.(「건강 만세 1」) 죽음을 예비하는 감옥에서 '새로운 삶을 위한 혁명'을 꿈꾸던 시인의 언어는 '자신이 믿는 진실'에 투철하다. 그 언어의 신념의 언어이고, 이데올로기의 언어이며, 도구의 언어이다.

김남주가 가는 길은 굳건하고, 일관적이며, 숙명적이다. 「길2」라는 시를 보자.

길은 내 앞에 있다
나는 알고 있다 이 길의 시작과 끝을
그 역사를 나는 알고 있다

이 길 어디메쯤 가면
낮과 밤을 모르는 지하의 고문실이 있고
창과 방패로 무장한 검은 병정들이 있다
이 길 어디메쯤 가면
바위산 골짜기에 총칼의 숲이 있고
천길만길 벼랑에 피의 꽃잎이 있고
총칼의 숲과 피의 꽃잎 사이에
"여기가 너의 장소 너의 시간이다 여기서 네 할 일을 하라"
행동의 결단을 요구하는 역사의 목소리가 있다

그래 가자 아니 가고 내가 누구에게 이 길을 가라고 하랴
가고 또 가면 혼자 가는 길도 함께 가는 길이 되느니
가자 이 길을 다시는 제 아니 가고 길만 멀다 하지 말자

가자 이 길을 다시는 제 아니 가고 길만 험타 하지 말자

— 김남주의 「길2」 전문, (염무웅 · 임홍배 엮음, 『김남주 시전집』, 창비, 2014, 248쪽)

김남주에게 길은 이미 주어져 있다. 시작과 끝도 분명한 길이고, 피할 수도 없는 길이다. 그 길을 걸어야만 존재의 이유, 즉 "여기가 너의 장소 너의 시간이다 여기서 네 할 일을 하라"에 직면할 수 있다. 너무도 험한 길이기에 '내가 먼저 나서서 걸어야' 하고, '가고 또 가'면서 동료들을 만들어야 하는 길이다. 그 길은 선구자의 길이고, 혁명가의 길이다. 결코 신념 없이는 갈 수 없는 길이다. 김남주의 길은 시대가 만든 길이다. 김남주의 시는 1970년대와 1980년대라는 군부독재의 폭압을 역사적 관점에서 환기하며 읽어야 한다. 그렇지 않으면, 김남주 시의 선명성이 오히려 '상상력의 확장성'을 억압하게 된다.

이 점을 고려할 때, 김남주 시 세계에서 '농민적 감수성을 지닌 민중주의'와 '반미의 입장이 선명한 민족주의'를 시대감각과 더불어 도출해 낼 수 있다. 그의 시에는 지배와 피지배에 대한 선명한 계급의식이 드러난다. 이념적 선명성은 실제 세계에 대한 정교한 인식을 괄호 치게 한다. 그렇기에 「종과 주인」 같은 시에서 "낫 놓고 ㄱ자도 모른다고 / 주인이 종을 깔보자 / 종이 주인의 목을 베어버리더라 / 바로 그 낫으로"라는 섬뜩한 시가 나올 수 있다. 반제국주의 세계 인식도 마찬가지이다. 그는 「각주」라는 시에서 "그러나 헤겔도 맑스도 / 다음과 같이 각주를 붙이는 것을 잊어버렸다 // 식민지

사회에서는 / 단 한 사람도 자유롭지 못하다고"라고 했다. 식민지 체제 아래서는 오로지 반제국주의 투쟁만이 지고지순의 선(善)일 수 있다. 계급의식과 민족의식은 항상 최종적 지표일 수는 없다. 이러한 이념적 좌표는 세계를 명료하게 보여줄 수는 있지만, 세계의 너무나 넓은 그늘들을 만들고 난 다음에 얻을 수 있는 명료성일 뿐이다.

김남주가 감옥에서 출감한 때는 1988년 12월 21일이었다. 1987년 6월 항쟁 이후의 '순간적 자유의 환희'가 머물던 시기였고, 소연방의 해체와 동구 사회주의권의 몰락이 기다리고 있던 시기였다. 10여 년의 출옥 이후 김남주가 대면한 시대는 냉전체제의 붕괴로 인해 '사상의 환멸'이 지배하던 때였다. 그는 감옥 안에서 혁명적으로 자유로웠고, 감옥 바깥에서는 오히려 '적은 자유'밖에 누리지 못했다. 그렇지만 그의 시가 안고 있는 '민중주의'적 열망과 '민족해방'의 염원이 현실에서 무의미한 것이 되었다고는 할 수 없다. 여전히 한국 사회의 주요 모순으로 민중의 삶을 옥죄고 있는 굴레이기도 하다. 김남주는 1994년 2월 13일에 췌장암으로 인해 생을 마감했다. 청춘을 감옥에서 보냈던 김남주가 출옥 바깥에서 가족과 함께 보낸 시기는 기껏 6년 남짓이었다.

스피노자는 "세계를 연결해 주는 수많은 연결 가지들을 더 많이 파악함으로써 우리는 '완전함'에 다가간다"고 했다. 우리는 완전한 존재이고자 하는 유혹에 빠질 수 있다. 그래서 계급주의와 민족주의 같은 이념적 선명성이 국면적으로 세계를 완전하게 해석해 줄 수 있다는 사실에 매혹당하곤 한다. 하지만, 불완전성을 인식하는 것이 오히려 더 중요하다. 인간으로서 모든 개인은 전 지구적 생태환경과 연계되어 있기에 약한 존재이고, 인간 개인 간에도 서로 의존해야만 생명을 지속할 수 있다는 측면에서도 약한 존재이다. 내가 약한 존재이기에 타인의 도움을 필요로 한다는 사실에서 상호부조의 원리가 탄생한다. 그런 의미에서 앞으로의 혁명 이미지는 '완전한 문제 해결'이 아니라, '서로의 문제 해결'을 지향하는 방향으로 이끌릴 가능성이 크다. 거기에 민주주의의 중요한 원리인 '자치와 자율'이 자리하고 있는 듯하다.

나를 포함한 언어로 세계를 포착한다

김수영과 김남주는 서로 만난 적이 없다. 김수영은 해방을 만주 길림성에서 맞았다. 김남주는 해방이 되던 해에 태어났다. 둘은 근 한 세대의 차이가 난다. 몇 가지 공통점도 있다. 김수영은 연희전문 영문과에서 수학한 적이 있고, 김남주도 전남대 영문과에서 공부했다. 둘 다 번역 작업을 했다. 파블로 네루다의 문학 번역이 두 시인의 공통항에 놓여 있다. 또, 『들어라 양키들아』도 주목하게 된다. 시차를 두고 라이트 밀즈의 책을 두 시인이 읽고 미국에 대한 인식을 새롭게 하는 데 큰 영향을 받았다. '혁명'에 대한 열망과 분단 현실에 대한 시적 형상화는 두 시인의 공통 분모이다. 김수영은 1960년대 대표 시인이고, 김남주는 1980년대를 대표하는 시인이다. 이들은 한국 문학사에서는 귀한 존재들이고, 한국 현대사가 기억해야 할 혁명 시인들이다.

한 시인은 한 시인의 존재를 알기도 전에 세상을 떠났고, 또 다른 시인은 이미 죽은 시인의 시들을 읽으며 시의 길에 접어들었다. 김남주가 김수영의 시를 처음 읽은 시기는 1968년이었다고 한다. 늦깎이 신입생으로 전남대 영문과에 입학한 김남주는 고교 동기 동창의 소개로 당시 대학원생이었던 박석무를 만났다. 박석무는 김수영의 시들을 읽어주며 '4·19가 남겨준 우리 문학의 유산'이라고 했다고 한다. 그 유산이 김남주를 시인의 길로 접어들게 했다. 김남주는 김수영의 「그 방을 생각하며」「푸른 하늘을」「사령(死靈)」「거대한 뿌리」를 읽고서 시에 매혹되었다. 나중에 김남주는 분명한 의도를 갖고 김수영의 시 세계를 비판했다. 그 시가 「바람에 지는 풀잎으로 오월을 노래하지 말아라」이다.

> 바람에 지는 풀잎으로 오월을 노래하지 말아라
> 오월은 바람처럼 그렇게 서정적으로 오지도 않았고
> 오월은 풀잎처럼 그렇게 서정적으로 눕지도 않았다
>
> (중략)
>
> 노래하지 말아라 오월을 바람에 지는 풀잎으로
> 바람은 야수의 발톱에는 어울리지 않는 시의 어법이다
> 노래하지 말아라 오월을 바람에 일어서는 풀잎으로
> 풀잎은 학살에 저항하는 피의 전투에는 어울리지 않는 시의 어법
> 이다
>
> 피의 학살과 무기의 저항 그 사이에는
> 서정이 들어설 자리가 없다 자격도 없다
> 적어도 적어도 광주 1980년 오월의 거리에는!
>
> — 김남주의 「바람에 지는 풀잎으로 오월을 노래하지 말아라」
> 부분 (243~244쪽)

김남주의 이 시는 김수영의 「풀」에 내장된 서정성을 '폭압적 상황'에 비추어 비판한다. 승리의 경험을 갖고 있던 4·19혁명에는 바람과 풀의 대비가 어울릴 수 있지만, 광주 민중항쟁은 서정을 넘어서는 진행형의 첨예한 긴장이 있다. 이 시에서 '바람'은 '야수의 발톱'으로 대체되고, 풀잎은 '학살에

저항하는 피의 전투'로 자리바꿈한다. '피의 학살'과 '무기의 저항' 속에서 1980년 5월 광주는 더 특별한 위치에 서게 된다.

김남주는 김수영의 시를 오마주하며, 김수영의 서정을 넘어서려 했다. 김수영의 시가 개인의 내면에서 발화되는 사회성을 획득했다면, 김남주는 공동체 속의 역할을 염두에 둔 채 '선동의 언어'로 발산된다. 김수영이 '나를 포함한 언어'의 자유를 이야기했다면, 김남주는 '언어 공동체에 속한 나의 소명 의식'에 보다 더 충실했다. 그렇기에 둘의 '혁명'은 분명한 차이가 있다. 김수영은 지식인의 정체성을 갖고 도시민의 근대적 감각에 예민하게 반응했다. 반면, 김남주는 보다 더 현실의 억압에 직접적으로 저항하며 실천했다. 그는 노동자를 이야기하지만, 농민의 감수성에 밀착해 있다. 그는 민중주의를 이야기하지만, 민족 공동체를 전제로 하고 있는 반식민주의를 갈무리하고 있었다.

김수영과 김남주의 '혁명'이 이렇듯 차이가 난다. 이 둘이 미래세대의 시에서 만날 수 있는 자리를 가늠해 보면 어떨까? 그 자리는 아마도 '자율과 자치의 가능성'이 펼쳐지는 곳일 가능성이 높다. 자율과 자치는 온전히 개인에만 머물지 않고, 개인을 공동체에 귀속시키지도 않아야 이뤄질 수 있다. 자율과 자치를 위해서는 타인에 의존함으로써 자신의 불완전성이 보완될 수 있다는 사실을 아는 것이 중요하다. 서로 의존하면서도 서로를 억압하지 않는 것, 그러한 자율과 자치의 혁명 이미지를 만드는 것이 미래 세대 시인의 역할이다. 새로 등장할 시인은 김수영과 김남주가 '바람과 풀', '야수의 발톱과 피의 전투'로 대립했던 간극을 메워야 하는 과제를 안고 있다. 그 대안의 언어는 새로운 혁명 이미지 생산을 통해 이뤄지리라고 본다.(오창은)

4장 비교문학 비평의 실제

음양이론과 서양 텍스트: 토마스 하디의 소설 『테스』 읽기

> 하나 안에 둘이 있는 삶인 남성과 여성. 두 부분이 다른 것보다 더 위대한 것도 아니다. … 또 여성으로서, 긍정적인 여자로서 하나의 존재가 있었다. 균형을 잡아주는 또 다른 위대한 삶의 원칙인 ……남성 원리. 세상은 남성 원리 하나로 구성된 것이 아니다. … 그리고 남성의 울음은 공허감으로 크게 울리지 않는다. 그것은 우리가 알지 못하는 여성에게로 울린다.
>
> (D. H. 로렌스)

서론

영국 소설가 토마스 하디(Thomas Hardy, 1840~1928)의 『더버빌가의 테스』(*Tess of d'Urbervilles, 1891*)에서 생명력 있고 이상적인 여성의 특징에 대한 중심 테마는 여성의 본질에 대한 문제를 확연하게 보여주고 있다. 여기서 과학적 자연주의자로 간주되는 고대 중국의 도교 철학자 노자(老子, Lao—Tzu)의 말을 인용하는 것은 매우 설득력이 있어 보인다. "계곡의 정신은 결코 죽지 않는다. 이는 신비스러운 여성으로 불린다. 신비스러운 여성의 몸은 하늘과 땅의 뿌리라고 불린다. 그것은 현재에도 계속 사용되며 소멸되지 않는다."[02] 하디는 테스의 구조화된 자기방어와 열정적인 헌신을 통해 "순수한 여성"이라는 도덕적 논쟁을 제공하고 있다.

---

02) Lao—Tzu: 『*Tao te Ching*』, Ch. 6. Trans. D. C. Lau. London: Penguin Classics, 1963. 62쪽. 이 책에서 더 많은 참고를 할 것이다.

『테스』에서 여주인공 테스 더비필드(Tess Durbeyfield)는 소설을 통해 우리의 관심을 끌고 있고, 실질적인 보조 인물인 알렉 더버빌(Alec d'Urberville)과 엔젤 클레어(Angel Clare)는 여성 주인공의 완성된 인간성과 명확히 대조적인 요소들을 제시한다. 이 두 남성은 통일된 미, 인간성, 소박성, 그리고 여성의 순수성과 대조를 이루거나 또는 그것들을 반영한다. 테스는 최상의 미와 인간 본성에 대한 완전한 개념을 고양시키는 고결함과 연관된다. 그녀는 변덕스럽지도 않고 자기중심적이지도 않은 숭고하고 이상적인 사람이며, 거짓 없는 진실과 자연 속에서 사는 인간의 자연적 소박함을 가지고 있다. 풍만한 여성의 아름다움, 확고한 성격, 열정적인 감정을 지닌 테스는 하디가 생각하는 순수하고 이상적 여성의 모습이다. 동양의 독자로서 나는 서양 문화의 가치와 강박관념을 내면화한 이 두 남성에게서 명백하게 나타나는 결함적 성격과 대조되는 테스를 통해 하디가 나타내려고 애썼던 완전한 조화의 이상, 즉 음양의 원칙을 동양사상에 근거를 두고 설명하고 싶다.

동양사상에서 각각의 사람은 축소 모형의 우주로 간주된다. 사람의 안에는 자연의 모든 요소가 포함되어 있다. 사람은 우주 진행 과정의 모형으로 역할을 하고 있고 도교주의자의 상징처럼 적당한 비율의 음과 양을 포함하고 있다. 음과 양은 상보적인 힘 또는 원칙인데 이것들이 삶의 모든 측면과 현상을 구성한다. 음(陰)은 지구, 여자, 어둠, 수동적, 양보, 그리고 영양이 되는, 부정적인, 차가운, 약한, 붕괴적이고 파괴적으로 흡수되는 것으로 간주되며, 짝수, 계곡이나 시내로 표현되고, 붉은색과 깨진 선으로 나타난다. 반대로 양(陽)은 하늘, 남성, 빛, 활동적인, 역동적인, 그리고 변화하고 능동적인, 뜨거운, 강한, 독단적인, 통합적인, 건설적인, 통찰력 있는 것으로 나타나고, 홀수, 산으로 표현되며 푸른색과 깨지지 않은 선으로 나타난다. 음과 양은 서로 반대지만 상보적이고 균형적인 힘이다. 이들의 상호작용은 통합되거나 분할될 수 없는 최고의 존재 안에서 이중성을 만들어 낸다. 반대의 것이 됨으로써 이 두 힘은 자연 현상을 만들어 낸다. 그들은 하나 안에서 모든 것과 함께 모든 것의 끊임없는 상호작용을 나타낸다. 조화는 이러한 성향의 균형 있는 상호작용이다. 조화가 있을 때 자연의 길이 모든 존재하는 사물에게로 펴진다.

하디가 말한 것처럼 "변화의 리듬인 흐름과 역류는 하늘 아래 모든 것에서 교대로 일어나고 지속된다."[03] 그 길은 그것이 눈에 보이지 않고 눈에 보이는 자연인 하늘과 땅에게 하는 것처럼 인간을 지배한다. "자연에 근거를 두고" 있는 테스가 "임의적인 사회의 법으로 볼 때 비난밖에는 돌아올 것이 없다는 것을 알고는, 그날 밤 자신의 음울함에 대해 스스로 부끄러움을 느낄 때"(247쪽) 우리는 하디가 자연을 도덕적 기준으로 놓는 것을 알게 된다. 우주의 길은 개인의 행동을 우주의 길(과정)에 적응시키게 할 뿐만 아니라 그들 자신의 선택과 스스로의 책임으로 적절한 길에 적응하는 것을 요구한다. 자연, 사회 그리고 개인적 불행은 이 길을 걸으려 하지 않는 데서 유발된다. 서양에는 내가 알고 있는 한 긍정과 부정의 양극이 결합된 모델이 거의 없다. 서양의 대부분의 이미지는 결합이 아니라 억압하는 것이다. 즉 신이 사탄을, 선이 악을, 성(聖)이 속을, 조지가 용을, 서양이 다른 나라를 지배하는 등등.

그러나 원시적 유동에 대한 헤라클레이토스(Heraclitus) 철학 개념은 도교의 개념과 매우 흡사하다. 헤라클레이토스에게 있어 "우주의 원칙은 반대의 법이었다. 그 반대되는 것의 싸움은 영원한 정의에 의해 통제되었고, 그 반대되는 긴장들이 존재의 분명한 안정을 만들어 냈다." 양극성에 대한 그의 생각은 "반대되는 것에는 조화가 있고 다른 것으로부터 최고의 아름

03) Thomas Hardy. 『*Tess of The d'Urbervilles*』. ed. William E. Buckler. Boston: Houghton Mifflin Company. 1960, 313쪽. 앞으로 『테스』에서의 인용은 이 책에서 할 것임,

다운 조화가 나온다는 것이다."[04] 그러므로 여기에는 반대되는 것을 양성성의 이미지인 완전성과 통일성으로 변화시키는 이미지가 충분히 부여되어 있다. 양성성 이미지는 인간 영혼이 완전하고 진실된 사람이 되기 위해 균형을 맞춰야 하는 많은 이중성으로 구성되어 있다는 것이다. 구스타프 융의 정신적 측면에서 남성과 여성의 연금술상의 결혼에 대한 이론, 의식과 무의식의 결합, 헤브라이인(죄의 감정)과 헬레니즘(이교도적 기쁨)의 문화적 힘에 대한 매슈 아널드의 결합은 이러한 이미지에 풍부한 자료를 드러내는 데 많은 역할을 했다.

버지니아 울프는 자신의 작품에서 양성의 이미지를 사용한 또 다른 소설가이다. 울프는 우주를 남성과 여성의 원칙에 부합하면서 반대의 것 사이의 영원한 싸움의 장면으로 간주하고 있다. 주된 관심사는 싸우고 있는 반대의 것을 화해시키는 방법을 찾는 것이다. 울프는 결혼이 각 개인의 마음 그 자체와 남성 여성 원칙 사이의 결합 속에서 완성되어야 한다고 말한다. 그녀는 조화의 순간이 마음의 더 높은 상태, 양성성의 이상적 상태를 분명히 보여준다고 생각한다. 그것은 "어떠한 것도 억눌리도록 요구되지 않기 때문에 우리가 노력 없이도 계속할 수 있는"[05] 순간이며, 인공적 장벽이 없다는 것을 아는, 분리되지 않은 인격이 스스로에게 일어나는 임무를 전적으로 줄 수 있는 순간이다.

본론

테스의 완전함은 다른 인물의 편파성과 예리한 대조를 이룬다. 자신의

---

04) 『*The Norton Anthology of Poetry*』. 3rd edition. 806쪽.

05) Virginia Woolf. 『*A Room of One's Own*』. 623 in The Feminist Papers From Adams to de Beauvoir. ed. Alice S. Rossi. New York: Bantam. 1973.

완전함을 만들어내면서 테스는 사물과 지각 둘 다를 깨닫는 양성성을 소유한 여자로서 구체화하는 것으로 보인다. "그녀 본성의 풍성함이 테스로부터 뿜어져 나온다. 한 여자의 영혼이 다른 어떤 때보다 더 인간의 모습을 보이는 순간이다. 가장 정신적인 아름다움이 육체 그 자체로 나타나고 여성성이 바깥으로 드러날 때 …"(149쪽) 테스는 우주의 신비적인 결합과 완전한 조화를 이룬다. 그녀는 끊임없이 자연과 동일시되고 자연과 결합되어 있다. 테스는 형용할 수 없는 다양한 방법으로 자연세계의 기본 요소들을 자기 자신 속에서 구현해 내고 있다. 도교에서 미덕은 인간 안팎의 자연과 순응하는 것으로 여겨진다. 그리고 여성의 행동양식은 모든 것이 무로부터 얻어지는 방식에 가깝다. 그러므로 노자(Lao—tzu)는 "비논쟁의 미덕"을 보유하고 있는 여성의 행동양식을 지지한다. 이런 점에서 하디는 테스의 수동성이 그녀의 회복력의 한 측면이라는 것을 통해서 길(way)을 구체화하고 있는 것이 보인다.

반면 앞의 두 남성은 테스의 완벽함과 비교해 볼 때 불완전하게 묘사된다. 알렉(Alec)의 도덕적으로 악함과의 동맹과 엔젤(Angel) 자신의 인간 본성의 비현실적이고 천사 같은 개념 중 하나와의 동맹은 비인간화의 상보적인 중개물로서 그들의 역할을 나타낸다. 우리는 엔젤이 알렉이 한 것만큼 테스를 이용하고, 작품의 중간쯤에서 그들의 역할이 잠깐 동안 바뀐 부분에서 분명하게 보여주는 것과 똑같은 방식으로 테스를 이용하고 있다는 것을 알고 있다. 알렉은 복음주의로 개종하고 엔젤은 처음으로 생각 없이 이즈(Izz)에게 브라질에 가자고 초대한다. 그들의 성격에서 음양의 비율은 같지 않다. 그래서 한 측면에 대한 결함은 또 다른 측면의 과장을 계속해서 유지할 수 없다. 그 결과 초래된 변화는 다시 균형을 맞출지도 모르고 그것이 불가능하다면 알렉의 존재를 멈추는 것일지도 모른다. 부조화의 형태는 음의 상태나 양의 상태 둘 중의 하나로 생각될 수도 있다.

음양이론은 전통적인 도교 상징에 의해 잘 설명된다. 완벽함을 나타내는 원은 음과 양으로 동등하게 나뉜다. 그리고 완벽한 균형 속에서 차이가 있을 때는 언제나 위계 조직이 있다고 일반적으로 생각된다. 그들을 나누는 힘찬 커브(곡선)는 음과 양이 계속해서 변하고 있다. 즉 유동성이다. 이 두 비슷한 힘의 정반대는 한쪽이 왼쪽으로 향하고 다른 쪽이 오른쪽으로 향한다. 그리고 싸움보다는 오히려 생산적인 긴장(불안)을 만든다. 그들은 순환하는 힘을 만들어내고 그 힘은 모든 존재의 순환기를 대표한다. 음양은 서로서로에게 우월하거나 열등하지 않은 반대의 것이지만 상보적 원칙들을 목록화할 것이다.

그 지루한 말롯(Marlott)에서 테스는 아름다움과 신선함을 부여받는 창조물로서 소개된다. 비록 그녀가 처음에는 자신의 비참한 환경의 절대적인 희생물인 것처럼 보이지만(테스는 더비필드라는 배의 승객이다), 결국 그 환경의 중압감을 견딜 수 없다. 존 더비필드(John Durbeyfield)의 게으름, 아름다운 흰 수사슴을 죽이는 이야기, 알코올 중독으로 인한 더비필드 집의 우울하고 나른한 분위기는 나중에 나올 것을 준비시키는 반면에 테스의 환한 완전성은 그녀가 다른 사람의 불완전함과 이기심에 반응하는 방법에서 나온다. 테스는 인간이 삶에서 요구하는데 무엇이 옳고, 무엇이 꼭 필요한 것인가에 대한 기준을 제공해 준다.『테스』에서 다른 인물들은 테스의 경험을 확대하고 밝게 비춰주는 역할을 한다. 테스는 냉담한 엄마에게 설득되어 술고래 아빠의 책임을 받아들이고 마침내 더버빌 부인을 방문하게 된다. 테스의 엄마 조안(Joan)은 자기 보호에 의해서만 생기가 넘치고 딸의 아름다움이 가족의 번영에 디딤돌이 될 것이라고 본다. 조안은 속임수를 결혼의 유일한 수단으로 믿는다. 그리고 끊임없이 테스의 존엄성을 깎아내리려고 시도한다. 부유한 트랜트리지 더버빌(Trantridge d'Urbervilles)로의 방문은 테스의 허영이나 망상에서 나온 것이 아니라 그녀의 가족에 대한 강한 도덕적 책임감과 충성심에서 나온 것이다. 그녀가 꿀을 가지고 돌아오는 도중에 가족의 주된 경제적 재산인 말이 죽게 된다. 그 불행한 결과는 테스의 나머지 인생의 전조가 된다. 수송에 관계된 이 이미지는 소설 전체에 걸쳐 매우 중요하다. 후회와 죄의식에서 테스는 엄마의 계략에 동의한다.

새것으로 보이는 슬롭스(The Slopes) 저택에서 테스는 알렉을 만난다. 알렉의 교활함 그리고 동물적 행동과 대조적으로 테스는 신선함, 아름다움, 조용한 힘의 귀감이 된다. 그가 살고 있는 집은 딸기, 장미, 그리고 빨간 입술처럼 빨갛다. 그리고 그의 집은 "순수하고 소박한 즐거움을 위해 지어졌다." 그녀는 알렉이라는 사람보다 "빨갛게 타고 있는 시가"(55쪽)를 먼저 보았다. 강간당하는 바로 그날 저녁에 테스는 빨갛게 타고 있는 시가를 보면서 무도회에 알렉이 참석했음을 처음 알게 된다. 그는 두툼한 입술과 대담하게 눈을 굴리는 전형적인 유혹자로 나타난다. 알렉에게 있어 디오니소스의 음원칙은 아폴로의 양원칙을 지배한다. 그가 가진 디오니소스의 음적인 자질은 눈먼 여자인 더버빌 부인의 묘사, 그리고 체이스보로우 시장(Chaseborough market town)에서 술을 먹고 춤추는 인물들의 묘사에 의해 고조된다. 그러나 하디는 또한 알렉과 테스의 만남을 묘사하면서 양의 측면을 제공한다. 그는 텐트의 어두운 삼각형 문에서 나오고, 신사같은 얼굴에는 기묘한 힘을 가지고 있다. 그는 "음울하고 몽롱한 연무"(33쪽)를 통해 보이고 그런 몽롱한 상태는 일시적으로 음과 양의 거짓된 조화의 환상을 보여준다.

알렉의 이 빨간색과 대조하여 테스의 본질적인 하얀색은 현저하게 눈에 띈다. 테스는 단지 하얀 형태이다. 다면적 의미를 갖는 하얀색은 매우 중요하다. 그것은 죽음과 공포뿐 아니라 빛과 순수, 영원과 관련되고 불가사의한 우주의 신비에 대한 진실을 가려버리는 초자연적 현상과 관련된다. 이는 또한 주위를 둘러싸고 있는 불가사의한 신의 원형이다. 당황했던 테스는 "꿈속에 있는 사람처럼 복종"(32쪽)하지만, 곧 "알렉의 입술이 닿은 그녀의 뺨에 있는 얼룩"(45쪽)을 닦아 낸다. 그것을 통해 우리는 테스와 알렉은 "완벽한 순간에 마주치게 된 완벽한 전체의 반쪽들이 아니라는 것"(34쪽)을 안다. 그녀의 "화려한 측면" 그리고 "육체의 성숙함"(33쪽)이 그의 눈을 매혹시켰고, 알렉은 그녀가 잠자는 틈을 타서 테스를 임신시켰다. 사물의 우주 질서에서 테스는 알렉과 같은 사람에 의해 능욕당했다. "이렇게 아름다운 여성의 몸에… 마치 받아들이기로 운명지어진 것처럼 저렇게 추한 무늬가 찍혀야만 하는지"(63쪽), 그러나 "그녀는 모두가 인정해 온 사회의 법을 어길 수밖에 없었지만, 자연의 법이라고 알려진 법은 어기지 않았다"(75쪽).

테스의 인생이 타락하는 전조는 알렉의 개가 끄는 썰매를 타고 가파른 경사면을 내려가면서 상징적으로 시작되었다. 순결을 상실한 후에 그녀는 더욱 성숙해졌다. 테스는 그 상황에 굴복한 것이 아니라 초연하고 왕녀 같은 방법으로 그 재앙에서 빠져나온다. 그녀는 거짓말을 하면서 그 상황을 최대한 이용할 수 있음을 알고 있지만 그 비난을 자기 자신에게 돌리고 양계장을 떠난다. 테스는 "잠시 동안 당신으로 인해 나의 눈이 현혹되었다… 당신의 속셈을 알아차리지 못했고 그걸 알았을 때는 이미 너무 늦어버렸다"라고 말한다. 그러나 그녀는 "잠재해 있는 정신"인 훌륭한 자질을 가지고 있었다. 그래서 "모든 여자들이 그저 그렇게 말하는 것을 몇몇의 여자들은 진짜로 느낄지도 모른다는 것을 생각해 본 적이 있나요?"(67쪽)라고 말한다. 알렉에게 테스는 성적 욕망의 대상 중 하나이다. 그러나 그녀는 우리가 그녀의 특별함을 보는 것을 놓치지 않게 한다. 개인적 정직성에 대한 테스의 감정은 그녀가 알렉과 같이 있는 것에 대한 거절, 그녀의 임신을 이용해서 그가 자기와 결혼하려 하는 것에 대한 거부를 분명하게 드러낸다. 그녀의 주된 소망은 그녀의 감각뿐만 아니라 지성이 중요한 의미를 나타내는 세계에 들어가는 것이다. 단지 "먼지와 재"(72쪽)인 알렉은 그녀의 사랑을 지배하지 못한다. 비록 그가 그녀를 육체적으로 정복했지만, 테스는 알렉의 범위 밖에 있는 우주이다. "나는 신이 그런 것들을 말했다고 믿지 않는다." 라는 테스의 중얼거림과 그녀의 외로운 저녁 산책은 종교의 좁은 도덕관과 메마르고 "황폐화된" 세계를 나타낸다.

소설 자체의 서술은 먼 것과 가까운 것을 잘 섞으면서 인간적인 목소리와 비인간적인 목소리를 혼합하여 안팎으로 테스를 설명하면서 음양 원칙의 조화를 보여준다. 하디는 그 이야기를 7개의 어구로 나누고 있으며 각각의 어구는 테스의 인생에 있어 중요한 시간과 관계있고, 독특한 장소, 행동, 어조를 가지고 있다. 그리고 그 어구들은 이야기를 우연적이고 불연속적으로 만든다. 그러나 각각의 어구 중 어떤 것도 자기 혼자만으로 충분하지 않다. 왜냐하면 서술의 긴장이 긴밀히 연관된 유기적 완전함을 만들기 위해 부분에서 부분까지를 축적하기 때문이다. 해의 규칙적인 반복, 계절에 대한 인물들의 감정 관계는 『테스』에 있어서 연속성이라는 중요한 선을 형성한다. 말롯의 경치에 있어서 그녀는 "그 장면의 완전한 부분이 된다."(74쪽) 그리고 "관습의 조각"에 기초한 자신들의 도덕성으로 테스를 타락한 여자라고 비난하며 반감을 갖는 그러한 사람들은 "실제 세계와 조화를 이루지 못하는"(75쪽) 사람이다. 테스는 외로움을 느끼지 않는다. 왜냐하면 그녀는 "빛과 어둠이 명백히 균형을 맞추어서 낮의 속박과 밤의 불안이 정신적 자유를 떠나면서 서로서로 중립화된 저녁의 바로 그 순간의 한 부분"이었기 때문이다. 그녀는 원시세계 즉 자연 세계의 신비로움 속에서 뿌리를 내린 더 깊고 더 오래된 자연의 법을 받아들인다. 문명화된 기독교 세상은 테스의 행복을 억압하기 때문이다. "그 불행의 대부분은 테스의 타고난 감각에 의해서가 아니라 관습적인 측면에 의해 만들어졌다"(84쪽). 바라지 않은 죽음의 슬픔과 자연의 재생과 함께 테스는 크고, 비범하고, 경이롭고 신성한 사람으로 다시 태어난다. 죽음의 슬픔을 경험한 후에 얻은 강인하고 풍부한 의지는 테스의 영웅적 차원의 성장에 기여한다. "그래서 테스는 단번에 소박한 소녀에서 복잡한 여자로 변했다. 사색의 상징과 비극의 징후와 함께 테스는 훌륭한 창조물이라고 불리는 것이 되었다. 테스의 영혼은 지난해 또는 2년의 험한 경험들이 타락시키지 못했던 여자의 영혼이었다." 그녀는 "테스 안에서 여전히 따뜻하고 희망찬 인생의 고동을 느끼고"(87쪽) "그녀 안에 어떤 정신이 어린 가지의 활력처럼 스스로 일어나고 있는 것"(88쪽)을 느꼈다. 테스는 최상의 자연으로 묘사되었고, 세상에 생존하는 모든 것에 활기를 불어넣는 생명력의 중요한 부분을 제공하는 것으로 묘사되었다. 왜냐하면 "테스가 겪은 육체의 타락은 그녀의 정신적 수확이었기 때문이다"(100쪽).

"제3단계: 회복"에서 테스는 "작은 낙농장 계곡"의 포근하고 편안한 환경을 떠나 "큰 낙농장 계곡"(90쪽)에 들어간다. 그곳에서의 삶은 근본적으로 다른 방식으로 흘러간다. 이 계곡은 블랙무어 계곡(Blackmoor Vale)의 "짙은 파란색의 분위기"(91쪽)가 부족하다. 탤보세이즈(Talbothays)는 시골의 전원적 목초지이고 젖을 짜고, 우유를 맑게 하고 우유를 휘젓는 리듬이 있는 곳이다. 이 비옥한 땅에서 테스는 엔젤의 거울이며 등불이다. 그녀는 점차적으로 엔젤의 성향과 자연의 분위기에 따라 변화한다. 여기서 테스는 자연의, 시골의 원형적인 여자, 땅의 여신, 생명을 주고 유지하는 자연 그 자체와 같은 최고의 창조물이다. 자연 세계와 테스 둘 다 활짝 무르익어 간다. 그녀는 엔젤에 대한 사랑을 알게 되고 우리는 우주의 궁극적인 조화를 예상하도록 이끌려진다. 이 낙농장과 플린트콤—애쉬(Flintcomb—Ash)의 묘사를 비교해 볼 때 이 두 경치는 음과 양의 연속된 대조를 나타낸다. 여름 대 겨울, 비옥한 낙원 대 황무지 그리고 엔젤 대 알렉.

자연의 풍부한 환경과 탤보세이즈의 따뜻함은 테스의 희망과 제한받지 않는 가능성을 나타낸다. 그러나 서술의 명백한 지적은 땅이 우리가 원하는 대로 행동하지 않는다는 사실을 우리로 하여금 깨닫게 해준다. 테스가 낙농장에 도달하기 위해 에그돈(Egdon) 비탈을 내려올 때 그녀는 다음과 같은 방식으로 묘사된다. "자신이 가는 곳에 대해 확신하지 못하는 테스는 거대한 당구장 테이블 위에 있는 파리처럼 초목으로 둘러싸인 넓은 공간에 가만히 서 있었다"(92쪽). 하디는 테스의 마음 상태를 위한 더 큰 배경을 만들었다. 강하고 순간적인 신선함, 희망과 자연적 조화는 이러한 감정이 일어나는 세계 안에서 크고 본질적으로 중립된 세계의 윤곽을 파괴하지 않는다. 그는 또 다른 도교 철학자 장자(Chuang Tzu)의 현명한 메시지를 보내는 것처럼 보인다.

> 생이 있으면 사가 있고 사가 있으면 생이 있는 법이다. 가능이 있으면 불가능이 있는 것이고 불가능이 있으면 가능도 있는 것이다. 선으로 인해 악이 있고, 악으로 인해 선이 존재한다.… "이것"이 또한 "저것"이고 "저것"이 또한 "이것"이나니, "저것"과 "이것"과의 구별은 진실로 존재하는가?… "이것"과 "저것"이 서로 상반된 게 아닐 때, 도(道)라는 바로 그 축은 존재하는 법이다.

감각적인 에덴에서 테스는 순결하고 순수한 정신 그리고 생명적으로 충만하며 성적이면서도 동물적인 육체가 완벽하게 조화를 이루고 있다. 그녀는 인간적이면서도 비인간적인 힘 사이에서 가장 가까운 통합을 경험하기 때문에 행복의 가장 위대한 순간을 느낀다. 테스가 밤에 "초원 위에 누워 있을 때 그녀의 몸을 떠나는 영혼에 대한 그녀의 말, 그리고 몇몇의 큰 밝은 별을 똑바로 보는 모습"(106쪽)은 그녀의 직관적이고 종교적이면서도 신성한 정신을 나타낸다. 테스와 엔젤은 서로의 삶에 참여하게 되고 그들이 만들어 낸 긴장과 함께 그 장면은 떨리듯 울려온다. 그들은 자신의 외부에 존재하고 그들에 의해 육체적인 대상을 거쳐 의사소통한다. 오월제(May

Day) 무도회에서 테스를 알아보지 못했던 엔젤은 지금 이 순간 낙농장에서 가장 매력적인 여자라는 것을 발견하면서 테스를 알아보게 된다. 그래서 의식 이전 상태의 자연스러운 조화와 의식적 인간 자체에 대한 존경 사이에 화해의 희망이 보인다.

하디는 우리에게 엔젤의 고정되고 추상적인 눈, 감각적이고 민감하지만 단호한 입, 그리고 모호하고 뚜렷하지 않은 것에 사로잡혀 있는 엔젤의 태도를 통해 그를 그려보도록 하고 있다. 심지어 식사 동안에 그의 구석진 곳은 "차가운 파란색의 보조등을 가지고 있는 것"(105쪽)으로 묘사된다. 나중에 테스가 엔젤에 대해 알아보기 위해 에민스터 목사관(Emminster Vicarage)로 출발했을 때 그녀는 "짙은 파란색"의 기운을 느끼게 된다. 반어적으로 테스의 위엄에 대한 언급이 엔젤로부터 들려온다. "저 젖 짜는 여자는 정말 자연의 신속하고 순결한 딸이구나!"(106쪽). 이 언급은 테스가 여전히 본질적으로 순수하다는 의미로 가득 차 있다. 테스라는 이브에게 엔젤은 신 같은 아담이다. 근대 의식과 진보된 관점을 지닌 그는 정신적 섬세함이라는 자질을 갖고 있다. 테스가 결코 추상적인 지성을 드러내지 않는 반면에 위선적인 엔젤은 절대적인 것과 조화를 열망하는 인간에게 호소하고 있다. 엔젤에게 테스는 "성향에 있어서나 육체에 있어서나 위엄 있고 권력이 있는 사람"처럼 보인다. 그리고 일반적으로 그저 "한 영혼인 것처럼 테스가 유령으로 보였을 때" 그녀는 "그에게 가장 크게 인상을 준다. 그녀는 한 전형적인 형태로 응축된 완전한 성, 여성의 상상적 본질이다."(115쪽). 엔젤은 열정이 없고 생명이 없고 비인간적인 이미지, 아르테미스, 데메테르, 이브 등의 여신으로 살아있는 테스를 대신한다. 엔젤에게 테스는 알렉에게 있어서와 결코 다르지 않은 사람이다. 알렉에게 테스는 모든 것이 육체적이고 엔젤에게 그녀는 순수함과 여신의 복합적 모습에 맞아야 한다. 그가 테스에게서 본 이상적인 아름다움은 그 자신의 창조이다. 테스는 결정을 내리지 못하는 연인의 무능력과 모순으로 괴로워한다. 내가 왜 당신을 그렇게 사랑하는지! 왜냐하면 당신이 사랑하는 그녀는 나의 실제 모습이 아니라 나의 이미지이다. 테스의 인습적인 양심이 그녀가 완전히 행복해지는 것을 방해한다.

우리가 알고 있듯이 그들의 모든 노력과 절제로 이루어진 도덕적이고 정신적인 이상주의는 우리에게 골칫거리를 안겨주는 바로 그 의식의 유형들이다. 그들은 선과 악, 그리고 이상과 현실을 별개로 인식하고 선이 악한 사람의 이상에 꼭 필요하다는 것을 알지 못한다. 노자(Lao—tzu)는 그것을 이렇게 이야기한다. "위대한 도교가 사라졌을 때 우리는 인간의 마음과 정의를 갖는다. 지혜와 현명이 생겨날 때 우리는 위대한 위선자를 갖는다"(ch. 18. 74쪽). 테스의 파트너 역할을 소화하기에 엔젤은 너무 지적이고 회의적이다. 알렉과 반대로 아폴론의 양원칙은 엔젤에게 있는 디오니소스의 음원칙을 통제한다. "더 고상한 사람"(216쪽)으로 만들어 줄 수 있는 알렉의 "동물적 성향"이 엔젤에게는 결핍되어 있다. 알렉이 테스의 몸을 강간한 것처럼 테스의 정신을 훼손한 엔젤은 더 큰 인간적 차원이 잘못 인도된 지적 정신의 본보기이다. 엔젤은 아무리 윤리적이라 할지라도 삶을 부정하는 생각은 파괴적이라는 것을 보여준다. 그는 여성의 순수성에 대한 관념에 사로잡혀 있다.

알렉과 엔젤 둘 다 테스에게서 뿜어져 나오는 훌륭함과 그녀가 구현하고자 하는 삶의 풍요로움을 평가할 능력이 부족하다. 어떤 점에서 하디는 엔젤이 항상 "그들과 관계가 없는 감정으로 실질적 문제를 해결한다"(181쪽)고 말한다. 엔젤은 자신의 사업적 이익에 도움이 되기 때문에 제분소가 있는 웰브릿지(Wellbridge)로 신혼여행을 가기로 한다. 그는 테스의 가치와 기대를 고려하지 않고 자기 자신의 가치 체계 안에서만 너무 많은 행동을 한다. 또한 결혼 비용, 사회적 위치와 지식을 포기함으로써 "핑크빛 뺨을 지켜야 하는 만큼 시골의 순수함을 지켜야 한다고 믿는다"(210쪽)라고 테스에게 말하는 그의 언어는 알렉의 말보다 훨씬 더 상업적이다.

엔젤은 자신이 잠깐 동안 불륜을 저질렀다는 사실에도 불구하고 테스에게 어떠한 아량도 베풀지 않고 그녀를 거부한다. 테스의 처녀성에 대한 그의 생각은 완전히 부서졌고 고백 이후 아침에도 여전히 그녀가 "완벽하게 순수"(210쪽)하게 보이는 것을 믿지 않는다. 그는 자신을 척박한 생각에 통제되도록 내버려두고, 그것과 화해하려는 종교와 테스의 노력과 "테스라는 존재의 호흡과 생명"(172쪽)인 그녀의 애정에 관심 갖지 않는, 단지 "관습과 인습의 노예"(235쪽)일 뿐이다. 그는 종교적 정설에 의문을 가졌지만 아이러니하게도 종교와 밀접하게 관련된 성도덕은 그의 의식 속에 뿌리 깊게 남아 있다. 그는 테스의 이야기를 들은 후에 미친 청교도 인처럼 행동한다. 그의 얼굴은 "일그러지고" "지옥에서 나는 웃음처럼 무섭게"(201쪽~202쪽) 웃기 시작한다.

이후에 그가 신앙심이 깊은 메르시 챈트(Mercy Chant)를 만났을 때, 그는 테스의 귀에 그가 생각하는 "가장 이단적인 생각을 악마같이 속삭이는" 또 다른 사탄의 모습을 보여준다. 테스가 "흰 주름 장식이 있는 색이 바랜 파란 울로 된 겉옷을 입는 것"(209쪽)은 단지 우연이 아니다. 그녀는 "어렴풋한 희망"(209쪽)에 집착하지만 과거의 진실에 대한 엔젤의 필사적인 질문에 대한 대답 이후 인내력에 있어 영웅적 자질을 잃지 않았다. 그녀가 조안이라면 계획적으로 숨김으로써 이 비극을 모면했을 것이다. 그러나 테스는 속임수, 무관심, 무감각을 받아들여 타락하지 않고 더 좋고 더 강한 생각을 보여준다. 그녀는 부모님과 주위의 다른 인물들이 보여주는 사랑과 결혼의 그러한 태도들에 대항하여 싸운다. 엔젤이 "이해하지 못할 시골 여자"라고 그녀의 존재를 비난할 때 그녀는 "나는 자연에 의해서가 아니라 단지 신분에 의해서 농부일 뿐이다!"(205~206쪽)라고 자신의 존엄성을 주장한다.

탤보세이즈 반대편에 있는 플린트콤—애쉬는 황무지이고 냉혹하다. 잔인하고 세상에 종말이 온 듯한 날씨이다. 플린트콤—애쉬에서 기계화, 비인간성, 소외가 테스의 시련 속에서 현실화 되었다. 빨간 타작 기계와 황량한 하늘로 둘러싸인 곳의 얼어붙어 딱딱한 땅에서 순무를 캐는 농장 노동자인 테스는 알렉으로부터 새로운 위협을 받는다. 이곳은 지옥의 모습이고 기계를 다루는 사람은 "불과 연기를 다루는 토펫의 창조물"(289쪽)처럼 보인다. 여기서 테스는 미래에 대한 희망과 힘을 잃고 최악의 순간에 도달한다. 그러나 이 황무지에서 테스가 머물렀던 것은 완전히 대비되는 그녀의 생명력과 강인함에 대한 인상을 강화해 준다. 자신에게 하는 그녀의 노래는 지옥같은 분위기에서 타락된 삶을 극복하려는 노력을 보여준다.

이 장면에서 알렉은 "동물성은 이교사상, 바울주의라는 광신적 행위가 된다"(271쪽)라는 간결하면서도 모순적 어법으로 표현됨으로써 이중의 모습으로 나타난다. 그러나 그는 복음주의로 개종했던 것처럼 갑자기 그리고 완전히 호색한으로 되돌아간다. 그는 테스에게 더 친절하면서도 더 잔인하고 인간미가 있으면서도 사악해 보인다. 그의 개종과 테스를 탐하기 위해 개종을 포기한 것은 우리에게 그에 대한 약간의 연민을 느끼게 한다. 왜냐하면 그는 더 좋은 자아와 더 나쁜 자아 사이에서 분열된 듯 보이기 때문이다. 그는 자신 안에 있는 옛날의 알렉과 대항해서 자신을 보호해야 함을 알고 있다. 비록 그는 자신의 잘못을 남에게 돌리지만 그 자신의 사악함과 나약함을 느낀다. 그럼에도 불구하고 그가 전혀 변화하지 않았다는 것은 유감이다.

알렉은 테스와 불구가 된 더비필드에게 도움을 주지만 동시에 그녀의 불행을 이용하는 일종의 악마가 된다. 이 우주에 존재의 부정에 대한 악으로서 그의 역할은 탈곡과 관련된 시로 정의된다. "빨간 폭력군"(289쪽)은 알렉이 테스의 운명과 연결되어 있다는 점에서 음의 색깔을 상기시킨다. "어릿광대가 이것은 마치 천국과 같다고 말하듯이 너는 이브, 나는 열등한 동물을 가장하여 너를 유혹하려고 온 늙은이"라는 알렉의 농담은 상당히 적절한 표현이다. 끈질긴 추구, 그의 권력 안에서 그녀에게 더 많은 것을 가져다주는 모든 환경을 이용하는 그의 능력, 그의 사악한 외모, 이 모든 것들이 그를 덜 인간적이게 만들고 더 상징적으로 만들도록 이끈다.

반대로 테스는 알렉의 관점을 유혹자 또는 유혹받는 자로 무시해 버린다. "나는 당신이 사탄이라고 결코 말하거나 생각지 않았다. 나는 그런 식으로 당신을 생각하지 않는다"(311쪽). 엔젤이 전형적인 말로 테스를 불렀을 때 "나를 테스라고 불러라"(115쪽)라는 그녀의 말에서 이미 우리가 보았듯이 테스는 어떠한 신화적 역할에서처럼 판에 박힌 듯 정형화된 남성과 여성을 거부한다. 그녀는 단지 여성이기를 원하고 여성으로 성장하기를 허용한다. 그러나 테스는 결국 상처와 절망 때문에 자신의 도덕적 신의를 저버리고 "육체적 의미에서 이 남자만이 그녀의 남편이다라는 의식을 갖고"(319쪽) 알렉과 함께 살기 위해 떠난다. 테스는 "일단 희생자가 되면 항상 희생자가 되는 세상의 법"(295쪽)인 "황량한" 세상의 법의 지배를 받아들여야 한다.

또 다른 한편 엔젤은 결국 순전히 편협한 관습이 얼마나 많이 상처받은 감정의 기저를 이루고 있었는가를 깨닫는다. 그리고 그의 도덕심은 브라질에서 만난 명석하고 마음이 넓은 낯선 이에 의해 완전히 정화된다. 그러나 그가 마침내 테스를 만났을 때 그는 테스가 "그 앞에 서 있는 자신의 육체를 인식하는 것을 정신적으로 멈추고—물 위에 떠 있는 시체처럼 살아가려는 의지와 분리된 방향으로 가도록 하고 있는"(338쪽) 것을 알았다. 그녀는 마음의 평정심을 잃었고 육체로부터의 이러한 분리는 그녀에게는 비자연적인 환경인 샌드본(Sandbourne)의 최신식 저택에서 알렉을 살해하도록 테스를 이끈다. 그녀가 한 일을 들었을 때 엔젤은 이제 그녀를 피하지 않는다. 그는 성숙하고 넓은 마음을 가진 사람으로 변화되었기 때문에 "미치도록 슬픈 순간에…그녀의 마음이 평정을 잃고 그의 깊은 심연으로 뛰어들었다"(343쪽)는 것을 알 수 있었다.

서구의 관점에서 진실은 초월적인 반면에 동양에서 사물의 진실은 내재적이다. 테스가 알렉을 살해했을 때 그녀는 올바른 마음이 아니었지만 정의는 행해져야만 했다. "일종의 익시온 수레바퀴에 얽매인 영혼"(309쪽)을 비웃고, 괴롭혔기 때문에 알렉의 처벌은 불가피한 것이다. 이 장면은 "잘못된 사람이 올바른 방법을 사용할 때, 그 옳다는 것은 잘못된 방식으로 작용한다는 것을 의미한다"라는 어느 도교 철학자의 말을 상기시킨다. 명예를 지키거나 그에 대한 보복을 하다가 죽기로 예정되어 있는 위대한 비극의 주인공들처럼 살인을 저지른 테스의 처형은 일종의 자살이다.

알렉을 살해한 후에 테스와 엔젤은 짧은 시간이지만 남편과 아내로 함께 있게 된다. 행복하기도 하고 한편으로는 걱정이 되는 테스와 엔젤의 재결합은 그 소설이 축적해 온 긴장 속에서 휴식을 제공해 준다. 그들은 강제로 헤어지기 전까지 짧은 행복의 시간을 갖는다. 충만함은 도망가려는 그들의 계획만큼이나 "일시적이고 막지 못하는 것"이다.

우리는 환상과 현실의 비극적 주기 패턴을 홀로 끝낼 수 있는 마지막 죽음의 수동성이 준비된 테스를 본다. 이 세상은 적자생존이 최상의 생존인 곳은 아니다. 자신의 고통에도 불구하고 테스는 아직도 자신의 여동생을 기억하게 하는 독단적이지 않은 자애심 속에서 자신의 "정화된 이미지"를 위한 더 나은 세상과 더 나은 삶에 대한 희망을 여전히 믿는다. 죽음 앞에서 단호하고 차분한 그녀의 태도는 죽음에 대한 두려움을 완전히 무시하는 위대한 도교철학자들처럼 그 어떤 두려움도 없음을 보여준다. 테스는 죽음을 기꺼이 받아들이게 해주는 일종의 비극적 유희를 즐기는 듯 보인다.

스톤헨지(Stonehenge)에서 테스는 그 돌 중 하나 위에서 잠을 잔다. 거대한 돌들은 영속성에 대한 상징을 제공한다. 그 구조는 지붕이 없고 우주의 한 부분인 더 큰 우주에 속해 있는 듯 보인다. 그것은 "수 세기보다 더 오래됐고 더버빌보다 더 오래됐다"(350쪽). 테스와 엔젤이 스톤헨지를 찾은 것이 아니라 스톤헨지가 그들을 찾아내었다. 테스가 잠에서 깨어 경찰들을 보았을 때, 그녀는 "일어나 떨리는 몸으로 움직이지 않고 있는 그들 앞으로 걸어갔다. 그리고는 '나는 준비되었어요'라고 차분하게 말했다"(353쪽). 테스는 자신이 살던 시대의 철학과 종교를 벗어버리고 그곳에 실제로 있는 권력과 마주했다. 장자에서 "삶이 계속될 때 그것은 사건의 자연스러운 연속이다. 예정된 때에 일어나는 모든 일을 평안함으로 받아들이는 것과 사건의 자연스러운 연속과 함께 평화를 유지하는 것은 슬픔 또는 즐거움의 범위 너머에 있는 것이다"(Chuang Tzu 248)라고 하는 말을 우리는 테스의 경우에서 볼 수 있다.

W. 왓슨(W. Watson)은 "『테스』는 위대한 비극들 사이에 놓여야만 한다."고 말한다[06]. 하디의 『테스』는 특히 그녀의 욕망에 대한 절제로 인해 그의 비극적 비전에 대한 아주 놀랄만한 진술이다. 아이러니하게도 테스는 여러 면에 있어서 빅토리아의 이상적 여성이다. 그녀는 당시의 성적 코드를 받아들이고 "결코 어떤 남자가 자기와 결혼하게 하는 것을 허락할 수 없다"(121쪽)는 것을 느낀다. "그에게 좋은 것은 나에게 좋은 것이다"(121쪽)라고 여기는 테스는 남편의 의견을 진실로 받아들이는 소박한 신앙을 가진 일반적 교인이다. 엔젤에 대한 그녀의 사랑과 복종은 정확하게 좋은 아내가 느끼도록 기대되는 바로 그것이다.

06) Jeannette King. 『*Tragedy in the Victorian Novel*』. Cambridge; U of Cambridge P, 1978, 1쪽.

결론

하디에게 있어 비극은 고통과 악의 불가피성과 그들 간의 무관련성 둘 다를 주장하는 삶의 이상이자 비극적 철학이다. 그것은 인간 삶의 황량함을 보여주지만 동시에 인간이 선하다는 믿음을 주장하고 있기 때문에 긍정적이다. 하디의 메시지는 하디 자신에게 그러한 위안을 주었을 "하늘의 도는 신비스럽고 비밀스럽게 작용하고, 고정된 형상이 없으며 명확한 규칙을 따르는 것도 아니다. 그것은 너무나 위대해서 그 끝에 이를 수 없을 뿐 아니라 그 깊이 또한 깊어서 헤아릴 수 없다"[07]는 도교(Huai Nan Tzu)에서의 말로 전달될 수 있다.

엔젤과 리자 루(Liza—Lu)의 마지막 모습은 우리에게 아이러니한 상징을 보여준다. 처제와의 결혼은 불법일 뿐 아니라 1907년 제정된 '죽은 아내의 여동생 법'(Deceased Wife's Sister Act)이 통과되기까지는 근친상간의 오욕으로 불명예스러운 일이었기 때문이다. 하디는 사회 저항에 대한 자신의 극단적 표현을 드러내고자 이러한 상징을 사용했는지도 모른다. 그렇게 강한 금기를 침범하는 충격 효과는 다른 관습의 모든 범주를 공격하기 위한 방법을 준비하기도 한다. 그러나 필자는 그의 은유를 결혼 내에서 두 개의 가능한 양성적 마음을 결합하기 위한 시도로 보고자 한다. 그들의 결혼의 기능은 그들이 테스의 꿈을 완성하고 서로서로 도와서 완벽한 양성성의 소유자가 되는 것을 가능하게 한다.

테스는 어떠한 사회에도 역사의 어느 순간에도 속하지 않는다. 그녀는 영원한 자연에 속한다. 그녀의 자연적 우수함은 그 시대의 애정 없는 전형적 현상과 함께 놀라운 대조를 보이면서 지속적으로 상처받기 쉬운 것으로 보

---

07) 『*Huai Nan Tzu*. 9. in *Science and Civilization in China*』. Vol. 2. Cambridge: U of Cambridge P, 1956.

인다. 테스를 표현하면서 하디는 일반적 인간 본성의 비극적 복잡성을 나타내고 있다. "테스는 그녀 자신을 제외한 누구에게도 하나의 존재, 하나의 경험, 열정, 하나의 감정구조가 아니었다"(80쪽). 결말에서 테스의 최종적 체포는 이 잔인한 세상이 그녀를 정말로 감동하게 할 수 없다는 것을 보여준다. 자신의 마지막을 받아들이는 그녀의 의지는 모든 것이 흔적 없이 사라지도록 의도된 존재의 아이러니를 보여준다. 행위, 욕망, 불만족을 나타내는 인류의 남성적 경향이 질투와 탐욕을 만들어내고, 갈등, 손실, 좌절과 무질서를 끌어내는 반면, 일어나는 사건의 자연적 과정을 받아들이기 때문에 무행동, 무욕, 양보와 만족을 나타내는 여성적 경향은 성공을 이끈다.

『테스』는 자신의 권리 속에서 한 인간으로서 인정받길 원하지만 이 "황량한" 세상에서 결코 실현될 기회를 갖지 못하는 한 여자의 이야기이다. 이 이야기에서 "우리는 자부심이 힘겨운 운명을 압도할 수 있다는 것을 하디로부터 배웠다. 하디가 써왔던 모든 글에서 그는 패배를 통해 지속해 나가는 인간의 정신을 보여주었다."[08]라고 어빈(St. John Ervine)은 하디에 대한 찬사를 표현한다. 소설 『테스』는 테스와 하디가 밝은 세상을 이해하는데 기초가 될 수 있는 새로운 패러다임을 찾기 위해 함께 떠난 여정이었다. 죽음 이후에 테스는 엔젤과 리자—루 뿐만 아니라 독자들에게도 완전함에 대한 양성성의 상징이 된다. 버지니아 울프에 따르면 테스는 "모든 요소들의 힘을 한 곳으로 끌어모으는"[09] 피뢰침과 같이 우뚝 서 있는 한 인간이다. 그러한 점에서 『테스』는 음양 원리에 대한 하디의 내재적 개념이 충실하게 표현된 인물이다.(정정호)

---

08) Henry Thomas. 『*Living Biographies of Famous Novelists*』. New York: Garden City Publishing Co., Inc. 1943, 305쪽.

09) Jean R Brooks. 『*Thomas Hardy: The Poetic Structure*』. Ithaca: U of Cornell P, 1971, 12쪽에서 재인용.

에필로그

한국문학을 위한 주체적 비평학

한국문학을 위한 주체적 비평학(批評學)

오늘날 비평의 시대와 이론의 시대에서 문학의 위상은 점점 약화하고 있다. 이것은 문학 자체의 문제도 있겠지만 더 큰 맥락에서 문학계뿐 아니라 인문학계 전반의 문제이다. 인문학의 쇠락은 전 지구적으로 확산되는 위험사회의 맥락에서 이해될 수도 있다. 점점 더 순수해지고 악랄해지는 전 지구적 자본주의 체제는 무한 경쟁 속에서 오로지 이윤 창출만을 극대화하려는 신자유주의와 인간 탐욕의 파국의 상징인 파생상품의 논리를 추종하는 금융자본주의를 이끌고 있다. 마르크스와 엥겔스가 1848년에 『공산당 선언』에서 이미 선언한 것 같이 지금까지 "견고한 모든 것은 녹아 사라지고 있다." 또한 우리는 새로운 세계를 여는 고도 영상매체와 개인 유튜브의 디지털 혁명과 인공지능 시대의 한 가운데에 서 있다. 문자매체에만 의존하는 문학의 미래는 매우 불투명하다.

지금까지 철밥통으로 여겨졌던 대학과 교수직도 학과 통폐합이라는 구조조정, 반값 등록금의 여파, 고등학생 감소와 대학 입학정원 대폭 축소로 인한 대학 재정 악화 등 이미 소용돌이에 빠져들었다. 우리가 이러한 상황 반전을 일부 수긍한다고 하더라도 한국대학은 이제 위기에서 위험으로 치닫고 있다고 해도 과언은 아니다. 모든 것은 이미 녹아 사라지기 시작하는 것인가?

물론 이러한 불안한 상황을 타개하는 정답도 없고 기적도 없을 것이다. 우리는 비판적 인문지식인으로서 "이미 언제나" 그러했듯이 역사와 현실의 맥락 속에서 비평과 이론을 생산하고 적용하는 일에 매진할 수밖에 없다. 끊임없이 데리다적인 확산(dispersion)과 하이데거적인 절합(articulation) 속에서 재창조해야 한다. 이론과 비평 공부가 지적 유희가 아니라 신성한 노동이고 현실 참여가 되어야 한다.

그러므로 비평과 이론은 하나의 허구나 유희가 아니며 지배 이데올로기에 대항하는 하나의 저항 이데올로기를 부단히 창출해 내는 지적 과업과 실천 작업의 하나가 될 수 있다. 문학 연구자나 문학 비평가(이론가)는 단지 상아탑의 빛바랜 유리창 너머로 고단하고, 열악한 삶의 현장 속에서 이전투구하며 변화하는 다중과 세계를 멀리서 바라다보아서는 안 된다. 곰팡이 냄새나는 연구실 속에서 자기 이익만을 챙기거나 서구인들이 이미 만들어 놓은 텍스트와 방법론과 이론이라는 미로에서 장난질하며 그 도식 속에서 총명한 학생들을 현실에 대해 질문하고 비판하는 인문지식인으로 키우지 못하고 자본주의의 하수인으로 전락시키면서 안이하게 무익한 단순 재생산이나 확대 재생산 작업에 몰두해서는 안 된다.

서구 이론에 노출되어 있는 비평가나 이론가는 안토니오 그람시가 말하는 "유기적 지식인"으로서 단순한 비판만이 아니라 목표의 대안을 제시하기 위해 우리 자신의 역사와 현실을 진정으로 과학적으로 고려한 새로운 이론을 창출해 내야 한다는 말이다. 무엇보다도 구름 잡는 놀이는 그만하고 일반 독자들과 대중 독자에게 눈을 돌려야 한다. 고담준론의 담론은 땅(현실)으로 끌어 내리고 다중을 껴안아야 한다.

일부에서는 서구 이론에 대한 지나친 관심을 경계하는 시각도 있다. 이론에 밝은 서구인들을 따르다 보면 '닭 쫓던 개 지붕 쳐다보기' 식으로 계속 미로 속에서 헤매게 되어 서구인들을 따라잡기는커녕 오히려 또 다른 이론에 세뇌당할지도 모른다는 우려 때문이다. 그러나 그런 불안 자체가 일종의 '식민지 콤플렉스'에서 나온 것은 아닐까? 서구 이론 탐구를 게을리하는 것이 오히려 우리로 하여금 서구의 보이지 않는 이론 제국주의와 식민주의에 맞장구치거나 함몰되는 매판 지식인으로 만들지 누가 아는가? 이렇게 우리는 서구 이론을 극복하려고 공부하는데 오히려 그곳에 빠질 수도 있다. 이것이 우리의 모순이고 딜레마이다.

그러나 이이제이(以夷制夷)의 정신으로 이미 문학이라는 제도권 속에서 기득권을 가지고 앉아 있는 문학과 교수들이나 현장의 비평가들은 현실에 안주하려는 보수적인 타성을 버리고 부단한 자기반성과 탐구를 통한 성찰적 태도를 지향해야 할 줄로 믿는다. 이래야만 거의 80년이나 지속되고 있는 우리 한반도의 분단과 분열의 역사와 민족을 부둥켜안고 함께 뒹굴며 다시 바로 서는 주체적인 문학 연구와 문학 비평 그리고 궁극적으로 문학 교육의 올바른 길을 찾을 수 있다. 이제 동양과 한국의 문학과 비평 전통을 되찾는 온고이지신의 실천이 오늘날 한국의 문학 지식인의 역사적 책무가 아닐까?

문학의 "위기" 앞에서 무엇을 할 것인가?

소위 새로운 비평(criticism)과 이론(theory)의 미래는 어떻게 될 것인가? 문학 자체나 비평에 대한 우리의 통념이 깨지고 정전(正典, canon) 그리고 문학 연구 교육에도 엄청난 변화가 올 것인가? 〈새로운〉 이론이 제고시키는 '위기'를 우리는 변혁기 전환기의 진정한 계기로 받아들여 문학 연구, 문학 비평, 문학 교육을 전면적으로 반성하고, 재검토하고 재수정하여 새로운 가능성으로 변형시켜 내는 넓은 의미의 세계시민 시대의 "생태학적 상상력"을 갖추어야 하지 않을까?

'이론'이 터져 나와 '위기'가 생긴 것이 아니라 전환기, 과도기의 특징인 '위기'가 생겨 그에 대응하기 위한 여러 방안이나 방향 모색이 이론화 작업으로 표출된 것이다. 결국 '위기'와 '이론'이 같은 궤도 속의 상호 작용 속에서 배태된 것이라고 할 수 있으리라, 이러한 '위기'의 시대일수록 활발한 '이론'의 작업이 이루어져야 위기의 대안이나 위기의 기회가 가능해질 것이다. 만약 진정한 대화적 다양성이 없다면 이른바 '가치 있는 혼동'의 시기와 '창조적인 혼란'의 시기를 몰이해한 채 역사의 수레바퀴를 거꾸로 되돌리거나, 현 상황에서 무장해제당한 채 단성적이며 억압적인 이데올로기의 포로가 될 수밖에 없다.

그러나 우리는 '이론'이 허위 이데올로기의 숨겨진 억압 구조나 문학이나 텍스트라는 담론(discourse) 체계의 신비를 벗기고 캐내는 데 아무리 유용하다 하더라도 그것이 가질 수 있는 유희성, 추상성, 고답성, 다시 말해 실천적이고 구체적인 사회·역사적 맥락에서 벗어난 또 다른 추상화, 신비화로 빠져서는 안 된다. 또한 '이론'이 해방과 혁신을 위한 비평 담론 체계 내의 여러 가지 작은 소리들을 무시하고 지나치게 경직화되어 또 다른 위압적인 억압 구조로 변하는 것도 경계해야 한다. 따라서 우리는 '위기 상황에 대처하는 이론(anti—crisis theory?)'에 대해 이른바 '비극적 환희'를 가져야 할 것이다.

포스트 이론 등 〈새로운〉 서양 문학 이론 수용에 대해 우리가 취해야 할 태도는 어떠한 것인가? 우리가 서구 문학 이론을 쉽게 무시할 수 없는 것은 자명하다. 왜냐하면 그들의 이론들은 타자로서 우리에게 끊임없이 도전과 저항 전략을 제공하며 궁극적으로는 우리의 문학 전통에 토대를 둔 자생적인 이론 창출의 타산지석이 될 수 있을 것이기 때문이다. 따라서 문학을 공부하고 비평하는 우리는 서구 문학 이론에 대해 좀 더 적극적이며 생산적이고 주체적인 자세를 필요로 한다. 서구인들의 여러 새로운 이론들을 파지(把持), 비판, 변용하여 궁극적으로 저네들의 〈지배 담론〉을 극복, 광정, 반정反正하려는 의지와 노력이 중요하다. 그러나 더 중요한 것은 서구인들의 이론을 타고 올라 한반도에서 우리 자신의 역사와 상황에 걸맞는, 진정으로 생산적인 우리 자신을 위한 우리 자신에 의한 우리 자신의 새롭고 주체적인 문화와 문학 이론을 창출해 내는 것이다. 그러나 좀 더 세련되게 말한다면 글로컬(glocal, 世方化)하라! 항상 거울을 깨라, 그리고 언제나 겸손하게 죽음을 생각하라(memento mori)! 포스트 이론의 시대에서 우리가 잊지 말아야 할 것은 결국 문학 비평이란 주인으로서의 비평가 자신의 개인적인 것이며 경험적인 토대를 둔 기술(記述)—기술(技術)학이라는 사실이다.

"우리"의 주체적 비평을 향하여

21세기 문학 비평과 이론은 어떻게 전개될 것인가? 10여년 전 미국의 문학 이론가 빈센트 라이치 교수는 그의 저서 『21세기 문학 비평: 이론의 르네상스』(2014)란 책에서 "21세기 문학 및 문화 이론 르네상스"란 제목으로 12개의 대주제와 94개의 다양한 방법론들을 도표를 통해 분류, 소개하였다. 우리와는 문물 상황이 다른 미국 비평계의 예이기는 하지만 우리에게도 타산지석의 예가 될 수 있을 듯하여 여기에 소개해 본다.

① 세계화

(1) 제국 (2) 탈식민 연구 (3) 디아스포라 연구 (4) 다[복합]문화주의 (5) 신 미국학

② 정치경제

(1) 신자유주의 (2) 후기 자본주의 (3) 신 경제비평 (4) 후원 제도 연구

③ 생태비평

(1) 인지이론 (2) 대상 연구 (3) 기술과학 연구 (4) 동물 연구 (5) 음식 연구 (6) 지구비평

④ 생명정치학

(1) 저항 연구 (2) 감시와 인권 연구 (3) 몸 연구 (4) 사이보그 연구 (5) 젠더 연구 (6) 장애 연구 (7) 연령 연구 (8) 여가 연구

⑤ 정체성

(1) 신미국남부 연구 (2) 백인성 연구 (3) 토착 연구 (4) 종족 연구
(5) 여성 연구학 (6) 퀴어 연구 (7) 남성성 연구 (8) 섹슈얼리티(성) 연구

⑥ 대중문화
(1) 명사 연구 (2) 공적 지식인 (3) 공영역 (4) 하위문화 (5) 대중음악
(6) 패션 연구 (7) 스포츠 연구 (8) 게임 연구

⑦ 미디어(매체)연구
(1) 책의 역사 (2) 정기간행물 연구 (3) 뉴 미디어 (4) 사회 미디어

⑧ 제도권 연구
(1) 아카이브(기록) 연구 (2) 전문화연구 (3) 출판 역사
(4) 정전(正典)화 연구 (5) 비판적 페다고지 (6) 학술문 노동 연구
(7) 기업 대학

⑨ 장르
(1) 전자 문학 (2) 종교와 문학 (3) 대중시가 (4) 대중 소설
(5) 퍼포먼스 연구

⑩ 영향 연구
(1) 영향이론 (2) 증언 (3) 센티멘탈리티(감상) (4) 트라우마 연구
(5) 기억 연구 (6) 대학살 연구

⑪ 수사학
(1) 문해(文解, Literacy) 연구 (2) 담론 분석 (3) 작문 연구
(4) 수사학의 역사 (5) 비유학 (6) 구두성(orality) (7) 인지시학
(8) 수용 연구

⑫ 문학비교주의
(1) 중국학 (2) 포르투갈어권 (3) 서반아어권 (4) 프랑스어권
(5) 영어권 (6) 흑인 대서양권 (7) 대서양 횡단권 (8) 태평양 횡단권
(9) 다중언어 (10) 번역 연구

(여기에서 '연구'로 표기된 것은 "Studies"의 번역이다. 어떤 경우는 '학(學)'으로 번역해도 무방하다.)

라이치 교수가 제시한 21세기 문학 비평과 이론의 방향은 실로 다양하다 하지 않을 수 없다. 미국 상황을 초점을 맞추었기에 우리와는 무관한 항목들도 많다. 그러나 어떤 의미에서 이러한 미래 비평에 대한 예측은 우리에게도 많은 시사점을 던져 준다. 다만 한국 비평가의 입장에서 볼 때 이 목록에 한류 문화, 계층 간 갈등 연구, 과도 경쟁사회 연구, 보수와 진보의 극한 대립, 신 한국사회 연구, 분단 연구, 북한 연구, 통일 담론, 종교와 문학, 동북아시아 지정학, 한중일 역사 전쟁 등의 주제가 추가되어야 할 것이다. 문학 비평과 이론을 공부하는 사람들은 위와 아래, 우리와 저들, 여기와 저기, 안과 밖 등 시공간적으로 활짝 열어서 자유롭게 현재와 과거 그리고 미래 논의를 이어 나가야 할 것이다.

초연결과 초가속시대 21세기는 지질학적으로 볼 때 "인류세"(人類世)(anthropocene)시대이다. 전 지구적으로 인간이란 동물이 지구의 모든 생명체의 환경에 대변혁을 일으키고 있다. 인간이 이제 명실공히 지구를 지배하는 시대이다. 기후 변화, 지구온난화, 생태체계 교란, 제4차 산업혁명(디지털 혁명), AI(인공지능)의 무서운 발전, 웹 문학·과학기술의 무한 질주, 후기 자본주의 시대 자본의 악랄한 횡포, 민족과 종교로 인한 지역 분쟁의 격화 속에서 인간은 과연 지금까지의 인간일 수 있을까? 이러한 천지개벽의 삶의 환경 속에서 문학과 비평은 무슨 일을 할 것인가? 문학은 전통적인 인성(人性)을 유지할 수 있는가? 해야 하는가? 궁극적으로 지속 가능한 인간성을 개발, 유지, 지탱할 수 있는가? 21세기 우리는 인간은 기원전 500년 전후인 소위 "축의 시대"(Axial Age)의 석가, 소크라테스, 공자, 그리고 한참 후의 예수, 무함마드 등 인류의 선현들의 가르침을 그대로 유지할 수 있을 것일까? 우리는 이런 광범위하고 근본적인 문제들 앞에 놓여 있다. 인간이 신(神)이 되고자 하는 시대에 문학과 비평은 21세기라는 대전환의 시대에 무엇을 해야 하는가가 오늘날 우리의 최대 화두가 되어야 할 것이다.

문학 자체를 집어삼키는 것처럼 보였던 문학 '이론'에 대한 불안과 불평 그리고 저항이 1990년대 후반부터 시작해 21세기에 접어들면서 강력하게 제기되었다. "이론 이후"(after theory)와 이론의 "미래"에 대한 연구서들이 나오기 시작하였다. 그러나 문학(작품)과 비평과 이론의 삼각관계는 떼려야 뗄 수 없는 숙명적인 관계이다. 더욱이 주로 서구에서 온 지극히 난해하고 신비(?)하기까지 한 이론들을 우리의 주체적인 입장에서 어떻게 타작할 것인가? 문제는 우리가 서구 이론이란 새로운 권력을 통한 또 다른 식민지화를 어떻게 거부하고 저지하고 우리의, 우리에 의한, 우리를 위한 한반도적 "주체적(한국) 문학 이론"을 구축해 낼 수 있는가일 것이다. 수천 년 된 한국문학 전통이라는 통시적 시각과 동아시아와 하나의 서구 전통이라는 공시적 시각이 하나의 구심적 원리와 원심적 원리 안에서 균형과 절제를 이루어야 할 것이다. 그러나 이러한 이론적 작업은 얼마나 어려운 일인가? 지금까지 한국 문학자, 외국 문학자들이 이 지난한 과업을 위해 과연 얼마나 노력했는가?

문학(작품)은 영원하고 이론(비평)은 유행이라는 말이 틀린 말은 아니다. 그리고 읽기가 문학 연구에서 이론을 "필요악"이라 부르는 것도 일리가 있는 말이다. 오늘날 "이론"이 우리의 철없는 열광이나 고집스러운 거부와 같은 극단적인 태도만 아니라면 하나의 비판적 문화 정치학으로 쇄신의 페다고지(pedagogy)를 위한 유용한 도구가 될 수 있다는 점에는 이제 이론(異論)이 없을 것이다. 한때 전 지구적 자본주의의 시대에 계속되는 서구 중심의 세계 체제에서 소위 "이론 산업"은 우리에게 또 다른 문화식민지를 강요하는 면도 없지 않았으나 이제 분명한 것은 "이론이 필요 없다"든지 "서구 이론은 거부되어야 한다"든지 하는 주장도 하나의 이데올로기이며 봉쇄 이론이 될 수 있다는 점이다. "혁명보다 개혁이 더 어렵다"는 현실의 무게에 대한 마키아벨리의 주장은 무엇을 의미하는가? 우리는 사악해지는 현실의 중층적인 담론 구성을 분석, 대처하고 미래를 전망하기 위해서 이론의 국제화(Theory Imternational)가 이루어진 시대에 살고 있었다.

그러나 우리는 이제 이론 "이후"(post—theory)의 시대와 이론의 종말(ends of theory) 시대로 접어들었다. 이제 우리는 "이론" 이후의 문학, 비평에 대한 새로운 이론들을 모색해야 할 것이다. 한반도의 전통속에서 새로운 문물 상황에 따라 새로운 "이론"이 언제나 만들어져야 한다. 시대의 분석과 전망을 위한 이론 생산은 척박한 현실과 유리된 추상적 작업이 아니라 현실과 대적하는 이론의 치열한 실천(praxis) 작업이다. 그러나 30년 이상 난삽한 서구 이론을 공부하다 보니 갑자기 자괴감으로 마음이 심란해진다. 우리는 우리의 상황에서 생산되는 주체적, 자생적인 이론을 언제 창출할 수 있을 것인가? 서양의 거대이론(Grand Theory)에 주눅이 들어 우리는 저항 담론이나 이론의 창시자가 되기보다 이론의 식민지 주민이 되어 지적 사대주의 기능공으로 만족하며 살아갈 것인가? 우리의 선배 세대는 그렇다 치고 우리 세대는 후속세대에게 이론적으로 무엇을 남겨줄 수 있을 것인가? 그저 답답하고 부끄러울 뿐이다.

우리 학문의 역사를 볼 때 오래전부터 종교, 철학, 문학, 예술 등에서 한반도 문물 상황에 알맞은 독자적이고 주체적인 사상 수립의 훈련을 받았거나 노력한 흔적은 극히 일부를 제외하고는 별로 없는 듯하여 두렵다. 오래전부터 중화사상에 경도되어 한때는 우리 자신을 소중화(小中華)로 자리매김한 적도 있었다. 일제강점기를 지나 해방 이후에는 급속도로 서구의 학문과 이론을 무비판적으로 소개, 수용하는 데 급급해 다시 한번 서구의 식민지가 되었다. 해방공간의 이념 분쟁과 6·25전쟁과 분단 상황이 고착되어 우리만의 주체적인 이론 구축을 못 하고 있다. 한반도가 가진 상황의 복잡성과 난맥상이 이 과업을 더 어렵게 만들었다. 구체적 문학 이론에 국한하여 생각해 본다면 전통적 문학사상을 토대로 한 남북한 문학 연구의 이론, 한중일의 비교문화 및 문학, 나아가 서양의 문학 이론들의 수입과 정착 과정을 검토하는 지식과 이론의 총체적이고도 종합적인 논구가 있어야 비로소 주체적 한반도 문학 이론의 씨앗이 발아될 수 있을 것이다. 그러나 지금부터 하나씩 단계적으로 처리하기보다 동시다발적으로 협업적(융복합적)이고 화이부동(和而不同)하는 집단적인 노력을 시작해야 할 것이다.

이제부터라도 원로나 신진 모두 지극히 어려운 과업인 한반도 문물과 역사에 적용될 수 있는 주체적 문학 비평과 이론을 수립하는 데 최선의 노력을 기울여야 한다. 한국 문단과 학계가 연대해서 오랜 기간에 걸쳐 이 중차대한 주체화 사업을 전개해야 할 것이 아닌가?

찾아보기

(나)

(다)

(라)

(마)

(바)

(사)

(아)

(자)

(차)

(카)

(타)

(파)

(하)

현대문학 비평 — 역사, 이론, 실제

2025년 2월 28일 1판 1쇄 펴냄

지은이 이명재 정정호 오창은
펴낸이 김성규
편집 김안녕 조혜주 한도연
디자인 신혜연
펴낸곳 걷는사람
주소 경기도 용인시 기흥구 동백중앙로 358-6, 7층 (본사)
서울 마포구 월드컵로16길 51 서교자이빌 304호 (지사)
전화 031 281 2602 / 02 323 2602
팩스 02 323 2603
등록 2016년 11월 18일 제25100-2016-000083호

ISBN 979-11-93412-88-6 04080
ISBN 979-11-92333-18-2 (세트)